U0860222

中华现代学术名著丛书

中国史纲

张荫麟 著
徐 规 校
周文玖 补编

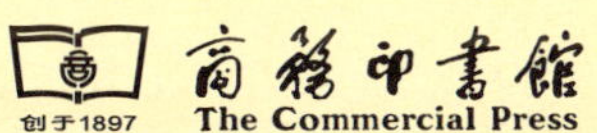

图书在版编目(CIP)数据

中国史纲/张荫麟著. —北京:商务印书馆,2015
(2023.1 重印)
(中华现代学术名著丛书)
ISBN 978-7-100-10000-7

Ⅰ.①中… Ⅱ.①张… Ⅲ.①中国历史—古代史
Ⅳ.①K22

中国版本图书馆 CIP 数据核字(2013)第117655号

本书据商务印书馆 2003 年版排印

中华现代学术名著丛书
中国史纲
张荫麟 著
徐 规 校
周文玖 补编

商 务 印 书 馆 出 版
(北京王府井大街 36 号 邮政编码 100710)
商 务 印 书 馆 发 行
北 京 通 州 皇 家 印 刷 厂 印 刷
ISBN 978-7-100-10000-7

2015 年 12 月第 1 版　　开本 880×1240 1/32
2023 年 1 月北京第 5 次印刷　　印张 14¼ 插页 1

定价:58.00 元

张荫麟

(1905—1942)

張蔭麟先生遺墨

張蔭麟先生遺札之一　民國二十二年四月七日自美國斯丹福大學致張其昀書

作者手迹

寄簃文存	沈家本
中国婚姻史	陈顾远
中国法律在东亚诸国之影响	杨鸿烈
孔门理财学	陈焕章
上海工业化研究	刘大钧
乡村建设理论	梁漱溟
中国经济原论	王亚南
金翼	林耀华
幼稚园教材研究　幼稚教育新论	张雪门
近代中国留学史　近代中国教育思想史	舒新城
THE ECONOMIC PRINCIPLES OF CONFUCIUS AND HIS SCHOOL	Chen Huan-Chang
孔门理财学	陈焕章
THE GROWTH AND INDUSTRIALIZATION OF SHANGHAI	D. K. Lieu
上海工业化研究	刘大钧
THE FINANCING OF PUBLIC EDUCATION IN CHINA	Ronald Yu Soong Cheng
中国教育财政之改进	陈友松

【第六辑　四十种】

齐如山国剧论丛	齐如山
先秦文学 中国文学史讲义	游国恩
中国文学批评史（上、下）	罗根泽
中国文学发展史（上、下）	刘大杰
宋元明讲唱文学	叶德均
晚照楼论文集	马茂元
汉书窥管	杨树达
欧化东渐史	张星烺
西域史地考古论集	黄文弼
中国疆域沿革史	顾颉刚　史念海
先秦诸子系年	钱　穆
古器物中的古代文化制度	徐中舒
中国社会之史的分析（外一种：婚姻与家族）	陶希圣
唐代长安与西域文明	向　达
古代神话与民族	丁　山
小屯、龙山与仰韶	梁思永
中国史纲	张荫麟
岳飞传	邓广铭
胡惟庸党案考	吴　晗
等不等观杂录	杨文会
欧阳竟无内外学	欧阳竟无
中国佛教史	蒋维乔
中国宗教思想史大纲	王治心
理学纲要	吕思勉
汉魏两晋南北朝佛教史	汤用彤
两汉经学今古文平议	钱　穆
墨学源流	方授楚
中国哲学大纲	张岱年
中国伶人血缘之研究　明清两代嘉兴的望族	潘光旦
中国乡约制度	杨开道
藏族宗教史之实地研究	李安宅
中国封建社会	瞿同祖
法律教育	孙晓楼
财政学总论	陈启修
社会主义经济论稿	孙冶方
变态心理学派别	朱光潜
旧石器时代之艺术	裴文中
中国教育财政之改进	陈友松
THE SYSTEM OF TAXATION IN CHINA IN THE TSING DYNASTY, 1644-1911	SHAO-KWAN CHEN
清代中国的税收制度	陈兆鲲
VILLAGE AND TOWN LIFE IN CHINA	L.K.Tao Y.K.Leong
中国的乡村与城镇生活	陶孟和　梁宇皋

MODERN DEMOCRACY IN CHINA	Mingchien Joshua Bau
中国民治主义	鲍明钤
THE GOVERNMENT AND POLITICS OF CHINA	Ch'ien Tuan-sheng
中国的政府与政治	钱端升
THE POST-WAR INDUSTRIALIZATION OF CHINA, INDUSTRIAL CAPITAL IN CHINA	H. D. Fong
战后中国之工业化 中国之工业资本	方显廷
LAW AND SOCIETY IN TRADITIONAL CHINA	T'ung-Tsu Ch'ü
中国法律与中国社会	瞿同祖

【第四辑 三十种】

中国旧小说考证	胡　适
文心雕龙札记	黄　侃
卢前曲学论著三种	卢　前
孟姜女故事研究及其他	顾颉刚
中国目录学史	姚名达
校雠学	向宗鲁
唐五代西北方音	罗常培
中国文法要略	吕叔湘
清史探微	郑天挺
中国文化史（上、下）	陈登原
中国文化与中国的兵	雷海宗
佛学研究十八篇（校点本）	梁启超
中国景教	朱谦之
德国古典美学	蒋孔阳
神学四讲	赵紫宸
法律哲学导论	居　正
民国司法志	汪楫宝
国际法大纲	周鲠生
罗马法原论（上、下）	周　枏
马克思的政治思想	吴恩裕
欧美各国现行宪法析要	龚　钺

经济史：历史观与方法论	吴承明
从古典经济学派到马克思	陈岱孙
中国历史上的基本经济区	冀朝鼎
中国教育改造	陶行知
平民教育与乡村建设运动	晏阳初
中国教育制度沿革史	郭秉文
COTTON INDUSTRY AND TRADE IN CHINA	H. D. Fong
中国之棉纺织业	方显廷
KEY ECONOMIC AREAS IN CHINESE HISTORY	Ch'ao-Ting Chi
中国历史上的基本经济区	冀朝鼎
THE CHINESE SYSTEM OF PUBLIC EDUCATION	Ping Wen Kuo
中国教育制度沿革史	郭秉文

【第五辑 三十种】

词史	刘毓盘
元白诗笺证稿	陈寅恪
上古音研究	李方桂
从诗到曲（上、下）	郑　骞
训诂学概论	齐佩瑢
唐代进士行卷与文学 古诗考索	程千帆
南朝文学与北朝文学研究	曹道衡
先秦政治思想史	梁启超
中国史学通论	朱希祖
隋唐史	岑仲勉
中国地理学史（先秦至明代）	王成组
中国妇女生活史	陈东原
基督教与中国文化	吴雷川
中国天主教传教史概论	徐宗泽
道教史	许地山
论道	金岳霖
文化与人生	贺　麟

司马迁之人格与风格 道教徒的诗人李白及其痛苦	李长之
明清史讲义（上、下）	孟　森
国史要义	柳诒徵
中国南洋交通史	冯承钧
通史新义	何炳松
魏晋清谈思想初论	贺昌群
中国救荒史	邓云特
认识论	张东荪
科学方法论 科学概论	王星拱
中国哲学史大纲	胡　适
知识论（上、下）	金岳霖
法相唯识学	太　虚
陈康：论希腊哲学	陈　康
康德的知识学	齐良骥
中国文化的展望	殷海光
中国道教史	傅勤家
监狱学	孙　雄
中国法制史概要	陈顾远
新政治学大纲	邓初民
财政学	何　廉　李　锐
中国之棉纺织业	方显廷
中国田制史	万国鼎
南洋华侨与闽粤社会	陈　达
文化人类学	林惠祥

【第三辑 三十五种】

中国小说史略 （外一种：汉文学史纲要）	鲁　迅
现代吴语的研究	赵元任
古典新义	闻一多
谈艺录	钱锺书
唐诗综论	林　庚
中古文学史论	王　瑶
中国近三百年学术史（新校本）	梁启超
通鉴胡注表微	陈　垣
隋唐制度渊源略论稿 唐代政治史述论稿	陈寅恪
中国古代社会研究	郭沫若
古史辨自序（上、下）	顾颉刚
安阳	李　济
绿营兵志	罗尔纲
东汉的豪族	杨联陞
佛道散论	蒙文通
中国哲学史（上、下）	冯友兰
艺境	宗白华
西方美学史（上、下）	朱光潜
近代唯心论简释	贺　麟
康德学述	郑　昕
历代刑法考（上、下）	沈家本
中国商事法	刘朗泉
中国近百年政治史	李剑农
中国政治思想史（上、下）	萧公权
中国国民所得（一九三三年） （外一种：国民所得概论）	巫宝三
中国棉纺织史稿	严中平
当代中国社会学	孙本文
乡土中国　生育制度　乡土重建	费孝通
滕固美术史论著三种	滕　固
中国古代服饰研究	沈从文
A GRAMMAR OF SPOKEN CHINESE 中国话的文法	Yuen Ren Chao 赵元任

中华现代学术名著丛书

《中华现代学术名著丛书》

【第一辑 四十种】

马氏文通	马建忠
国故论衡	章太炎
王国维文学论著三种	王国维
吴梅词曲论著四种	吴　梅
中国中古文学史 汉魏六朝专家文研究	刘师培
中国文学批评史（上、下）	郭绍虞
甲骨文字释林	于省吾
中国俗文学史	郑振铎
汉语语音史	王　力
红楼梦辨	俞平伯
中国韵文史	龙榆生
汉魏六朝诗论丛	余冠英
台湾通史（上、下）	连　横
秦汉史	吕思勉
中国史学史	金毓黻
史学要论	李守常
中国通史简编（上、下）	范文澜
国史大纲（上、下）	钱　穆
中国史纲（一、二卷）	翦伯赞
春秋史	童书业
魏晋南北朝史论丛	唐长孺
明清社会经济史论文集	傅衣凌
西夏史稿	吴天墀
中国伦理学史（外一种）	蔡元培
新唯识论	熊十力
东西文化及其哲学	梁漱溟
科学与玄学	罗志希
中国艺术精神	徐复观
论逻辑经验主义	洪　谦
九朝律考	程树德
比较宪法	王世杰　钱端升
中国法律与中国社会	瞿同祖
中国民治论	鲍明钤
中国官僚政治研究	王亚南
通货新论	马寅初
中国经济思想史	唐庆增
中国厘金史	罗玉东
北平生活费之分析	陶孟和
论社会学中国化	吴文藻
第四种国家的出路	吴景超

【第二辑 三十种】

目录学发微 古书通例	余嘉锡
积微居小学金石论丛	杨树达
现代中国文学史（外一种:明代文学）	钱基博
等韵源流	赵荫棠
诗言志辨　经典常谈	朱自清
话本小说概论（上、下）	胡士莹

出版说明

百年前，张之洞尝劝学曰："世运之明晦，人才之盛衰，其表在政，其里在学。"是时，国势颓危，列强环伺，传统频遭质疑，西学新知亟亟而入。一时间，中西学并立，文史哲分家，经济、政治、社会等新学科勃兴，令国人乱花迷眼。然而，淆乱之中，自有元气淋漓之象。中华现代学术之转型正是完成于这一混沌时期，于切磋琢磨、交锋碰撞中不断前行，涌现了一大批学术名家与经典之作。而学术与思想之新变，亦带动了社会各领域的全面转型，为中华复兴奠定了坚实基础。

时至今日，中华现代学术已走过百余年，其间百家林立、论辩蜂起，沉浮消长瞬息万变，情势之复杂自不待言。温故而知新，述往事而思来者。"中华现代学术名著丛书"之编纂，其意正在于此，冀辨章学术，考镜源流，收纳各学科学派名家名作，以展现中华传统文化之新变，探求中华现代学术之根基。

"中华现代学术名著丛书"收录上自晚清下至20世纪80年代末中国大陆及港澳台地区、海外华人学者的原创学术名著(包括外文著作)，以人文社会科学为主体兼及其他，涵盖文学、历史、哲学、政治、经济、法律和社会学等众多学科。

出版“中华现代学术名著丛书”，为本馆一大夙愿。自1897年始创起，本馆以“昌明教育，开启民智”为己任，有幸首刊了中华现代学术史上诸多开山之著、扛鼎之作；于中华现代学术之建立与变迁而言，既为参与者，也是见证者。作为对前人出版成绩与文化理念的承续，本馆倾力谋划，经学界通人擘画，并得国家出版基金支持，终以此丛书呈现于读者面前。唯望无论多少年，皆能傲立于书架，并希冀其能与“汉译世界学术名著丛书”共相辉映。如此宏愿，难免汲深绠短之忧，诚盼专家学者和广大读者共襄助之。

商务印书馆编辑部

2010年12月

凡　　例

一、"中华现代学术名著丛书"收录晚清以迄20世纪80年代末，为中华学人所著，成就斐然、泽被学林之学术著作。入选著作以名著为主，酌量选录名篇合集。

二、入选著作内容、编次一仍其旧，唯各书卷首冠以作者照片、手迹等。卷末附作者学术年表和题解文章，诚邀专家学者撰写而成，意在介绍作者学术成就，著作成书背景、学术价值及版本流变等情况。

三、入选著作率以原刊或作者修订、校阅本为底本，参校他本，正其讹误。前人引书，时有省略更改，倘不失原意，则不以原书文字改动引文；如确需校改，则出脚注说明版本依据，以"编者注"或"校者注"形式说明。

四、作者自有其文字风格，各时代均有其语言习惯，故不按现行用法、写法及表现手法改动原文；原书专名（人名、地名、术语）及译名与今不统一者，亦不作改动。如确系作者笔误、排印舛误、数据计算与外文拼写错误等，则予径改。

五、原书为直（横）排繁体者，除个别特殊情况，均改作横排简体。其中原书无标点或仅有简单断句者，一律改为新式标点，专名号从略。

六、除特殊情况外，原书篇后注移作脚注，双行夹注改为单行夹注。文献著录则从其原貌，稍加统一。

七、原书因年代久远而字迹模糊或纸页残缺者，据所缺字数用“□”表示；字数难以确定者，则用“（下缺）”表示。

目　　录

自序一[1]

这部书的开始属草，是在卢沟桥事变之前二年，这部书的开始刊布，是在事变之后将近三年。

现在发表一部新的中国通史，无论就中国史本身的发展上看，或就中国史学的发展上看，都可说是恰当其时。就中国史本身的发展上看，我们正处于中国有史以来最大的转变关头，正处于朱子所谓“一齐打烂，重新造起”的局面；旧的一切瑕垢腐秽，正遭受彻底的涤荡剜割，旧的一切光晶健实，正遭受天捶海淬的锻炼，以臻于极度的精纯；第一次全民族一心一体地在血泊和瓦砾场中奋扎以创造一个赫然在望的新时代。若把读史比于登山，我们正达到分水岭的顶峰，无论回顾与前瞻，都可以得到最广阔的眼界。在这时候，把全部的民族史和它所指向道路，作一鸟瞰，最能给人以开拓心胸的历史的壮观。就中国史学的发展上看，过去的十来年可算是一新纪元中的一小段落；在这十来年间，严格的考证的崇尚，科学的发掘的开始，湮没的旧文献的新发现，新研究范围的垦辟，比较材料的增加和种种输入的史观的流播，使得司马迁和司马光的时代顿成过去；同时史界的新风气也结了不少新的，虽然有一部

[1] 原名“自序”，初刊于1940年。上海古籍本和山西古籍本均刊，“史地教育”丛刊本、正中书局本、三联书店本则未刊。——校者注

分还是未成熟的果。不幸这草昧初辟的园林，突遇狂风暴雹，使得我们不得不把一个万果累累的时代，期于不确定的将来了。文献的沦陷，发掘地址的沦陷，重建的研究设备的简陋和生活的动荡，使得新的史学研究工作在战时不得不暂告停滞，如其不致停顿。“风雨如晦，鸡鸣不已”的英贤，固尚有之；然而他们生产的效率和发表的机会不得不大受限制了。在这抱残守缺的时日，回顾过去十来年新的史学研究的成绩，把他们结集，把他们综合，在种种新史观的提警之下，写出一部分新的中国通史，以供一个民族在空前大转变时期的自知之助，岂不是史家应有之事吗？

着手去写一部通史的人，不免劈头就碰到一个问题；以批评眼光去读一部通史的人，也不免劈头就碰到同一的问题，那就是，拿什么的“笔削”做标准？显然我们不能把全部中国史的事实，细大不捐，应有尽有的写进去。姑勿论一个人，甚至一整个时代的史家没有能力去如此做。即使能如此做，所成就的只是一部供人检查的“中国史百科全书”，而不是一部供人阅读的中国通史。那么，难道就凭个人涉览所及，记忆所容和兴趣所之，以为去取吗？这虽是最便当的办法，我怀疑过去许多写通史的人大体上所采的正是这办法。无怪佛禄德(Froude)把历史比于西方的缀字片，可以任随人意，拼成他所喜欢的字。我们若取任何几种现行的某国或某处通史一比较，能否认这比喻的确切吗？但我们不能以这样的情形为满足。我们无法可以使几个史家各自写成的某国通史去取全同，如自一模铸出，除是他们互相抄袭。但我们似乎应当有一种标准，可以判断两种对象相同而去取不同的通史，孰为合当，孰为高下，这标准是什么？

读者于此也许会想到一个现成的答案：韩昌黎不早就说过“记

事者必提其要"吗？最能"提要"的通史，最能按照史事之重要的程度以为详略的通史，就是选材最适当的通史。"笔削"的标准就在史事的重要性。但这答案只把问题藏在习熟的字眼里，并没有真正解决问题。什么是史事的重要性？这问题殊不见得比前一问题更为浅易。须知一事物的重要性或不重要性并不是一种绝对的情实，摆在该事物的面上，或蕴在该事物的内中，可以仅就该事物的本身检察或分析而知的。一事物的重要性或不重要性乃相对于一特定的标准而言。什么是判别重要程度的标准呢？

"重要"这一概念本来不只应用于史事上，但我们现在只谈史事的重要性，只探究判别史事的重要程度的标准。"重要"一词，无论应用于日常生活上或史事的比较上，都不是"意义单纯"（Univocal）的；有时作一种意义，有时作别一意义；因为无论在日常生活上或史事的比较上，我们判别重要程度的标准都不是独一无二的；我们有时用这标准，有时用那标准。而标准的转换，我们并不一定自觉。惟其如此，所以"重要"的意义甚为模糊不清。在史事的比较上，我们用以判别重要程度的可以有五种不同的标准。这五种标准并不是作者新创出来的，乃是过去一切通史家部分地、不加批判地，甚至不自觉地，却从没有严格地采用的。现在要把他们尽数列举，并加以彻底的考验。

第一种标准可以叫做"新异性的标准"（Standard of Novelty）。每一件历史的事情都在时间和空间里占一特殊的位置。这可以叫做"时空位置的特殊性"。此外它容有若干品质，或所具若干品质的程度，为其他任何事情所无。这可以叫做"内容的特殊性"。假如一切历史的事情只有"时空位置的特殊性"而无"内容的特殊性"，或其"内容的特殊性"微少到可忽略的程度，那么，社会里根本没有所谓“新闻”，历史只是一种景状的永远持续，我们从任何一历史的“横剖面”可以推知其他任何历史的“横剖面”。一个民族的历史假若是如此，那么，它只能有孔德所谓的“社会静力学”，而不能有他所谓“社会动力学”；那么，它根本不需有写的历史，它的“社会静力学”就可以替代写的历史。现存许多原始民族的历史虽不是完全如此，也近于如此；所以它们的历史没有多少可记。我们之所以需有写的历史，正因为我们的历史绝不是如此，正因为我们的史事富于“内容的特殊性”，换言之，即富于“新异性”。众史事所具“内容的特殊性”的程度不一，换言之，即所具“新异性”的程度不一。我们判断史事的重要性的标准之一即是史事的“新异性”。按照这标准，史事愈新异则愈重要。这无疑地是我们有时自觉地或不自觉地所采用的标准。关于这标准有五点须注意。第一，有些史事在当时富于“新异性”的，但后来甚相类似的事接叠发生，那么，在后来这类事便减去新异性；但这类事的始例并不因此就减去“新异性”。第二，一类的事情若为例甚稀，他的后例仍不失其“新异性”，虽然后例的新异程度不及始例。第三，“新异性”乃是相对于一特殊的历史范围而定。同一事情，对于一民族或一地域的历史而言，与对于全人类的历史而言，其新异的程度可以不同。例如14世纪欧洲人之应用罗盘针于航海，此事对于人类史而言的新异程度远不如其对于欧洲史而言的新异程度。第四，“新异性”乃是相对于我们的历史知识而言。也许有的史事本来的新异程度很低，但它的先例的存在为我们所不知。因而在我们看来，它的新异程度是很高的。所以我们对于史事的“新异性”的见解随着我们的历史知识的进步而改变。第五，历史不是一盘散沙，众史事不是分立无连的；我们不仅要注意单件的史事，并且要注意众史事所构成的全体;我们写一个民族的历史的时候,不仅要注意社会之局部的新异;并且要注意社会之全部的新异;我们不仅要注意新异程度的高下,并且要注意新异范围的大小。“新异性”不仅有深浓的度量(Intensive Magnitude),并且有“广袤的度量”(Extensive Magnitude)。设如有两项历史的实在,其新异性之“深浓的度量”可相颉颃,而“广袤的度量”相悬殊,则“广袤的度量”大者比小者更为重要。我们的理想是要显出全社会的变化所经诸阶段和每一段之新异的面貌和新异的精神。

假如我们的历史兴趣完全是根于对过去的好奇心,那么,“新异性的标准”也就够了。但事实上我们的历史兴趣不仅发自对过去的好奇心,所以我们还有别的标准。

第二种标准可以叫做“实效的标准”(Standard of Practical Effect)。这个名词不很妥当,姑且用之。史事所直接牵涉和间接影响于人群的苦乐者有大小之不同。按照这标准,史事之直接牵涉和间接影响于人群的苦乐愈大,则愈重要。我们之所以有这标准,因为我们的天性使得我们不仅关切于现在人群的苦乐,并且关切于过去人群的苦乐。我们不能设想今后史家会放弃这标准。

第三种标准可以叫做“文化价值的标准”(Standard of Cultural Values)。所谓文化价值即是真与美的价值。按照这标准,文化价值愈高的事物愈重要。我们写思想史、文学史或美术史的时候,详于灼见的思想而略于妄诞的思想,详于精粹的作品而略于恶劣的作品(除了用作形式的例示外),至少有一大部分理由依据这标准。假如用“新异性的标准”,则灼见的思想和妄诞的思想,精粹的作品和恶劣的作品,可以有同等的新异性,也即可以有同等的重要性,而史家无理由为之轩轾。哲学上真的判断和文学美术上比较的美的判断，现在尚无定论。故在此方面通史家容有见仁见智之殊。又文化价值的观念随时代而改变，故此这标准也每随时代而改变。

第四种标准可以叫做“训诲功用的标准”（Standard of Didactic Utility）。所谓训诲功用有两种意义：一是完善的模范；二是成败得失的鉴戒。按照这标准，训诲功用愈大的史事愈重要。旧日史家大抵以此标准为主要的标准。近代史家的趋势是在理论上要把这标准放弃，虽然在事实上未必能彻底做到。依作者的意见，这标准在通史里是要被放弃的。所以要放弃它，不是因为历史不能有训诲的功用，也不是因为历史的训诲功用无注意的价值，而是因为学术分工的需要。例如历史中的战事对于战略与战术的教训，可属于军事学的范围；历史人物之成功与失败的教训，可属于应用社会心理学中的“领袖学”的范围。

第五种标准可以叫做“现状渊源的标准”（Standard of Genetic Relation With Present Situations）。我们的历史兴趣之一是要了解现状，是要追溯现状的由来，众史事和现状之“发生学的关系”（Genetic Relation）有深浅之不同，至少就我们所知是如此。按照这标准，史事和现状之“发生学的关系”愈深，愈有助于现状的解释则愈重要。大概的说，愈近的历史和现状的“发生学的关系”愈深，故近今通史家每以详近略远为旨。然此事亦未可一概而论。历史的线索，有断而复续的，历史的潮流，有隐而复显的。随着社会当前的使命，问题和困难的改变，久被遗忘的史迹每因其与现状的切合而复活于人们的心中。例如吾人今日之于墨翟、韩非、王莽、王安石与钟相是也。

以上的五种标准，除了第四种外，皆是今后写通史的人所当自觉地、严格地合并采用的。不过它们的应用远不若它们的列举的容易。由于第三种标准,对文化价值无深刻的认识的人不宜写通史。由于第五种标准,“知古而不知今”的人不能写通史。再者要轻重的权衡臻于至当,必须熟习整个历史范围里的事实。而就中国通史而论,这一点绝不是个人一生的力量所能做得到的。所以无论对于任何时代,没一部中国通史能说最后的话。所以写中国通史永远是一种极大的冒险。这是无可奈何的天然限制,但我们不可不知有这种限制。

除了“笔削”的标准外,我们写通史时还有一个同样根本的问题。经过以上的标准选择出来的无数史实,并不是自然成一系统的。它们能否完全被组织成一系统?如是可能,这是什么样的系统?上面说过,众史事不是孤立无连的。到底它们间的关系是什么样关系?同时的状况,历史的一“横切片”的种种色色,容可以“一个有结构的全体之众部分的关系”(Relation between Parts of An Organized Whole)的观念来统驭,但历史不仅是一时的静的结构的描写,并且是变动的记录。我们能否或如何把各时代各方面重要的变动的事实系统化?我们能否用一个或一些范畴把“动的历史的繁杂”(Changing Historical Manifold)统贯?如其能之,那个或那些范畴是什么?

我们用来统贯“动的历史的繁杂”可以有四个范畴。这四个范畴也是过去史家自觉或不自觉地部分使用的。现在要把它们系统地列举,并阐明它们间的关系。

(甲)因果的范畴。历史中所谓因果关系乃是特殊的个体与特殊个体间的一种关系。它并不牵涉一条因果律,并不是一条因果律下的一个例子。因为因果律的例子是可以复现的;而历史的事实,因其内容的特殊性,严格地说,是不能复现的。休谟的因果界说不适用于历史中所谓因果关系。

（乙）发展的范畴。就人类史而言，因果的关系是一个组织体对于另一个组织体的动作，或一个组织体对其自然环境的动作，或自然环境对一个组织体的动作（Action），或一个组织中诸部分或诸方面的交互动作（Interaction）。而发展则是一个组织体基于内部的推动力而非由外铄的变化。故此二范畴是并行不悖的。发展的范畴又包括三个小范畴。

（1）定向的发展（Teleogical Development）。所谓定向的发展者，是一种变化的历程。其诸阶段互相适应，而循一定的方向，趋一定鹄的者。这鹄的不必是预先存想的目标，也许是被趋赴于不知不觉中的。这鹄的也许不是单纯的而是多元的。

（2）演化的发展（Evolutional Development）。所谓演化的发展者，是一种变化的历程，在其所经众阶段中，任何两个连接的阶段皆相近似，而其"作始"的阶段与其"将毕"的阶段则剧殊。其"作始"简而每下愈繁者谓之进化。其"作始"繁而每下愈简者谓之退化。

（3）矛盾的发展（Dialectical Development）。所谓矛盾的发展者，是一变化的历程，肇于一不稳定组织体，其内部包含矛盾的两个元素，随着组织体的生长，它们间的矛盾日深日显，最后这组织体被内部的冲突绽破而转成一新的组织体，旧时的矛盾的元素经改变而潜纳于新的组织中。

演化的发展与定向的发展，矛盾的发展与定向的发展，各可以是同一事情的两方面。因为无论演化的发展或矛盾的发展，都可以冥冥中趋赴一特定的鹄的。惟演化的发展与矛盾的发展则是两种不同的事情。

这四个范畴各有适用的范围，是应当兼用无遗的。我们固然可以专用一两个范畴，即以之为选择的标准，凡其所不能统贯的认为不重要而从事舍弃。但这办法只是“削趾适履”的办法。依作者看来，不独任何一个或两三个范畴不能统贯全部重要的史实；便四范畴兼用，也不能统贯全部重要的史实，更不用说全部的史实，即使仅就一个特定的历史范围而论。于此可以给历史中所谓偶然下一个新解说，偶然有广狭二义：凡史事为四范畴中某一个范畴所不能统贯的，对于这范畴为偶然，这偶然是狭义的偶然；凡史事为四范畴中任何范畴所不能统贯的，我们也说它是偶然，这偶然是广义的偶然。历史中不独有狭义的偶然，也有广义的偶然。凡本来是偶然（不管狭义或广义的）的事，谓之本体上的偶然。凡本非偶然，而因我们的知识不足，觉其为偶然者，谓之认识上的偶然。历史家的任务是要把历史中认识上的偶然尽量减少。

到此，作者已把他的通史方法论和历史哲学的纲领表白。更详细的解说不是这里篇幅所容许。到底他的实践和他的理论相距有多远，愿付之读者的判断。

二十九年（1940）二月　昆明

自 序 二[①]

作者写此书时所悬鹄的如下:(1)融会前人研究结果和作者玩索所得,以说故事的方式出之,不参入考证,不引用或采用前人叙述的成文,即原始文件的载录亦力求节省;(2)选择少数的节目为主题,给每一所选的节目以相当透彻的叙述,这些节目以外的大事,只概略地涉及以为背景;(3)社会的变迁,思想的贡献,和若干重大人物的性格,兼顾并详。至于实际成就与所悬鹄的之间,有多少距离,只好付之读者的判断了。

这部书原不是作者创意要写的。创意要他写这部书并且给他以写这部书的机会的是傅孟真先生和钱乙藜先生。往在昆明[②],黄子坚先生、孙毓棠先生曾费心谋刊印此书而未成。比来遵义[③],张晓峰先生主国立浙江大学[④]史地教育研究室,为石印五百册以广其

---

① “史地教育”丛刊本为“序”,正中书局本、上海古籍本和山西古籍本均为“初版自序”。——校者注

② 现藏于浙江大学历史系资料室的原刊“史地教育”丛刊本无“往在昆明”四字,但有张荫麟先生补入该四字的手迹。正中书局本、上海古籍本和山西古籍本均误作“住在昆明”。——校者注

③ “史地教育”丛刊本无“……而未成。比来遵义”数字,但有张荫麟先生补入该数字的手迹。——校者注

④ “史地教育”丛刊本无“国立浙江大学”六字,但有张荫麟先生补入该六字的手迹。——校者注

传。以上诸先生,作者谨于此志谢。

三十年三月于贵州遵义书

张荫麟[①]

① “史地教育”丛刊本为“三十年三月贵州遵义书,张荫麟”。其他数种均为“三十年三月张荫麟于贵州遵义书”。此从张先生修订过的史地教育丛刊本。——校者注

自序 三[①]

此书再版和初版不同的地方，除多处笔误和刊误的校正，数处小节的增删外，乃是第九至第十一章的添入。第九章的上半作者自觉尚有缺点，却不及修正，读者谅之。

初版的校正，幸得柳定生女士及叶文培君的助力，合于此志谢。

三十一年九月张荫麟于贵州遵义书

① 正中书局本和上海古籍本录此序，“史地教育”丛刊本和山西古籍本未录此序。——校者注

自 序 四[①]

或曰："稽古励文，本承平之饰；怀旧寄兴，乃闲逸之娱。值陵谷之倾翻，宜儒柔之丕变。抱孤主而讲论主，固无救于沦胥；处围城而习春秋，亦奚裨于捍御？况乃巨劫所被，文物斯坠。兰台之守，取作胡囊；石渠之藏，践于羯马。赵德父之仓皇奔命，卷轴尽抛；祁幼文之慷慨捐生，缥缃荡散。守残缺于荒陬，望中兴于来日，尼父之归洙泗，始述麟经。子长之在笮印，畴稽风纪？勉赓弦诵，只存告朔之饩羊；宣诲文章，有类禳凶之刍狗。是则史纲之刊，毋亦可以已也？"

对曰："子言有见于史之华，无见于史之实；有见于史之敝，无见于史之用。若夫明国族绳绳之使命，庶无馁于任重而道艰；表先民烈烈之雄风，期有效于起衰而振懦；斯今日之所急，舍读史而末由。惟我华胄，卓居族群；导中和之先路，立位育之人极；启文明于榛狉，播光华于黯黮。大任既已降于斯民，大难所以鼓其蕴力。屡蛮夷而猾夏，终德义胜残。否臻极而泰来，贞以下而元起。斯史实所炳垂，凡国民所宜稔者也。若乃势当危迫，志存忠节。蹈东海而死，义不帝秦；抗绝岛而兴，誓将恢汉；耻偷生之辱，血洗

① 原题"《中国史纲》献辞"，初载《益世报·文史副刊》21期，1942年12月。又载《东南日报·云涛副刊》18期，1948年1月10日。——校者注

孤城；酬故主之恩，身膏敌斧；凛天地之正气，凌日月而永耀。不有述往，何以诏今？某也摧锋无技，深惭择术之乖；操翰为生，爰尽激扬之力云尔。”

第一章　中国史黎明期的大势

从前讲历史的人每喜欢从“天地剖判”或“混沌初开”说起。近来讲历史的人每喜欢从星云凝结和地球形成说起。这部书却不想拉得这么远。也不想追溯几百万年以前,东亚地方若干次由大陆变成海洋,更由海洋变成大陆的经过。也不想追溯几十万年以前当华北还没有给飞沙扬尘的大风铺上黄土层的时候,介乎猿人与人之间的“北京人”怎样在那里生活着,后来气候又怎样改变,使得他们消灭或远徙,而遗留下粗糙的石器,用火的烬迹和食余的兽骨人骨,在北平附近的周口店的地层中。也不想跟踪此后石器文化在中国境内的分布、传播和进步,直至存在于公元前六七千年间具有初期农业和精致陶器的“仰韶文化”(仰韶在河南渑池附近)所代表的阶段。

这部中国史的着眼点在社会组织的变迁,思想和文物的创辟,以及伟大人物的性格和活动。这些项目要到有文字记录传后的时代才可得确考。

严格地说,照现在所知,我国最初有文字记录的时代是商朝,略当于公元前十八世纪中叶至前十二世纪中叶。本书即以商朝为出发点,然后回顾其前有传说可稽的四五百年,即以所知商朝的实况为鉴别这些传说的标准。

第一节 商代文化

商朝在最后的二百七十多年间,定都于殷,即今河南安阳,故此商朝又名殷朝。我们称这二百七十多年为商朝的后期,我们所以确知商朝已有文字记录乃因为公元1899年以来殷都遗址——即所谓殷墟——的发现和发掘。

殷墟出土的遗物,除了大批的铜器、陶器、骨器、石器外,最引史家注意的是无数刻有文字的龟甲和兽骨(至少有十万片以上)。这些甲骨差不多全是占卜所用的,乃王室卜人所保存的档案。原来商人要预测未来的吉凶,或探问鬼神的意旨,便拿一块龟腹甲(间有用背甲的)或牛肩胛骨(间有用肋骨的),在一面加以钻凿,却不令穿透,然后在钻凿处灼火,另一面便现出裂纹,这叫做“兆”。卜人看兆而断定鬼神或一种神妙的势力对于所问的反应。所问的事情,有时连日后的“应验”,就刻在兆的旁边,这可称为卜辞。卜辞的内容以关于祖先的祭祀的为最多,如卜祭祀的日期、用牲的种类、用牲的数目等;有关于气象的,如卜雨、晴、风、雪等;有关于岁收丰歉的;有关于征伐、渔猎和出行涉川之利否的;有关于疾病、胎孕和梦征的;有所谓卜旬和卜夕的,即于一旬之末卜下一旬有无灾害,和于日间卜是夕有无灾害的。还有别的事项这里不能尽举。卜辞以外,甲骨文书中也有少数短短的记事,例如记颁发矛若干,某人取贝若干,某日某人入觐之类;又有田猎获兽的记录,刻在兽头骨上的。甲骨文书全是商朝后期的遗物。根据甲骨文书、甲骨文字的分析、其他商代的遗物遗迹和后人关于商朝的记载,我们可作一商代的文化的速写如下。

商人是以农业为主要的生产方法。农作物有黍、稷、稻、麦、蚕桑。卜辞中“卜黍年”“贞(卜问)我受黍年”“贞其登黍”的记录很多,而此等处的黍字从未见有用别的植物名来替代,可知黍为商人主要的农作物。帛、巾、幕等字和若干从糸的字的存在,证明丝织工艺的发达。有酒,以黍酿造。耕种全用人力。农具有耒耜。原始的耒耜,盖全以木为之。耒是一根拗曲的木棒,下端歧而为二,歧头上安一横木,以便脚踏。这是起土用的。耜和耒的分别是下端斜锐而不分歧,利于刺地而不利于起土,大约过于坚实的土,耒不能起便先用耜去刺松。耒当是利用树桠做成。商人是否已用铜做耒耜的下部,不得而确知。

渔猎和畜牧也是商人的盛大的生产副业。鱼的种类不见于卜辞。猎品,除野猪、鹿、狼、兕、兔、雉外,还有象。商王田猎的记录中,获鹿有一次三百四十八头的,获猪有一次一百十三头的,获狼有一次四十一头的。可见殷都附近的开辟程度。供食的家畜,除牛、羊、鸡、豕外,还有狗。牧畜业之盛从王室祭祀用牲之多可见,每有一次用牛羊三四百头的。驯役的动物除牛(旱牛和水牛)、马、犬外,还有象。至迟在商朝末年,商人并且曾利用象去作战。

商人已有铸造青铜(铜锡合金)器的工艺,铸造工场的遗物曾在殷墟找得,有可容铜液十二三公斤的陶制炼锅,有铜制的型范,有铜矿石,有炼渣。商人的兵器及工具大部分已用铜制,但也有一部分仍用石或骨角制。殷墟遗物中有铜制的戈头、矛头、瞿、箭镞、锛、小刀、针;石制的矛头、枪头、箭镞、刀、斧、粟凿;牛角或鹿角制的矛头、箭镞和骨锥。骨角制的兵器也许是仅作明器用的。

商人铸铜技术之最高的造就,乃在王宫和宗庙里所陈列的供饮食和盛载用的种种器皿,如尊、卣(盛酒用)、爵(酌酒用)、觚(饮水器)、罍、毁(食器)、方彝、巨鼎(盛食物用)等等,都是具有很绚丽的花纹的。可惜写此段时,殷墟的铜器,作者尚无缘寓目。兹根据他人参观(民国二十六年夏教育部第二次全国美术展览会所陈列者)的报告,略记二器,以见一斑。一为提梁卣:器分三层,上层为一盖,以练系于梁间,下层为卣的本体,中层搁上是一盖,取下来却是一觚,提梁的两端,各有一生动的兔形的兽头,全器周围是细致的花纹。一为盂形的器:当中有一柱,柱顶成莲花形,其旁四龙拱绕,两龙锐角,两龙钝角,四龙相连,可以环柱为轴而旋转,盂身和柱周围也是细致的花纹。

此外殷墟铜器之可注意的有盘、壶、铲、勺、漏勺、筷子等,还有战士戴的盔。

殷墟的陶器包括种类繁多的饮器、食器、盛器和烹饪器,其质地有灰色、红色的粗陶,黑色、白色的细陶和一种经高温烧加釉的陶;其纹饰多数是刻划的。细陶的纹饰极复杂,其母题有动物形、几何图案和图案化的动物形。

商人牙、骨、玉、石雕刻工艺在殷墟的遗迹也很丰富,举其特别可注意的:有镶嵌绿松石的象牙鸥尊;有一种雕纹的(也有绘纹的)骨制玩器,仿佛后世“如意”一类的东西,长形略曲,其花纹为龙、凤或蝉形,偶或嵌着绿松石;有各种式的佩玉,或作圆圈,或作半圆,或作长筒,或双龙相对成一圆形,或两鱼相对成一半圆,或状人物、人面、兽头、虎、兔、象、鸮、燕、鸽、鱼、蛙、蝉、长尾鸟、蝙蝠等;又有巨大的大理石的立体雕刻品,状人物、虎、龟、鸮、蟾、双兽等,以供陈设之用的。

从状人物的雕刻品和其他遗物,我们知道商人是席地而坐的;知道当时一部分人的服装是交领、右衽、短衣、短裙、束带,其鞋翘尖;知道当时女人脸上涂朱;头饰极复杂,左右两鬓或额间的头巾上缀一绿松石砌成的圆形物;头发中间束一骨圈;发上戴雕纹嵌绿松石的象牙梳;又簪骨制或玉制的笄,少的一两支,多的几十支,笄头雕各式各样的(现已发现四五十种)兽头和花纹;她的头饰比头还高。

关于商人的居室,我们也有一些推想的根据。在殷墟曾发现版筑的遗迹,那是房屋的基址。有一处基址作长方形,四围有许多大石卵,其相互间的距离,大略相等。这些石卵大约就是柱础,原来上面是安柱的。有一基址长三十公尺,宽九公尺,石柱础之外,并有铜柱础十个。殷墟绝无砖瓦,房顶想必是用茅草编成的。古人所谓"茅茨土阶",大约就是商朝宫殿的写照。又发现一座纯黄土筑成的大台基,面向正南,与罗盘所指的完全相合。台基前十几公尺,也有大石卵,排成弓背形。台基的四周,遗下好些整副的野猪骨,可见这建筑必是和祭祀有关的。又掘出若干长方的坎穴,有阶级可上下,中有破陶片、牛骨、狗骨之类。坎穴内周围用硬土筑成,铁一般坚固。有些坎穴之下又套一个坎穴。这些坎穴是否与上说的版筑柱础同时,不能确定。但我们知道,远距商朝亡后三四百年,还有贵族的地下宫室见于记载(《左传》),则商朝后期之有这种穴居是很可能的。殷墟又掘出一些商王的陵墓。从墓室的情形可以推知王宫内部的情形。墓室一律作亚字形,原是木构,木料已腐化无存,却剩下木构上所装的各种立体石雕,作兽头、双面、牛头、鸟、兽等形的。又从墓中的遗迹推之,可知原来墙壁的内面是嵌镶着许多纹饰和涂着红色的。

商人的交通用具,有牛、马或象驾的车。除普通的车外,又有兵车,其形式大略是舆作半圆形,由后升降,一辕驾四马,两服两骖，与后来周朝的兵车无多差异；这是从殷墟发现的铜质车饰推知的。据卜辞的记载，商人出征有时远行至三四十日。

上面讲的是商人的“物质文明”。其次要讲他们的社会组织，可惜后者的资料远不如前者的详细。

商人是普遍地聚族而居的，而且每族自成为一社会的单位。每族有一名号，即所谓“氏”。所以后来商朝亡后，新朝把商遗民分派给新封的诸侯都是整族整族地分派的：例如以条氏、徐氏、萧氏、索氏、长勺氏、尾勺氏等六族分给鲁国；以陶氏、施氏、繁氏、锜氏、樊氏、饥氏、终葵氏等七族分给卫国。卜辞记商人用兵，每有派某一族或某些族的人去作战的；例如“令斿族寇周”，“令多（众）子族从犬侯寇周”，“命五族伐羌”等。姓和氏的分别，商朝当已有之。姓是旧有的族号，氏是比较后起的族号。因为族人的繁衍，一族可以分成许多族，而散居异地。同源异流的众族保留其旧有共同的族号，谓之姓；同时各有其特殊的族号，谓之氏。姓字甲骨文及周金文皆作生，不从女，以生为姓者，溯生之所从来也（古人名与姓氏不并举，因为在比较原始的社会里，互相接触的人，以同姓氏为常，自无以姓氏冠其名上之必要。此种习惯直至春秋时代犹然。以姓氏冠名乃是有了五方杂处的大都市以后的事）。

商民族以一个王室和它的都邑为核心。这都邑商人自称“天邑商”。在商朝六百年间，这“天邑商”曾经六次迁徙，最初是在亳，即今河南商丘北四十里；中间五迁皆不出今山东的南半和河南的东半；最后的二百七十余年是在殷，即安阳的殷墟。商王统属着许多部族的君长，即他的“诸侯”。原则上他们对商王的主要义务，是当他需要时，派兵去助他或替他征战，此外也许还有定期的贡献。这些诸侯的来源，大抵是本来独立部族的君长，为商王所征服的，或震于商朝的威势而自愿归服的；似乎还有一部分是商王把田邑分给自己的臣下或亲族而建立的。商王对各诸侯的控制能力并不一致，诸侯对商朝也叛服不常，他们彼此间也不永远是和平的友侣。卜辞里每有商王命这个诸侯去伐那个诸侯的记载。诸侯领土与王畿之间，民族和文化的关系疏密不一。有些诸侯所领的部族与王畿的人民是属同一民族，或原来虽不属同一民族，而已经与商人同化的，这些可以概称为商人；但也有些诸侯所领的部族在语言习惯上皆与商人相异，而始终对商人保存着“非我族类”之感的，例如当商朝末年居于泾渭流域的周人。

商朝王位的继承，自第二传以下，以兄终弟及为原则。王子无嫡庶之分，皆有继位的资格。至无弟可传，然后传子。但传末弟之子抑传其先兄之子，似无定制；多数是传末弟之子，但有不少例外。每因堂兄弟争位酿成王室的大乱。最后的四传皆是以子继父，似乎已鉴于旧制的不善而有意把它改革了。诸侯的继承法是否也以兄终弟及为原则，无从知道，但至少有例外，如“周侯”的继承，始终是以子继父的。

在商朝的势力范围以内和以外散布着许多文化远较商人落后的游牧民族，不时寇略商朝或其诸侯的领域。商朝后期的最大外敌是西北的鬼方（其根据地盖在山西北部及陕西的北部和西部）。历史上记载商王武丁曾对他用兵至三年之久。此外卜辞所记商人的外敌还有好些，但其中除羌人外都与后来的历史失了联络。卜辞所记商人对外战争，用兵至多不过四千、五千，俘虏至多不过十五、十六，但这些似乎不能作代表的例，因为卜辞曾记一次杀敌二千六百五十六人。

战争所获的俘虏，当有一部分是用作祭祀的牺牲，卜辞中屡有人祭的记录。但那不是常见的事。大多数俘虏当是用作奴隶。卜辞中有奴、奚、臣、仆等字皆是奴隶之称。奴隶除用执贱役外，当亦用于战争，卜辞中有“呼多臣”伐某方的记录，似是其证。又有所谓“耤臣”和“小耤臣”，似是奴隶之用于耕作的。

商人的商业已发展到使用货币的阶段，他们的货币以一种咸水贝为之，小块的玉器似乎也用为货币。从殷墟的遗物可以推知殷都一带商业之盛。铜器、玉器和绿松石饰品的原料都非近地所有；占卜用的消费最甚大的龟也是异地所产；咸水贝也是如此。特别是玉和贝必定是从远方辗转贩运而来的。

关于商人的社会状况，我们所知仅此。其次要估量他们表现于生产方法以外的智力。

甲骨文书包涵单字约三千，可识的约一半。这些文字虽然形体上与今字大异，但已识的字都可依照一定规则译成今字。其意义及用法大体上与今字不殊，习惯的保守性真是可惊的。除形体外，甲骨文字与今字的差异有两点可注意：（一）带有图像性的字无论物体的写生或动作性态的喻示，每随意描写，但求肖似，没有定构。例如龟字，或画正面，或画侧面，或画尾，或不画尾，或画两足，或画一足。又如渔字，或画一鱼，一网，一手；或只画一鱼，一手；或画四鱼在水中；或画一鱼傍水。（二）在意义的分别上，有好些地方比今字为详细。例如驾驭之驭，或从马，或从象，因所驭不同而异字。又如牧字，或从牛，或从羊，因所牧不同而异字，又如一兽的雌雄，各有异名；牝牡二字原指牛的两性，此外马、羊、豕、犬、鹿等，各于本字的边旁或底下加匕或土，以别雌雄。

现存商人的文书只有契刻的甲骨文书。但商人所有的文书不只此种。甲骨文书是先写而后刻的。这从甲骨上一些写而漏刻的朱墨迹可以推知。殷墟又发现一块白陶上写着字,从这些字迹可以推知毛笔的存在。又甲骨文中有册字,像竹简汇集之形。既有笔又有简册,可知当有写在简册上的文书。现存荟聚上古文件的《尚书》中,传说为商朝遗文的有五篇。其中比较可信为真出商人手笔的是《盘庚》三篇,那是记商王盘庚迁都(自奄,即今山东曲阜,迁殷)前后对臣民三次训话的。

古代记载原有“商人尚鬼”的话,证以卜辞而知其确切。在商人看来,神鬼的世界是和有形的世界同样地实在,而且这两个世界关系极密切。鬼神充斥于他们的四周,预知他们自身及其环境的一切变动,操纵着他们的一切利害吉凶祸福,需要他们不断的馈飨和贿赂。他们在日常生活中每遇有可容犹豫的事情或不能解答的疑问,照例要听命于龟壳和牛骨。神鬼世界的主要成分是他们的祖先。王室对祖先的祭祀,其名目之众多,次数之频繁,供献之丰盛都非我们所能想象的。用牲的数目有多至一次五十羊、三百牛,或四百牛的。用牲的方法,除置俎中蒸熟或当场生宰以供陈列外,有以火焚烧,或沉于水中,或埋入土中的。祭祀的时日,用牲的种类、数目、方法,有时连牝牡、毛色,都要凭卜人预先向所祀的祖先请示。商人心目中死鬼与现世的关系,从盘庚迁都前对臣民的第二次训词(即《盘庚》中篇所记)很可以看出。兹将其中一段的大意,译白如下:“我念着先王为你们的先人劳碌,就关心你们,要保育你们。我若有失政,先王就要重责我说:为什么虐待我的子民?你们若不知去求安乐的生活,不与我同心,先王便要责罚你们:为什么不和我的幼孙和好?……你们若立心不良,先王便要革了你们的先祖先父在天的职位。你们的先祖先父受了你们的牵累就要弃绝你们,不救你们的死亡了。我有了这样乱政的臣民,只得拿贝和玉去祈祷。你们的先祖先父便会告诉先王:惩罚我的子孙罢!于是先王便大大地降下不祥来了!”祖先而外,商人的神祇,以现在所知,有主土壤的社神,有山川之神,有风雨之神,有蚕神,还有主宰百神的“帝”,即上帝。风神就是上帝的使者,他是凤鸟。卜辞中风与凤同字。

商人不知有没有占星术,但他们已会观察天象而定历法。他们的历法大致与旧时的阴历相同:一年为十二月,月有大小,大月三十日,小月二十九日;有闰月,置于年终,称为十三月。

商人的乐器有磬、埙(有石制、陶制、骨制三种)、鼓、铙(形如铃铎而无舌,持以敲击,大小三枚为一套)、龢(笙之小者)。又卜辞中有从丝从木的樂(乐)字,可见琴瑟之类当时亦已存在。

商代文化的速写止此。

第二节　夏商大事及以前之传说

商朝从成汤创业以后,六百年间,可考的大事,除了六次迁都,除了对鬼方的大战,除了最后直接间接和亡国有关的打击外,便是五度由盛而衰的循环。所谓盛就是君主英武,诸侯归服;所谓衰就是君主昏暗,或王室内乱,而诸侯叛离。前期第一度的盛衰牵涉到汤孙太甲(商朝第四王)和汤的开国功臣伊尹的关系。这有二说:一说太甲无道,“颠覆汤之典型”,伊尹把他放逐于桐,过了三年,伊尹见他悔过修德,又迎他复位。一说伊尹于商王仲壬死后,把法当嗣位的太甲放逐于桐,而自即王位;其后七年,太甲自桐潜出,杀伊尹。肇始商朝后期的盘庚是一中兴之主。在他以后，惟他的侄子武丁曾一度中兴。武丁以降，商朝一直衰下去。继位的君主皆生长安逸，“不知稼穑之艰难，惟耽乐之从”（这是周朝开国元勋周公追数前朝衰亡的原因的话）。他们以畋游荒宴代替了国政的烦劳。在商朝末年，一种叔世的颓废和放纵弥漫了整个商人社会。狂饮滥醉的风气普遍于君主、贵族和庶民。这是他们亡国的主因。

在叙述商朝灭亡的经过之前，让我们回溯商朝所继承的历史线索。

商朝所替换的朝代是夏。关于夏朝，我们所知，远更模糊。例如夏朝已有没有文字？有没有铜器？其农业发展到什么程度？其政治组织与商的异同如何？这些问题都无法回答。在后人关于夏朝的一切传说和追记中，我们所能抽出比较可信的事实，大要如下。

夏进历年约莫四百，其君位是父死子继而不是兄终弟及。其国都的迁徙比商朝更为频数。最初的君主禹历都阳城、晋阳、安邑，皆不出今山西的西南角（阳城在翼城西，晋阳在临汾西，安邑在平陆东北）。禹子启始渡河而南，居今新郑、密县间。以后除启孙后相因外患失国远窜外，夏主的迁徙，不出今河南的黄河以南，汝、颍以北。当夏朝为成汤所灭时，都于斟鄩，即今巩县西南。夏朝最大的事件是与外族有穷氏的斗争。有穷氏以钼（今河南滑县东）为根据地，当启子太康时，攻占了夏都（时在斟鄩），以后统治了夏境至少有六七十年。太康逃居于外，有穷氏以次立其弟仲康及仲康子后相为傀儡。后相继被窜逐追杀。后来后相的遗腹子少康收聚夏朝的残余势力，乘有穷氏的衰弱，把他灭掉，恢复旧物。有穷氏是在夏境的东北，后来灭夏的成汤则来自东南，其先世亦发祥于东北。夏朝的外患盖常在东方。

成汤的先世累代为部族长。他的先十四代祖契与禹同时，以蕃（今河北平山附近）为根据地。契子昭明迁于砥石（今河北砥水流域），继迁于商（今河南商丘），"天邑商"，商朝之得名由此。昭明子相土是一雄才大略的君长，曾大启疆宇，以相（在今安阳西十五里）为东都。可惜他的功业的记录只剩下他的后裔的两句颂诗：

相土烈烈，海外有截。

此时的海外说不定就是辽东或朝鲜。后来商朝亡后，王弟箕子能逃入朝鲜而历世君临其地，莫不是因为商人原先在那里有些根据？相土以后两三百年间，商人的事迹无考，也许这是他们的中衰时代（传说相土发明以马驾车，又他的后裔王亥——也是成汤的先世——发明以牛驾车）。到了成汤才复把商人带领到历史上，他从商北迁于亳，继灭了北方的若干邻族，然后向夏进攻，夏主桀兵败，被他放逐于南巢（在今安徽巢县东北五里）而死，夏朝于此终结。

我们若从夏朝再往上溯，则见历史的线索迷失于离奇的神话和理想化的传说中不可析辨了。凡此种种，本书自宜从略。但其中有一部分和后来历史的外表，颇有关系，应当附带叙及。

据说禹所继承的君主是舜，国号虞；舜所继承的是尧，国号唐。当尧舜之世，天下为公，而不是一家一姓所得私有的。尧怎样获得帝位，传说没有照顾到。舜本是历山（在今山东）的农夫,有一串故事(这里从略)表明他是一个理想的孝子和理想的贤兄,又有一串故事(例如他在哪里耕种,哪里的农人便互相让界;他在哪里打鱼,哪里的渔人便互相让屋,他在哪里造陶器,哪里的陶工便不造劣器),表明他是一个理想的领袖。帝尧闻得他的圣明,便把他召到朝廷里来,把两个女儿同时嫁给他,试他治家的能力;并拿重要的职位去试他政治的能力。他果然家庭雍睦任事称职。尧老了,便告退,把帝位推让给他。尧的时候有一场普遍于全"中国"的大水灾。禹父鲧,因治水无功,被处死刑,禹继承了他父亲的任务终于把水患平定。禹治水的工作凡历十三年,在这期间,曾三次走过自己的家门,都没有进去,有一次并且听到新产的儿子在呱呱地哭呢。后来舜照尧的旧例,把帝位推让给禹。禹在死前,也照例选定了一位益做自己的继承者。但禹死后,百姓不拥戴益,而拥戴禹的儿子启,于是启践登了帝位(一说益和启争位,为启所杀)。旧例一破便不再回复了。这便是尧、舜"禅让"的故事。

还有一位值得提到的传说中重要人物,那是黄帝。他所占故事中的时代虽在尧舜之先,他的创造却似在尧舜之后。照传说的一种系谱(《史记·五帝本纪》),他是尧的高祖,舜的八世祖,禹的高祖(舜反比禹低三辈,这很奇怪),也是商周两朝王室的远祖,并且成了后来许多同化的外族祖先。黄帝和他左右的一班人物并且是许多文化成分的创造者,例如他发明舟、车、罗盘、阵法、占星术和许多政治的制度;他的妃嫘祖最初教人养蚕织丝;他的诸臣分别发明文字、算术、历法、甲子和种种乐器。总之,他不独是中国人的共祖,并且是中国文化的源头。他的功用是把中国古代史大大地简单化了。

第三节　周朝的兴起

现在让我们离开想象,回到事实。

当商朝最末的一百年间,在渭水的流域,兴起了一个强国,号为周。周字的古文像田中有种植之形,表示这国族是以农业见长。周王室的始祖后稷(姬姓),乃是一个著名的农师(传说与禹同时),死后被周人奉为农神的。后稷的子孙辗转迁徙于泾渭一带;至古公亶父(后来追称太王),原居于豳(今陕西郊县附近),因受不了鬼方侵迫,率众迁居岐山(在今陕西岐山县境)之下。这一带地方盖特别肥沃,所以后来周人歌咏它道:

> 周原朊朊,堇荼如饴。

以一个擅长农业的民族,经过移民的选择,来到肥沃土地,而且饱经忧患,勤奋图存,故不数十年间,便蔚为一个富强之国。到了古公子季历(后来追称王季)在位时,竟大败鬼方,俘其酋长二十人了。古公在豳,还住地穴,其时周人的文化可想而知。迁岐之后,他们开始有宫室、宗庙和城郭了。季历及其子昌(后来追称文王)皆与商朝联婚,这促进了周人对商文化的接受,也即促进了周人的开化。

至少自古公以下,周为商朝的诸侯之一,故卜辞中有"令周侯"的纪录。旧载季历及昌皆受商命为"西伯",即西方诸侯之长,当是可信。但卜辞中屡有"寇周"的记载,可见商与周的关系并不常是和谐的。旧载古公即有"翦商"的企图。盖周自强盛以来,即以东向发展为一贯之国策。古公和季历的雄图的表现,于史无考,但西伯昌的远略尚可窥见一斑。他在逝世前九年,自称接受了天命,改元纪年。此后六年之间,他至少灭掉了四个商朝的诸侯国:

一、密　今甘肃灵台县西,

二、黎　今山西黎城县东北,

三、邘　今河南怀庆西北,

四、崇　今河南嵩县附近。

此外商诸侯不待征伐而归附他的当不少。又旧载西伯昌曾受商王纣命,管领江、汉、汝旁的诸侯,大约他的势力已及于这一带。后来周人说他"三分天下有其二",若以商朝的势力范围为天下,恐怕竟去事实不远了。灭崇之后,西伯昌作新都于丰邑(在今长安县境),自岐下东迁居之。他东进的意向是够彰明的了。

文王死后第四年的春初,他的嗣子武王发率领了若干诸侯及若干西北西南土族的选锋(中有庸、蜀、羌、髳、微、卢、彭、濮等族类,其名字不尽见于以前和以后的历史),大举伐商;他的誓师词至今犹存,即《尚书》里的《牧誓》。凭一场胜仗,武王便把商朝灭掉。战场是牧野,离商王纣的行都朝歌(今河南淇县)不远。朝歌是他的离宫别馆所在,是他娱悦晚景的胜地。这时他至少已有六七十岁了。在享尽了畋游和酒色的快乐之后,他对第一次挫败的反应是回宫自焚而死。商兵溃散,武王等长驱入殷。商朝所以亡得这样快，照后来周人的解释是文王、武王累世积德行仁，民心归向；而商纣则荒淫残暴，民心离叛；所谓"汤武革命，顺乎天而应乎人"。这固然不能说没有一些事实的影子，但事实决不如此简单。周人记载中无意泄露的关于商、周之际的消息，有两点可注意。一说"纣克东夷而陨其身"。可见商人在牧野之战以前，曾因征服东方的外族，而把国力大大损耗了；武王乃乘其疲敝而取胜的。一说"昔周饥，克殷而年丰"。可见牧野之战，也是周人掠夺粮食，竞争生存之战。武王是知道怎样利用饥饿的力量的。

殷都的陷落和商朝的覆亡，只是周人东向发展的初步成功。商朝旧诸侯的土地并不因此便为周人所有，而且许多旧诸侯并不因此就承认武王为新的宗主。此后武王、成王、康王之世，不断地把兄弟、子侄、姻戚、功臣分封于外，建立新国。这些新国大抵是取旧有的诸侯而代之，也许有的是开辟本来未开辟的土地。每一个这类新国的建立，便是周人的一次向外移殖，便是周人势力范围的一次扩展。

但当初武王攻陷殷都之后，并没有把殷都及殷王畿占据，却把纣子武庚禄父封在这里，统治商遗民，而派自己的两个兄弟管叔和蔡叔去协助并监视他们。这不是武王的仁慈宽大。这一区域是民族意识特别深刻的"殷顽民"的植根地，而且在当时交通不便的情形之下，离周人的"本部"丰岐一带很远，显然是周人所不易统治的。故此武王乐得做一个人情。但这却种下后来一场大变的原因。武王克殷后二年而死，嗣子成王年幼，王叔周公旦以开国功臣的资格摄政。管、蔡二叔心怀不平，散布流言，说

“周公将不利于孺子”。并鼓动武庚禄父联结旧诸侯国奄(今山东曲阜一带)和淮水下游的外族淮夷,背叛周室。周公东征三年,才把这场大乱平定。用兵的经过不得而详,其为艰苦卓绝的事业,是可想象的。于是周公以成王命,把殷旧都及畿辅之地封给文王的少子康叔,国号卫;把商丘一带及一部分殷遗民封给纣的庶兄微子启,以存殷祀,国号宋;把奄国旧地封给周公子伯禽,国号鲁;又封功臣太公望(姜姓)的儿子于鲁之北,国号齐(都今山东临淄);封功臣召公奭(周同姓)的儿子于齐之北,国号燕(都今北平附近);都是取商朝旧有诸侯国而代之的。周公东征以后,周人的势力才达到他们的“远东”。就周人向外发展的步骤而论,周化的东征比武王的克殷还更重要。这大事业不可没有一些艺术的点缀。旧传《诗经·豳风》里《东山》一篇就是周公东征归后所作,兹录其一章如下:

> 我徂东山,慆慆不归。我来自东,零雨其濛。鹳鸣于垤,妇叹于室。洒扫穹窒,我征聿至。有敦瓜苦,烝在栗薪,自我不见,于今三年。

假如传说不误,这位多才多艺的军事政治家,还是一个委婉的诗人呢!

先是武王克殷后,曾在丰邑以东不远,另造新都曰镐京(仍在长安县境),迁居之,是为宗周。“远东”戡定后,在周人的新版图里,丰镐未免太偏处于西了。为加强周人在东方的控制力,周公在洛阳的地方建筑一个宏伟的东都,称为成周。成周既成,周公把一大部分"殷顽民",远迁到那里。从此周人在东方可以高枕无忧了。却不料他们未来的大患乃在西方。周公对被迁到成周的殷人的训词,至今还保存着,即《尚书》里的《多士》。

武王、成王两世,共封立了七十多个新国,其中与周同姓的有五十多国;但这七十余国而外,在当时黄河下游和大江以南,旧有国族之归附新朝或为新朝威力所不届的,大大小小,还不知凡几。在这区域内,周朝新建的和旧有的国,现在可考的有一百三十多。兹于现在可考的周初新建国中,除上面已提到的宋、卫、鲁、齐、燕外,择其可以表示周人势力的分布的十八国列表如下:

国　名	姓	始祖与周之关系	国　都　今　地
晋	姬	武王子叔虞	山西太原北
霍	姬	文王子叔处	山西霍县
邢	姬	周公子	河北邢台
芮	姬		陕西大荔县南
贾	姬		陕西蒲城西南
西虢	姬	文王弟虢叔	陕西宝鸡县东
滕	姬	文王子叔绣	山东滕县
郕	姬	文王子叔武	山东汶上县北
郜	姬	文王子	山东城武县东南
曹	姬	文王子叔振铎	山东定陶县
东虢	姬	文王弟虢仲	河南汜水县
蔡	姬	文王子叔度	河南上蔡县(约在前530年左右迁于今新蔡)
祭	姬	周公子	河南郑州东北
息	姬		河南息县
申	姜		河南南阳北
蒋	姬	周公子	河南固始县西北
随	姬		湖北随县
聃	姬	文王子季载	湖北荆门东南

本节叙述周人的东徙至周朝的创业，本自成一段落。但为以下行文的方便起见，并将成王后康、昭、穆、共、懿、孝、夷、厉八世的若干大事附记于此。这时期的记载甚为缺略，连康、昭、共、懿、孝、夷六王在位的年数亦不可考（成王在位的年数亦然）。因此厉王以前的一切史事皆不能正确地追数为距今若干年。成、康二世为周朝的全盛时代，内则诸侯辑睦，外则四夷畏慑。穆王喜出外巡游，其踪迹所及，不可确考，但有许多神话附着于他。夷王时周室始衰，诸侯多不来朝，且互相攻伐。厉王即位于公元前 878 年。他因为积久的暴虐，于即位第三十七年，为人民所废逐，居外十四年而死。在这期间，王位虚悬，由两位大臣共掌朝政，史家称之为“共和”时代。厉王死后，其子继位，是为宣王。

第四节　周代与外族

夏、商、周三朝的递嬗，代表三个民族的移徙和发展。大体上说，夏人自西而东，商人自东而西，周人复自西而东，他们后先相交错，相覆叠，相同化，同时各把势力所及地方的土族同化，在一千数百年间，这参伍综错的同化作用团结成一大民族，他们对于异族，自觉为一整体，自称为“诸夏”，有时也被称并自称为“华”。中华民族的“华”字起源于此。这自觉和自号很难说是哪一年哪一月开始，大约，至迟在公元前 770 年“周室东迁”的前后当已存在。这划时代的大变，一会就要讲到。我们可用这时间做中心点，以叙述诸夏与若干影响重大的外族的关系。至于其他星罗棋布于今河北、山东、河南、山西、陕西而与诸夏错居的许多游牧或非游牧的种族

（周人所泛称为夷或戎的）以及他们不断与诸夏互相龃龁而渐渐为诸夏同化吸收的经过，这里不能详及，现在也不能尽考。

（一）商末、周初的鬼方，后来周人称为玁狁，继称犬戎。此族在周初屡出没于丰镐以西和以北。成王时曾伐鬼方，俘人至一万三千余，战争之剧烈可想。参加此役的盂国（近岐山）曾铸鼎刻铭以记其事，至今尚存。穆王时又大败此族，俘其五王，迁其部落若干于汾洮一带。至厉王末年，玁狁乘周室内乱，又复猖獗；以后四十余年间，不时寇略西陲，甚至深入王畿，迫近镐京，终为宣王所攘逐。这期间出征玁狁的将士的写怀诗，至今还有留存（即《诗经·小雅》的《采薇》《出车》《六月》《采芑》），兹示一斑（《采薇》六章，录四章）如下：

采薇采薇，薇亦作止。曰归曰归，岁亦暮止。靡室靡家，玁狁之故。不遑启居，玁狁之故。

采薇采薇，薇亦柔止。曰归曰归，心亦忧止。忧心烈烈，载饥载渴。我戍未定，靡使归聘。

采薇采薇，薇亦刚止。曰归曰归，岁亦阳止。王事靡盬，不遑启处。忧心孔疚，我行不来。（中略）

昔我往矣，杨柳依依。今我来思，雨雪霏霏。行道迟迟，载渴载饥。我心伤悲，莫知我哀。

宣王死，子幽王立。幽王因宠艳妃，废王后及太子宜臼。太子出奔王后的外家，即申国。王欲杀太子，求之于申，不得，王伐申，申侯求助于犬戎。于是犬戎攻陷镐京，追杀幽王于骊山下。方镐京陷落之时，鲁侯、许公及申侯拥立宜臼于申（前770年），是为平王。及幽王既死，虢（当时东虢）公又立王子余臣于携（当在东虢附近）。两王并立了二十一年，而余臣为晋文侯所杀，周室复一。平王因镐京及王畿的西半已为犬戎所据，定都于成周，后来王室一直留在这里。平王把沦陷区交托给一个护驾功臣、原来承袭西垂大夫世职的秦襄公，许他若果能克服犬戎，便领有其地。襄公果然完成了他的任务，在那里建立了秦国。而王畿的西半不复为王室所有了。经这次打击，王室日渐衰微，到后来只保存了一个共主的空名。史家称东迁以前的周朝为西周，以后的周朝为东周（现存鲁国史记《春秋》包括东周第四十九年以下的二百四十二年，史家称这时代为春秋时代）。

（二）入东周后，从公元前662至前595年间，为诸夏祸最烈的外族，是犬戎的同源异派，当时周人称为"狄"的。狄有赤、白之别，又各分为许多部族。赤狄分布于今河北广平至山西潞城、屯留一带；白狄一部分在今陕北延安一带，一部分在今河北藁城、晋县一带。但这时期的记载并没有分别侵略者为赤为白，或其所属的特殊部族，只笼统称之为狄而已。大约来侵的狄人，赤狄占大多次数，东方的白狄占少数，而西方的白狄不预。在这期间齐受狄侵七次，卫六次，晋五次，鲁二次；邢、宋、温、郑、周各一次。卫受摧残最甚，被逼两次迁都（卫原都朝歌，在河南淇县东北；一迁楚丘，在河南滑县东，再迁帝丘，在河南濮阳），其国境大半沦陷，赖齐桓公之救始免于亡国。邢亦被迫迁都（邢本都河北邢台，迁山东东昌），亦赖齐桓公之救始免于亡国。成周为狄攻陷，周襄王出奔于郑，赖晋文公之救始得复国。结束狄患的是晋国，它于公元前593至前592两年间，倾全国之力灭赤狄；继于前530至前520年间灭东方白狄的大部分。经这两役，广漠的狄土的邢、卫的沦陷地皆入于晋，晋境盖展拓了一倍以上。

（三）周代以前，中国历史的主要地盘是在今山东、河南、山西，而旁及河北、陕西的一部分。其时长江下游包括湖北、安徽、江苏、浙东等地的历史，几乎完全埋在黑暗之中。到了周朝，这一区域里民族分布的情形才有鳞爪可见。周人的拓殖已达到湖北汉水的东北，其汉水以西南，直至大江，则为楚人的领域。安徽境内部族之可考者有群舒，在舒城至庐江间及六安、霍丘一带；有徐戎，在泗县以北一带。在江苏境内，江北有淮夷，以邳县一带为中心，其江南则为吴人的领域。吴地并跨浙江的浙西，其浙东则为越人的领域。越地并跨江西的鄱阳湖之东。

这些民族中，群舒的历史，吾人所知最少，只知道他在鲁僖公（前659至前627年）时曾与鲁为敌，鲁人歌颂僖公，有"荆舒是惩"之语，它们自前615年以后陆续为楚所灭。

徐戎当周穆王之世，在徐偃王的统治之下，曾盛极一时；东方诸侯臣服于他的有三十六。他晚年力行仁义，不修武备；结果，楚人来伐，他一战败死，他的霸业也随之烟消云散。徐戎每与淮夷联合，以敌对诸夏，特别是鲁。周公子伯禽初就封于鲁时，这两族便并起与他为难。厉、宣之际两族又乘机凭陵诸夏，至劳宣王亲征平定。《诗经》里《常武》（《大雅》）一篇即咏此事，中有云：

> 王奋厥武，如震如怒。时厥虎臣，阚如虓虎。铺敦淮溃，仍执丑虏。截彼淮浦，王师之所。王旅啴啴，如飞如翰，如江如汉，如山之苞，如川之流，绵绵翼翼，不测不克，濯征徐国。

后业鲁人歌颂僖公的成功也说他：

> 保有凫绎，遂荒徐宅；至于海邦，淮夷蛮貊。

淮夷受诸夏同化的程度，现在无徵。徐戎至迟在东周时已采用了诸夏的文字。这有现存几件徐国铜器的铭文为证，举其一例如下：

> 隹（唯）正月初吉丁亥，徐王庚之淑子沇儿作，择其吉金，自作和钟。中翰且扬，元鸣孔皇。孔喜元成，用盘（乐也）饮酒，和会百姓。淑于威仪，惠于明祀。歔（吾）以晏以喜，以乐嘉宾及我父兄庶士。皇皇熙熙，眉寿无期，子子孙孙，永保鼓之。

徐戎于公元前512年为吴所灭。淮夷自前515年以后不见于历史，其结局无考，大约非被灭于吴则被灭于越。

楚、吴、越三国有一重要的共同点：三国的王族都不是土著，而是从北方迁来的。传说楚王族的先祖季连，其长兄昆吾为夏朝诸侯之一，国于今河南许昌；其后嗣称昆吾氏。昆吾氏之国为成汤在伐桀之前灭掉。季连的事业无考。他的后裔衰微，散在中国和蛮夷。周文王时，有鬻熊，乃季连后裔之君长于楚地者，归附于文王。鬻熊的曾孙熊绎，当成王末年始受周封。吴国王族的始祖是王季之兄泰伯和仲雍（兄弟相继），传说他们因为让国给王季而逃至吴地。越国王族的始祖相传是夏禹之后。这些南向远徙的殖民领袖，怎样犯难冒险去到目的地，怎样征服了土人而君临其上，现在都不得而知了。他们和他们的子孙既与本土隔绝，渐为当地蛮夷所同化。例如居吴越的便同土人一样断发（诸夏束发，戎狄被发，吴越断发）文身。但经过了长期的隔离之后，当这些国族的发展把他们带到诸夏的世界时，同化的方向都倒转了过来。楚和诸夏发生密切的关系最早，自西周初期以来，便是周室的劲敌；吴次之，入东周一八五年（前583年）始与诸夏有使节往来；越则直待前473年灭吴以后，始有机会与诸夏接触。楚、吴、越的历史续详于第三章。

第二章　周代的封建社会

第一节　封建帝国的组织

武王所肇创、周公所奠定的“封建帝国”，维持了约莫七百年（公元前11世纪初至前5世纪末）。这期间的社会概况便是本章所要描写的。自然在这期间，并非没有社会变迁，而各地域的情形也不一致。这纵横两方面的变异，虽然现在可能知道的很少，下文也将连带叙及。这个时期是我国社会史中第一个有详情可考的时期。周代的社会组织可以说是中国社会史的基础。从这散漫的封建的帝国到汉以后统一的郡县的帝国，从这阶级判分、特权固定的社会到汉以后政治上和法律上比较平等的社会，这其间的历程，是我国社会史的中心问题之一。

上面所提到“封建”一词常被滥用。严格地说封建的社会的要素是这样：在一个王室的属下，有宝塔式的几级封君，每一个封君，虽然对于上级称臣，事实上是一个区域的世袭的统治者而兼地主；在这社会里，凡统治者皆是地主，凡地主皆是统治者，同时各级统治者属下的一切农民非农奴即佃客，他们不能私有或转卖所耕的土地。照这界说，周代的社会无疑地是封建社会。而且在中国史里只有周代的社会可以说是封建的社会。名义上这整个的帝国是"王土",整个帝国里的人都是"王臣",但事实上周王所直接统属的只是王畿之地。王畿是以镐京和洛邑为两个焦点,其范围现在不能确考,但可知其北不过黄河,南不到汉水流域,东不到淮水流域,西则镐京已接近边陲。王畿之地,在周人的估计中,是约莫一千里左右见方。王畿之外,周室先后至少封立了一百三十个以上(确数不可考)的诸侯国,诸侯对王室的义务不过按期纳贡朝觐,出兵助王征伐,及救济畿内的灾患而已。诸侯国的内政几乎完全自主。而王室开国初年的武威过去以后,诸侯对王室的义务也成了具文,尽不尽听凭诸侯的喜欢罢了。另一方面,周王在畿内,诸侯在国内,各把大部分的土地,分给许多小封君。每一小封君是其封区内政治上和经济上的世袭主人,人民对他纳租税,服力役和兵役,听凭他生杀予夺,不过他每年对诸侯或王室有纳贡的义务。

周朝的诸侯国,就其起源可分为四类。第一类是开国之初,王室把新征服或取得的土地,分给宗亲姻戚或功臣而建立的。前章所表列的国家皆属此类。第二类是开国许久之后,王室划分畿内的土地赐给子弟或功臣而建立,例如郑、秦。郑始祖为周厉王少子友,宣王时始封。在今陕西华县。幽王之乱,郑友寄家于郐及东虢,因而占夺其地,别建新国(在今河南中部黄河以南新郑一带)。第三类是拿商朝原有的土地封给商朝后裔的,属于此类的只有宋。第四类是商代原有的诸侯国或独立国,归附于周朝的,例如陈、杞等。旧说周朝诸侯,爵分五等,即公、侯、伯、子、男。此说曾有人怀疑。但现存东周的鲁国史记里确有这五等的分别。其中所称及的诸侯公爵的只有宋,男爵的只有许(今河南许昌);属于第一类的多数为侯，亦有为伯的；属于第二类的秦，郑皆为伯；属于第四类的大抵为子。

王畿内的小封君殆全是王族。列国的小封君原初殆亦全是“公族”（国君的同族）；但至迟在前7世纪初这种清一色的局面已打破。齐桓公（前651至前643年）有名的贤臣管仲和景公（前547至前490年）有名的贤臣晏婴都有封地，却非公族，晏婴并且据说是个东夷。晋国自从献公（前676至前651年）把公族几乎诛逐净尽，后来的贵族多属异姓，或来自别国。秦国自从它的政制有可稽考，自从穆公（前659至前621年）的时代，已大用“客卿”，公族始终在秦国没有抬过头。但鲁、郑和宋国，似乎终春秋之世不曾有过（至少稀有）非公族的小封君。这个差异是进取和保守的差异的背景，也是强弱的差异的背景。畿内小封君的情形，我们所知甚少，姑置不谈。列国的小封君统称为大夫。列国的大夫多数是在国君的朝廷里任职的，其辅助国君掌理一般国政的叫做卿。卿有上下或正副之别。大国的卿至多不过六位。大夫亦有上下的等级，但其数目没有限制。大夫的地位是世袭的，卿的地位却照例不是世袭的，虽然也有累代为卿的巨室。大夫的家族各有特殊的氏。有以开宗大夫的官职为氏的；有以封地的首邑为氏的；若开宗大夫为国君之子，则第三世以下用开宗大夫的别字为氏。下文为叙述的便利，称大夫的世袭的家业为“氏室”，以别于诸侯的“公室”和周王的“王室”（周制：列国的卿，有一两位要由王朝任命，但此制实施之时间空间范围不详）。

周王和大小的封君（包括诸侯）构成这封建社会的最上层，其次的一层是他们所禄养的官吏和武士，又其次的一层是以农民为主体的庶人,最下的一层是贵家所豢养的奴隶。

第二节　奴隶

关于奴隶阶级的情形现在所知甚少。譬如在全国或某一地域奴隶和其他人中的比例是怎样呢?天子、诸侯或大夫所直接役属的奴隶各有多少呢?我们都不得而知。幸而当时周王和列国君主赏赐奴隶的数目常见于记录。最高的记录是晋景公(前599至前581年)以"狄臣"(狄人做奴隶的)一千家赏给他一个新立战功的大夫荀林父。其次是齐灵公(前581至前554年)以奴隶三百五十家赏给他的一个新受封的大夫。荀林父在这次受赐之前已做过两朝的执政,他家中原有的奴隶,至少当可以抵得过这一次的赏赐。可见是时一个大国的阔大夫所有的奴隶会在一万人以上。

这些奴隶的主要来源是战争。周初克殷和东征的大战,不用说了,此后诸夏对异族的征讨和诸侯相互的攻伐,每次在战场内外所获的俘虏,除了极少数有时被用来"衅鼓"(杀而取血涂鼓,以祓除不祥)或用作祭祀的牺牲外,大部分是做了胜利者的奴隶。殷亡国以后,殷人被俘虏的一定很多,但究有若干,现在不可确考(《逸周书》所载不可靠)。此后俘数之可知者:对外的例如成王二十五年伐鬼方之役俘一万三千八十一人,又如上说赏给荀林父的"狄臣"一千家就是当时新获的俘虏的一部分。对内的例如前484年吴国、鲁国和王师伐齐,俘齐国甲车八百乘,甲士三千人。俘虏的利益有时竟成为侵伐的动机。诸侯对天子,或小国对大国时常有献俘的典礼。诸夏国互获的俘虏可以赎回。鲁国定规赎俘之费由国库负担。但有被赎的幸运的恐怕只是显贵的俘虏,而有时所费不赀。例如前611年,宋国向郑人赎那“睅其目、皤其腹”的华元,用兵车百乘,文马百驷(但这些礼物还未交到一半他就逃脱回来了)。奴隶的另一个来源是罪犯。犯罪的庶人和他的家属被没入贵家为奴的事虽然不见于记载,但我们知道,贵家因罪戾被废,或因互争被灭,其妻孥有被系或被俘而用作赏品的,其后裔有“降在皂隶”的。

奴隶做的是什么事?第一,自然是在贵人左右服役。这一类的奴隶包括“小臣”(即侍役)、婢妾和管宫室、管车驾的仆竖;还有照例用被刖的罪犯充当的“阍人”和用被“宫”的罪犯充当的“寺人”。但这些只占小数。大部分的奴隶是被用于生产的工作。每一个贵家,自周王的以至大夫的,是一个自足的社会。谷米不用说是从采邑里来的。此外全家穿的衣服和用的东西,自家具以至车舆、兵器、乐器、祭器,多半是家中的奴隶制造的。这时代用车战,兵车以马驾,养马和管厩又是奴隶的事。此外山林川泽是由贵家专利的。樵、苏、渔、牧和煮盐又是奴隶的事。女奴也有分配到外边做工的;采桑养蚕的叫蚕妾,做纺织或其他女红的叫做工妾。贵家设有一官专管工人。公室的工官普通叫做工正,惟楚国的叫做工尹。王室和公室的总工官之下还有分管各业的工官:例如以现在所知,周室有所谓“陶正”者,大约是管制造陶器的;鲁国有所谓“匠师”者,大约是管木工的。有专长的奴隶每被用作礼物。例如前589年,鲁国向楚国求和,赂以执斫、执针、织纴各百人。又例如前562年,郑国向晋国讲和,所赂有美女和工妾共三十人,女乐二队每队八人。

奴隶可以抵押买卖。西周铜器铭刻中有“赎兹五夫用百爰”的话。奴隶的生命自然由贵人随意处置。例如晋献公有一回思疑肉里有毒,先拿给狗试试,狗死了,再拿给小臣试试,这不幸的小臣便与那狗同其命运了。又例如献公的儿子重耳出亡时，他的从臣们在桑下密谋把他骗离齐国，被一个蚕妾偷听了；她回去告诉重耳的新婚夫人齐姜，齐姜恐怕妨碍公子的“四方之志”，一声不响地便把那蚕妾杀了。在周代盛行的殉葬制度底下，奴隶也是必然的牺牲。平常以百计的殉葬者当中，我们不知道有多少奴隶。他们的死太轻微了，史家是不会注意的。但也有一件奴隶殉葬的故事因为有趣而被保留。晋景公的一个小臣有一朝起来很高兴地告诉人，他夜梦背着晋侯登天，午间他果然背着景公但不是登天，而是“如厕”；景公本来病重，他跌落厕坑里死了，那小臣便恰好被用来殉葬。

奴隶是以家为单位的，一个奴隶家里不论男女老幼都是奴隶。他们的地位是世袭罔替的；除了遇着例外的解放。新俘奴隶被本国赎回也许是常见的事。此外奴隶被解放的机会似乎是很少的，历史上只保存着两个例子。其一，前655年，晋灭虞，俘了虞大夫百里奚，后来把他用作秦穆公夫人的“媵臣”（从嫁奴隶）。他从秦逃到楚，被楚人捉住。他在虞国本来以贤能知名，秦穆公想重用他，怕楚不给，于是以赎“媵臣”为名，出五张黑羊皮的很低代价，竟把他赎回了。他因此得到“五羖大夫”的绰号。其二，前550年，晋国内乱，叛臣手下的一个大力士督戎，人人听到他的名字就惧怕。公家有一个奴隶叫做斐豹，自荐给执政道，若把他的奴籍烧了，他便杀死督戎，执政答应了他，后来他果然把督戎杀了。

第三节　庶民

我们在上文叙述奴隶的生活时，保留着一个很重要的问题，奴隶和农业的关系是怎样？换句话说，大多数农民的地位是怎样的？关于这一方面，记载很残缺，现在可得而说的多半是间接的推论。我们可以悬想，周朝开国之初，无数战胜的族长分批地率领子弟来到新殖民地里，把城邑占据了，田土瓜分了，做他们的侯伯大夫，他们于所占得的田土当中留出一小部分，直接派人去管理，收入完全归他们自己，这种田便是所谓“公田”；其余大部分的田土，仍旧给原来的农夫耕种，却责他们以粟米、布缕和力役的供奉；他们的佃耕权可以传给子孙却不能转让或出售给别人。这种田即所谓“私田”。大部分的公田当是由耕私田的农夫兼尽义务去耕种的。他们“公事毕然后敢治私事”。但也有一部分“公田”是由奴隶去耕种的。所以西周的《大克鼎》铭文里记周王赏田七区，其中有一区注明“以厥臣妾”。但由此亦可见奴隶附田的制度在西周已不很普遍了。耕私田的农夫皆是所谓“庶人”。他们的地位是比奴隶稍为高贵些；但他们的生活殊不见得比奴隶好。粟米和布缕的征收固有定额，但不会很轻；什一之税在东周末年还是可望难即的理想。除正税外遇着贵人家有婚嫁等喜事他们还有特别的供应。力役之征更是无限的。平常他们农隙的光阴大部分花在贵人的差使上。若贵人要起宫室、营台榭、修宗庙或筑城郭，随时可以把他们征调到在鞭子底下作苦工。遇着贵人要打仗，他们得供应军需，并且贡献生命。遇着凶年饥馑，他们更不如奴隶有依靠，多半是“老弱转乎沟壑，壮者散而之四方”。

西周传下来的《七月》一首民歌描写豳（今陕西邠县）地农民的生活很详细。根据这诗，可以作一个农民的起居注如下：正月把农器修理。二月开始耕种，他的妻子送饭到田里给他吃，督耕的“田畯”也笑嘻嘻地来了。同时他的女儿携着竹筐到陌上采桑。八月他开始收获，同时他的女儿忙着缫丝，缫好了，染成黑的、黄的，还有红洒洒的预备织做公子的衣裳。十月获稻，并酿制明春给贵人上寿的酒。农夫们把禾稼聚拢好，便到贵人家里做工，白天去采茅，晚上绞绳。是月酧神聚饮烹宰羔羊；大家到贵人堂上献酒，欢呼万岁。十一月出猎，寻觅狐狸，为着贵人的皮袍。十二月农夫们会同受军事训练。是月把养肥了的猪献给贵人，又把冰凿下，藏好，预备明年春夏天贵人需用。

《七月》这首歌是贵人用作乐章的，自然要合贵人的口味。诗中的农夫是怎样知足安分地过着牛马生活。但农夫和别的庶民也有不安分的时候，假如贵人太过忽略了他们的苦痛。第一章里已经说过，周朝的第十个王，厉王，就因为久积的暴虐，被民众驱逐出国都，失却王位。和厉王同命运，甚至比他更不幸的封君不断地见于记载。举例如下：前634年，当晋、楚两强交争的时候，卫君因为得罪了晋国想转而亲楚。但卫国离晋较近，亲楚便会时常招惹晋人的讨伐。在这种当儿，首先遭殃的便是人民。他们即使幸而免于战死，免于被俘，他们回到家中，会发现禾稼被敌人割了，树木被砍了，庐舍被毁了，甚至井也被塞了。因此，卫君的亲楚政策是和卫国人民的利益根本冲突的。他们听到了，便大闹起来，把卫君赶到外国去了。同类的事件有前553年蔡国的公子燮因为想背楚亲晋给民众杀了。蔡是邻近楚的。经过这些事件的教训，所以前577年，陈侯当外患紧急时只好把国人召齐来，征求他们的意见，来决定外交政策。因直接残虐人民失去地位或性命的封君，为例更多。前609年，莒君因为“多行无礼于国”被他的太子率领民众杀了。前561年，畿内的原伯，因为详情现在不知的暴行弄到民不聊生，被民众赶走了。前559年，另一位莒君因为喜欢玩剑，每铸成一把剑便拿人民来试；又因为想背叛齐国，被一位大夫率领民众赶走了。前550年，陈国的庆氏据着首都作乱，陈侯率兵来围，庆氏督着民众修城。是时，城是用土筑的，筑时用板夹土。督工的看见一两块板倒了，便把旁边的役人杀死。于是役人暴动起来把庆氏的族长通杀了。前484年，陈大夫某，因为陈侯嫁女，替向国人征收特税；征收的太多，用不了，他把剩下的为自己铸了一件钟鼎之类的“大器”。后来国人知道，便把他赶走了。他走到半路，口渴，同行的一位族人马上把稻酒、干粮和肉脯献上，他高兴得了不得，问为什么这样现成？答道：大器铸成时已经预备着。

上述厉王以后的民变，全发生在前6世纪当中和附近。这些见于记载的暴动完全是成功的，影响到贵人的地位或生命的，其他失败而不见于记载的恐怕还有不少。这时候民众已渐渐抬头，许多聪明的卿大夫已认识民众的重要，极力施恩于他们，收为己助，以强其宗，以弱公室，甚至以得君位。例如当宋昭公（前619至前611年）昏聩无道的时候，他的庶弟公子鲍却对民众特别讲礼貌。有一回宋国大闹饥荒，他把自己所有的谷子都借给饥民。国中七十岁以上的人他都送给食物，有时是珍异的食物。他长得很美，连他的嫡祖母襄夫人也爱上了他，极力助他施舍。后来襄夫人把昭公谋害了，他便在国人的拥戴中继为宋君。又例如齐国景公（前547至前490年）的时候，当公室底下的人民以劳力的三分之二归入公室，而仅以三分之一自给衣食的时候，陈氏却用实惠来收买人心。齐国的量器，以四升为豆，四豆为区，四区为釜，十釜为钟。陈家特制一种新量，从升到釜皆以五进，仍以十釜为钟，借谷子给人民的时候，用新量；收还的时候，用旧量。陈家专卖的木材，在山上和在市上一样价，专卖的鱼盐蜃蛤，在海边和在市上一样价。这一来民众自然觉得陈家比公室可爱。后来陈氏毫无阻力地篡夺了齐国。此外如鲁的季氏,郑的罕氏都以同类的手段取得政权。

上文所说参加叛变和被强家利用的民众自然包括各种色的庶人。当中自然大部分是农人,其余当有少数商人和工人。庶人和奴隶的重要差别在前者可以私蓄财物,可以自由迁徙。但农人实际上很少移动,除了当饥荒的时候。虽然在前6世纪时人的记忆中,有"民不迁,农不移"的古礼,这似乎不是绝对的限制,礼到底与法禁有别。

第四节　都邑与商业

人民聚居的地方通称曰邑。邑可分为两大类,有城垣的和没有城垣的。有城垣的邑又可分为三类,一是王都和国都(直至东周时,国字还是仅指国都而言);二是畿内和列国的小封君的首邑;三是平常的城邑。周室的西都镐京自东迁后已成为禾黍油油的废墟,其规模不见于记载。东都洛邑(今洛阳)的城据传说是九里(一千六百二十丈)见方,其面积为八十一方里,约当现在北平城之百分之二一·七(北平城面积是今度一百九十四方里,周一里当今〇·七二一五里,一方里当今〇·五二〇五六方里)。城的外郭据传说是二十七里(四千八百六十丈)见方,其所包的面积差不多是现在北平城的两倍。列国的都城,连外郭计,以九百丈(五里)见方的为平常,其面积约为今北平城的十五分之一。一直到前3世纪初,一千丈见方的城还算是不小的。但春秋末年勃兴的吴国,其所造的都城却特别大。据后汉人的记载,那箕形的大城,周围约为今度三十四里，其外郭周围约为今度五十里（今北平城周约五十四里）。卿大夫首邑的城照例比国都小，有小至五百丈至一百丈左右见方的，那简直和堡寨差不多了。这些小城的基址似乎到唐、宋时还有存在。唐人封演记当时“汤阴县北有古城，周围可三百步，其中平实。此东，顿丘、临黄诸县多有古小城，周一里或一二百步，其中皆实”。又宋人陈师道记：“齐之龙山镇有平陆故城高五丈，四方五里，附城有走马台而高半之，阔五之一，上下如之。”此二人所记很像是周人的遗迹。

王城和列国都城的人口不详。但我们知道春秋时大夫的封邑在一千户上下的已算很大的了。平常国都的人口就算比这多十倍也不过一万户。我们从前686年内蛇与外蛇斗于郑都南门中的故事，可知当时的国都决不是人烟稠密的地方。前660年比较小的卫国都城被狄人攻破后，它的遗民只有男女七百三十人，加上共、滕两邑的人口，通共也只有五千人。

我们试看列国都城在地图上的分布很容易发现他们的一个共同点：它们都邻近河流，以现在所知，几无例外。一部分固然因为交通的便利，一部分也因为河谷的土壤比较肥沃，粮食供给比较可靠。城的作用在保卫，贵人的生命和财富和祖先神主的保卫。国都的主要居住者为国君的家族和他的卫士、“百工”，在朝中做官的卿大夫和他们的卫士。大多数国家的朝廷，像王室的一般，内中主要的官吏有掌军政的司马，掌司法和警察的司寇，掌赋税和徭役的司徒和掌工务（如城垣、道路、宗庙的修筑）的司空。国都里的重要建筑，有国君的宫殿、台榭、苑囿、仓廪、府库、诸祖庙、祀土神的社、祀谷神的稷、卿大夫的邸第和给外国的使臣居住的客馆。这些建筑在城的中央，外面环着民家和墟市。墟市多半在近郭门的大道旁。郭门外有护城的小池或小河，上面的桥大约是随时可以移动的。城郭的入口有可以升降的悬门。城门时常有人把守，夜间关闭，守门的“击柝”通宵。货物通过城门要纳税，这是国君的一笔大收入。

都邑也是商业的中心。至迟在春秋下半期，一些通都里已可以看见“金玉其车，文错其服”的富商。他们得到阔大夫所不能得到的珍宝，他们输纳小诸侯所不能输纳的贿赂。他们有时居然闯入贵族所包办的政治舞台。旧史保存着两个这样的例子：(1)前597年晋军大将知罃在战场被楚人俘了。一位郑国的商人，在楚国做买卖的，要把他藏在丝帛中间，偷偷地运走。这计策已定好，还没实行，楚国已把知罃放还。后来那位商人去到晋国，知罃待他只当是他救了自己一般。那商人谦逊不遑，往齐国去了。(2)前627年，秦人潜师袭郑，行到王城和郑商人弦高相遇。弦高探得他们的来意，便一方面假托郑君的名义，拿四张熟牛皮和十二只牛去犒师，一方面派人向郑国告警，秦人以为郑国已经知道防备，只好把袭郑的计划取消了。这两个故事中的商人都是郑人。如故事所示，郑商人的贸易范围至少西北到了王城和晋国，东到了齐国，南到了楚国，郑国最早的商人本是镐京的商遗民，当郑桓公始受封的时候，跟他们一同来到封地，帮他们斩芟蓬蒿藜藿，开辟土地的。郑君和他们立过这样盟誓：“尔无我叛，我无强贾，毋或丐夺。尔有利市宝贿，我勿与知。”郑当交通的中心，自东迁时便有了一群富于经验的商人，他们又有了特定的保障，故此郑国的商业特别发达。但这时候商人所贩卖的大部分只是丝麻布帛和五谷等农产品，加上些家庭的工艺品。以佣力或奴隶支持的工业还没有出现。

周人的货币，除贝以外还有铜。西周彝器铭文中每有“作宝尊彝，用贝十朋又四朋”一类的记录。也有罚罪取“金”（即铜）若干爰（字亦作锾）的记录。传说周景王（前 544 至前 521 年）已开始铸大钱。但贝和“金”似乎到春秋时还不曾大宗地、普遍地作货币用，一直到春秋下半期，国际间所输大宗或小宗的贿赂还是用田土、车马、布帛、彝器或玉器，而不闻用贝或用“金”，钱更不用说了。

第五节　家庭

庶人的家庭状况自然不会被贵人身边的史官注意到，因此现在也无可讲述。只是这时代的民歌泄露一些婚姻制度的消息：

> 伐柯如之何？匪斧不克。取妻如之何？匪媒不得。艺麻如之何？纵横其亩。取妻如之何？必告父母。

少年男女直接决定自己的终身大事的自由在这时代已经被剥夺了。在樊笼中的少女只得央告她的情人：

> 将仲子兮！无逾我里！无折我树杞！岂敢爱之？畏我父母！

甚至在悲愤中嚷着：

> 之死矢靡它！母也天只！不谅人只！

这种婚姻制度的背景应当是男女在社交上的隔离。诗人只管歌咏着城隅桑间的密会幽期,野外水边的软语雅谑,男女间的堤防至少在贵族社会当中已高高的筑起了。说一件故事为例:前506年,吴人攻入楚国都城的时候,楚王带着两个妹妹出走,半路遇盗,险些送了性命。幸运落在他的一个从臣钟建身上,他把王妹季芈救出,背起来跟着楚王一起跑。后来楚王复国,要替季芈找丈夫,她谢绝,说道:处女是亲近男子不得的,钟建已背过我了。楚王会意,便把她嫁给钟建,并且授钟建以"乐尹"的官,大约因为他是一个音乐家。

周初始有同姓不婚的礼制,但东周的贵族还没有普遍遵行,庶民遵行的程度,今不可知。

贵族家庭中的一种普遍现象是多妻。至少在周王和诸侯的婚姻里有这样的一种奇异制度:一个未来的王后或国君夫人出嫁的时候,她的姊妹甚至侄女都要有些跟了去给新郎做姬妾,同时跟去的婢女还不少,这些迟早也是有机会去沾新主人的雨露的。陪嫁的妾婢都叫做媵。更可异的,一个国君嫁女,同姓或友好的国君依礼,要送些本宗的女子去做媵。在前550年,齐国就利用这种机会把晋国的一位叛臣当作媵女的仆隶送到晋国去,兴起内乱,上文提及的斐豹的解放就是这次变乱中的事。

媵女而外,王侯还随时可以把别的心爱的女子收在宫中。他们的姬妾之多也就可想。多妻家庭里最容易发生骨肉相残的事件,在春秋时代真是史不绝书。举一例如下:卫宣公(前718至前700年)和他的庶母夷姜私通,生了急子。后来急子长大,宣公给他从齐国娶了一个媳妇来,看见很美,便收为己用,叫做宣姜。子通庶母,父夺子妻,在春秋时代并不是稀奇的事。这时代男女礼防之严和男女风纪之乱，恰成对照。宣公收了宣姜后，夷姜气愤不过，上吊死了。宣姜生了两个儿子，寿和朔。宣姜和朔在宣公面前倾陷急子，这自然是很容易成功的。宣公于是派急子出使到齐国去，同时买通一些强盗要在半路暗杀他。寿子知道这秘密，跑去告诉急子，劝他逃走。他要全孝道，执意不肯。当他起程的时候，寿子给他饯行，把他灌醉了；便取了他的旗，插在船上先行，半路被强盗杀了，急子醒来，赶上前去对盗说："卫君要杀的是我，干寿子甚事？"他们不客气地又把他杀了。

第六节　士

有两种事情打破封建社会的沉寂，那就是祭祀和战争。所谓"国之大事，唯祀与戎"。二者同是被认为关系国家的生存的。先说战争。

周室的分封本来是一种武装殖民的事业。所有周朝新建的国家大都是以少数外来的贵族（包括国君、公子、公孙、卿大夫及其子孙）立在多数土著的被征服者之上。这些贵族的领主地位要靠坚强的武力来维持。而直至春秋时代，所有诸夏的国家若不是与戎狄蛮夷杂错而居，便是与这些外族相当的接近，随时有受其侵袭的危险。再者至迟入东周以后，国际间的武装冲突和侵略战争成了旦暮可遇的事。国为这三种原因，军事成了任何国家的政治的中心，也成了贵族生活的中心。贵族一方面是行政的首脑，一方面也是军事的首脑。农民每年于农隙讲武，每逢国家打仗都有受征调的义务。此外有一班受贵族禄养着专门替贵族打仗的人，也就是战场上斗争的主力,那叫做“士”,即武士。

到底每一国的“士”有多少呢?这不能一概而论。据说周朝的制度,王室有六军,大国三军(《齐侯镈钟》:“余命汝政于朕三军”;又“穆和三军”),中国二军,小国一军。周朝行车战,军力以乘计。大约一军有车一千乘,每乘有甲胄之“士”十人。事实自然与制度有出入。例如周室东迁后六十三年,周桓王合陈、蔡、卫的兵还打不过郑国,此时的周室决不能“张皇六师”。又例如在春秋末叶(约前562至前482年),头等的大国如晋、秦、楚等其兵力总在四五千乘以上。

士字原初指执干(盾)、戈,佩弓、矢的武士;其后却渐渐变成专指读书、议论的文人。为什么同一个字其先后的意义恰恰对极地相反?懂得此中的原因,便懂得春秋以前和以后的社会一大差别。在前一个时代所谓教育就是武士的教育,而且惟有武士是最受教育的人;在后一个时代,所谓教育,就是文士的教育,而且惟有文士是最受教育的人。士字始终是指特别受教育的人,但因为教育的内容改变,它的涵义也就改变了。

“士”的主要训练是裸着臂腿习射御干戈。此外他的学科有舞乐和礼仪。音乐对于他们并不是等闲的玩艺,“士无故不彻琴瑟”。而且较射和会舞都有音乐相伴。“士”的生活可以说是浸润在音乐的空气中的。乐曲的歌词,即所谓“诗”。诗的记诵,大约是武士的惟一的文字教育。这些诗,到了春秋末叶积有三百多篇,即现存的《诗经》。内中有的是祭祀用的颂神歌,有的是诗人抒情的作品,大部分却是各国流行的民歌。较射和会舞都是兼有娱乐、交际、德育和体育作用的。较射是很隆重的典礼,由周王或国君召集卿大夫举行的叫做大射,由大夫士约集宾客举行的叫做乡射。较射的前后奏乐称觞。预射的人揖让而升，揖让而下。这是孔子所赞为“君子之争”的。会舞多半是在祭礼和宴享的时候举行（不像西方的习俗，其中没有女子参加的）。舞时协以种种的乐曲，视乎集会的性质而异。这时期中著名的乐曲，如相传为舜作的“韶”，相传为禹作的“大夏”和武王所作的“大武”等，都是舞曲。大武的舞姿，现在犹可仿佛一二，全部分为六节，每一节谓之一成。第一成象“北出”，舞者“总干（持盾）山立”；第二成象“灭商”，舞容是“发扬蹈厉”；第三成象南向出师；第四成象奠定南国；第五成象周公召公左右分治（周初曾把王畿分为两部，自陕而东周公主之，自陕而西召公主之，陕西省之得名由此），舞者分夹而进；第六成象军队集合登高，最后舞者同时坐下。六成各有相配的歌词，皆存于《诗经》中，兹引录如下：

一成	二成	三成	四成	五成	六成
昊天有成命， 二后受之。 成王不敢康， 夙夜基命宥密。 於缉熙， 单厥心， 肆其靖之。	于皇武王 无竞维烈。 允文文王， 克开厥后。 嗣武受之， 胜殷遏刘， 耆定尔功。	于铄王师 遵养时晦。 时纯熙矣， 是用大介。 我龙受之， 跻跻王之造， 载用有嗣， 实维尔公允师。	绥万邦， 屡丰年， 天命匪懈。 桓桓武王， 保有厥士。 于以四方， 克定厥家。 于昭于天， 皇以间之。	文王既勤止， 我应受之。 敷时绎思， 我徂维求定。 时周之命， 于绎思。	于皇时周， 陟其高山。 堕山乔岳， 允犹翕河。 敷天之下， 裒时之对， 时周之命。

六成不必全用，第二成单行叫做“武”，第三成叫做“勺”，第四、

五、六成各叫做“象”，幼童学舞，初习“勺”，次习“象”。“大武”是周代的国乐，是创业的纪念，垂教的典型，武威的象征，其壮烈盖非“诏”“夏”可比。舞者必有所执，在“大武”中舞者执干戈，此外或执雉羽，或鹭羽，或斧钺，或弓矢。执羽的舞叫做“万”，这种舞，加上讲究的姿势和伴奏，一定是很迷人的，可以一段故事为证。楚文王（前689至前677年）死后，遗下一个美丽的夫人，公子元想勾引她，却没门径，于是在她的宫室旁边，起了一所别馆，天天在那里举行“万舞”，希望把她引诱出来。她却哭道：“先君举行万舞原是为修武备的，现在令尹（楚国执政官名，公子元所居之职）不拿它来对付敌人，却拿它用在未亡人的身边，那可奇了！”子元听了，羞惭无地，马上带了六百乘车去打郑国。

理想的武士不仅有技，并且能忠。把荣誉看得重过安全，把责任看得重过生命；知危不避，临难不惊；甚至以藐然之身与揭地掀天的命运相抵拒。这种悲剧的、壮伟的精神，古代的武士是有的，虽然他们所效忠的多半是一姓一人。举两例如下：（1）前684年，鲁国和宋国交战，县贲父给一个将官御车。他的马忽然惊慌起来，鲁国因而败绩。鲁公也跌落车下，县贲父上前相助。鲁公说道：“这是未曾占卜之故”（照例打仗前选择御士须经占卜）。县贲父道：“别的日子不打败，今日偏打败了，总是我没勇力。”说完便冲入阵地战死。后来国人洗马发现那匹马的肉里有一枚流矢。（2）前480年卫国内乱，大臣孔悝被围禁在自己的家中。他的家臣季路（孔子的一位弟子），听到这消息，便单身匹马地跑去救应，半路遇着一位僚友劝他不必。他说，既然食着人家的饭，就得救人家的祸。到了孔家，门已关闭，他嚷着要放火。里头放出两位力士来和他斗，他脑袋上中了一戈，冠缨也断了。他说：“君子死，冠不免。”把冠缨结好才死。

王公大夫的子弟至少在原则上都得受武士的教育。王室有“学宫”，王子和他的近侍在内中学射，周王和他的臣工也有时在内中比射；又别有“射卢”，周王在内中习射，作乐舞。公室也当有同类的设备。

武士的地位仅次于大夫。他们虽然没有封邑，却有食田。出战时“士”是穿着甲胄坐在车上的主要战斗力。但他们底下还有许多役徒小卒，这些多半是临时征发农民充当的。

第七节　宗教

周人的神鬼世界我们知道得比较殷人的详细些。这其中除了各家的祖先外，有日月星辰的神，他们是主使雪霜风雨合时或不合时的；有山川的神，他们是水旱疠疫的原因；但最重要的，人们生存所赖的，还是土神和谷神。前者关系土壤的肥瘠，后者关系五谷的丰歉。上神叫做社，或后土；谷神叫做稷，或后稷。供奉社稷的地方，也叫做社稷。稷只是谷的一种，而以名谷神，以名“田祖”，这里似乎泄露一件久被遗忘的史实：最初被人工培植的野种是稷。

像封建社会之上有一个天王，主宰百神的有一个上帝。他是很关心人们的道德的，会赏善罚恶。但他也像天王一般，地位虽尊，实权却有限，他和人们的日常生活很少发生关系，人们也用不着为他破费。祀上帝的典礼叫做郊祀。举行郊祀礼的只有周王和鲁君。上帝的由来不知周人曾涉想到否。至于自然界各部分的神祇，在周人的信仰中，多半有原始可稽的。他们多半是由人鬼出身；而且，像封君一般，他们的地位是上帝所封的。例如汾水的神，传说是一位古帝金天氏的儿子，他生时做治水的官，疏通汾、洮二水有功，因而受封。又例如永远不相会面的参、商两个星座，其神的历史是这样的：古帝高辛氏有两个不肖的儿子，他们死了，住在荒林里还是整天打架。上帝看不过，便把大的迁到商丘，做商星的神，把小的迁到大夏，做参星的神。这段神话的历史背景是商人拿商星做定时节的标准星，故此它名为商星。古人在没有日历之前，看一座恒星的位置的移动来定时节的早晚，这叫做“观象授时”。被选作目标的恒星叫做辰。

周人的稷神是一位农业的发明者，同时又是本朝的祖先。但到底稷神是周人的创造呢？抑或周室不过搬旧有的稷神做祖先呢？现在不得而知。社神却确是在周代以前已经有的。周人称殷人的社为亳社。至少在鲁国的都城同时有亳社和周社。朝廷的建筑，就在两社之间。大约原初鲁国被统治的民众大部分是殷的遗民，新来的统治者顾忌他们的反感，只好让他们保留原来的宗教，而别立自己的新社，叫做周社。一直到前5世纪初，鲁国大夫尚有盟国君于周社、盟“国人”于亳社的故事。社神的来历现在不得而知了。祀社的地方照例种着一棵大树，据说夏代的社用松，殷代用柏，周代用栗。

从天子到士都有宗庙。天子和封君的庙分两种，合祀众祖的太庙和分祀一祖的专庙。除太祖外，每一祖的专庙，经过若干代之后，便“亲尽”被毁，否则都城之内便有庙满之患了。宗庙社稷是每一个都会的三大圣地。它们年中除了临时的祈报外都有定期的供祭。宗庙的供祭尤其频数。其他的神祇则只当被需求的时候，才得到馈赂。但他们可不用愁，这样的机会是很多的。虽然水旱疠疫和风雨失调是比较的不常，虽然众神各有各的领域，但任何神鬼在任何时候，都能给任何人以祸难，尤其是疾病。在这些当儿牺牲和玉帛是不会被人们吝惜的，疾病的原因都推到鬼神。他们的欢心胜过医药，巫祝就是医生。周人事神似乎不像殷人的烦渎，但也和殷人一样认真。祭祀之前主祭的人要离开家庭到庙旁清净的地方斋戒几天；祭某祖的时候要找一个人扮成他的模样来做供奉的具体对象，这叫做"尸"。祭宗庙社稷的牺牲，虽然也照后世的办法，只给鬼神嗅嗅味道而"祭肉"由预祭的人瓜分，但在其余的祭典中也有时把整只的牛、羊、猪或狗焚化了，埋了或沉在水里给鬼神着实受用的。焚给一切鬼神的布帛，也通是真的而不是纸做的。献给鬼神的玉，不能摆一下就算了，要捶碎了，或抛入河中。但鬼神也像小孩子一般，可以用"尔之许我，我其以璧与珪归俟尔命；不许我，我乃屏璧与珪"一类的话（这是周公对祖先说的话）来试诱的。盛大的祭典是一种壮观，在丹柱刻椽的宗庙里，陈列着传为国宝鼎彝，趋跄着黼黻皇华的缙绅，舞着羽翰翩跹的万舞，奏着表现民族精神的音乐，排演着繁复到非专家不能记忆的礼仪（周朝始避讳祖先之名，因而王侯有谥，大夫士有别字）。

诸神中最与民众接近的是社。每年春间有一次社祭的赛会。这时候鼓乐歌舞、优技、酒肉和乡下的俏姑娘引诱得举国若狂。在齐国，也许因为民庶物丰，礼教的束缚又较轻，社祭特别使人迷恋，连轻易不出都城的鲁君有时也忍不住要去看看。每逢打仗之前，全军要祭一回社，祭毕把祭肉和酒分给兵士，叫做受脤。衅鼓就在这时候举行。这以壮军威的饷宴，这拼命之前的酗醉，这震地的喧嚣，是全国紧张的开始。得胜回来的军队要到社前献俘，有时并且把高贵的俘虏当场宰了用作祭品。此外遇着水灾和日蚀，则在社前击鼓抢救，同时用币或献牲；火灾之后，也要祭社，以除凶气。遇着讼狱中两造的证据不能确定，也可以令他们到社里奉牲发誓，而等候将来的奇迹。

除了上说列在祀典的鬼神而外，还偶然会有陌生的精灵或是神话上的英雄，或是被遗弃了的旧鬼新鬼，或是来历不明的妖魅，降附在巫觋（巫是女的，觋是男的）身上。巫觋是神灵所钟爱的。他们能和降附的神灵说话，因此人们若有求于这些神灵得先求他们。王侯大夫都有供奉巫神的。被人驱逐去位的周厉王有使卫巫监谤的故事，春秋时代的第一个鲁君隐公就是一位佞巫者。他未即位之前曾做过郑国的俘虏，被囚在尹氏家中。这家有一个著名灵验的钟巫。他串通尹氏私去祈祷。后来郑人把他放归，他便把钟巫都带到鲁国来。他被他的兄弟派人暗杀，就在他出外斋宿预备祭钟巫的时候。

巫觋是某些鬼神的喉舌，所以能直接知道这些鬼神的意旨和未来的吉凶。但其余的人，要知道鬼神的意旨和未来的吉凶，除问巫觋外，只有凭间接的占测方法。周代的占测方法，除了沿袭自商代的龟卜（兽骨卜在周代似已不通行）外，还有周人所发明（约在商末周初）的筮。要说明筮法，得先说明筮时所用的一部书，即《周易》。这部书包涵六十四个符号和他们的解释。这些符号叫做卦。每一卦有六层即所谓六爻。每一层都是一横画，或一横画中断为二，前者可说是奇的，后者可说是偶的。卦各有专名，例如六爻皆奇的（䷀）名为乾，六爻皆偶的（䷁）名为坤，六爻中第二五爻为偶（从底数起）余皆为奇的（䷝）名为离。每卦的解释分两种，解释全卦的叫做卦辞，解释各爻的叫做爻辞。筮的时候取五十茎蓍草，加以揲弄（有一定方法，这里从略）以得到某一卦，再加以揲弄，看这一卦中哪些爻有“变”,例如筮得乾卦而第二五爻有变则为“遇乾之离”。筮者应用卦辞及变爻的爻辞而作预言。至于怎样应用法,那就有点“神而明之存乎其人”了。卦爻辞包涵许多关于人事的教训,有些是很深刻的,例如说“无平不陂,无往不复”,那是说明“物极必反”,教人不要趋极端的。

巫觋的神通只限于降附他们的神灵的势力范围,他们并不管宗庙社稷等有常典的祭祀。他们即使被王侯供养的,也不是正常的职官。

王侯的朝廷中管理和鬼神打交涉的正常职官有诸祝、宗、卜、史。祝的主要任务在代表祭者向鬼神致辞,因此他特别要知道鬼神的历史和性情。宗是管理宗庙的,司祭礼的程序,祭坛的布置,祭品的选择、保存等等。卜是掌卜筮的,但有些国家于卜之外别置筮官。史的主职在掌管文书,记录大事,占察天象,但也兼理卜筮和祭祀的事。这四种职官的首长,在王朝分别名太祝、太宗、卜正、太史;在列国大抵如之;惟楚国名卜长为卜尹,又有左史右史而似乎无太史。祝、宗、卜、史等长官的地位史无明文,但我们从下面两件故事,可以推想。楚平王(前528至前517年)即位之初曾把他所尊敬的敌人观从叫来,要给他官做,说唯汝所欲。因为他的先人曾掌卜,便使他做卜尹。可见卜长的地位是很高的。卫献公(前567至前559年)出奔归国,要颁邑给从臣而后入。从臣有太史柳庄者,恐其偏赏私近致失人心,力加谏阻。献公从之,以为他是社稷之臣,等他临死之时,终于给他田邑,并写明“世世万(万世)子孙毋变”的约言放在他的棺中。可见太史得世有田邑,宗长、祝长等当亦如之。至于低级的祝、宗、卜、史等官则皆有食田,而且有时多至值得王室或世室抢夺的食田。但拥有强力的大夫很少出身于祝、宗、卜、史,或同时充任着这些官职的。

这时期的国家大事,上文已说过,不外打仗和祭祀。而打仗之前,照例要"受命于(宗)庙,受脤于社",照例要来一番卜筮。故此没一次国家大事没有上说的四种专家参与。他们又是世业的,承受者愈积愈丰的传说。因此他们都是多识前言往行的。史官因为职在典藏与记载,尤熟于掌故和掌故所给人的教训。他们成为王侯时常探索的智囊。周初有一位史佚,著过一部书。后人称为《史佚之志》的。这大约是夹着论断的历史记载。春秋时有知识的人常常称引这书,可惜后来佚了,但至今还保存着其中一些名句,如"动莫若敬,居莫若险,德莫若让,事莫若咨"。

第八节　卿大夫

封君当中,不用说以大夫占多数。他们是地主而兼统治者的阶级的主体。虽然各国在任何时期的氏室总数,无可稽考;但我们知道,在鲁国单是出自桓公的氏室已有三桓,在郑国单是出自穆公的氏室已有七穆,宋国在前 609 年左右至少有十二氏,晋国的一小部分在前 537 年左右已有十一个氏室。

氏室的领地,或以邑计,或以县计。言邑自然包括其附近的田土。县本来是田土的一种单位,但言县也自然包括其中的都邑。

一个氏室的封邑有多少?这不能一概而论。前 546 年,卫君拿六十邑赏给一位大夫,他辞却,说道:"唯卿备百邑,臣六十邑矣。"这恐怕只能代表小国的情形。我们知道,在齐国,管仲曾"夺伯氏骈邑三百";又现存一个春秋以前的齐国铜器(《子仲姜宝镈》),上面的刻辞记着齐侯以二百九十九邑为赏。

县的名称一直沿到现在，在春秋时似乎还只秦、晋、齐、楚等国有之。最初秦、楚两强以新灭的小国或新占领的地方为县，直属于国君，由他派官去治理。这种官吏在楚国叫做县公或县尹。他们在县里只替国君征收赋税，判断讼狱。他们即使有封邑，也在所治县之外。这种制度是后世郡县制度的萌芽。秦在前688年灭封、冀戎，以其地为县，次年以杜、郑为县。楚国在前597年左右，至少已设有九县，每一县即旧时为一小国。晋、齐的县制较后起，它们的县不尽是取自它国的土地，也不尽属于公室。晋国在前537年左右有四十九县，其中九县有十一个氏室；直属公室的县各设县大夫去管，如楚国的县尹。前514年，晋灭祁氏和羊舌氏，把他们的田邑没归公室；分祁氏的田为七县，羊舌氏的田为三县，各置县大夫。在晋国，县肥于郡。前493年，晋国伐郑，军中曾出过这样的赏格："克敌者，上大夫受县，下大夫受郡，士田十田（下田字原作万，盖误），庶人工商遂（得仕进），人臣隶圉免（免奴籍）。"齐国在春秋时有县的惟一证据乃在灵公时代一件遗器（《齐侯镈钟》）的铭文，内记灵公以三百县的土地为赏。显然齐国的县比晋、楚等国的县小得多。

县郡的区分在春秋时代还不普遍。在没有县郡的国里，公室和较大的氏室都给所属的邑设宰。邑宰的性质和县尹县大夫相同，不过邑宰所管辖的范围较小罢了。

上文有点离开叙述的干路，让我们回到列国的氏室，它们的土地原初都是受自国君。国君名义上依旧是这些土地的主人。虽然氏室属下的人民只对氏室负租税和力役的义务，氏室对于国君年中却有定额的"贡"赋，所以有"公食贡"的话。国君或执政者可以增加贡额。举一例如下：鲁国著名圣哲臧武仲有一次奉使去晋国（前551年），半路下雨，到一位大夫家里暂避。那位大夫正要喝酒，看见他来，说道："圣人有什么用？我喝喝酒就够了！下雨天还要出行，做什么圣人！"这话给一位执政者听到了，以为那位大夫自己不能出使，却傲慢使人，是国家的大蠹，下令把他的贡赋加倍，以作惩罚。

大夫可以自由处分自己的土地。至少有些阔大夫把食邑的一部分拨给一个庶子，另立一个世家，叫做"侧室"或"贰宗"。别的被大夫宠幸的人也可受他赏邑或求他赏邑。例如前500年，宋公子地拿自己食邑的十一分之五赏给一个嬖人。又前486年，郑大夫某的嬖人某向他求邑，他没得给，许他往别的国里取，因此郑军围宋雍丘，结果全军覆没。大夫也可以受异国君主的赐邑，例如前656年，齐桓公会诸侯伐楚，师还，一位郑大夫献计改道，为桓公所喜，赐以郑的虎牢；又例如前657年，鲁大夫某出使晋国，晋人要联络他，给他田邑，他不受；又例如前563年晋会诸侯灭偪阳国，以与向戌，向戌也辞却。大夫又有挟其食邑，投奔外国的，例如前547年齐大夫某以廪丘奔晋；前541年，莒大夫某以大厖及常仪奔鲁；前511年邾大夫某以滥奔鲁。

大夫私属的官吏，除邑宰外，以现在所知，有总管家务的家宰，这相当于王室和公室的太宰；有祝，有史，有管商业的贾正，有掌兵的司马。这些官吏都受大夫禄养。家宰在职时有食邑，去职则把邑还给大夫，或交给继任的人。氏室的官吏有其特殊的道德意识："家臣不敢知国"；"家臣而张公室罪莫大焉"。

氏室和公室的比较兵力没有一个时代可以详考。现在所知者：春秋初年郑庄公消灭国内最强的氏室，用车不过二百乘。当春秋中叶，在鲁、卫等国，“百乘之家”已算是不小的了。但大国的巨室，其兵力有时足与另一大国开战，例如前592年，晋郤克奉使齐国，受了妇人在帷后窥视窃笑的侮辱，归来请晋侯伐齐，不许，便请以私属出征。而郤克的族侄郤至则“富半公室，家半三军”。鲁国的季氏从四分公室而取其二以后，私属的甲士已在七千以上。

具有土地、人民和军队的氏室和公室名分上虽有尊卑之殊，事实上每成为对峙的势力。强横的氏室俨然一个自主的国。原则上国君的特权在(1)代表全国主祭，(2)受国内各氏室的贡赋，(3)出征时指挥全国的军队，(4)予夺封爵和任免朝廷的官吏。但至迟入东周后，在多数的国家如齐、鲁、晋、宋、卫、郑等，末两种权柄渐渐落在强大的氏室，甚至国君的废立也由大夫操纵。

第九节　封建组织的崩溃

我们对于商朝的政治组织，所知甚少，所以无法拿商、周两朝的政治组织作详细的比较。但其间有一重大的差异点是可以确知的。商朝创建之初并没有把王子分封于外，以建立诸侯国。商朝王位的继承，是以兄终弟及(不分嫡庶)为原则的。但到了无弟可传的时候，并不是由所有的伯叔兄弟以次继承(由末弟诸子抑或由其先兄诸子以次继承亦无一定)。在这种情形之下，第二世以后的王子总有许多不得为王的。这些不得为王的王子是否有的被封在外建国？这问题无法确答。但周朝的旧国当中，从没听说是商朝后裔的。而惟一奉殷祀的宋国，却是周人所建。可知王子分封的事在商朝若不是绝无，亦稀有。但在周朝，则不然了；王位是以嫡长子继承的；王的庶子，除在少数例外的情形之下（如王后无出，或嫡长子前死）都没有为王的资格；所以文王、武王的庶子都受封建国，其后周王的庶子在可能的限度内也都或被封在畿外建国，或被封在畿内立家。这商、周间的一大差异有两种重大的结果。第一，因为王族的向外分封，周朝王族的地盘，比之商朝大大的扩张了。王室的势力，至少在开国初年大大的加强了；同时王的地位也大大的提高了。周王正式的名号是“天王”，通俗的称号是“天子”，那就是说，上帝在人间的代表。第二，王族的向外分封也就是周人的向外移殖；这促进民族间的同化，也就助成“诸夏”范围的拓展。

嫡长继承制把王庶子的后裔逐渐推向社会的下层去，而助成平民（即所谓庶人）地位的提高。周王的庶子也许就都有机会去做畿外的诸侯或畿内的小封君；他的庶子的庶子也许还都有机会做畿内的封君；但他的庶子的庶子的庶子则不必然了。越往下去，他的后裔胙土受封的机会越少，而终有侪于平民的。所以至迟在前7世纪的末年畿内原邑的人民，便会以“夫谁非王之姻亲”自夸。随着贵族后裔的投入平民阶级里，本来贵族所专有的教育和知识也渐渐渗入民间。

周朝诸侯和大夫的传世也是用嫡长继承制（以现在所知诸侯位之传袭曾不依此例者有吴、越、秦、楚。楚初行少子承袭制，至前630年以后，始改用嫡长承袭制；秦行兄终弟及制至前620年以后始改用嫡长承袭制；吴亡于前473年，其前半世纪还行兄终弟及制）。在嫡长继承制下，卿大夫的亲属的贵族地位最难长久维持。大夫的诸儿子当中只有一个继承他的爵位，其余的也许有一个被立为“贰宗”或“侧室”，也许有一两个被国君赏拔而成为大夫；但就久远而论，这两种机会是不多的。一个“多男子”的大夫总有些儿子得不到封邑，他的孙曾更不用说了。这些卿大夫的旁支后裔当中，和氏室的嫡系稍亲的多半做了氏室的官吏或武士，疏远的就做它属下的庶民。故一个大夫和他私家的僚属战士，每每构成一大家族：他出征的时候领着同族出征，他作乱的时候领着整族作乱。他和另一个大夫作对就是两族作对，他出走的时候，或者领着整族出走，他失败的时候或者累得整族被灭。

氏室属下的庶民也许就是氏室的宗族，否则也是集族而居的。氏室上面的一层是国君和同姓卿大夫构成的大家族，更上的一层是周王和同姓诸侯构成的大家族。其天子和异姓诸侯间，或异姓诸侯彼此间，则多半有姻戚关系。这整个封建帝国的组织大体上是以氏族为经，家族为纬的。

因此这个大帝国的命运也就和一个累世同居的大家庭差不多。设想一个精明强干的始祖督率着几个少子，在艰苦中协力治产，造成一个富足而亲热的、人人羡慕的家庭。等到这些儿子各各娶妻生子之后，他们对于父母和他们彼此间，就难免形迹稍为疏隔。到了第三代，祖孙叔侄或堂兄弟之间，就会有背后的闲话。家口愈增加，良莠愈不齐。到了第四、五代，这大家庭的分子间就会有仇怨、有争夺、有倾轧，他们也许拌起嘴、打起架甚至闹起官司来。至迟在东周的初期，整个帝国里已有与此相类似的情形，充满了这时代的历史的是王室和诸侯间的冲突，诸侯彼此间的冲突，公室和氏室间的冲突，氏室彼此间的冲突。但亲者不失其为亲，宗族或姻戚间的阋争，总容易调停，总留点余地。例如前705年，周桓王带兵去打郑国，打个大败，并且被射中了肩膀。有人劝郑庄公正好乘胜追上去，庄公不答应，夜间却派一位大员去慰劳桓王，并且探问伤状。又例如前634年，齐君带兵侵入鲁境。鲁君知道不敌，只得派人去犒师，并叫使者预备好一番辞令，希望把齐师说退。齐君见了鲁使问道：鲁人怕吗？答道：小百姓怕了，但上头的人却不怕。问：你们家里空空的，田野上没一根青草，凭什么不怕？鲁使答道：凭着先王的命令。随后他追溯从前鲁国的始祖周公和齐国的始祖姜太公怎样同心协力，辅助成王，成王怎样感谢他们，给他们立过"世世子孙无相害"的盟誓；后来齐桓公怎样复修旧职，纠合诸侯，给他们排解纷争，拯救灾难。最后鲁使作大意如下的陈说：您即位的时候，诸侯都盼望您继续桓公的事业，敝国所以不敢设防，以为难道您继桓公的位才九年，就会改变他的政策吗？这样怎对得住令先君？我们相信您一定不会的，靠着这一点，我们所以不怕。齐君听了这番话，便命退兵。又例如前554年，晋师侵齐，半路听说齐侯死了，便退还。这种顾念旧情、不为已甚的心理加上畏惧名分、虽干犯而不敢过度干犯的矛盾心理，使得周室东迁后三百年间的中国尚不致成为弱肉强食的世界。这两种心理是春秋时代之所以异于后来战国时代的地方。不错，在春秋时代灭国在六十以上；但其中大部分是以夷灭夏和以夏灭夷；诸夏国相灭只占极少数，姬姓国相灭的例尤少。而这少数的例中，晋国做侵略者的占去大半。再看列国的内部：大夫固然有时逐君弑君，却还要找一个比较合法的继承者来做傀儡。许多国的君主的权柄固然是永远落在强大的氏室，但以非公室至亲的大夫而篡夺或僭登君位的事，在前403年晋国的韩、赵、魏三家称侯以前，尚未有所闻。故此我们把这一年作为本章所述的时代的下限。

宗族和姻戚的情谊经过了世代愈多，便愈疏淡，君臣上下的名分，最初靠权力造成，名分背后的权力一消失，名分便成了纸老虎，必被戳穿，它的窟窿愈多，则威严愈减。光靠亲族的情谊和君臣的名分去维持的组织必不能长久。何况姬周帝国之外本来就有不受这两种链索拘束的势力。

第三章　霸国与霸业

第一节　楚的兴起

江水在四川、湖北间被一道长峡约束住；出峡，向东南奔放，泻成汪洋万顷的洞庭湖，然后折向东北；至武昌，汉水来汇。江水和汉水界划着一大片的沃原，这是荆楚民族的根据地。周人虽然在汉水下游的沿岸（大部分在东北岸）零星地建立了一些小国，但他们是绝不能凌迫楚国，而适足以供它蚕食的。在楚的西边，巴（在今巫山至重庆一带）、庸（在今湖北竹山县东）等族都是弱小得只能做楚的附庸；在南边，洞庭湖以外是无穷尽的荒林，只等候楚人去开辟；在东边，迄春秋末叶吴国勃兴以前，楚人亦无劲敌。从周初以来，楚国只有侵略别国别族的份，没有惧怕别国别族侵略的份。这种安全是黄河流域的诸夏国家所没有的，军事上的安全而外，因为江汉流域的土壤肥美，水旱稀少，是时的人口密度又比较低，楚人更有一种北方所仰羡不及的经济的安全。

这两种的安全使得楚人的生活充满了优游闲适的空气，和北人的严肃紧张的态度成为对照。这种差异从他们的神话可以看出。楚国王族的始祖不是胼手胝足的农神，而是飞扬缥缈的火神；

楚人想象中的河神不是治水平土的工程师，而是含睇宜笑的美女。楚人神话里，没有人面虎爪、遍身白毛、手拆斧钺的蓐收（上帝的刑神），而有披着荷衣、系着蕙带、张着孔雀盖和翡翠斿的司命（主持命运的神）。适宜于楚国的神祇不是牛羊犬豕的膻腥，而是蕙肴兰藉和桂酒椒浆的芳烈；不是苍髯皓首的祝史，而是彩衣姣服的巫女。再从文学上看，后来战国时楚人所作的《楚辞》也以委婉的音节、缠绵的情绪、缤纷的词藻而别于朴素、质直、单调的《诗》三百篇。

楚国的语言和诸夏相差很远。例如楚人叫哺乳做“谷”，叫虎做“於菟”。直至战国时北方人还说楚人为“南蛮鴃舌之人”。但至迟在西周时楚人已使用诸夏的文字。现存有一个周宣王时代的楚钟（“夜雨楚公钟”），其铭刻的字体文体均与宗周金文一致。这时楚国的文化盖已与周人相距不远了。后来的《楚辞》也大体上是用诸夏的文言写的。

第一章里已提及，传说周成王时，楚君熊绎曾受周封。是时楚都于丹阳，在今湖北秭归之东。至昭王时，楚已与周为敌。周昭王曾屡次伐楚，有一次在汉水之滨全军覆没。后来他南巡不返，传说是给楚人害死的，周人也无可奈何。周夷王时，熊渠崛起，东向拓地至于鄂，即今武昌县境。渠子红继位，即都于鄂，以后六传至熊咢不改。上文提到的楚钟即熊咢的遗器，发现于武昌与嘉鱼之间，熊咢与宣王同时而稍后。当宣王之世，周楚曾起兵争，而楚锋大挫。故是时的周人遗诗有“蠢尔蛮荆，大邦为雠。方叔元老，克壮其猷”之语。咢四传为武王，其间楚国内变频仍，似无暇于外竞。武王即位于周平王三十一年，从他以后，楚国的历史转入一新阶段，亦从他以后楚国的历史才有比较详细的记录。他三次侵随；合巴师围鄾、伐鄖、伐绞、伐罗，无役不胜。又灭掉权国。他的嗣子文王始都于郢（即今湖北江陵）。在文王以前，楚已把汉水沿岸的诸姬姓国家翦灭殆尽。文王更把屏藩中原的三大重镇，申国、邓国和息国灭掉（息、邓皆河南今县，申即南阳），奠定了楚国经略中原的基础。中原的中枢是郑国。自从武王末年，郑人对楚已惴惴不安。文王的侵略的兵锋终于刺入郑国，但他没有得志于郑而死。他死后的二十年间楚国再接再厉地四次伐郑。但这时齐国已兴起做它北进的第一个敌手了。

第二节　齐的兴起（附宋）

齐国原初的境土占今山东省的北部，南边以泰山山脉与鲁为界，东边除去胶东半岛。这半岛在商代已为半开化的莱夷的领域。太公初来，定都营丘（后名临淄，今仍之）的时候，莱夷就给他一个迎头痛击。此后莱夷和齐国的斗争不时续起，直到前 567 年齐人灭莱为止。灭莱是齐国史中一大事。不独此后齐国去了一方的边患，不独此后它的境土增加了原有的一半以上，而且此后它才成为真正的海国。以前它的海疆只有莱州湾的一半而已。

但远在灭莱之前，当春秋的开始，齐已强大。前 706 年，郑太子忽带兵助齐抵御北戎有功，齐侯要把女儿文姜嫁给他，他便以"齐大非吾偶"的理由谢绝。原来文姜和她的大哥即后日的齐襄公，有些暧昧的关系，她终于嫁了鲁桓公。有一次桓公跟她回娘家，居然看破并且说破了襄公与她之间的隐情。襄公老羞成怒，便命一个力士把桓公杀了。讲究周礼的鲁人，在齐国的积威之下，只能哀求襄公把罪名加给那奉命的凶手,拿来杀了,聊以遮羞。这时齐国的强横可以想见。此事发生后四年(前690年),襄公灭纪(在今山东寿光县南,为周初所封与齐同姓国)。这是齐国兼并小国之始。襄公后来被公子无知所弑,无知僭位后,又被弑,齐国大乱。襄公有二弟:长的名纠,由管仲和召忽辅佐着;次的名小白,由鲍叔牙辅佐着。襄公即位,鲍叔看他的行为不太像样,知道国内迟早要闹乱子,便领着小白投奔莒国。乱起,管仲也领着公子纠逃往鲁国,纠的母亲原是鲁女。无知死后,鲁君便派兵护送公子纠回国,要扶立他。齐、鲁之间,本来没有好感,齐人对于鲁君的盛意十分怀疑,派兵挡驾。同时齐的巨室国、高二氏暗中差人去接小白。鲁君也虑及小白捷足先归,早就命管仲带兵截住莒、齐间的道路。小白后到,管仲瞄准他的心窝,一箭射去,正中目标,眼见他应弦仆倒。小白的死讯传到鲁国后,护送公子纠的军队在庆祝声中,越行越慢,及到齐境,则齐国已经有了新君,就是小白!原来管仲仅射中他的带钩,他灵机一动,装死躺下,安然归国。

小白即桓公,他胜利后,立即要求鲁人把公子纠杀了。召忽闻得公子纠死,便以身殉。管仲却依然活着。他同鲍叔本是知友,鲍叔向桓公力荐他。桓公听鲍叔的话,把国政付托给他,称他为"仲父"。此后桓公的事业全是管仲的谋划。桓公怎样灭谭、灭遂、灭项;怎样号召诸侯,开了十多次的冠裳盛会;怎样在尊王的题目下,操纵王室的内政,阻止惠王废置太子,而终于扶太子正位,这些现在都从略。他的救邢、救卫,以阻挡狄人的南侵,给诸夏造一大功德,前面已说过。现在单讲他霸业中的一大项目:南制荆楚。在前659年即当楚文王死后十八年,当齐国正忙着援救邢、卫的时候,楚人第三次攻郑。接着两年中,他们又两次攻郑,非迫到它和楚"亲善”不休。郑人此时却依靠着齐国。桓公自然不肯示弱。前657年,他联络妥了在楚国东北边,而可以牵制齐兵的江、黄二国。次年便牵领齐、鲁、宋、陈、卫、郑、曹、许的八国联军,首先讨伐附楚的蔡国。蔡人望风溃散。这浩荡的大军,乘胜侵入楚境。楚人竟不敢应战,差人向齐军说和。桓公等见楚方无隙可乘,亦将就答应,在召陵(楚境,在今河南郾城县东)的地方和楚国立了一个盟约而退。盟约的内容不可考,大约是楚国从郑缩手,承认齐对郑的霸权,但其后不久,周王因为易储的问题,怨恨桓公,怂恿郑国背齐附楚,许以王室和晋国的援助,郑人从之。于是附齐的诸侯伐郑,楚伐许以援郑,因诸侯救许而退。但许君经蔡侯的劝诱和恐吓,终于在蔡侯的引领之下,面缚衔璧,并使大夫穿丧服,士抬棺材,跟随在后,以降于楚。次年齐以大军伐郑,郑人杀其君以求和于齐。其后终桓公之世郑隶属齐的势力范围。在这期间楚不能得志于北方,转而东向,灭弦(都今湖北蕲水西北),灭黄(都今河南潢川西)。齐人无如之何;继又讨伐附齐的徐戎,败之,齐与诸侯救徐,无功而退。

召陵之盟是桓公霸业的极峰。其后十二三年,管仲和桓公先后去世。管仲的功业在士大夫间留下很深的印象,他死了百余年后,孔子还赞叹道:“微管仲,吾其被发左衽(做戎狄)矣!”到了战国时代,管仲竟成了政治改革的传说的箭垛;许多政治的理论和一切富国强兵善策、奇策、谬策,都堆在他名下,这些理论和方策的总结构成现存《管子》书的主要部分。

桓公死后,五公子争位,齐国和诸夏同时失了重心。于是宋襄公摆着霸主的架子出场。他首先会合些诸侯,带兵入齐,给它立君定乱。这一着是成功了。接着,他拘执了滕君,威服了曹国,又逼令邾人把鄫君杀了祭社，希望藉此服属与鄫不睦的东夷。接着他要求楚王分给他以领导诸侯霸权，楚王是口头答应了。他便兴高采烈地大会诸侯。就在这会中，楚王的伏兵一起，他从坛坫上的盟主变作阶下之囚徒。接着他的囚车追陪楚君临到宋境。幸而宋国有备，楚王姑且把他放归。从此他很可以放下霸主的架子了，可是不然。自从桓公死后，郑即附楚，郑君并且亲朝于楚。于是襄公伐郑。他的大军和楚的救兵在泓水上相遇。是时楚人涉渡未毕，宋方的大司马劝襄公正好迎击，他说不行。一会，楚人都登陆，却还没整队，大司马又劝他进击。他说，还是不行。等到楚人把阵摆好，他的良心才容许他下进攻令。结果，宋军大败；他伤了腿，后来因此致死。死前他还大发议论道："君子临阵，不在伤上加伤，不捉头发斑白的老者；古人用兵，不靠险阻。寡人虽是亡国之余，怎能向未成列的敌人鸣鼓进攻呢？"桓公死后十年间，卫灭邢；邾灭须句；秦灭芮、梁；楚灭夔。

第三节　晋、楚争霸

桓公的霸业是靠本来强盛的齐国做基础的。当他称霸的时代，晋国和秦国先后又在缔构强国的规模，晋国在准备一个接替桓公的霸主降临，秦国在给未来比霸业更宏大的事业铺路。话分两头，先讲晋国。

晋始封时都于唐（今太原县北），在汾水的上游；其后至迟过了三个半世纪，已迁都绛（今翼城县），在汾水的下游。晋人开拓的路径是很明显的。不过迁绛后许久他们还未曾占有汾水流域的全部，当汾水的中游还梗着一个与晋同姓的霍国，当汾水将近入河的地方还碍着一个也与晋同姓的耿国，前745年晋君把绛都西南百多里外的曲沃，分给他的兄弟，建立了一个强宗。此后晋国实际分裂为二。曲沃越来越盛，晋国越来越衰，它们间的仇隙也越来越大。这对抗的局面终结于前679年曲沃武公灭晋并且拿所得的宝器向周王买取正式的册封。老髦的武公，受封后两年，便一瞑不视，遗下新拼合的大国给他的儿子献公去粘缀、镶补。

献公即位于齐桓公十年（前676年），死于桓公三十五年。他二十六年的统治给晋国换一副面目。他重新修筑了绛都的城郭；把武公的一军扩充为二军。他灭霍、灭耿、灭魏、灭虞、灭虢，使晋国的境土不独包括了整个的汾水流域，并且远蹠到大河以南。但献公最重要的事业还不止此。却说武公灭晋后，自然把他的公族尽力芟锄，免遗后患。我们可以想象晋国这番复合之后，它的氏室必定灭了许多，但在曲沃一方，自从始封以来，公子公孙们新立的氏室为数也不少。献公即位不久，便设法收拾他们。他第一步挑拨其中较穷的，使与“富子”为仇，然后利用前者去打倒后者。第二步，他让残余的宗子同住一邑，好意地给他们营宫室，筑城郭；最后更好意地派大兵去保卫他们，结果，他们的性命都不保。于是晋国的公族只剩下献公的一些儿子。及献公死，诸子争立。胜利者鉴于前车，也顾不得什么父子之情，把所有长成而没有继位资格的公子都遣派到各外国居住，此后的一长期中，公子居外，沿为定例。在这种制度之下，遇着君死而太子未定，或君死而太子幼弱的当儿，君权自然失落在异姓的卿大夫手里。失落容易，收复却难。这种制度的成立便是日后“六卿专晋”“三家分晋”的预兆。话说回来，献公夷灭群宗后，晋国的力量一时集中在公室；加以他凭藉“险而多马”的晋土，整军经武，兼弱攻昧，已积贮了向外争霸的潜能。可惜他晚年沉迷女色，不大振作，又废嫡立庶，酿成身后一场大乱，继他的儿孙又都是下等材料。晋国的霸业还要留待他和狄女所生的公子重耳，就是那在外漂流十九年，周历八国，备尝艰难险阻，到六十多岁才得位的晋文公。

文公即位时，宋襄公已经死了两年。宋人又与楚国“提携”起来，其他郑、鲁、卫、曹、许等国，更不用说了。当初文公漂流过宋时，仁慈的襄公曾送过他二十乘马。文公即位后，对宋国未免有情。宋人又眼见他归国两年间，内结民心，消弭所恻；外联强秦，给王室戡定叛乱，觉得他大可倚靠，便背楚从晋。楚率陈、蔡、郑、许的兵来讨，宋人向晋求救。文公和一班患难相从的文武老臣筹商了以后，便把晋国旧有的二军更扩充为三军，练兵选将，预备“报施救患，取威定霸”。他先向附楚的曹、卫进攻，占据了他们的都城；把他们的田分给宋国；一面叫宋人赂取齐、秦的救援。虽是著名“刚而无礼”的楚帅子玉，也知道文公是不好惹的，先派人向晋军说和，情愿退出宋境，只要晋军同时也退出曹、卫。文公却一面私许恢复曹、卫，让他们宣告与楚国绝交；一面把楚国的来使拘留。这一来把子玉的怒点着了。于是前 632 年，即齐桓公死后十一年，楚、陈、蔡的联军与晋、宋、齐、秦的联军大战于城濮（卫地）。就在这一战中，楚人北指的兵锋初次被挫，文公成就了凌驾齐桓的威名，晋国肇始它和楚国八十多年乍断乍续的争斗。

这八十多年的国际政治史表面虽很混乱，却有它井然的条理，是一种格局的循环。起先晋楚两强，来一场大战；甲胜，则若干以前附乙的小国自动或被动地转而附甲；乙不肯甘休，和它们算账；从了乙，甲又不肯甘休，又和它们算账，这种账算来算去，越算越不清，终于两强作直接的总算账，又来一场大战。这可以叫做“晋、楚争霸的公式”。晋、楚争取小国的归附就是争取军事的和经济的势力范围。因为被控制的小国对于所归附的霸国大抵有两种义务：（一）是当它需要时，出定额的兵车助它征伐。此事史无明文，但我们从以下二事可以类推：（1）齐国对鲁国某次所提出的盟约道：“齐师出境而不以甲车三百乘从我者，有如此盟！”（2）其后吴国称霸，鲁对它供应军赋车六百乘，邾三百乘。（二）是以纳贡，或纳币的形式对霸国作经济上的供应（贡是定期的进献，币是朝会庆吊的贽礼）。此事史亦无明文，但我们以下三事可以推知：（1）楚人灭黄的藉口是它“不归楚贡”。（2）前548年晋执政赵文子令减轻诸侯的币，而加重待诸侯的礼；他就预料兵祸可以从此稍息。（3）前530年郑往晋吊丧，带去作贽礼的币用一百辆车输运，一千人押送。后来使人不得觐见的机会，那一千人的旅费就把带去的币用光！当周室全盛时，诸侯对于天王所尽的义务也不过如上说的两事。可见霸主即是有实无名的小天王，而同时正式的天王却变成有名无实了。

在晋、楚争霸的公式的复演中，战事的频数和剧烈迥非齐桓、宋襄的时代可比，而且与日俱甚。城濮之战后三十五年，晋师救郑，与楚师遇，而有邲（郑地）之战，楚胜；又二十二年，楚师救郑，与晋师遇，而有鄢陵（郑地）之战，晋胜；又十八年，晋伐楚以报楚之侵宋（先是楚侵宋以报晋之取郑），而有湛阪（楚地）之战，晋胜。但这四次的大战只是连绵的兵祸的点逗。在这八十余年间，楚灭江、六、蓼、庸、萧（萧后入于宋），及群舒；晋灭群狄，又灭偪阳以与宋；齐灭莱；秦灭滑（滑后入于晋）；鲁灭邾；莒灭鄫（鄫后入于鲁）。在这期间，郑国为自卫，为霸主的命令，及为侵略而参加的争战在七十二次以上。宋国同项的次数在四十六以上。其他小国可以类推。兵祸的惨酷，可以从两例概见：(1)前597年，正当邲战之前，楚人在讨叛的名目下，围攻郑都。被围了十七天后，郑人不支，想求和，龟兆却不赞成；只有集众在太庙哀哭，并且每巷备定一辆车，等候迁徙，这一着却是龟兆所赞成的。当民众在太庙哀哭时，守着城头的兵士也应声大哭。楚人都被哭软了，不禁暂时解围。郑人把城修好，楚兵又来，再围了三个月，终于把城攻破，郑君只得袒着身子，牵着一只象征驯服的羊去迎接楚王。(2)过了两年，厄运轮到宋人头上。楚王派人出使齐国，故意令他经过宋国时，不向宋人假道。宋华元说：经过我国而不来假道，就是把我国看作属地，把我国看作属地就是要亡我国；若杀了楚使，楚人必来侵伐，来侵伐也是要亡我国；均之是亡，宁可保全自己的尊严。于是宋杀楚使。果然不久楚国问罪的大军来到宋都城下，晋国答应的救兵只是画饼。九个月的包围弄到城内的居民“易子而食，析骸以炊”；楚人还在城外盖起房舍，表示要久留。但宋人宁可死到净尽，不肯作耻辱的屈服。幸亏华元深夜偷入楚营，乘敌帅子反的不备，挥着利刃，迫得他立誓，把楚军撤退三十里，和宋国议和，这回恶斗才得解决。

像这类悲惨事件所构成的争霸史却怎样了结？难道它就照一定的公式永远循环下去吗？难道人类共有的恻隐心竟不能推使一个有力者，稍作超国界的打算吗？前579年，尝透了战争滋味的华元开始作和平运动。这时他同晋、楚的执政者都很要好；由他的极力拉拢，两强订了下面的盟约：

> 凡晋、楚无相加戎，好恶同之，同恤菑危，备救凶患。若有害楚，则晋伐之；在晋，楚亦如之。交贽往来，道路无壅。谋其

> 不协，而讨不庭（不来朝的）。有渝此盟，明神殛之；俾队（坠）其师，无克胙国。

这简直兼有现在所谓“互不侵犯条约”和“攻守同盟”了。但这“交浅言深”的盟约，才侥幸保证了三年的和平，楚国便一手把它撕破，向晋方的郑国用兵；次年便发生鄢陵的大战。

争霸的公式再循环了一次之后，和平运动又起。这回主角向戌也是宋国的名大夫，也和晋、楚的执政者都有交情的。但他愿望和福气都比华元大。前546年，他在宋都召集了一个十四国的“弭兵”大会。兵要怎样弭法，向戌却是茫然的。这个会也许仅只成就一番趋跄揖让的虚文，若不是楚国的代表令尹子木提出一个踏实的办法：让本未附从晋或楚的国家以后对晋、楚尽同样的义务。用现在的话说，这就是“机会均等”“门户开放”的办法。子木的建议经过两次的小修正后到底被采纳了。第一次的修正是在晋、楚的附从国当中把齐、秦除外，因为这时亲晋的齐和亲楚的秦都不好惹的。第二次的修正又把邾、滕除外。因为齐要把邾、宋要把滕划入自己的势力范围。四国除外，所以参加盟约的只有楚、晋、宋、鲁、郑、卫、曹、许、陈、蔡十国。

在这次盟会中晋国是大大地让步了。不独他任由楚人自居盟主；不独它任由楚人“衷甲”赴会，没一声抗议；而那盟约的本身就是楚国的胜利；因为拿去交换门户开放的，晋方有郑、卫、曹、宋、鲁五国，而楚方则只有陈、蔡、许三国。但晋国的让步还有更大的。十二年后，楚国又践踏着这盟约，把陈国灭了（五年后又把他复立，至前48年终灭之），晋人只装作不知。弭兵之会后不久，晋人索性从争霸场中退出了。晋国的“虎头蛇尾”是有苦衷的。此会之前，晋国已交入一个蜕变的时期。在这时期中，它的主权从公室移到越来越少的氏室，直至它裂为三国才止。在这蜕变的时期中，它只有蛰伏不动。但楚国且慢高兴，当它灭陈的时候，新近暴发的吴国已蹑在它脚后了。

第四节　吴、越代兴

自泰伯君吴后，十九世而至寿梦。中间吴国的历史全是空白。寿梦时，吴国起了一大变化。这变化的起源，说来很长。前617年，即城濮之战后十五年，陈国有夏徵舒之乱。徵舒的母亲夏姬有一天同陈灵公和两位大夫在家里喝酒。灵公指着徵舒对两位大夫说道："徵舒像你。"那两位大夫答道："也像你。"酒后徵舒从马厩里暗箭把灵公射死。陈国大乱。楚庄王率兵入陈定乱。杀了徵舒，俘了夏姬回来，打算把她收在宫里。申公巫臣说了一大番道理把他劝阻了。有一位贵族子反想要她，巫臣又说了一大番道理把他劝阻了。后来夏姬落在连尹襄老之手。邲之战，襄老战死，他的儿子又和她有染。巫臣却遣人和她通意，要娶她，并教她借故离楚；而设法把她安顿在郑。夏姬去后不久，巫臣抓着出使齐国的机会。他行到郑国，便叫从人把所赍的"币"带回去，而自己携着夏姬投奔晋国。子反失掉夏姬，怀恨巫臣。又先时另一位贵族要求赏田，为巫臣所阻，亦怀恨他。二人联合，尽杀巫臣的家族，而瓜分他的财产。巫臣由晋致书二人，誓必使他们"疲于奔命以死"。于是向晋献联吴制楚之策。他亲自出使于吴，大为寿梦所欢迎。吴以前原是服属于楚的，他教寿梦叛楚。他从晋国带来了一队兵车，教吴人射御和车战之术。吴本江湖之国,习于水战而不习于陆战。但从水道与楚争,则楚居长江的上游而吴居其下游,在当时交通技术的限制之下,逆流而进,远不如顺流而下的利便,故吴无法胜楚。但自从吴人学得车战后,形势便大变了,他们从此可以舍舟而陆,从淮南江北间拊楚之背。从此楚的东北境无宁日。楚在这一方面先后筑了钟离、巢及州来在三城(皆在今安徽境,州来在寿县,巢在庐州,钟离在临淮县)以御吴。吴于公元前519年取州来。其后七年间以次取巢取钟离并灭徐。前506年,即向戌弭兵之会后四十年,吴王阖闾大举伐楚,吴军由蔡人引导,从现在的寿县、历光、黄,经义阳三关,进至汉水北岸,乃收军;楚军追战至麻城(时称柏举)大溃。吴师继历五战,皆胜,遂攻入郢都。楚昭王逃奔于随。这次吴人悬军深入,饱掠之后,不能不退,但楚国却受到空前的深痛巨创了。平王复国后,把国都北迁于鄀,是为鄢郢,即今湖北宜城。

像晋联吴制楚,楚亦联越制吴。

在周代的东南诸外族中,越受诸夏化最晚。直至战国时,中国人在寓言中提到越人,还说他们“断发文身”,说他们“徒跣”不履;又有些学者说越“民愚疾而垢”是因为“越之水重浊而洎”。此时越人的僿野可想。越人的语言与诸夏绝不相通。现在还保存着前5世纪中叶一首用华字记音的越歌和它的华译。兹并录如下,以资比较。

越　　歌	华　　译
滥兮抃草滥予昌枑泽予昌州州鍖州焉乎秦胥胥缦予乎昭澶秦逾渗惿随河湖(句读已佚)	今夕何夕兮,搴中洲流?今日何日兮,得与王子同舟?蒙羞被好兮,不訾诟耻。心几烦而不绝兮,知得王子。山有木兮,木有枝,心悦君兮,君不知!

越人在公元前537年以前的历史除了关于越王室起源的传说外，全是空白。是年越人开始随楚人伐吴。其后吴师入郢，越人即乘虚袭其后。入郢之后十年，吴王阖闾与越王勾践战于槜李（今嘉兴）大败，受伤而死。其子夫差于继位后三年（前494年）大举报仇，勾践败到只剩甲楯五千，退保会稽（今绍兴），使人向夫差卑辞乞和，情愿称臣归属。此时有人力劝夫差趁势灭越。夫差却许越和。大约一来他心软，二来他认定越再无能为，而急于北进与诸夏争霸，不愿再向南荒用兵了。在此后十二年间，夫差在忙于伐陈伐鲁，筑城于邗（即今扬州），凿运河连接江淮，从陆路又从海道（吴以舟师从海道伐齐为我国航海事见于记载之始）伐齐，和朝会北方诸侯；而勾践则一方面向夫差献殷勤，向他的亲信大臣送贿赂，一方面在国内奖励生育（令壮者不得娶老妇，老者不得娶壮妻；女子十七不嫁，男子二十不娶，其父母有罪），并给人民以军事训练。前482年，夫差既两败齐国，大会诸侯于黄池。他要学齐桓、晋文的先例，自居盟主。临到会盟的一天，晋人见他神色异常的不佳，料定他国内有变，坚持不肯屈居吴下，一直争执到天黑，结果他不得不把盟主的地位让给晋国。原来他已经秘密接到本国首都（吴原都句吴，在今无锡东南，至夫差始迁于姑苏，即今苏州）被越人攻陷的消息了。夫差自黄池扫兴而归后，与越人屡战屡败。前473年，吴亡于越，夫差自杀。勾践踏着夫差的路径北进，大会诸侯于徐州（据顾栋高考，此徐州在今山东滕县，非江苏之徐州），周王亦使人来“致胙”。后又迁都于琅琊（越本都会稽，即今绍兴。至勾践前一代迁诸暨），筑起一座周围七里的观台，以望东海。这时越已拓地至山东，与郲、鲁为界了。

勾践死于前465年，又六十三年而晋国正式分裂为三，那是战国时代的开始。在这中间，越灭滕（后恢复），灭郯；楚则灭蔡、灭杞、灭莒，亦拓地至山东境（莒后入于齐）。在转到战国时代之前，让我们补记两个和向戌先后并世的大人物：一个是郑公孙侨，字子产，即弭兵大会中郑国的代表之一；另一个是鲁孔丘，字仲尼，即后世尊称为孔子的。

第五节　郑子产

公元前565年，即鄢陵大战后十年，郑司马子国打胜了蔡（是时蔡是楚的与国），把他的主帅也俘了回来，郑人都在庆祝，子国更是兴高采烈。他的一位约莫十六七岁的儿子却冷静地说道："小国没有把内政弄好，却先立了战功，那是祸种。楚人来讨伐怎办？依了楚，晋人来讨伐又怎办？从今以后，至少有四五年郑国不得安宁了！"子国忙喝道："国家大事，有正卿做主。小孩子胡说，要被砍头的。"正卿做主的结果，不到一年，楚、晋的兵连接来临郑国。

那位受屈的小预言家就是子产。

胜蔡后两年，子国和正卿给一群叛徒在朝廷中杀死了。正卿的儿子，闻得噩耗，冒冒失失地立即跑出，吊了尸，便去追贼，但贼众已挟着郑君，跑入北宫。他只得回家调兵，但回到时，家中的臣属和奴婢已走散了一大半，器物也损失了不少。他兵也调不成了。子产闻得噩耗，却不慌不忙，先派人把守门口，然后聚齐家臣属吏，督着他们封闭府库，布置防守；然后领着十七乘的兵车，列着队伍出发，吊了尸，就去攻贼，别的贵族闻风来助，把贼众通通杀死了。从此以后，郑国的卿大夫们对这位公孙侨都另眼相看。

再经过几番的大难和子产几番的匡扶之后，那外受两强夹剪，内有巨室捣乱的郑国终于（在前543年，弭兵之会后三年）轮到子产主持。这时他才约莫四十岁。

子产知道那习于因循苟且的郑国，非经过一番革新整饬，不足以应付危局。他给全国的田土重新厘定疆界，划分沟洫，把侵占的充公，或归原主。他规定若干家为一个互助的单位，若干家共用一口井。他令诸色人等，各有制服。他开始编定刑法，铸成"刑书"，向人民公布。他把军赋增加，以充实郑国的自卫力。为着这些，尤其是为着加赋的事，他不知受了多少咒骂。有的说："他的父亲死在路上，他又要做蝎尾巴了！"子产说："苟有利于国家，生死不改！"

但子产对舆论从不肯加以任何干涉。当时都中有一所"乡校"（大约是一个养老而兼较射的地方），人民时常聚集其中议论执政。或劝子产：何不把乡校拆毁？子产说："为什么？人家早晚到那里逛逛，议论执政的长短，正是我的老师。为什么把乡校拆毁了？我听说：忠爱可以减少怨恨，却没听说威吓可以防止怨恨。若用威吓，难道不能使怨声暂时停止？但民怨像大川一般，堤防虽密，一旦溃决便不知要伤害多少人，那时抢救也来不及了。不如留些小决口，给它宣泄。不如让我得听谤言，用作药石。"

子产从政一年后，人民唱道：

> 取我衣冠而褚（贮）之！取我田畴而伍之！孰杀子产？吾其与之！

到了三年，人民唱道：

我有子弟，子产诲之。我有田畴，子产殖之。子产而死，谁其嗣之？

子产的政令，说得出，就要做得到，若行不通，他就干脆撒手。有一回大夫丰卷为着祭祀，请求举行狩猎，子产不准。丰卷大怒，回去便征调人民。子产马上辞职，向晋国出走。幸而当时郑国最有势的罕氏子皮拥护子产，把丰卷驱逐，子产才复职，却保留着丰卷的田产，过了三年，召他回国，把田产还他。

子产对于传说的迷信，毫不迁就。前524年，火宿（即心宿）出现不久，接着起了一阵大风。祝官裨灶说了一堆鬼话之后，请求子产拿宝玉去禳祭，以为否则郑国将有大火。子产不听，凑巧几天之后郑都有一家失火，灾后，裨灶又请拿宝玉去禳祭，以为否则又将有大火。子产还是不听。郑人纷纷替裨灶说话，连子产的同僚也来质问，子产答道："天象远，人事近；它们是不相关涉的。怎能靠天象去预知人事？而且裨灶哪里懂得天象？他胡说得多了，难道不会偶中？"次年，郑都大水，郑人纷传时门外的洧渊有二龙相斗，请求祭龙。子产不许，回道："我们争斗，碍不着龙；为什么龙争斗却碍着我们？"

上面讲的都是子产在内政上的措施。但最费他心力的却是对外的问题。在这方面他集中了全国的专才。当时冯简子最能决断大事；游吉长得秀美，举止又温文，宜于交际；公孙挥熟悉外国的情形，又善于措辞；裨谌最多谋略，但他要在野外才能想好计，回到城中便如常人一般。子产遇着外交大事，大抵先向公孙挥询问外国的情形。并令他把该说的话多多预备；然后和裨谌乘车到野外筹划；筹划所得请冯简子决断；办法决定了，便交游吉去执行。因此郑国在应付外人上，很少吃亏。

前541年，楚公子围（后来的灵王），领着一大班人马来郑都聘问并且娶亲，要入居城内的客馆，经子产派"行人"去劝说，才答应驻在城外。到了吉期，公子围又要率众人入城迎接新妇，郑人越疑惧。子产又派"行人"去说道："敝邑太窄小，容不了贵公子的从人。请在城外扫除空地，作行礼的场所罢。"公子围的代表，以面子关系为理由，坚持不允。郑人便直白说道："小国没有什么罪，惟倚靠外人才真是罪。本来要依靠大国保障的，但恐怕有人不怀好意，要计算自己。万一小国失了倚靠，诸侯不答应，要和贵国捣麻烦，那时小国也是过意不去的。"公子围知道郑国有备，只得命众人倒挂着弓袋入城。对强邻戒备，那是子产永远不会放松的。前524年郑都大火时，他一面派人去救火，一面派大兵登城警备。有人说："那不会得罪晋国吗？"子产答道："平常小国忘却防守就会危亡，何况当着有灾难的时候？"不久晋人果来责问，说晋君正在替郑人担忧。郑兵登城，是什么意思？子产给他解释了一番，最后说道："若不幸郑国亡了，贵国虽替担忧，也是没用的。"

前529年，晋君乘着楚灵王被杀，楚国内乱之后，大会诸侯于陈国的平丘，子产代表郑国赴会。将要结盟时，子产突然提出减轻郑国军赋的要求，从正午一直争到昏黑，晋人到底答应了。会后有人责备子产道："万一晋人翻起脸来，带着诸侯的兵，来讨伐郑国，那时怎办？"子产答道："晋国政出多门，尚且敷衍个不了，哪里有工夫向别国讨伐。国家若不挣扎，便愈受欺凌，还成个什么国家？"

子产不独是一个实行家，而且是一个能够化经验为原理的实行家。有人问他为政的道理，他说："政治好比庄稼的工夫，日夜要筹度；起先筹度好就做到底，从早到晚苦干，可别干出了筹度的范围,如像耕田不要过界,那就很少有错失了。”

有一回子皮要派一个子弟去做邑宰。子产说:“他年纪太小,不知道行不行?”子皮回答道:“这人老实,我爱他,他断不会背叛我的。让他去学学,便渐渐懂得政事了。”子产说:“那不行,人家爱一个人,总要使他得到好处;现在你爱一个人,却给他政事,好比叫一个还没学会拿刀的人去切东西,只有使他受伤而已。假如你有一匹美锦,你必定不让人拿来练习剪裁。要职和大邑是我们身家性命所托庇的,就可以让人拿来练习做官吗?”

前522年,子产死。死前,他嘱咐继任的人道:惟独非常有德的才能靠宽纵服人。其次莫如用猛力。你看火,因为它猛烈,人人望见就怕它,故此因它致死的很少。但水,因为软弱,人人都去狎玩它,故此因它致死的很多。

子产的死耗传到鲁国时,孔子含泪叹道:“古之遗爱也!”他和子产却未曾会过一面。

第四章　孔子及其时世

第一节　鲁国的特色

当春秋时代，鲁是一个弱国，始受制于齐，继受制于吴，终受制于越。但它也是列国中文化最高的。宗周的毁灭和成周在春秋时所经几度内乱的破坏，更增加鲁在文化上的地位。前540年，晋韩宣子来聘，看到鲁太史所藏的典籍，便说"周礼尽在鲁矣"！先此数年，吴公子季札历聘诸国，到鲁国，特别请求听奏各种"周乐"。可见"周乐"亦"尽在鲁矣"。不独代表"精神文明"的"礼乐"为然，论"物质文明"也是鲁国首屈一指。前589年，鲁向楚求和，赂以木匠、绣工、织工和缝工各一百人。可见这些工艺在鲁国特别发达。我国历史上第一个著名的建筑工程师公输般，即旧日木匠行所供奉的"鲁班（班般古同音）师父"，就是生于孔子死后不久的鲁国人。

当春秋时代，在多数国家，"周礼"已成为一段模糊的历史了。但鲁人特别小心翼翼地遵守着它，并且当作一种重大的学问去讲求它。当时鲁国有一班人，专以传授礼文，并"导演"礼仪为职业。这种人叫做"儒"。鲁人之重礼信儒曾造成一段历史的话柄。鲁昭公有一次和齐君会盟。齐君对他叩头,他却只作揖还礼。齐人大怒。鲁国相礼的大夫解释道:依礼,寡君除非对天子是不能叩头的。试想当时齐国是何等强,鲁是何等弱;鲁对齐地也不知割过多少了,兵役也不知服过多少了;然而这一次毫不丢脸的叩头,只因为《周礼》上没有写着,便不能通融了。其后数年,齐人把昭公请到齐国的地方来会盟,特别督着要他叩头,他只得照办。当时齐人唱了一支歌嘲笑他道:

> 鲁人之皋!数年不觉。使我高蹈。惟其儒书,以为二国忧!

这首歌,用现在话译出,大意就是说:

> 鲁人的顽固!几年都不觉醒。使我们又要奔波。一味死守着他们的儒书,引起两国间无限的麻烦!

第二节　孔子的先世与孔子的人格

前518年鲁国三巨室之一的大夫孟僖子临死,遗嘱他的家臣,大意道:人之有礼好比树之有干,没有礼便站立不住。我听说不久将有一位显达的人出现,叫做孔丘。他是圣人的后裔,而本族在宋国被灭。他的祖先弗父何(略与周厉王同时)原是宋国的太子而让位给宋厉公。弗父的后人(曾孙)正考父辅佐戴公、武公、宣公三世,受过三次的册诰命(三命为上卿)而越加敬谨,所以他的鼎铭道:

一命而偻，再命而伛，三命而俯。循墙而走，亦莫余敢侮。饘于是，粥于是，以糊余口。

他是这样敬谨的。臧孙纥（乃鲁国以智慧著名的大夫）说过："有明德的圣人，若本身不能得位，他的后代必定有显达的。现在将要应在孔丘身上了罢？我死后你们务必让我的两个儿子跟他学礼。"

孟僖子所述孔子的先世，还须要一点补充。正考父的儿子孔父嘉在宋国的内乱中被杀了。一说孔父嘉的儿子避难到鲁国，一说他的曾孙防叔始迁居鲁国，未知孰是。防叔的孙孔纥生孔子。孔纥是名闻于诸侯的大力士。历史上记着他两件战功：（一）前563年晋人率诸侯兵攻偪阳国的都城（在今山东峄县南五十里）。先锋的战士刚进入郭门，悬门忽然落下；幸亏孔纥在场，推起悬门，把他们放出。（二）前556年，齐师侵鲁，把鲁大夫臧孙纥围在旁邑里，孔纥亦在围中，他半夜率领三百名甲士袭击齐军，乘齐人忙乱中，把臧孙纥送走，然后回营固守。齐人无可奈何而退。此役之后五年而孔子生，那是孔纥晚年续娶的颜氏女所出。

当孟僖子死时，孔子年三十五。以前他的历史我们知道得很少。只知道他在少年时便没了父母，家境很寒苦；他为贫而仕，先后替贵族管过会计和牧畜的事都很称职；他从小就是一个好学不倦而且多才多艺的人。他自己曾谦说道："我少时微贱，故学会了许多鄙事。"像射、御、诗、礼等经常的士的技能他自然是具备的了。又自述道："我十五岁便立志向学，三十岁便站立得住。"所谓站立得住，就是学礼成功的意思。此后不久，他便成了一个名动公卿的礼学权威。当孟僖子的两个儿子来到孔子门下时，同门的贵族子弟和平民子弟已很不少了。

他们所遇到的是怎样一位先生呢？这位先生衣冠总是整齐而合宜的；他的视盼，和蔼中带有严肃；他的举止，恭敬却很自然。他平常对人朴拙得像不会说话，但遇着该发言的时候却又辩才无碍，间或点缀以轻微的诙谐。他所喜欢的性格是“刚毅木讷”，他所痛恶的是“巧言令色”。他永远是宁静舒适的。他一点也不骄矜；凡有所长的他都向其请教。便是他和别人一起唱歌，别人若唱得好，他必请再唱一遍，然后自己和着。他的广博而深厚的同情到处流露。无论待怎样不称意的人，他总要“亲者不失其为亲，故者不失其为故”。他的朋友“生于我乎馆，死于我乎殡”。他遇见穿丧服的人，虽是常会面的，必定变容。他在有丧事的人旁边吃饭，从未曾饱过。

他和弟子间相处的气象，从弟子的两段记录可以窥见。

有一天几位弟子陪着孔子闲坐。孔子道：“你们觉得我是长辈，不免有点拘束，不要这样。平常你们总说没人知道自己，假如有人知道，又有什么把握呢？”子路爽快地答道：“千乘之国，夹在两大国中间，受着兵祸，又闹饥荒，让我来主持，才到三年，便使得人民有勇，并且循规蹈矩。”孔子向他微笑了一下，又问另一弟子道：“求，你怎样？”他答道：“五六十里或六七十里见方的国家，让我来主持，才到三年，便使得人民富足。至于礼乐，另待高明。”孔子又问：“赤，你怎样？”答道：“并不是说能够，但想学学：像宗庙的大事和诸侯的聚会，我愿意穿着章甫（章甫乃商朝的冠服，在仪式中相礼的人穿的），在旁边做一个小相。”孔子又问另一弟子：“点，你怎样？”这时他弹瑟渐缓，微音铿然。他把瑟放下，起身答道：“我和他们三位不同。”孔子道：“有什么关系呢？不过各说自己的志向罢了。”他道：“暮春的时候，春衣既已做好，和少年五六人，童子六七人，到沂水里洗浴。洗完了，当着轻风歇晾，一面看人舞雩（雩是祈雨之祭）。然后大家歌咏而归。”孔子听了喟然叹道：“我和点有同感。”

又一次，颜渊、子路和孔子在一起。孔子道：“你们何不各把自己的志向说说？”子路道：“愿把自己的车马轻裘，和朋友共用，用坏了也没有怨憾。”颜渊道：“愿不夸自己的长处，不表自己的功劳。”子路请问老师的志向。孔子道：“愿给老年的以安乐，对朋友以信实，给幼少的以爱抚。”

第三节　孔子与其时世

教育是孔子心爱的职业，政治是他的抱负，救世是他的理想。

孔子生于弭兵之会前六年。此会后，中原的战争暂时减少，但剧战的场所不过移到江淮一带，兵祸并没有真正消弭。在另一方面，环此会前后的一百年间，旧秩序的破坏加甚，至少在宋、鲁、郑、齐、晋等国，政柄落在大夫，君主成了傀儡；诸巨室彼此勾心斗角，不时搅起内乱。鲁国到底是君子之邦，它的巨室“三桓”（皆出自桓公的，故名），绝少自相残害。他们采用分赃的办法。前537年（孔子十六岁），他们把公室的土地人民分为四份，季孙氏拣取了两份，叔孙氏和孟孙氏各得一份，此后三家各对公室纳些小的贡赋，便算补偿。三家妥协，鲁君更不好做。前517年（孔子三十六岁），昭公讨伐季氏，结果给三家合力赶走，在外国流寓了七年而死。这还不够。恶人还有恶人磨。跋扈的大夫每受制于更跋扈的家臣，这也是鲁国的特色。前538年（孔子十五岁），竖牛叛叔孙氏，把他禁在一室，活活地饿死。前530年（孔子二十三岁），南蒯叛季孙氏，据了费邑三年。但这些还是局部的事变。前505年(吴王阖闾入郢之次年,孔子四十八岁),季孙氏的家臣阳虎勾结了季孙氏和叔孙氏两家中不得志的分子,起了一场大政变。名副其实的阳虎把季孙氏囚禁起来,迫得他立誓屈服,然后放他;更挟持鲁君,放逐敌党,居然做了三年鲁国的独裁者,而且不知凭什么手段,很得民众的归服。三桓也俯首帖耳,听阳虎驱使。后来阳虎要除去他们,将自己的党羽替代季孙氏和叔孙氏,以自己替代孟孙氏。本来隐忍旁观的孟孙氏(即奉父命从孔子学礼的孟懿子)被迫作困兽斗,结果,出乎大家意料之外的,阳虎兵屡败,逃奔齐国。但次年(前500年)叔孙氏所属郈邑的马正侯犯又杀了邑宰,据郈作乱,幸而他无勇无谋,几个月即被解决。鲁国如此,本来破落的周室又复崩分。前520年(孔子三十三岁),景王死,王子朝纠合了无数失职的官吏和失意的贵族乘机作大规模的暴动,从此畿内扰攘了二十年,赖晋国屡次出兵援助,才得平定。

旧秩序的破坏不仅在政治方面,弭兵大会以前的长期混战除摧毁了无数的生命和财产外,还摧毁了许多的迷梦。它证明了“昊天不惠”,它证明了“渝盟无享国”一类的诅誓只是废话,它证明了“牲牷肥腯,粢盛丰洁”无补于一国或一身家的安全,它证明了人们最可靠的靠山还是自己。当郑子产昌言“天象远,人事近,它们是不相及”的时候,理智的锋刃,已冲破传统迷信的藩篱。从前尽人相信一切礼法制度是天帝所规定的;现在有人以为它们是人所创设而且是为人而设的了。从前尽人相信王侯是代表天帝(君,天也)神圣不可侵犯的;现在恶君被弑或被逐,有人公然说他罪有应得,并且对叛徒表同情了。孔子曾慨叹道:“我还及见史官阙文,有马的借给人骑,如今都没有了!”这两件事虽然本身很小,它们的象征的意义却很大。它们象征“世风日下，人心不古”的总趋势，社会组织蜕变时所必有的趋势。因为旧道德的力量减少，又因人口增加，都邑扩大，贵族和庶民间的关系日益疏远；礼教的拘束和威仪的镇压已不够做统治之用；所以有些精明的贵族感觉到制定成文的刑法的必要。前536年（孔子十七岁），郑子产把所作的刑书铸在鼎上公布。前513年（孔子四十岁），晋人也把范宣子所作的刑书（范宣子卒于前549年，其作刑书年不详），以同样的方式公布。这些都是非常的创举，在当时受着严厉的诽议的。

孔子所处的时代的性质已约略表过。在宗教思想上，孔子是大致跟着时代走的。他虽然还相信一个有意志有计划的天帝，但那已经不是可以用牺牲玉帛贿买的天帝，而是在无声无嗅中主持正道的天帝了。他绝口不谈鬼神的奇迹。有人向他请教奉事鬼神的道理，他说“未能事人，焉能事鬼？”再向他请教死的道理，他答道：“未知生，焉知死？”他教人“敬鬼神而远之”，教人“祭如在”。“远之”就是不当真倚靠它们；“如在”就是根本怀疑它们的存在了。不过既然根本怀疑它们存在，为什么还要向它们致祭，为它们举行繁缛的葬礼，并且守着三年的丧呢？孔子的答案是以此报答先人的恩德，非如此则于心不安，于心不安的事而偏要做，便是不仁。把宗教仪节的迷信意义剥去，只给它们保留或加上道德的意义，这种见解虽然不必是孔子所创，在当时乃是甚新的。

在政治主张上，孔子却是逆着时代走的。他的理想是以复古为革新，他要制裁那些僭越的家臣，僭越的大夫，僭越的诸侯，甚至那些不肯在贵族脚下安守旧分的民众。他的理想是：“天下有道则礼乐征伐自天子出。”“天下有道则政不在大夫。”“天下有道则庶人不议。”

孔子是历史兴趣很深的人，他也曾以“敏而好古”作自己的考语。他尽力考究了三代制度之后，觉得周代吸取了前二代的精华，文物灿备，不禁说道：“吾从周！”除了一些小节的修正，像“行夏之时，乘殷之辂，……乐则韶舞”等等以外，他对于西周盛时的文物典章全盘接受，并且以它们的守护者自任。他盼望整个中国恢复武王周公时代的旧观。

他的理想怎样实现呢？照他不客气的看法，只有等待一个“明王”出来，用他弼辅，像武王之于周公。手把大钺的周公，那是他毕生憧憬着的影像。在晚年他还因“不复梦见周公”而慨叹自己的衰颓。不得已而思其次，若有一个霸主信用他，像桓公之于管仲，他的理想也可以实现一部分。他对于管仲也是不胜欣慕的。更不得已而思其次，若有一个小小的千乘之国付托给他，如郑国之于子产，他的怀抱也可以稍为展舒。他的政治理想虽高，他对于一个弱国处理的切实办法，并不是捉摸不着。有一回他的门人子贡向他问政，他答道：要“足食、足兵，人民见信”。问：若不得已在三项中去一，先去哪项？答道：“去兵。”再问：若不得已在余下的两项中去一，先去哪项？答道：“去食。从古都有死，人民没有信心便站不住。”他又说：“一个国家，不怕人口少，只怕人心不安，不怕穷，只怕贫富不均。”这些话显然是针对着大家只知道贫弱为忧的鲁国而发的。

“假如有用我的，仅只一周年也可以，三年便有成功。”他说。

第四节　孔子与政治

但是谁能拔用孔子呢？鲁昭公不用说了，他十九岁即位，“犹有童心”,况兼是个傀儡。孟孙氏大夫孟懿子是孔子的门人,但他还是个后生小子。三家之中,季氏最强,大权独揽,但他便是曾以僭用天子礼乐,致孔子慨叹“是可忍孰不可忍”的。不久,更不可忍的事发生,昭公被逐,孔子便往齐国跑。

他到齐国,大约是避乱的成分少,而找机会的成分多。这时距齐人灭莱之役已五十年;景公即位已三十一年,崔、国、栾、高诸巨室已先后被灭,陈氏已开始收拾人心,蓄养实力。景公固然不是个怎样的贤君。他的厚敛曾弄到民力三分之二归入公家;他的淫刑曾弄到都城的市里“履贱踊(被刖者所用)贵”。他听到“天下有道则礼乐征伐自天子出”一类的话,当然要皱眉。但他听到“天下有道则政不在大夫”一类的话却不由不大赞:“善哉! 善哉!”但不知是他的眼力,抑或是他的腕力不够呢? 他始终没有任用孔子。孔子在齐七八年,虽然养尊处优,还是(用他自己的比喻)活像一个葫芦,被人“系而不食”。这是孔子所能忍耐的吗? 乘着鲁定公即位(前509年),鲁国或有转机,他便回到祖国。

他归鲁后约莫三四年而阳虎的独裁开始。眼光如炬的阳虎就要借重孔子。他知道孔子不会干谒到他的,却又不能屈身去拜候一个穷儒。依礼,贵臣对下士若有馈赠而他不在家接受,他得到贵臣门上拜谢。于是阳虎探得孔子外出的时候,送一大方熟猪肉给他。孔子也探得他外出,然后去拜谢。可是他们竟在途中相遇,阳虎劈头就说:“来! 我和你说句话。怀着自己的宝贝,却瞒着国人,这可谓仁吗?”孔子只得回答道:“不可。”“喜欢活动,却坐失时机,这可谓智吗?”孔子只得答道:“不可。”阳虎道:“日子一天天的过去了! 岁月是不等待人的!”孔子只得回答道:“是,我快出仕了。”

但他没有出仕，而阳虎已倒。这时他机会可真到了。他的门人孟懿子因为发难驱阳虎的大功，在政府里自然争得相当的发言权。季孙氏一方面为收拾人心，一方面感念孔子不附阳虎。便把司寇一席给他。这时孔子有五十多岁，距郑子产之死有二十多年。

子产的人格和政绩是孔子所称赞不厌的。他说子产有君子之道四："其行己也恭，其事上也敬，其养民也惠，其使民也义。"此时孔子的地位也有点和子产的相像；郑之于晋、楚，犹鲁之于齐、晋；郑之有七穆，犹鲁之有三桓。所不同的，子产自身是七穆之一。而且得七穆中最有力的罕氏拥护到底；孔子却没有一田半邑，而他受季氏的真正倚任也只有三个月，虽然司寇的官他至少做了三年（从定公十至十二年）。但他在无可措施中的措施也颇有子产的风度。

前500年（定公十年）孔子辅佐着定公和齐景公会盟于夹谷（齐边地）。有人向景公说道：孔丘这人虽熟悉礼仪，却没勇力；假如叫莱兵逼胁鲁侯，必定可以得志。景公依计。不料"临事而惧、好谋而成"的孔子，早就设着武备。他一看见莱兵，便护着定公退下，并命令随从的武士们动手；接着说一番"夷不乱华……兵不偪好"的道理，直斥齐人此举，于神是不祥，于道德是不义，于人是失礼。齐侯气沮，只得遣退莱兵。临到将要结盟，齐人在盟书上添写道："齐师出境而（鲁）不以甲车三百乘从我者，有如此盟！"孔立即命人宣言，齐人若不归还汶阳的田，而责鲁人供应，也照样受神罚。后来齐人只得归还汶阳的田。

孔子在鲁司寇任内所经历的大事，除了夹谷之会，便是前498年的"堕三都"运动。所谓"三都"就是季孙氏的费邑，叔孙氏的郈邑和孟孙氏的成邑；"堕三都"就是要将这三邑城郭拆除。三邑之中，费、郈都是旧日家臣叛变的根据地，而费邑自南蒯失败后，不久便落在另一个家臣公山不狃之手，不狃是阳虎的党羽，阳虎既倒，他还屹然不动。“堕三都”一方面是要预防家臣负隅作乱，一方面亦可以削弱三桓。二者都是和孔子素来的政治主张相符的。故此，他对于此举，极力赞劝，虽然主动却似乎不是他，而是他的门人子路，这时正做着季氏的家宰的。子路的发动此事原是尽一个家臣的忠悃。此时费邑已成了季氏腹心之患，非堕不可的。季孙氏地广邑多，毁一城满不在乎。但叔孙和孟孙二氏各毁一大城则元气大损，这也是于季孙氏有利的。叔孙氏犹有侯犯之乱可惩，至于孟孙氏堕城，好比一个无病的人白陪人家吃一剂大黄巴豆，完全是犯不着的。所以堕城议起，他一味装聋，后来定公率兵围城，没有攻下，便把他放过。但郈、费到底被堕了，堕费最费气力，孔子受季孙氏三个月的倚任就在此时。原来公山不狃不待季孙氏动手，先自发难，率费人袭入都城，定公和三桓仓皇躲进季孙氏的堡中，被费人围攻着。叛徒快到定公身边了，幸亏孔子所派的援兵及时赶到，把费人杀败。其后不狃势穷，逃往齐国。

堕费之役孔子虽然立了大功，但不久（前497年），孔子便辞职。他辞职的直接原因，有人说是祭余的烧肉没有照例送到，有人说是季孙氏受了齐人的女乐，三日不朝。孰是孰非，无关宏旨。总之，季孙氏的势力完全恢复了以后，再没有可以利用孔子的地方了，再不能维持向日对孔子的礼貌了；鲁国再没有孔子行道的机会了。他只好再到外国去碰碰运气，虽然他不存着怎样的奢望。如鲁国一个守城门的隐者所说，他原是一个“知其不可而为之者”。

但是到什么地方去呢？齐的韶乐虽然值得孔子再听，齐景公却不值得他回顾。卫虽小国，地理上和政治上却最与鲁国接近。恰好这时子路的僚婿弥子瑕甚得卫灵公的宠信。去职的次年，孔子便领着一班弟子来到卫都帝丘(在今河南濮阳西南)。这时距卫人第一次避狄迁都——从朝歌(在今河南淇县)迁到楚丘(在今河南滑县)有一百六十多年,距卫人第二次避狄迁都——从楚丘迁到帝丘,有一百三十多年。当第一次迁都时,朝歌的遗民男女合计只有七百三十口。经过长期的休养生聚,新都又成了熙熙攘攘的大邑。孔子入境,不禁叹道:“好繁庶呀!”给孔子驾车的弟子冉有忙问:“既繁庶了,还要添上什么呢?”孔子答道:“添上富。”“既富了,还要添上什么呢?”“添上教。”

但此时卫灵公正被夫人南子迷得神魂颠倒,哪里有闲心去管什么富咧,教咧,只照例用厚禄敷衍着孔子。孔子居卫些时,觉得没味,便又他去(前496年?)。此后十多年间他的行踪,记载很缺略,而且颇有参差。我们比较可以确知的,他离卫后,到过宋、陈和楚新得的蔡地,中间在陈住了几年;前485年(鲁哀公十年)自陈返卫;约一年后自卫返鲁。此外他也许还经过曹、郑,到过故蔡以外的楚境。在这长期的奔波中,孔子不独遇不着一个明君,而且遇了好几次的生命危险。当他过宋时,向戌的曾孙桓魋不知因为什么对他发生恶感,要杀害他,幸亏他改装逃脱。当他过匡(郑地?)时,受过阳虎荼毒的匡人错认他是阳虎,把他连群弟子包围起来。幸亏匡人没有错到底。在陈、蔡的边境时,因为无“上下之交”,粮糈断绝,他和弟子们曾饿到站立不起。

这些困阨并没有压倒孔子的自信心。当在宋遇难时,他说:“天生德于我,桓魋其奈我何!”当在匡遇难时,他说:“文王死了以后,文教不在我这里吗?难道天要废弃这些文教吗?难道后来的人不得承受这些文教吗?天没有废弃这些文教的,匡人其奈我何!”

在旅途中孔子曾受过不少隐者的讥讽。有一次他使子路去向两个并耕的农人问渡头的所在。甲说："在车上执辔的是谁？"子路答道："是孔丘。""是鲁孔丘吗？""是的。"甲说："这人便知道渡头的所在了！"子路只得向乙请问。乙说："您是谁？"子路答："是仲由。""是鲁孔丘的徒弟么？""是的。""满天下都是洪水滔滔，一去不返的。谁能改变它呢？而且您与其跟随到处要避人的志士，何如索性跟随避世的隐士呢？"乙说完了，不断的覆种。子路回去告诉孔子。孔子说："鸟兽是不可与同群的。我不和世人在一起却和谁在一起？假如天下有道，我便不去改变它了。"

但政治方面的否塞使得孔子救世热情终于不得不转换方向。当他最后由蔡回到陈的时候，他叹道："归罢！归罢！我们这班天真烂漫的小子，好比织成了文采斐然的锦，却不知道怎样剪裁。"这时他已隐然有以教育终余生的意思了。这时他确已老了，他已六十八岁了，虽然他一向总是"发愤忘食，乐以忘忧，不知老之将至"。

第五节　孔子与教育

孔子最大的抱负虽在政治，他最大的成就却在教育。在我国教育史上，他是好几方面的开创者。这几方面，任取其一也足以使他受后世的"馨香尸祝"。

第一，在孔子以前，教育是贵族的专利，师儒是贵族的寄生者。孔子首先提倡"有教无类"，这就是说，不分贵贱贫富，一律施教。他自己说过，从具"束脩"（十吊腊肉）来做贽见礼的起，他没有不加以训诲的。这件事看来很平常，在当时实是一大革命。这是学术平民化的造端，这是“布衣卿相”的局面的引子。至于他率领弟子，周游列国，作政治的活动，这也是后来战国“游说”的风气的创始。

第二，孔子以个人在野的力量，造就或招聚一大帮的人才，他的门下成了至少鲁国人才的总汇；他自卫返鲁后，哀公和季康子要用人时，每向他的弟子中物色。这样一个知识的领袖不独没有前例，在后世也是罕见的。传说他的弟子有三千多人，这虽然近夸张，但他的大弟子名氏可考的已有七十七人，其中事迹见于记载的共二十五人。现在仅计他自己所列举跟他在陈、蔡之间挨饿的弟子；以德行见长的有颜渊、闵子骞、冉伯牛、仲弓；以言语见长的有宰我、子贡；以政治见长的有冉有、子路；以文学见长的有子游、子夏。这些人当中颜渊最聪明，最好学，最为孔子所叹赏，可惜短命；冉伯牛也以废疾早死，无所表现；其余都是一时的俊杰。闵子骞曾被季氏召为费宰而坚决辞却。仲弓做过季氏家宰。宰我受过哀公的咨询，在政府里当是有职的。子贡、冉有皆先孔子归鲁。子贡在外交界任事，四次和吴人，一次和齐人折冲，都不辱命。冉有做过季氏的家宰，于前 484 年（哀公十一年，孔子归鲁前），当齐人大举侵鲁，鲁当局守着不抵抗主义的时候，激动季氏出兵。冉有并且用矛陷阵，大败齐军。子路为季氏主持“堕三都”及他后来留仕在卫，死孔悝之难，前面均已表过。前 481 年，小邾（鲁的南邻之一）的一位大夫挟邑投奔鲁国，要子路作保证，以替代盟誓。季康子派冉有到卫国来求子路，说道：“人家不信千乘之国的盟誓而信你一句话，你当不以为辱吧？”子路答道：“假如鲁国和小邾开战，我不问因由，死在敌人的城下也可以。现在依从一个叛臣的话，便是认他为义，我可不能。”子游做过鲁国的武城宰，孔子到他邑里，听得民间一片弦歌声,因此和他开过“割鸡焉用牛刀”的玩笑。子夏做过晋大夫魏成子(即后日魏文侯)的老师。因为孔子弟子多是当时的闻人,他们又多有“仲尼日月也,无得而逾焉”的信念;凭他们的宣扬,孔子便在上层社会里永远传下很大的声名。

第三,孔子首先把技艺教育和人格教育打成一片;他首先以系统的道德学说和缜密的人生理想教训生徒;他的教训,经他的弟子和再传弟子记载下来叫做《论语》的,是我国第一部语录。

孔门传授的技艺,不外当时一般贵族子弟所学习的《礼》《乐》《诗》《书》。其中《礼》和《诗》尤其是孔子所常讲,弟子所必修的。

所谓礼有两方面,一是贵族交际中的礼貌和仪节;二是贵族的冠、婚、丧、祭等等典礼。当时所谓儒者就是靠襄助这些典礼,传授这些仪文为生活的。孔子和他大部分的弟子都是儒者,他们所学习的礼当然包括这两方面。礼固是孔子所看重的。他说:“不学礼,无以立。”但每一种礼节原要表示一种感情。感情乃是“礼之本”。无本的礼,只是虚伪,那是孔子所深恶的。他把礼之本看得比礼文还重。他说:“礼云,礼云,玉帛云乎哉!”又说:“丧礼,与其哀不足而礼有余也,不若礼不足而敬有余也。”这原是对于讲究排场拘牵仪式的鲁人的一剂对症药。可惜他的弟子和后来的儒家很少领略得。

当孔子时,各种仪节和典礼大约已有现成的“秩序单”。这些“秩序单”,经过孔子和他的信徒的陆续增改,便成为现在的《仪礼》。

《诗》三百余篇,在春秋时代是有实用的。平常贵族交际上的词令要引诗做装饰,朝廷享宴外宾时,照例要选《诗》中的一首或一节,命乐工歌诵,以作欢迎词,这叫做“赋诗”。来宾也得另选一首或一章回敬,这叫做“答赋”。主宾间的情意、愿望、恳求、甚至讥刺,每“断章取义”地借诗句来隐示。在这种当儿,诗篇生疏的人便会出丑。故此孔子说:“不学《诗》,无以言。”因为任何贵官都有招待外宾或出使外国的机会,所以《诗》的熟习成为贵族教育不可少的部分。孔子教诗当然也以他的应对功用为主。《诗》中含有训诲意味的句子,当时每被引为道德的教条。这一方面孔子也没有忽略。但他更进一步。他教人读《诗》要从本来没有训诲意味的描写,体会出人生的道理。这便是他所谓“兴于《诗》”。例如诗文:

巧笑倩兮,
美目盼兮,
素以为绚兮。

意思原是说一个生来美好的女子,可施装饰。子贡问这里有什么启示,孔子答道:“绘画要在有了素白的质地之后。”子贡跟着问:“然则礼要在(真情)后吗?”孔子便大加赞赏,说他有谈《诗》的资格。

诗和乐在当时是分不开的。《诗》三百篇都是乐章。而正宗的音乐不外这三百篇的曲调;除了射御和舞以外,音乐是贵族教育最重要的项目。一切典礼里都有音乐。而他们平常闲居也不离琴瑟。孔子本来是个音乐家,虽然他在这方面成就完全被他的“圣德”所掩。再没有别事比音乐更可以令他迷醉的了。他在齐听了韶乐曾经“三月不知肉味”。这种享受他当然不肯外着他的弟子们。他的教程是“兴于诗,立于礼,成于乐”。孔子讲音乐和前人不同处在他特别注重音乐的感化力。他确信音乐不独可以陶冶个人的性灵,并且可以改变社会的品质。为尽量发挥音乐的道德功用,他有两种主张:第一,音乐要平民化。他的门人子游做武城宰,便弄到满邑都是弦歌之声。第二,音乐要受国家统制,低劣的音乐要被禁绝。当时郑国的音乐最淫荡,所以他倡议“放郑声”。他晚年曾将《诗》三百篇的旧曲调加以修订。这是他生平很得意的一回事。他说:“吾自卫反鲁,然后乐正,雅、颂各得其所。”雅、颂各是诗中的一门类,依着音乐的性质而分别的。经孔子修正过的乐曲,可惜现在无从拟想了。

后世所谓儒家的“六艺”,除了以前提到的《礼》《乐》《诗》和《周易》外,还有《书》和《春秋》。是时《周易》一书,除了卦爻辞外,又增添了象传。那是解释卦爻辞之文,孔子以前鲁太史所作的,韩宣子聘鲁时已经看见。卦爻辞或象传中含有劝诫意味的话,孔子偶然也引来教训弟子。但孔门的科目里并没有《周易》,卜筮之事孔子更是不谈的。《书》,大部分是西周的档案,其内容或为战争时的誓师辞,或为周王封立国君时的册命之词,或为周王对臣下的告谕,或是王室大典礼的记录;另一小部分则是追记唐、虞、夏、商的故事和言语的。这类文件据说在孔子时有一百多篇,现在只剩二十八篇。《书》中训诲的话最多;像《易》一般,它在孔子以前已常被学者引用。它是孔门的读本之一,虽然远不及《诗》的重要。

《春秋》本来是鲁国史官的流水账式的记录的总名,大约因为它每年必标举四时,所以简称《春秋》。它的内容可以现存的第一年为代表:

(隐公)元年,春,王正月。三月,公及邾仪父盟于蔑。夏,五月，郑伯克段于鄢。秋，七月，天王使宰咺来归惠公仲子之赗。九月，及宋人盟于宿。冬，十有二月，祭伯来。公子益师卒。

像这样的史记，列国都有的，大约鲁国的特别远久，特别全备。这些史记并不完全依事直叙。因为有些丑事，例如鲁桓公之死，根本不能直叙。再者，有些史官故意要把史事记错，来寄托褒贬的意思，或维持已失效的名分。例如晋灵公明明是被赵穿弑了的，但晋太史董狐却因为赵穿的兄弟赵盾"亡不越境，返不讨贼"，便记道"赵盾弑其君"。又如前632年周襄王应晋文公的唤召去参加践土之会，而现传的《春秋》却记道："天王狩于河阳。"传说孔子曾采用与这两例一路的"书法"，将鲁史记中从隐公元年到哀公十四年的一段加以修改，而成为现存的《春秋经》。这一段所包括的时代（前722至前481年），史家因此称为春秋时代。《春秋经》之始于隐公不知何故，也许鲁史本来如此。它终于哀公十四年，传说是因为是年叔孙氏子出猎获麟；据说麟是预兆明王出现的祥兽，现在"明王不兴"而麟被猎获，孔子感觉道穷，因此含泪绝笔云。

总结孔子和六艺的关系：《诗》《书》，他只沿用作教本，而时或加以新的解释或引申。《易》，他不过偶尔征引。《礼》，他加以重新估价，并且在小节上偶有取舍；例如冕，古礼用麻，时礼用丝，孔子从众，因为当时用丝价廉；又古礼臣拜君于堂下，时礼拜于堂上，孔子从古礼，因为他觉得时礼近于放肆。至于《乐》和《春秋》，他虽加过修改，到底他绍述的成分多而创作的成分少。"述而不作，信而好古"，原是他的自白。

但在学术上他果真是仅只述古的人吗？至少就道德的教说而

论,那是不然的。有一回他问子贡:“你以为我是多多的学习却把所得牢记的吗?”子贡答道:“是的,难道不对吗?”孔子说:“不,我一以贯之。”他认定所有的道德规律中有一条最根本,最概括,可以包罗其他的。这种认识乃是道德思想上一大发明。孔子的一贯之道,据他的高足弟子曾参的了解而他所没有否认的便是“忠恕”,忠恕只是一种态度“仁”的积极和消极两方面。恕便是他所谓人人可以终身奉行的一个字,意义是“己所不欲,勿施于人”。忠的广义是“己欲立而立人,己欲达而达人”。忠的狭义是尽自己对他人的责任,甚至不顾任何的牺牲,“可以托六尺之孤,可以寄百里之命,临大节而不夺”。这种忠也就是勇了。所以说“仁者必有勇”。仁、勇,再加上智便是孔子心目中的全德。

第六节 孔子的晚年

孔子从卫归鲁,至迟当在哀公十二年春天之前,是年春季氏因为增加军赋的事咨访孔子。此时孔子已俨然一个国老,公卿不时存问,馈遗,国政也有资格过问。哀公十四年齐大夫陈恒弑君,孔子便斋戒沐浴,然后上朝,请求讨伐。和陈一丘之貉之三桓,虽能遏阻鲁国的义师,却不能遏阻孔子的义言。

和孔子的声望同时增加的是他的门徒,和门徒所带来的“束脩”之类。此时他的生活很可以当得起一个退职的司寇;行则有车代步;衣则“缁衣(配以)羔裘,素衣麑裘,黄衣狐裘”;食则“食不厌精、脍不厌细。……失饪不食,不时(不合时的菜)不食,割不正不食,不得其酱不食,沽酒市脯不食”;回思在陈绝粮时的情景,已成隔世了。但那样的晚福他并不能久享。哀公十六年(前479年)四月(即“夏历”二月),他卧病七日而死,享寿七十四岁。

孔子死后,门弟子把他葬在鲁都城北泗水边;并且为他服丧三年,然后洒泪分手。诸弟子和别的鲁人依孔子冢而居的有一百多家,名为“孔里”。冢前的空地,成了鲁儒举行乡饮、乡射等典礼的场所。城中孔子的故居被辟为他的庙堂,内藏他的衣冠、琴、车、书籍和礼器;孔门的儒者继续在其中学习礼乐。此后历尽四百年的兴亡和兵革,这庙堂里未曾歇过弦歌声。

孔子死后六年而越灭吴,又七十年而晋国三分,战国时代开始。

第五章　战国时代的政治与社会

第一节　三晋及田齐的兴起

春秋时代的历史大体上好比安流的平川，上面的舟楫默运潜移，远看仿佛静止；战国时代的历史却好比奔流的湍濑，顺流的舟楫，扬帆飞驶，顷刻之间，已过了峰岭千重。论世变的剧繁，战国的十年每可以抵得过春秋的一世纪。若把战争比于赌博，那么，春秋的列强，除吴国外，全是涵养功深的赌徒，无论怎样大输，决不致卖田典宅；战国时代的列强却多半是滥赌的莽汉，每把全部家业作孤注一掷，每在旦夕之间，以富翁入局，以穷汉出场，虽然其间也有一个赌棍，以赌起家，终于把赌伴的财产骗赢净尽。

这变局怎样造成的？因为春秋战国之交记载特别残缺，我们还不能充分知道。但有一点可以确说的：先后参加这国运的狂赌的列强，即所谓七雄者，其中除燕国在春秋末期和战国初期的历史完全是空白外，其余赵、魏、韩、田齐、楚和秦，我们都知道是曾起过一番政治经济的大变革，曾把封建的组织加以人工的有计划的摧毁的；前四国本身并且就是政治革命的产物。

赵、魏、韩即所谓三晋。它们的前身是晋国的三个封区。赵氏的祖先本是累代替周王御车的。穆王时,著名的神御造父以功封于赵,因以邑为氏。造父的七世孙赵叔带,因为幽王无道,脱离周室,往仕晋国。后来晋献公用赵夙做“御戎”(战时御君车的),毕万为副,以灭耿、灭霍、灭魏。临到论功行赏,把耿给了赵夙,把魏给了毕万。此时赵氏在晋国始有了根据地,而毕万始建魏氏。韩氏也以封邑韩原得名,其受封略后于魏氏,惟确实年代不可考。前 583 年,晋景公听信谗言,疑赵氏谋叛,把这一家几乎杀尽了,把它的田邑没收了,因韩氏的劝谏,景公才复封赵氏一个仅存孤儿。这件故事,后经点窜,成为一件很动人的传说。我国在 18 世纪间最先传译于欧洲的一部戏剧《赵氏孤儿》,是以这段传说做底子的。赵氏复嗣后,不到四十年,成为把握晋国政权的六卿中最强的一族。所谓六卿包括上说的三家和范氏、中行氏、智氏。范、中行氏后来和赵氏火并;内乱连年的结果,二氏于前 491 年(孔子卒前十二年)被逐出晋国。他们的土地终于归入其余的四家。前 455 年,智伯又胁迫着韩、魏和他合兵攻赵,把赵襄子围在晋阳。联军决汾水灌城,只差三版便把全城淹没。临到城快要破的时候,韩、魏却突然和赵勾结起来,把智伯杀掉,把他的土地也瓜分了。不久公室的土地也被分割到只剩下可忽略的数量,晋君竟卑屈到要去朝见三家的大夫,他后来的命运这里也可以不表了。前 403 年,周威烈王竟把三家的大夫升格为侯。通常以这一年为战国时代的开场。于是三个新国出现于历史的舞台上;魏占有旧晋的中部和西南部,都于安邑(今山西夏县),赵占有旧晋的北部,都于中牟(今河北邢台与邯郸之间),韩占有旧晋的南部,都于阳翟(今河南禹县)。开国初的四十年内,三晋先后把国都迁到最适宜于向外发展的地带。赵南徙邯郸(今河北邯郸县);韩灭郑,即以郑都为新都(今河南新郑);魏则东徙大梁(今河南开封)。

三晋建侯后十七年(前 386 年)而齐的蜕变也完成。这年齐大夫田氏托魏文侯请得了周王的册命,升格为侯。田氏即陈氏(陈田古音相同,春秋的记载用陈,战国的记载用田),它的始祖乃是陈国的一个公子,名完,和齐桓公同时的。公子完避乱奔齐,甚得桓公的宠悦,仕为“工正”,以祖国的名号为氏。传说公子完在本国娶亲之前,他的岳家为婚事问卜,得到下面的谶辞:

凤凰于飞,和鸣锵锵。
有妫之后,将育于姜。
五世其昌,并于正卿。
八世之后,莫之与京。

这神验的预言无疑地是事后追造的。所谓五世,便是弑齐简公的罪魁,孔子所要讨伐的陈恒。陈恒既立新君,便专齐政,把国内稍强大的贵族尽数锄去,把自己的封地增加到多过齐君的采地。陈恒的儿子继做齐相,更把齐都邑的大夫尽换了自己的宗人,再传两世到田和,恰好遇着一个沉迷于酒色的齐康公。田和索性把他迁海边,留一个城邑给他过快活的日子,而自己践登侯位。

政变的潮流不久又波及周室。三晋和田齐的建国还须借重周王的册封。但三晋受封后三十五年,韩、赵便过河拆桥,合力攻周,扶植两个有力的王亲,把周室分裂为二:东周都于洛阳的旧王城,西周都于巩。此后周王的力量还比不上从前一个侯国里的小封君了。

第二节　魏文侯、李克、吴起

政权的转移每牵连到政制的改革。三晋和田氏,在地盘的扩张中,各把国内林立的小封君陆续兼并了,最后连公室也消灭了。在建国之前,即在竞争生存的时期,它们为免实力的分散,不能把新得的土地多所割封。齐、晋旧有的小封君于是逐渐被非世职而无采邑的地方官吏所替代。当四氏建国时君主集权的局面同时成立,它们没有回到旧路的需要,而且权力这东西原是易握难放的,虽然此后这四国和同时的其他各国,偶然也把土地封给功臣或子弟,但受封的人数既绝少,每个封区若不是寥寥的数城或十数邑便是荒野的边地,绝不足和中央抗衡的,战国时代的国家,先后都向君主集权的路走,而最先走上这条路的是三晋和田齐。

这新建的四国当中,魏的新气象为最显著;它们的创业君主当中也以魏文侯为最英明。他开战国招贤养士的风气,在他的朝廷汇聚了国内外的人才。其中最可注意的除孔子的门人子夏外,有李克(或作李悝)和吴起。

(1)李克,魏人,是子夏的弟子,做了文侯的卿相,他是我国第一个大法律家,手定魏国的新法典。后世所传他的《法经》六篇大约就是这法典的底稿。《法经》是我国第一部详细的律文,可惜已经亡佚了;我们只知道其中一篇叫做《网经》,是关于盗贼的劾捕的;另一篇叫做《杂律》,有轻狡、越城、博戏、借假、不廉、淫侈、逾制等条目。李克又替文侯改定税法。从他自己所述这新税法的提议中,很可以看出当时农民生活的情形,现在把原文抄在下面:

> 籴,甚贵伤民,甚贱伤农。民伤则离散,农伤则国贫。故甚贵与甚贱,其伤一也。善为国者,使民无伤而农益劝。今一夫挟五口,治百田亩。岁收,亩一石半,为粟百五十石。除十一之税十五石,余百三十五石。食,人月一石半,五人终岁为

> 粟九十石，余有四十五石，石三十（每石值三十钱），为钱千三百五十。除社闾、尝新、春秋之祠用钱三百；余千五十。衣，人率用钱三百，五人终岁用千五百，不足四百五十。不幸疾病死丧之费及上赋敛，又未与此。此农夫所以常困，有不劝耕之心，而令籴至于甚贵者也。是故善平籴者必谨观岁，有上、中、下熟。上熟，其收自四（收获为平时的四倍），余四百石。中熟，自三，余三百石。下熟，自倍，余百石。小饥则收百石，中饥七十石，大饥三十石。故大熟则上籴三而舍一（将农民所余四百石取去三百石），中熟则籴二，下熟则籴一，使民适足，价平则止。小饥则发小熟之所敛，中饥则发中熟之所敛，大饥则发大熟之所敛，而粜之（放给农民）；故虽遇饥馑水旱，籴不贵而民不散，取有余以补不足也。

这新税法的实行，是战国的初年魏国富强的主要原因之一，但不知道它到底实行了多久。

（2）吴起，卫人，或说魏人。曾从曾子和子夏受学。他是战国著名的兵法家，有兵书传后（已佚，今本乃伪托）。他曾给文侯将兵大败秦国，后来任西河守，抵御秦、韩，魏甚得力。他将兵和最下级士卒吃着一样，睡不铺席，行不用车马，亲自负粮，和士卒分劳苦，因此大得军心。

吴起在魏国以军事显。但他的政治本领却留在楚国发挥。文侯死后，嗣君武侯，因受离间，对他生了疑心，他怕得罪，走去楚国。不久楚悼王任他做令尹。这时距吴人入郢有一百二十多年，楚灭了陈、蔡、杞、莒之后，疆宇大展，其国都久已迁回郢邑。吴起把三晋“明法审令”的一套介绍了过来，又教悼王把坐食无用的冗官悉数裁汰，把公族疏远的废掉，省下钱来养兵练兵，又把一部分贵族强迫迁徙，以实国中空虚之地；又替悼王立了一条新法，令每个封君的土地传过三世之后得交还国家，这就是说，用缓进的手段把封建制度推翻。因为这些改革，吴起成了楚国的贵族的怨府。悼王一死（前381年），他们便暴动起来，围攻吴起，吴起只得匿伏在王尸旁边。在刀箭纷集之下吴起和王尸一齐糜烂。太子正位后，借着毁坏王尸的“大不敬”的题目，大加株连，坐罪灭族的有七十多家。楚国的贵族几乎被一网打尽。楚国的新局面也就成立。

吴起死后二十年而秦国开始变法。

第三节　秦的变法

秦的发祥地在渭水上游的秦川的东岸（今甘肃天水县境），周孝王时，嬴姓的非子因替王室养马蕃息的功劳，受封在这里，建立了一个近畿的“附庸”。宣王时，秦庄公以讨伐犬戎有功受命为西垂大夫。及平王东迁，秦襄公带兵去扈卫，平王感念他的殷勤，才把他升在诸侯之列。这时畿内的丰岐一带已沦入犬戎，平王索性更做一个不用破费的人情，把这一带地方许给了秦，假如它能将犬戎驱逐。此后秦人渐渐地东向开拓，到了穆公的时代，更加猛进穆公是春秋的霸主之一。他曾俘获了晋惠公，拿来换取晋国的河西地方；又灭梁、灭芮，都是黄河西岸与晋邻近的小国。他又潜师远出，希图灭郑，若不是郑商人弦高把噩耗发现得早，向祖国报讯得快，秦的铁手此时也许便伸入中原了。秦的东侵是晋的大忌。秦师这次由郑旋归，晋人也顾不得文公新丧，墨经兴兵，把他们拦路截击,杀个惨败。后来穆公虽报了此仇,他东向的出路到底给晋人用全力扼住了。他只得回过头去"霸西戎",结果,"兼国十二,开地千里"。穆公死时(前621年),秦人已占有渭水流域的大部分,奠定一个头等国的基础。但此后二百多年间,秦的内部停滞不进,而晋始终保持着霸国的地位,继续把秦人东出的路堵住。

当战国开场的前后,秦在"七雄"中算是最不雄的一国。自前428年以降,四十多年间,它的政治出了常轨,大权落在乱臣手中。在这时期中,它有一个君主被迫自杀,一个太子被拒不得继位,另一个君主和母后一同被弑,沉尸深渊。魏人乘秦内乱,屡相侵伐,并且夺回穆公所得到的河西地方。

穆公的霸图的追续是自献公始。他即位的次年(前383年)便把国都从雍(今陕西凤翔县)东迁到栎阳(今陕西临潼县东北)。他恢复君权,整饬军旅,两败魏师。但秦国更基本的改革,更长足的进展,还要等待继他位的少年新君孝公和一个来自卫国的贵族少年公孙鞅。

公孙鞅原先游仕在魏。传说魏相公叔痤病到要死时,魏君(即日后的惠王)请他举荐继任的人,他便以卫鞅对。魏君默然不语。公叔痤更嘱咐道:若不用这人,必得设法把他杀掉,勿令出境。魏君答应去后,公叔痤立即唤叫卫鞅前来,把刚才的谈话告诉了他,劝他快走。他不慌不忙答道:魏君不能听你的话用我,又怎能听你的话杀我呢?后来闻得孝公即位,下令求贤,他才挟着李悝的《法经》,走去秦国。

前359年(孝公三年),孝公用卫鞅计颁布第一次的变法令。这令的内容包括两方面:(一)是刑法的加严加密。人民以十家或五家为一组,若一家犯法,其他同组诸家得连同告发,知情不举的腰斩;告发本组以外奸恶的与斩敌首同赏,藏匿奸人的与降敌同罚。(二)是富强的新策。凡不做耕织的游民收为公家的奴隶,努力耕织多致粟帛的人民免除徭役;家有两男以上不分居的纳加倍的人口税;私相殴斗的分轻重惩罚;非有军功的人不得受爵;服饰、居室和私有的田土奴婢的限度,按爵级区别,没有军功的人虽富也不得享受。这新法施行十年后,秦国家给人足,盗贼绝踪,百姓从诅咒转而歌颂。这新法的成效更表现在卫鞅的武功,前 352 年,他亲自领兵征魏,把魏的旧都安邑也攻破了。此役后二年,卫鞅又发动第二步的改革:把国都迁到渭水边的咸阳,在那里重新筑起宏伟的城阙和宫殿;统一全国的度量衡;把全国的城邑和村落归并为三十一县,每县设县令、丞(正副县长);把旧日封区的疆界一概铲平,让人民自由占耕未垦辟的土地,让国家对人民直接计田征税。第二步改革完成后,卫鞅于前 340 年又领兵征魏,把魏将公子卬也虏了回来。于是孝公封卫鞅于商;为商君,后人因此称他为商鞅,但他的末日也快到了。先时第一次变法令公布后,人人观望怀疑。适值太子犯法。卫鞅便拿他做一个榜样,把他的师傅公子虔黥了。后来公子虔自己犯法,又给卫鞅劓了。前 338 年孝公死,太子继位后的第一件大事便是把商鞅族诛。但商鞅的政策却继续被采用。

秦地本是戎狄之区。西周的京畿虽建在其上,文明的透入始终不深,好比一件锦衣覆着褴褛。周室东迁后,锦衣一去,便褴褛依然。直至孝公变法时,秦人还不脱戎狄之俗,例如他们还父兄子弟和姑媳妯娌同寝一室,这大约是沿着游牧时代以一个帐幕为一家的经济办法。这种陋俗经商鞅的严禁才消灭。又例如秦国道地的音乐,直至战国晚年,还是“击瓮叩缶,弹筝搏髀,而歌呼呜呜”。

没有受文明的雅化，也就没有受文明的软化。在六国中秦人是最犷野矫健的。商鞅的严刑峻法给他们养成循规蹈矩的习惯，商鞅的特殊爵赏制度使得对外战争，成了他们惟一的出路。以最强悍、最有纪律的民族，用全力向外发展，秦人遂无敌于天下。

商鞅死后约莫七八十年，赵国的大儒荀卿游秦。据他所记，这时商鞅变法的成绩还历历可见。荀卿说：

> （秦之）国塞险，形势便，山林川谷美，天材之利多，是形胜也。入境观其风俗；其百姓朴，其声乐不流（淫荡）汙（猥亵），其服不挑（佻），甚畏有司而顺。……及都邑官府：其百吏肃然，莫不恭俭、敦敬、忠信。……入其国（首都），观其士大夫，……不比周，不朋党，倜然莫不明通而公也。……观其朝廷，其朝（早）间听决，百事不留，恬然如无治者。

荀卿的弟子韩非也说：

> 今（六国）言赏则不与，言罚则不行。赏罚不信，故士民不死也。今秦出号令而行赏罚，有功无功，相事也。……是故秦战未尝不克，攻未尝不取，所当未尝不破。

信赏必罚正是商鞅的政术。

荀卿又曾比较齐、魏和秦的强兵政策道：

> 齐人隆技击。……得一首者则赐赎锱（八两）金，无本赏矣（本赏大约是指战胜攻取之赏）。是事小，敌毳（脆），则偷可

> 用也；事大，敌坚，则涣然离耳。……是亡国之兵也。……魏氏之武卒，以度取之（按一定标准挑选）：衣三属（层）之甲，操十二石之弩，负矢五十个，置戈其上，冠軸（胄）带剑，赢（背）三日之粮，日中而趋百里。中试则复其户（免除赋役），利其田宅（给以好田宅）。是数年而衰，而未可夺也（合格的武卒，几年便衰弱不可用。但其特权却不能剥夺）。……是故地虽大，其税必寡，是危国之兵也。秦人，其生民也狭厄（给人民的生路狭隘），其使民也酷烈。……忸（狃）之以庆赏，之以刑罚，使……民所以要利于上者，非斗无由也。厄（压迫）而用之，得而后功之（胜利才算功，不但计首级），功赏相长也。……故齐之技击，不可以遇魏氏之武卒；魏氏之武卒，不可以遇秦之锐士。

所说齐魏的兵制，不知创行于何时，所说秦国的兵制正是商鞅所创的。

第四节　经济的进步与战争的变质

三晋建侯和商鞅之死，是世变程途中的两大块“记里石”。环这两大事件的一世纪左右（约前420至前320年）是一个大转折时期。在我国史上，恐怕只有从鸦片战争到现在的一段可以和它相比。不独春秋的四霸在这时期里先后蜕去封建的组织而变成君主集权的七雄；其他好些在春秋末叶已发端的趋势，如工商业的发达，都市的扩大，战争的剧烈化，新知识阶级的兴起，思想的解放等等，从这时期以下，都加倍显著。七雄的树立，前面已表过；新知识阶级的兴起和思想的解放，详于次章，其他各端附记于此。

在春秋末叶，虽然已有和小封君一般阔绰的商人，但似乎还没有用奴隶和佣力支持的大企业。但在战国时代这种企业却出现了。以现在所知，和商鞅同时而稍后的，有一个洛阳大实业家白圭，“能薄饮食，忍嗜欲，节衣服，与用事僮仆同苦乐”；他“趋时若猛兽鸷鸟之发”。他自己说：“吾治生产，犹伊尹、吕尚之谋，孙、吴用兵，商鞅行法。”白圭不独是后世言治生术的始祖，并做过魏惠王的大臣，受过封邑，提倡过“二十而税一”的制度，又以善治水筑堤著名，自言“丹（白圭本名）之治水也愈于禹”，他俨然是一个战国时代的张南通。可惜关于他的史料太缺乏了。白圭所经营的主要是谷米和丝漆业。此后战国时代见于记载的大企业家，有以制盐起家的猗顿，有铁冶成业的邯郸郭纵（二人的正确年世不详），皆是富埒王者；有“畜牧大王”乌氏倮，他的牛马多至不能以头数，而用山谷量，他因此得到秦王政的优礼，地位侔于封君，岁时和列臣同赴朝请；又有巴蜀寡妇清，承受了擅利数世的丹穴，而能保守财富和贞操，因此得到秦王政的敬仰，为筑“女怀清台”。与工商业的发展相偕的是货币的进步和都市的扩大。铜钱的制造，不知始于何时，它的普遍的使用和多量通流当是春秋战国之交的事。文化较落后的秦国到前336年（商鞅死后一年）才开始行钱。黄金的用作货币最早亦当在战国初年。终春秋时代，国际间的贿赂以及君主对臣下的大宗赏赐没有用黄金的；但在战国时代此等贿赂和赏赐则用黄金为常了。当春秋晚年，除国都外，“千室之邑”已是标准的大邑，其时任何国都的人口虽不见于记载，我们即使算头等国的国都都比标准的大邑大十倍，也不过有一万户。但入战国时代，“万家之邑”已很普通。而齐的临淄，约在商鞅死后不久，人口已上七万户。“其民无不吹竽鼓瑟，弹琴击筑，斗鸡走狗，六博蹋鞠者。临淄之途车毂击，人肩摩，连衽成帷，举袂成幕……”。洛阳在战国末年户数在十万以上。都市中物质文明的进步，从贵豪家的生活可见。《楚辞》中的《招魂》一篇（一说屈原作，一说屈原的弟子宋玉作），于楚国贵豪的生活有一段极精致的描写，引录于下：

> 高堂邃宇，槛层轩些。层台累榭，临高山些。网户朱缀，刻方连些。冬有突夏，夏室寒些。川谷径复，流潺湲些。光风转蕙，氾崇兰些。经堂入奥，朱尘筵些。砥室翠翘，挂曲琼些。翡翠珠被，烂齐光些。蒻阿拂壁，罗帱张些。纂组绮缟，结琦璜些。……红壁沙版，玄玉之梁些。仰观刻桷，画龙蛇些。坐堂伏槛，临曲池些。芙蓉始发，杂芰荷些。紫茎屏风，文绿波些。文异豹饰，侍陂陀些。轩辌既低，步骑罗些。兰薄户树，琼木篱些。……室家遂宗，食多方些。稻粢穱麦，挐黄粱些。大苦咸酸，辛甘行些。肥牛之腱，臑若芳些。和酸若苦，陈吴羹些。胹鳖炮羔，有柘浆些。鹄酸臇凫些，煎鸿鸧些。露鸡臛蠵，厉而不爽些。粔籹蜜饵，有餦餭些。瑶浆蜜勺，实羽觞些。挫糟冻饮。酎清凉些。华酌既陈，有琼浆些……肴羞未通，女乐罗些。陈钟按鼓，造新歌些。涉江采菱，发扬荷些。美人既醉，朱颜酡些。娭光眇视，目层波些。被衣服纤，丽而不奇些。长发曼鬋，艳陆离些。二八齐容，起郑舞些。衽若交竿，抚案下些。竽瑟狂会，搷鸣鼓些。宫庭震惊，发激楚些。吴歈蔡讴，奏大吕些。

我们若拿这一段和上引李克关于农民的描写并读，便看见人间的天堂和地狱。

与都市的繁荣相副的是交通的进步。当孔子之世,从吴都往郲国至快的行军要走三个月。但当战国初年,从鲁都往楚都郢,个人的旅行,十昼夜便可抵达。这种进步似乎不由于运输工具上的新发明,而由于道路的开辟。而道路的修治多半由于军事上的需要。我们可以推想当春秋战国之际,我国在交通上曾起过一次大革命;许多国家,为侵略用兵的便利,都"堑山填谷",以修筑新道路。此事虽然史无明文,但我们从下引战国人所传的两件故事可以得到一点消息:(一)中山国(在今滹沱河以北)有一部落叫做仇繇,智伯想灭掉它,却无路可通。于是铸了一个大钟,用两辆骈列的大车载着,要送给仇繇的君长。这君长于是"堑岸堙谷",开路迎钟。智伯的军队却跟在大钟后面,把仇繇灭掉。(二)秦惠王想灭蜀,但山路险阻,兵路不通。于是雕了一只大石牛,每天派人秘密在它后面放一堆黄金,扬言石牛便金。他把这异宝赠给蜀侯。蜀侯于是"堑山填谷",开路以迎石牛。秦惠王的军队,却跟在石牛后面。把蜀灭掉。这两件故事虽然未必全真,至少反映战国人对军事影响交通的认识。

顾名思义,战国时代的特色乃在战争。这时代的战争,在质量上都大变春秋的旧样。第一,直至春秋末年,最大的晋、楚两国,其兵力不过四千乘左右,以一乘战士十人计算,也不过四万人,再加一倍也不到十万人;而战国的七雄中秦、楚、齐、赵,各有"带甲百万"以上;韩、魏、燕的兵力也各不下六十万。第二,春秋时代的国防,其初只注意首都,后来才陆续给近边冲要的邑筑城。但除了少数有城的都邑外,其余的地方,敌国的军队可以随时通过，如入无人之境。但在战国时代，各国当敌的边境都筑起长城和堡垒，这表明国际的生存竞争已到了丝毫不能放松的地步了。第三，在春秋时代，征战的目的以取俘夺货，屈敌行成为常例；以占夺土地，残杀敌人为例外，在战国时代，则征战的目的以占夺土地残杀敌人为常例，而仅只取俘夺货，屈敌行成为例外。国家对兵士，以首级论功，每次战争动辄斩首十万八万，甚至二十万，甚至一坑四十万。我们的辞典中最凶残的“屠城”一词是在战国时代出现的（见《荀子·议兵篇》）。“师之所处必生荆棘”，“大兵之后必有凶年”，都是这时代人形容战祸的实话。第四，战争工具在这时代也大有进步：以前的兵器全是用铜的，此时已渐渐地代以铁和钢；以前纯用车战，只适宜于平原，而不适宜于山险，调动也很迟缓，此时则济以骑兵和步卒。此外攻城有“云梯”的器械，舟战有“钩拒”的器械，都是战国初年鲁国一个大工匠公输般所发明的。第五，战争的技术在战国时代日益专门化了。当春秋之世，各国的军事领袖都是兼管民政的封君，纯粹的武将是没有的。战国初期大政治家像李悝、吴起、商鞅……都是能带兵出阵的，但自此时以降，文武渐渐分途。专门的名将如孙膑、穰苴、白起、王翦、廉颇、李牧等相继出现。专门化的趋势并且及于至少一部分常备的兵士。他们合格的标准已被提高。他们所受的训练，也更加繁重。他们和临时征发农民充当的兵卒已有天渊之别。从上引荀卿所说魏国的武卒可见一斑。因为统治者对军士的重视，民间也开始有结合团体，专习武技或兵法以供统治者选用的。这类团体中最著名的是墨翟所领导的“墨者”们，下文将再叙及。军事专门化之另一表征是兵书的撰著。我国重要的“武经”，如吴起的《吴子》、孙膑的《孙子》、穰苴的《司马法》、墨家的《备城门》等五篇，和尉缭的《尉缭子》，全是战国时代的产品。

第五节　国际局面的变迁

晋国的西南角给黄河椽了一层，外面又给山地椽了一层，即属于所谓“表里山河”的地带，也就是扼着秦人东向出路的地带。这一部分的晋境，给魏国承受了。魏一日保持晋的霸威，秦一日不能大有发展。

魏文侯本已先秦孝公而著鞭。当战国开场的六十年间，魏是风头十足的一国。在它西边的秦，东边的齐，南边的韩、楚，北边的赵，没有不受过它的侵略。前 353 年它把赵都邯郸也攻破了，并且继续占据了两年，因为齐国的压迫才退出。前 342 年魏又伐韩，韩求救于齐，齐将用了一个和吴起齐名的兵法家孙膑做军帅，依他的计，领兵直捣魏的首都大梁。次年魏军还救，大败于马陵；十万雄师，一朝覆没，主帅太子申和将军庞涓都送了命。次年内，齐、秦、赵又连接向魏进攻（商鞅第二次征魏即在此时），连接把它打败。不久楚人也乘机来报复。计马陵之战后二十余年间秦对魏五次用兵，魏对秦两次献地，秦人不独夺回河西，并且侵入河东、河南。

在四面受敌之下，魏君（后来的惠王）用了大哲学家惠施的计策，向齐国屈意修好；后来又用他的计策，于前 334 年和齐君相会于徐州，互认为王。这是魏人联络齐人的一种手段呢，抑或是抵制当时秦国挟周室以令诸侯的计策呢？恐怕两般都有。与齐魏同时，燕赵中山（即春秋时的白狄国鲜虞）亦称王，其后秦、韩、宋亦继步。从此周室的余威完全消灭了,从此"尊王"的招牌再没人挂了,旧时代所遗下的空壳已被打破了,新时代的幕已被揭开了。列强已毫无遮掩地以狰狞的面目相对,以血染的锋刃相指,再不用寻觅题目,以为夺地攻城的口实了。

虎狼的秦国既已"出柙",六国的最大问题便是怎样应付它。六国的外交政策不出两途,即所谓"合从(纵)"和"连衡(横)",或简称"从"和"衡"。依韩公子非在他的遗书里所下的界说:

> 从者,合众弱以攻一强也;
> 衡者,事一强以攻众弱也。

所谓一强,不用说是秦国了。秦在西方,六国皆在其东。六国中任何一国与秦国的结合都是东西的结合,东西为横,故称连衡;六国共相结合是南北的结合,南北为纵,故称合从。合从当然是六国最安全的政策,也是秦人最惧怕的政策。直至后来六国都被证明已丧失了单独抗秦的力量时,据荀卿的观察,秦人还是"諰諰然常恐天下之一合而轧己"。不过合从政策的持久有很大的困难。第一,除了些残余的可忽略的泗上小侯,如鲁、卫、邹(即春秋时的邾国)、滕等外,没有一个国家愿意维持现状,没有一个国家不想乘四邻的间隙扩张领土,便是不在七雄之列的宋,也经过东征西讨的回光返照之后才给齐国灭掉(前286年)。合从,则六国的出路只有一条,向秦进攻,而秦却不是好惹的。合从政策和六国的"帝国主义"根本冲突。第二,齐、燕两国,距秦遥远;秦的东侵,直到很晚,还没有给他们以切肤之痛;因此它们对于合从运动的热心很容易冷下去。反之魏、楚、韩、赵,因为邻接秦国;它们一和秦绝交,外援未可必,而秦军先已压境；就因为始终怕吃一点眼前亏，他们很容易被秦人诱入“亲善”的圈套，而破坏从约。因此，战国时代的国际关系，好比时钟的摆往复于合从、连横之间；每经一度往复，秦国的东侵便更进一步，六国的抵抗力便更弱一些。

自魏衰后，六国中声势足以与秦相埒，力量足以左右世局的惟有楚和齐，这两国若再倒塌，秦人“统一天下”的幸运便注定。下文略述楚和齐在从横捭阖的变化中被削弱的经过。其他六国自相残杀和秦人脔割三晋的惨史，这里不必细表。

前318年六国第一次合从攻秦，以楚怀王为从长。但实际上参战的只有韩、赵。次年，这两国的兵给秦大败于修鱼（韩地），齐又倒戈攻赵、魏。这首次从约，不待秦破坏先已瓦解。越一年，秦灭蜀，并灭巴，国境增加原有的一倍以上，与楚的巫郡、黔中相接。于是秦人开始图楚。最为秦人所畏忌的是齐、楚的结合，秦人于是以商於之地六百里的许让为条件，诱得楚怀王与齐绝交，旋即食言。怀王大怒，于前312年，发兵攻秦。秦胁韩助战，大败楚军于丹阳，斩首八万，虏楚主将及裨将七十多人，并且占领了楚的汉中（汉水上游陕西湖北接界的一带地方）。怀王越怒，再以倾国的兵袭秦。战于蓝田，又是一败涂地。韩、魏还趁火打劫，侵楚至邓。次年秦又攻楚取召陵。自汉中失，郢都的西北屏藩撤，楚的国威大挫。其后不久（前307年？）楚虽承越国内乱，攻杀越王无疆，尽取故吴地至浙江。所得还不足以补偿它这次的损失。

前306年（？）齐又提议合从，自为从长，邀楚参加。这时正是楚人复仇的机会了，怀王也答应参加了。但一会受了秦人诱惑，忽然变起卦来，竟和秦国互结婚姻。前303年，齐、魏、韩于是便连兵讨楚背约。怀王使太子质于秦，请得秦的救兵，三国才退去。但次年楚太子斗杀秦大夫，逃归。秦人得了这个好题目，便联合齐、韩、魏攻楚方城，接着又给了楚两次的惩创之后，秦忽然和楚"亲善"起来，并且请求怀王亲到秦楚交界的武关会盟。怀王待要不去，怕得罪了秦，又禁不起儿子的催促，便应命而往。他一入关，秦的伏兵便把关门闭起。他被领到咸阳，朝章台宫，如藩臣一般，秦人要他割让巫郡、黔中，以为释放他的条件，他也答应了。但秦要先得地，后放人！他愤而拒绝。在秦国羁留了两年，他试逃归，事泄，秦人截住楚道，他从间道走赵，赵不敢纳，正要往魏，而秦兵追至，把他押回，次年，他发病死。秦人把他的尸首送还，楚的老百姓都哀怜他，如像死了亲戚。但过了三年，秦人大败韩军，斩首二十四万级之后，投书楚顷襄王（怀王子）道："楚倍秦，秦且率诸侯伐楚，争一旦之命，愿王之饬士卒，得一善战！"顷襄王给吓得心惊胆战，立即同秦国讲和，次年又向秦国迎亲。

楚怀王死后不久，齐国也由极盛而骤衰。自马陵之战，齐已代魏而为东方的领袖，三晋的君主都向他来朝。其后二十九年（前314年），齐趁燕王哙让位给卿相子之，燕太子逆着民意作乱的时机，出兵伐燕。燕士卒在离叛的状态之下，连城门也懒得关闭。齐兵不到两个月便攻破燕都；并且继续占据了三年，因燕人的反抗和诸侯的胁迫而退出。用齐宣王自鸣得意的话："以万乘之国伐万乘之国，五旬而举之！"这样的武功直至此时，秦人也还没有尝试过。前296年，齐遂领着三晋和宋合从攻秦，秦人竟不敢应战。自楚衰后，齐、秦在列国中成了东西突起的两个高峰。为表示它们的特殊地位，秦昭襄王于前288年（怀王死后八年），约合齐湣王同时把尊号升高一级；秦王为西帝，齐王为东帝，这个提议隐然有秦、齐平分天下的意思了。但秦的劝道只是"将欲取之，必固与之"的手段。

它一则可以助长齐湣王的骄心,一则可以离间齐和别国的亲交。湣王底下未尝没有看出这诡计的人。所以他称帝后二日,便受劝仍复称王,昭襄王也只得照样。但湣王的帝号虽已取消,他的野心并没有减小。过了两年,他便举兵灭宋。接着又南割楚的淮北,西侵三晋,并且打算吞灭两周。泗上邹、鲁等小国的君主个个震恐,向齐称臣。宋在向戌弭兵之会后,曾先后吞并了鲁、滕,在被灭之前已是一个拥有五千乘兵力的四千里之国,而宋王偃,虽然时人把他比于桀、纣,却不是一个无抵抗主义者。灭宋,而齐国力大大损耗。燕昭王方卑身厚币,筑馆招贤,伺机复仇。他看破了这一点,便于宋灭后二年(前 284 年)联合秦、楚和三晋,大举伐齐。燕将乐毅攻入临淄,把三十年前齐军在燕京的暴行照抄一遍。这泱泱大国的首都六七百来年所积的"珠玉财宝,车甲珍器"被劫夺一空。湣王出走,连历卫和邹、鲁,还始终摆着"东帝"的架子,责应供张,却到处碰钉,又走回齐国,结果为莒人所杀。别国的兵饱掠飏归后,燕军继续前进,五年之间,把整个齐国的七十余城,除了莒和即墨外都占领了,并且列为燕的郡县。这两个城之能够支持,因有田单在。田单是齐王室的支裔,初时做临淄市官底下的一个小吏。燕军入齐,他走回故乡安平,教族人把车轴的末端截去,加上铁套。安平破,齐人争路逃奔,多因车轴撞坏,给燕兵追及,掳去为奴。田单和他的族人独得脱身,走避即墨。燕兵围即墨,即墨大夫战死,城中无主。众人公推田单为将军,以抗燕。田单亲负版锸(筑城的用具)和士兵分劳,把酒肉尽量分给部下,把妻妾编在行伍间服务。两军正相持间而燕昭王死(前 279 年),他的继位的儿子,素与乐毅不睦,又中了田单的反间计,便请乐毅退歇,而用一个蹩脚的将军替代他。乐毅一去，燕军便如枯草败叶一般被田单扫出齐境。然而齐国已被践蹦得体无完肤了！此后直至灭亡之前是它“闭门养疴”的时期。

东帝已被打倒了。秦人可以放胆为所欲为的了。时局急转直下了。燕昭王死前一年，秦将司马错由蜀道攻占楚的黔中。又过二年，秦将白起出汉中，攻破鄢郢。把楚先王陵墓的宏伟建筑，付之一炬，楚兵溃散不战，楚王狼狈迁都于陈国的故城；后来还不放心，又迁都于寿春（今安徽寿县）。秦人破鄢郢之后，即把它占领置为南郡。次年蜀郡守又占领楚的巫郡及江南。计四年之间，楚国蹙地殆半。结果它还是只得向秦求和。秦便暂时把它放下，而专力去宰割三晋。前260年，白起的远征军败赵于长平（今山西高平县西北），活埋降卒四十万。赵的壮丁几乎在此役死尽。又四年，秦灭西周，西周君赴秦顿首受罪，尽献所属邑三十六、逃剩的人口三万和一些未散的宝器。同年周赧王死，再没人给他立后。周朝的残喘也断绝了。此时秦人正好打铁趁炉热地去吞并六国。但此时昭襄王已衰老，名将白起已被猜疑而诛死，而继昭襄王的两个君主，一个只享祚三日，一个只享祚三年，最后秦王嬴政又以冲龄践位，政权暂时落在母后和权相手中，因此秦人统一的大业被耽搁了二十多年，我们正好借这空闲，从喋血的战场转到历史中比较平静的一角。

第六章　战国时代的思潮

第一节　新知识阶级的兴起

当封建时代的前期贵族不独专有政权和田土，并且专有知识。闲暇和教育是他们所独享的，《诗》《书》《礼》《乐》完全与平民绝缘，在封建组织演化中，贵族的后裔渐渐有降为平民的，知识也渐渐渗入民间，初时在野的学人有两种，一是躬耕食力的隐者，二是靠相礼或授徒糊口的“儒”，这两种人在孔子以前都已存在，虽然他们最初出现的时候不能确定。

《诗》三百篇中已有些隐者的诗，例如：

> 十亩之间兮，桑者闲闲兮，行与子还兮。
> 十亩之外兮，桑者泄泄兮，行与子逝兮。

又例如：

> 衡门之下，可以栖迟。泌之洋洋，可以乐饥。
> 岂其食鱼，必河之鲂？岂其娶妻，必齐之姜？

这种淡泊自适的胸襟,决不是没有学养的人所能道的。孔子以前的隐者,也有见于记载的。前586年,晋国起了大地震,梁山崩坍,都人惊惧,晋侯派专车去召大夫伯宗来商议,伯宗在半路遇着一辆载重的大车,喝令避开。赶车的人说:与其等待我,不如停车绕道,还来得快些。伯宗见他有胆识,和他问讯。原来他是绛人,问以绛事。答道:梁山崩坍,听说召伯宗来商议。问:伯宗来又怎么办呢?那人答道:"山有朽坏的土壤便崩坍下来,可怎么办呢?国以山川为主。若山崩川竭,国君得暂时减却盛馔,除去盛服,停止音乐,改乘缦车(没装饰的),出宿郊外,并且命祝去献币,史去陈辞,以致敬礼,不过如此而已。便伯宗来,又怎么办呢?"伯宗要带他去见晋君,他不答应,后来拿他的话转告晋君,被采用了。这位赶车的隐者,其识见竟敌得过当世晋国最足智多谋的大夫。到了春秋末年,明哲的人隐遁的更多,孔子至有"贤者避世,其次避地"之叹。这辈隐者,孔子师弟在游历的途中,屡有所遇,前面已叙及一例。但这时代的隐者和后来战国时代的隐者不同。他们在思想界是没有势力的。他们乃是真正的隐逸,既不著书立说,也没有当世的声名。他们的言行即使偶然闯入记载里,他们的姓氏也没有流传。

其次说"儒"。这一名词后世成了孔子信徒的专称,原初却不如此。《论语》里记孔子对一位弟子说:"汝为君子儒,毋为小人儒!"可见孔门之外尽多孔子所不取的小人儒。最初的儒,大约是公室氏室所禄养的祝、宗、卜、史之类,因主家的灭亡或衰落,而失去世职流落民间的,他们本来是贵族的"智囊团",多半是兼通《诗》《书》《礼》《乐》的,所长特别是典礼的娴熟。他们失职之后,便靠帮助人家办丧葬祭祀的大事(尤其是丧事)或传授《诗》《书》

和《礼》文,以为生活。别的社会分子也有传授他们的衣钵,继续他们的业务的。这辈人渐渐成为社会上一特殊的流品。古礼是他们的饭碗,守旧是他们的习性,文弱是他们的本分。因为他们的比较文弱,所以有儒之称,凡从需的字,大抵有柔缓的意思。他们之中也有堕落到只顾衣食,不讲廉耻,听说阔人有丧事,便率领子弟,如蚁附羶地不请自往;甚至有穷极无聊,乞人禾麦的。这类儒者大概即是孔子所谓小人儒。

伟大的儒者从孔子数起。"君子儒"的思想也是他首先提倡的。他和他的大弟子便是君子儒的榜样。他们也授徒,但不独传授技能,并且传授主义;他们也相礼,但把"礼之本"看得比礼文还重要。而且授徒相礼不过是他们的事业的一部分。他们最大的抱负乃在政治的建树,传统制度的拥护,武王周公时代的礼乐的复兴。孔子以前的儒者也许已有出仕于公室或氏室而做些家臣或邑宰之类的,但有主义、有操守地作政治活动的儒者,却以孔子为第一人。大概孔子死后,到了一个时期,所有的儒者,不分君子小人,或由师承,或由私淑,或由依附,都奉孔子为宗师。因此,儒与"孔子的信徒"合一。

但在春秋末年儒还只有职业阶级的意义而没有学派的意义。因为那时除了儒外似乎没有别的学派,至少别的特树一帜的学派。那时作政治活动的在野知识分子只有儒者。儒之成为学派的名称乃是战国初年的事;乃是有了与儒对抗的学派,即所谓"道术分裂"以后的事。最初与儒对抗的学派是墨翟所领导的墨家和专替国君做参谋、出法令的法家。而墨翟初时是"学儒者之业,受孔子之术"的;初期的法家代表人物,如李克、吴起,都是孔子的再传弟子。在墨家和法家出现以前,在野的知识界差不多给儒包办了。

自墨家和法家兴起以后,那不稼穑,无恒产,而以做官或讲学为生活的知识分子,即所谓"文学游说之士"者,派别日益纷繁。同时在政权的争夺,强邻的抗拒,或侵略的进行当中,列国的君相因为人才的需要,对于这班游士礼遇日益隆重。最著名的,如在齐宣王的朝廷中,被爵为上大夫、"不治而议论"的游士一时有七十六人,宣王在临淄稷门外的稷下,"开第康庄之衢,高门大屋,(以)尊宠之"。因此有"稷下先生"的称号。其他来求利禄而未得进身的游士还不知凡几呢。直至燕人之难后,稷下讲学的风气还没有消灭。下文将要叙及的重要思想家中,如孟轲、邹衍、荀卿先后都到过稷下。

第二节　墨子

春秋时代最伟大的思想家是孔丘,战国时代最伟大的思想家是墨翟。孔子给春秋时代以光彩的结束,墨子给战国时代以光彩的开端。

墨子和孔子同国籍(但墨子一生似乎在宋的时候多)。墨子的降生约略和孔子的逝世衔接。在战国及汉初,孔、墨是两位常被并称的大师,同以德智的崇高和信徒的广众为一般学人所敬仰,虽然汉以后孔子被人捧上神坛,而墨子则被人忘记了。就学术和生活而论,孔、墨却是相反的两极。孔子是传统制度的拥护者,而墨子则是一种新社会秩序的追求者。孔子不辞养尊处优,而墨子则是恶衣粗食、胼手胝足的苦行者。孔子不讲军旅之事，而墨子则是以墨守著名的战士。孔子是深造的音乐家，而墨子则以音乐为应当禁绝的奢侈。孔子不谈天道，而墨子则把自己的理想托为“天志”；孔子要远鬼神，而墨子则相信鬼神统治着人世。孔子鄙视手艺，对于请“学稼”“学圃”（种园）的弟子樊迟曾有“小人哉”之讥；而墨子则是机械巧匠，传说他曾创制过一只能自飞的木鸢。

在世界史上，墨子首先拿理智的明灯向人世作彻底的探照，首先替人类的共同生活作合理的新规划。他发现当前的社会充满了矛盾、愚昧和自讨的苦恼。他觉得诸夏的文明实在没有多少值得骄傲的地方。他觉得大部分所谓礼义，较之从前輆沐（在越东，大约今浙江滨海一带）国人把初生的长子肢解而食以求“宜弟”，及以新孀的祖母为接近不得的“鬼妻”而抛去不养等类习俗，实在是五十步之笑百步。看看诸夏的礼义是怎样的！为什么残杀一个人是死罪，另一方面，在侵略的战争中残杀成千成万的人却被奖赏，甚至受歌颂？为什么攘夺别人的珠玉以至鸡犬的叫做盗贼，而攘夺别人的城邑国家的却叫做元勋？为什么大多数的人民应当缩食节衣，甚至死于饥寒，以供统治者穷奢极欲的享乐？为什么一个人群统治权应当交给一家族世世掌握，不管他的子孙怎样愚蠢凶残？为什么一个贵人死了要把几十百的活人杀了陪葬？为什么一条死尸的打发要弄到贵室匮乏，庶人倾家？为什么一个人死了，他的子孙得在两三年内做到或装成“哀毁骨立”的样子，叫做守丧？总之一切道德礼俗，一切社会制度，应当为的是什么？说也奇怪，这个人人的切身问题，自从我国有了文字记录以来，经过至少一二千年的漫漫长夜，到了墨子才把他鲜明地、斩截地、强聒不舍地提出，墨子死后不久，这问题又埋葬在二千多年的漫漫长夜中，到最近才再被掘起！

墨子的答案是很简单的，一切道德礼俗，一切社会制度应当为着“天下之大利”，而不是一小阶级、一国家的私利。什么是天下的大利呢？墨子以为这只是全天下人都能安生遂生，继续繁殖，更具体地说，都能足食足衣，结婚育子。目前全天下人都能做到这一步了吗？不能。那么，墨子以为我们首先要用全力去做到这一步。至于这一步做到后怎么办，墨子是没闲心去计及的。在做到这一步之前，任何人的享受，若超过遂生传种的最低限度需求，便是掠夺。“先天下之乐而乐”乃是罪恶。所以墨子和他的门徒实行极端的勤劳和节约。他们拿传说中沐雨栉风，为民治水，弄得腿上的毛都脱尽的大禹作榜样。他们的居室，茅茨不剪，木椽不斫；他们用土簋土碗，食藜藿的羹和极粗的高粱饭；他们的衣服，夏用葛布，冬用鹿皮，结束得同囚犯一样。他们说，非如此够不上禹道，够不上做墨者。按照墨子所找出的一切社会制度的道德根据，好些旧日大家所默认的社会情形，其有无存在的理由，是不烦思索的。侵略的战争是违反“天下之大利”的，所以墨子提倡“非攻”；统治阶级的独乐是违反“天下之大利”的，所以墨子提倡“节用”；厚葬久丧是违反“天下之大利”的，所以墨子提倡“桐棺三寸，服丧三日”的礼制。王侯世袭和贵族世官世禄是违反“天下之大利”的，所以墨子设想一个合理的社会，在其中，大家选举全天下最贤的人做天子；天子又选些次贤的人做自己的辅佐。因为“天下……博大，远国异土之民是非利害之辨不可一二而明知”，天子又将天下划分为万国，选各国中最贤的人做国君；国以下有“里”，里以下有“乡”；

里长乡长各由国君选里中乡中最贤的人充任;乡长既然是乡中最贤的,那么全乡的人不独应当服从他的命令,并且得依着他的意志以为是非毁誉;等而上之,全天下人的是非毁誉都得依着天子的意志。如此则舆论和政令符合,整个社会像一副抹了油的机器,按着同一的方向活动。这便是墨子所谓的"上同"。

第三节　墨子与墨家

"天下之大利"的反面是"天下之大害"。我们一方面要实现"天下之大利",一方面要消除"天下之大害"。墨子以为天下的大害,莫如大国之侵略小国,大家族之欺凌小家族,强者智者之压迫弱者愚者,以及一切伦常间的失欢失德,总而言之,即人与人的冲突。墨子推寻人们冲突的根本原因乃在彼此不相爱。假如人人把全人类看成与自己一体,哪里还有争夺欺凌的事?所以墨子又提倡"兼爱",那就是说,对世上一切人都一视同仁地爱,不因亲疏而分差等。

反对墨家的人说道:兼爱诚然是再好不过的,可惜只是空想,不能实行!墨子答道:天下最苦的事,哪里有超得过"赴汤蹈火"?然而赏罚和毁誉竟能使人甘之如饴。兼爱至少不是"赴汤蹈火"一般的苦事。反之,"爱人者人恒爱之",所得的报酬真是"一本万利"的。假如有以身作则的统治者拿奖励战死的精神奖励兼爱,拿惩罚逃阵的精神惩罚不兼爱,而社会的毁誉又从而援应之,哪怕人民不"风行草偃"地趋向兼爱?所以"上同"是必要的。

在圣贤的统治之下，大众“兼相爱，交相利”；“有余力以相劳，有余财以相分”；“老而无妻子者有所侍养以终其寿，幼弱孤童之无父母者有所放依以长其身”；整个社会里，没有贫富劳逸的不均，没有浪费和窘迫的对照，没有嫉妒、愁怨和争夺，这便是墨子的理想社会。

墨学在汉以后虽无嗣音，它的精华已为一部分儒家所摄取。所谓“大同”的观念即儒家讲政治所达到的最高境界，见于战国末年所作的《礼运篇》中者，实以墨家言为蓝本。《礼运》说：“大道之行也，天下为公，选贤与能，讲信修睦。故人不独亲其亲，不独子其子，使老有所终，壮有所用，幼有所长，鳏寡孤独废疾者皆有所养。男有分，女有归。货恶其弃于地也，不必藏于己；力恶其不出于身也，不必为己。是故谋闭而不兴，盗窃乱贼而不作，故外户而不闭，是谓大同。”我们试拿这段话和上述墨子的理想比较，便知道它们的符合决不是偶然的。

墨子不独有建设一个新社会的理想，并且在他的能力之内求它实现。他和他所领导的弟子三百余人便是他的理想的具体而微。

在战国的一切学派中，墨家是最特别的。法家者流不过是些异时异地，各不相谋的人物，后世因为他们的方术相同，给以一个共名而已。儒者虽然有时聚集于一个大师之下，也不成为什么组织。惟墨家则是一个永久的，有组织的团体。他的作用兼有技术的传授和职业的合作。这是一个“武士的行会”，它的事业，表面上像是和墨子的主义极端相反的，乃是战斗！不过墨子固然反对侵略的战争，却绝不是一个无抵抗主义者。他知道要消灭侵略的战争只有靠比侵略者更强顽的抵抗。所以他和弟子们讲求守御的技术，制造守御的器械，“以备世之急”。他们受君相禄养，替他们守城。墨家以外，给君相“保镖”为业的“侠士行会”，同时当尚有之。墨家的特色乃在奉行着一套主义，只替人守，不替人攻。平常墨者参加守御的战事固然是受雇的，但有时他们也自动打抱不平。前445年左右，公输般替楚国造“云梯”成，将用来攻宋。墨子在鲁国闻讯，一面派弟子禽滑厘等三百余人带着守御器械在宋城上布防，一面步行十日十夜到鄢郢劝楚惠王罢兵。在惠王面前，墨子解带为城，以衣为械，和公输般表演攻守的技术，公输般攻城的机变出尽，而墨子守器有余，墨子又把禽滑厘等在宋的事实宣布，惠王只得罢兵。

像别的替君相保镖的游侠一般，墨者多半是从下层社会中来的。在同时的士大夫眼中墨子也只是一个“贱人”。这些“贱人”自然不会有儒家者流的绅士架子，他们的生活自然是朴陋的。它们的团体，像近世江湖的结帮一般，是“有饭大家吃，有钱大家花”的。这团体的领袖叫做“巨子”，是终身职，第一任巨子墨翟是大家拥护的，以后的巨子却大概是由前任指定。当墨家全盛时，这整个团体的意志统一在巨子之下。墨翟能使他的任何弟子“赴火蹈刃，死不旋踵”。这团体有特殊的法律，由巨子执行。现在仅得而知的，“墨者之法，杀人者死，伤人者刑”，绝无宽纵。墨子所提倡的种种社会理想，大致是墨者团体内所实行的，也许是以前同类的团体所已实行的。墨子的贡献也许是把这种团体的实际生活类推到极端，扩充到全人类，并且给以理论的依据。

墨子的死年不可确考，但必在前381年吴起之死以前。是年楚肃王穷治杀害吴起的贵族,其中有一个阳城君,墨者巨子和徒弟一百八十余人为他守邑抗官军而死。这巨子已不是墨翟而是孟胜。这一百八十余人的死无疑是墨家的一大损失。但它的损失还有更大的。墨子死后不久,墨家裂成三派,各自以为是正宗,不相上下,甚至互相倾轧。而墨子以后,墨家并没有十分伟大的领袖继起,如像儒家之有孟子、荀子,这也是墨家衰微的原因。

第四节　孟子、许行及周官

战国的历史可以分为三期:从三晋建侯(前403年)至秦始变法(前359年)凡四十四年,是为初期;从秦始变法至秦齐相帝(前288年)凡七十一年,是为中期;从秦齐相帝至六国尽灭(前221年)凡六十七年,是为末期。

当战国初期,对抗的显学只有儒墨;其时法家者流虽已出现,尚未加入论战的漩涡。到了中期则"百家之学"并起争鸣,而像儒墨法等大家中又分派。在战国思想史中,初期好比树干始杈,中期则枝柯交错了。这中期的思想家里头,无论怎样胆大,怎样怪诞的,从劝人学禽兽一般恣情纵欲的它嚣、魏牟到劝人学石头一般无知无觉的田骈、慎到,都应有尽有。这一期的学说现在不能尽述,尤其是内中比较玄奥的哲理,本书因为性质所限,不能涉及。现在只讲这时期的几个代表思想家的人生观以及政治理想。先从儒家中在孔子底下坐第二把交椅的孟子说起。

像墨子一般,孟子也留意全人类的幸福。不过在替全人类的策划中，他们有这一点不同。墨子的出身无疑地是窭人子。他知道粒粟寸缕，只有靠血汗才换得来；他“昭昭然为天下忧不足”（用荀子形容墨子的话）；他觉得丝毫物质或精力的浪费是不可恕的罪恶；他觉得人们生在这世上，是来共患难的，不是来共安乐的，至少就目前和最近的将来而论是如此。孟子的家世虽不可知，然而他久游于物力充裕、夸诞成风的齐国，从一班被养着来高谈阔论的“稷下先生”中间出来，“后车数十乘，从者数百人，以传食于诸侯”；他对于世事的乐观，活像一个不知稼穑艰难的纨绔子。听他说的：“不违农时，谷不可胜食也；数罟不入污池，鱼鳖不可胜食也；斧斤以时入山林，材木不可胜用也。”既然如此，人人稍为享乐些，甚至有些人特别享乐些也不为过了。所以他承认统治者厚禄的特权，在他的理想社会里，国家分为三等，上等国的官禄如下表：

庶人在官者	禄相当于百亩的出产
下士	与庶人在官者同禄
中士	禄二倍下士
上士	禄四倍下士
大夫	禄八倍下士
卿	禄三十二倍下士
国君	禄三百二十倍下士

不过孟子这个表与其说是替当时的统治者张目，毋宁说是制裁他们，因为他们实际的享受决不止此。这时小至一个县令，身死以后，子孙也能累世乘车呢！

与孟子同时有一位楚人许行，他托为神农（神话中发明耕稼的圣帝）之言，提倡统治者和被统治者在经济上的绝对平等。他以为国君应当废掉府库，“与民并耕而食”。又主张用政府的力量规定物价：“布帛长短同则价相若，麻缕丝絮轻重同则价相若，五谷多寡同则价相若，屦大小同则价相若”；如此则“市价不二，国中无伪”，同时也再没人肯费力去制造华美的东西，奢侈不禁自绝了。

许行闻得滕国（齐、楚间小国）新即位的文公要行仁政，便率领弟子数十人来到滕都。他们虽受文公的礼遇，还穿着短衣，织席出卖以为生活。同时在宋国的儒者陈相，也受文公的吸引，和兄弟陈辛，肩着耒耜，走来滕国。他们听到许行的教说，立即把旧时所学的“周公仲尼之道”抛弃，而变成许行的信徒。这时孟子恰在滕国。有一天陈相去看他，彼此间不免有一番论战。孟子提出分工的道理来，说道：做各种手艺的人，要精于所业，不能同时耕种，难道治天下的人就可以同时耕种了吗？“故曰：或劳心，或劳力；劳心者治人，劳力者治于人；治于人者食（供养）人，治人者食于人；天下之通义也。”这自然是再对没有的。从孟子书中的记载看来，陈相也好像被他长江大河的辞令驳得哑口无言。不过就许行的根本主张推论，治人者即使不能“与民并耕而食”，“禄足以代其耕”也就可以了。凭什么理由，他们应当享受三十二倍至于三百二十倍于平民？凭什么理由他们的子孙应当世世受着人民的供养？这是孟子所无暇计及的。这一点的忽略判定儒墨的荣枯。

不过孟子虽然承认世禄的贵族阶级，却怀疑天子世袭制度的合理。他设想一个德智兼全的圣人在天子之位，到了年老，则预选一个年纪较少的圣人，试使为相；如果这人的成绩彰著，便“荐之于天”，以为将来自己的替代者。老圣人死，少圣人便依法继位，这即后世所谓“禅让”制度。怎知道新君是被天所接受呢？天意是不可知的。但“天视自我民视，天听自我民听”。如果民心归附新君，即是天以天下与之。孟子相信，从前尧之于舜和舜之于禹，都实行禅让的办法。所以他谈到政治，必称尧舜。但他已认禅让之变为世袭是“莫之为而为之者，天也”。禅让似乎只是他憧憬中的理想，而非认为必须实现的制度。

孟子虽然拥护统治者的若干特权，毕竟认定政府存在的惟一理由，是人民利益的保障。他说“民为贵，社稷次之，君为轻”。他对于民生问题，也有比墨子更具体的改革方案。

依孟子的理想，每国的“国中”（首都和它的附近）和“野”（“国中”以外的地方）应有不同的制度。于“野”，每方里（九百亩）的田土为一单位。这一单位分为九格，成井字形。旁边的八格，分给八家，叫做“私田”。中间的一格由政府保留，叫做“公田”。八家除了各耕私田外，同时合耕公田。“公事毕然后敢治私事”。私田的出产完全归各私家，公田的出产则拿去充有职或无职的贵族的俸禄。此外农民更不须纳什么租税，出什么力役。这是孟子所谓“九一而助”的办法，也就是后世许多儒者所憧憬着的“井田”制度。至于“国中”的办法，孟子书中的记载不大清楚，也许有点残缺，现在不必费神去推敲。总之，在这里，减轻赋役和平均土地分配的精神是和助法是一致的。

在这种经济组织之下，人民可以“养生丧死无憾”了，但“养生丧死无憾”孟子只认为是“王道之始”。什么是“王道之终”呢？那是用政府的力量，普及教育，使人人得而发展“人之所以异于禽兽”

的特性。教育，在孟子以前是贵族的专利和其他少数人的幸运，把它普及于一般人，那是孟子的新要求，那是他指给后来的历史的新路。

再者，什么是“人之所以异于禽兽”的特性呢？

在孟子时代，一个新问题开始流行于思想界，那就是人性善恶的问题。所谓人性，是人人生来就有的品质。在这场争论中孟子是主张性善的。他以为人人生来就有仁、义、礼、智的趋势——“端”。所谓“仁之端”即对他人苦难的同情；所谓“义之端”即对不义事的羞恶；所谓“智之端”即辨别是非的能力；所谓“礼之端”即辞让的心情。孟子以为这四端是“人之所不虑（思虑）而知……不学而能”的，也就是“人之所以异于禽兽”的。用全力去发展这四端，便是他所谓尽性。“尽性”的修养积之既久，人们便会仿佛感觉着自己的心中充满了一种“浩然之气”，“其为气也，至大至刚……塞乎天地之间”。具有这种气概的人“富贵不能淫，贫贱不能移，威武不能屈”。这便是孟子所谓“大丈夫”。做到这样的大丈夫才是人生的最高的目的。

这里可以附带讲一位不知名的政治思想家，即《周官》（亦称《周礼》）的作者。他无疑地是战国时人，但属于战国的哪一期和哪一国则不可知。我把他附在孟子之后，因为他的政治理想，在基本观念上是与孟子一致的；在细节上也有许多地方和孟子相同。儒家讲政治都是大体上拥护周朝的制度，即封建的组织，而在这躯壳内，提高人民的地位，改善人民的生活，发展人民的教育。孔子如此，孟子也是如此，《周官》的作者也是如此。但在实施的办法上，则孟子讲得比孔子更精详，《周官》的作者讲得比孟子更精详。从思想发展的自然趋势看来，我推测《周官》的作者的时代当在孟子之后，而且是受到了孟子的影响的。

《周官》的作者是一大学者，他似乎曾尽当时所能得到的文献对周制做过一番研究功夫。《周官》一书是他对周制的知识和他的社会理想交织而成的。这里不打算给这部书作一提要，只将其中若干进步的理想摘述于下。

（1）孟子以为政治当顺民意。《周官》的作者亦然。他主张国家遇着三种时机，应当把全国的人民（他理想中一个政府所直接统治最大范围是王畿，不过一千里见方）召齐来征询他们的意见。那三种时机：一是国家危急，二是迁都，三是君位的继承有了问题（大约是君死而无嫡子）。

（2）孟子于“国中”和“野”提出不同的平均地权的制度。《周官》的作者亦然。他主张把“郊”（相当于孟所谓“国中”）的田地分为三等：上等是最饶沃而无须采用轮耕法的；中等是须用轮耕法而每耕一年之后须休歇一年的；下等是每耕一年之后须休歇两年的。上田每家给予一百亩，次田每家给予二百亩，下田每家给予三百亩。于“野”不行轮耕法而按照另外的标准把田分为三等。上田每夫（即成年的男子）给予一百亩，另外荒地五十亩；次田，每夫给予一百亩，另外荒地一百亩；下田，每夫给予一百亩，另外荒地二百亩。

（3）孟子鄙视垄断的“贱丈夫”，《周官》的作者亦然。但他更想出由国家节制资本的具体办法。他主张遇天灾时和遇因季候关系，而物产稀少时，禁止抬高物价。又主张国家设泉府一官，遇货物滞销，由泉府收买，待其价格升涨时，照原价卖于消费者。惟人民买泉府物时须得地方官吏保证，以防其转卖。这一来商人便无法贱买贵卖囤积居奇了。他又主张人民可以向泉府赊贷而纳很轻的利息。这一来富人便无法重利盘剥贫民了。

（4）孟子心目中的“王政”是要使普天之下无一人不得其所，甚至“内无怨女外无旷夫”。《周官》于政府之社会救济的事业更有详细的规定，像荒政，像老弱孤寡的给养，不用说了。最可注意的是其中“医师”和“媒氏”两职。医师属下有许多内科和外科的官医，人民有病，由官医免费疗治。医师于每年年底统计官医的成绩，分别等第而加惩奖。每遇有病死的人，官医须记录其证候，送交医师。媒氏掌管人民的婚姻，他登记国内成年而无偶的男女给他们配合。每年二月他下令叫人民婚嫁，在这一月内，成年的男女可不经父母之命、媒妁之言而自由配合。

（5）在教育方面，《周官》的作者的思想比孟子落后。在《周官》里，贵族子弟的教育是有特设的官职（保氏）和机关掌管的。但像孟子理想中为平民子弟而设的“庠、序”却没有。在郊的区域，政教合一，地方官同时就是人民的教师。但在野的区域里，则除了军事训练外政府不管人民的教育，地方官也无教育的职责。若不是作者有重内轻外的见解，便是认为“野人”是根本不可教的了。至于郊的区域里，教育实施的办法大略有四种。一是“读法”。每年内，不同等级的地方官，在不同的时节和不同的典礼中召集属下的人民读法。《周官》里所谓法比我们现在所谓法意义更广，它包括许多现在不属于法律范围的道德规条。二是训诫和赏罚。人民有违法纪而罪非甚重的，由执法的官吏召来训诫，经过若干次训诫无效，便加惩罚。品行优良的由地方官吏登记呈报，供政府选择任用。三是教导礼仪。党正(每五百家为一党,其长名党正)遇党内有祭祀婚丧宴饮等事,便去教导和纠正礼仪。四是会猎。各地的壮丁,每季聚齐举行田猎一次,由官吏率领。在猎事前后受武艺和战阵的训练。《周官》的教育理想是以六德六行六艺教万民(野人不在内)。所谓六德乃"智、仁、圣、义、中、和";所谓六行乃"孝、友(亲于兄弟)、睦(亲于同族)、姻(亲于戚属)、任(信于朋友)、恤(救助贫乏)";所谓六艺是"礼、乐、射、御、书、数"。作者更特别注重中和与礼、乐。他说"礼以教中,乐以教和"。

第五节　杨朱、陈仲、庄周、惠施、老子

孟子攻击最力的论敌是墨翟和杨朱。据他说,当时"杨朱墨翟之言盈天下;天下之言,不归杨则归墨"。

杨朱据说见过魏惠王,大约是孟子的前辈。他的学说虽曾煊赫一时,他的事迹,却无传于后,他即使有著述,汉以后已亡佚。我们只能从战国人的称引中,窥见他的学说的一鳞一爪。与墨子的兼爱相针对的,他提倡"为我"(用现在的话说即自私),以为人生的最高目的,应当是各求自己舒适地生活下去——不放纵,也不吃苦,为达到这目的,人们应当"不入危城,不处军旅,不以天下大利易其一胫毛"。杨朱以为倘若人人能如此,天下便太平了。这种思想,无疑是一向独善其身的隐者给自己的生活的辩护。

稍后于杨朱而与孟子同辈的著名隐者有陈仲和庄周。

陈仲本是齐国的贵族。他的两个胞兄都食禄万钟。他却提倡

“不恃人而食”的新道德;以为他们的禄是不义的禄,不肯食;以为他们的房屋是不义的房屋,不肯住。他带着妻室,避兄离母,别立家庭。他让妻缉练麻丝,自己织麻鞋出卖,以为生活。一日,他回旧家省母,适值有人送了鹅来,他厌恶道:要这鶂鶂的东西做甚?后来他的母亲瞒着他宰了那鹅给他吃。正吃时,他的一个兄长走来说道,这就是那鶂鶂的东西的肉啦。陈仲立即走到门外把它呕出来。他所实行的新道德,据说是“持之有故,言之成理”的,并且他的理论是很能“惑众”的,可惜其详现在不可得知了。

庄周,宋人,和惠施同国籍,并且是很要好的朋友。但庄子却不乐仕进,仅做过本乡蒙邑的漆园吏。据说楚王有一次派人去聘他为相。他问来使道:“听说楚王有一只神龟,死去三千多年了。楚王把他藏在巾笥里。这只龟宁愿死了留下骨头受人珍贵呢?宁愿活着在烂泥里拖尾巴呢?”来使答道:“宁愿活着在烂泥里拖尾巴。”庄子便说:“去吧!我要在烂泥里拖尾巴呢。”庄子善用恢奇的譬喻解说玄妙的道理。他的著作是哲学和文学的结合。论其想象的瑰丽和情思的飘逸,只有稍后的楚国大诗人,《离骚》的作者屈原,可以和他比拟。他以为理想中的“至人”——那泯视了生死、寿夭、成败、得失、是非、毁誉的差别,超脱了世间一切欲好的束缚,一切喜怒哀乐的萦扰,看得自己与天地万物合为一体,不知有“我”与“非我”相对立的“至人”——他以为这样的“至人”较之背像泰山,翼像遮天的云,乘着海风直上九万里,激水三千里,一飞要六个月才歇息的大鹏还更逍遥自在;至于一般萦萦扰扰的俗人则比于那些被榆枋撞倒在地上的蝉雀。他把当世思想界纷呶的辩论,比于飓风起时万窍的声响:发自崔嵬的岩壑,发自百围大树的窟窿,像鼻、像口、像耳、像瓶罍、像杯棬、像舂臼、像深池或像浅池的，吼的、号的、叱的、吸的、叫的、笑的、嗷嗷的、吁吁的、嘻嘻的，为态虽百殊，都是自然而然并且不得不然的天籁，都无是非曲直之可计较。

庄子在当世的思想家中最推重惠施，在过去的思想家中最推重老子。

惠施是战国初中期之交思想界里一颗彗星。整个战国时代的思辨力集中在人事界——在社会改造，战争的消灭，一切世间苦的解除，只有惠施曾把玄想驰骋到自然界上，据说他曾“遍为万物说，说而不休，多而无已，犹以为寡，益之以怪”；有人问他“天地所以不坠不陷(及)风雨雷霆之故”，他“不辞而应，不虑而对”。在社会思想上他有“去尊”之说，即废除尊卑的差别的主张，可惜其详不可得而考了。他著的书据说有五车之多，那时书用竹简写，一车的书未必抵得过现在一厚册。然而他的著作之富可说是前无古人了。可惜这五车的书只传下短短的十句话，至今哲学史家还不能尽解。

老聃传说是楚人，姓李名耳，做过周室的守藏史。传说孔子在中年曾往周都向他问礼，又现存的《老子》五千言相传就是他的遗著。不过老聃既然是这样一个名人，《老子》书又真是他所作，那么书中最露骨的主张，像“绝圣弃知”“绝仁弃义”之类，和孔、墨的学说都根本不相容的，不应在孔、墨时代的一个半世纪中，绝无人称引或批评的，而且书中所泄露的社会背景，像“万乘之国”、“取天下”等话，决非孔子时代所有。因此好些史家都不相信《老子》书是孔子同时的老聃所作。但在战国晚期，这书中所具的学说已成为显学，而书中的话屡为《庄子》所引，那么这学说当有一部分产生于庄周著书之前，也许有一部分是承袭孔子同时的老聃的。我们不能起古人于地下，只好以这样不确定的结论自足了。

世界上再没有五千字比《老子》书涵义更富，影响更大的了。它阐明“物极必反”“福兮祸所伏”的原则；教人谦卑逊让，知足寡欲；教人创造而不占有，成功而不自居；教人将取先与，以退为进，以柔制刚，以弱胜强。以为文明是人类苦痛和罪恶的源泉，要绝弃知识，废除文字，而恢复结绳记事的老法，废弃舟车和一切节省人力的利器，让“邻国相望，鸡犬之声相闻，民至老死不相往来”。在政治上它主张统治者但摆个样子，一切听人民自便，不加干涉，像大自然之于万物一般。这便是它所谓“无为”。它否认有一个世界的主宰者，以为宇宙间的事物都是循着一定的法则，自然而然。它提出一个无形无质、不动不变、不可摹状、“玄之又玄”的“道”，以为天地万物的原始。《老子》书的作者和庄子都喜欢讲这个“道”，因此后人称他们为道家。庄子和他一派的学者都喜欢借神话中的黄帝的口吻来发表自己的思想，因此后人有“黄老”之称。

第六节　邹衍、荀卿、韩非

像众川到了下游，渐渐汇合入海，战国的思想到了末期有一显著的趋势，是混合。例如以儒家为主，而兼采墨、道的有荀卿；集法家各派的大成的有韩非。最后秦相吕不韦命众门客合纂了一部《吕氏春秋》，那简直是当时的流行思想的杂货店。今以荀卿、韩非及荀卿的同时人邹衍为主，略述这一期思想界的大势。

（1）邹衍，齐人，据说做过燕昭王师，死于长平之战以后。他的著作有十余万言，可惜都已亡佚。邹衍的学说，现在所留传的有“大九州说”和“五德终始说”。邹衍以前的学者想象全世界是一块大陆，四周是海，海尽处与天相接；当时的中国（包括七雄和若干小国）几乎就是这大陆的全部；这大陆相传曾经夏禹划分为九州。邹衍却以为“儒者所谓中国者，于天下乃八十一分居其一分耳。中国名曰赤县神州。赤县神州内自有九州，禹之序九州是也。……中国外如赤县神州者九，……（各）有裨海环之，人民禽兽莫能相通。……乃有大瀛海环其（大九州）外，天地之际焉”。这便是大九州之说（约略同时又有一种关于世界的想象，以为“凡四海之内，东西二万八千里，南北二万六千里。……凡四极之内，东西五亿〔一亿为十万〕，有九万七千里，南北亦五亿有九万七千里”）。（说见《吕氏春秋》）邹衍以前又有一种流行的思想，叫做五行说。五行说的出发点是认为万物皆由金木水火土五种原素构成，叫做五行。世间事物大抵可以凑成五项一组，和五行相配，如五色、五音、五味、五方等等。遇着不够五项的事物便割裂足数，例如在四季里分出季夏凑够五时。各组中的任何一项和五行中与它相当的某项之间，有一种神秘的关系。例如五时中的春季和五色中的青同是和五行中的木相配的，所以帝王在春季要穿青色的衣服才吉利，这是五行的迷信的基本方式。当时的儒者又以为一年之中五行的势力轮流当盛。在某行当盛时，帝王除了须穿颜色与它相配的衣服外，还有许多应做和不应做的事项，例如仲春应当行庆施惠，禁止伐木覆巢，不应当出兵。凡帝王在一年各时中应做和不应做的事项曾被列成时间表，叫做“月令”。邹衍更把“月令”的思想推广，以为自从“天地剖判”以来的历史也是给五行的势力，即所谓“五德”轮流地支配着。在某德轮值的时代须有某种特殊的服色,某种特殊的制度(关于正朔、数度和礼乐的制度)和某种特殊的政治精神和它相配。例如周属火德,故色尚赤。某德既衰,继兴的一德,必定是与前相克的,例如水克火,故水德继火德。两德交替的时间,照例有些和新德相应的符瑞出现。符瑞所在,便是新时代的主人的所在。例如周文王时,有赤鸟衔着丹书,落在周社(月令和五德始终的思想,《周官》中无之,可见此书似作于邹衍之前)。

到邹衍时代,群龙无首的局面,已经历五百多年了。悯世的哲人都在盼望统一"偃兵";苦命的民众都在盼望"真命天子"出现。邹衍的五德说正好给将兴起的新朝以制造符命的方法。这一系统应时的迷信,以著名夸诞的齐国做中心,不久便掩盖全国;而荀卿一派儒者所提倡的严肃的理智态度,竟被撇到历史的暗角里去了。

(2)荀子(名况,字卿),当孟子做齐国的客卿时,以一个俊秀的少年游学稷下,但及见湣王之死和长平之战,约略和邹衍并世。

孟荀是儒家中两位齐名的大师。他们同是孔子的崇拜者;同以周制的拥护者自命;同鼓吹省刑罚、薄税敛和息战争的"王政"。但这些同点并不能掩蔽他们间若干根本的差异。孟子的性格是豪放、粗阔的;荀子却是谨饬、细密的。这种差别从他们的文章也可以看得出,在他们的学说上更为显著。孟子相信人性是善的,以为只要让他顺着自然的趋向发展,不加阻碍,他便会走上正路。所以在个人的修养上孟子注重内蕴的扩充;而不注重外表的抑制和典型的模仿;注重"先立乎其大者",先握定根本的原则,而不注重枝节点滴的训练。在政治上,孟子注重在上者的感化和民众的教育,而不注重礼制的束缚。荀子则正正相反。他认定人性是恶的,若让人们顺着自然的趋向做去，结果只有争夺，暴乱；自然的人好比野兽，要靠礼制的链索把他捆住，才不致噬人；要靠日积月累地养成守礼的习惯，才会消除兽性。“礼”——这个名词荀子从未曾给过明晰确定的界说，大约包括所有传统的仪节，传统的行为规范和一些他所认为合理的社会制度，尤其是规定贵贱、尊卑、贫富等阶级“身分”的制度——在荀子看来，是一种社会的万应药。“人之命在天，国之命在礼”。

不过人性既然是恶的，那些改变人性而强人为善的“礼”却是怎样产生的？荀子以为人虽有恶性，同时也有教他趋乐避苦、趋利避害的智力。人们的智力不齐，智力最高的便是圣人。“礼”，是圣人为着人类的福利而创造出来的。人们要生存不能不分工互助，不能没有“群”（社会）。但人们若顺着本性做去，则任何人都是其他任何人的仇敌，根本不能有“群”。圣人造出种种礼制就是要使人们相让相安，使“群”成为可能。以人类的福利为礼制的根据，这是荀子本自墨家的地方。

荀子又承袭道家之说，以为宇宙间一切事变都循着永恒的法则。没有天意的主宰，没有妖祥的征兆。但不像道家的委心任命，他觉得正惟自然有固定的法则，人类可以利用这些法则去战胜自然。他又以为一切人为的法则，即一切礼制，也如自然的法则一般，适用于过去的必定适用于现在和将来。这是他拥护“周道”的论据，也是他反对法家因时变法说的论据。他绝不能想象同样的礼制在不同的生活环境里，可以有绝对不同的效果。

在一切的礼制中，荀子特别注重贵贱贫富的阶级的差别。他以为若没有这种差别，社会秩序是不能维持的。他说：“两贵之不能相事,两贱之不能相使,是天数也。势位齐而欲恶同,物不能赡(供给),则必争,争则乱。……先王恶其乱也。故制礼义以分之,使有贫富贵贱之等。足以相兼临者,是养天下之本也。”这就是说,人们天生是这样坏,若没有一种势力在上面镇压着,则除了所欲皆遂的人,个个都会做强盗。要维持这种镇压的势力,不能不设立一个特别贵和特别富的阶级。这是荀子对许行的“神农之言”和惠施的“去尊”(废除尊卑的差别)说的总答复。这是荀子对于传统制度的拥护比孟子更要细密的地方。

荀子的礼治和法家的法治相差只这一间:礼制的维持毕竟靠风气和习惯的养成重于靠刑罚和庆赏的迫诱,而法家的行法则专靠刑罚和庆赏的迫诱而无暇顾及风气和习惯的养成。但荀子的礼和法家的法有这一点根本的相同,它们对于个人都是一种外来的钳制,他只有服从的义务,没有选择的余地,没有怀疑和批评的自由。荀子的思想和法家这样接近,他的门徒中出了一个集法家理论之大成的韩非和一个佐秦始皇实行法家政策的李斯,决不是偶然的。

(3)在讲到韩非(韩国的公子,名非)之前,对于法家,得补一笔。法家和其他一切学派有一根本异点。别家讲政治总是站在人民的一边,替全天下打算。法家则专替君主打算,即使顾及人民也是为着君主的利益。这是无足怪的。法家的职业本来是替君主做参谋。一个君主的利益没有大得过提高威权和富强本国;而且这些越快实现越好,至少要使他自身看见成功。这个问题,韩非把握得最紧,解答得最圆满。

韩非以前的法家有三派,其一重“术”,以在战国中期相韩昭侯的“郑之贱臣”申不害为宗。所谓“术”，即人主操纵臣下的阴谋，那些声色不露而辨别忠奸、赏罚莫测而切中事实的妙算。其二重“法”，以和申不害同时的商鞅为宗。他的特殊政略是以严刑厚赏来推行法令，使凡奉法遵令的人无或缺赏，凡犯法违令的人无所逃罚。其三重“势”，以和孟子同时的赵人慎到为宗。所谓势即是威权。这一派要把政府的威权尽量扩大而且集中在人主手里，使他成为恐怖的对象，好镇压臣下。这三派的注意点，韩非兼容并顾，故此说他集法家的大成。

韩非对于当世的君主有大旨如下的劝告：你们国弱的不是想强，国强的不是想更强，甚至用武力统一天下吗？这是无可非议的。不过大部分你们所采的手段，尤其是你们所认为最贤明的手段，尤其是儒家所进献的手段，若不是和你们的目的相反，便是离你们的目的很远。儒家（墨家也一样）不是教你们用贤人治国吗？你们试伸手一数，国内真正的贤人有几？可数得满十只手指？但国内重要的官吏至少有一百。你们再等一辈子也找不到这么多贤人的。不要把心放在贤人上！不要怕人不忠，怕人作弊，要设法使人不能不忠，不敢作弊！我老师荀卿说得好，人天生是坏，天生是贪利怕祸的。只要出可靠的重赏，什么事也有人替你们做到。只要布置着无可逃避的重刑，什么弊也可以禁绝。但注意刑法不独要重，而且要使人无可逃避。无论怎样精细的网，若有了漏洞，就捉不到鱼！其次儒家不是教你要爱民而且博得人民的爱戴吗？这于你们有甚好处？你们爱民，极其量不过如父母爱子，但顽劣的儿子，父母动不了他毫毛的，一个小小的县吏带着链索去拿人，就可以使他妥妥帖帖。要使人民服从，与其用爱，不如用威。而且人民的爱戴是靠不住的。能爱人者亦能恶人。你们若把自己的命运放在人民的爱戴上，一旦他们不爱戴了，怎么办？其次，那班满口禹、汤、尧、舜，或神农、黄帝，以“是古非今”为高的“文学游说之士”和那般成群结党以逞勇犯禁为义的剑击游侠之徒，不是世人所敬仰，而你们也敬仰着，甚至供养着的吗？这两色人到底于你们有什么用处呢？你们所需要的，第一是出死力打仗的兵士，第二是供给兵士以粮食的农民，现在说士和游侠既不替你们打仗，又不替你们耕田，都享着荣誉和富贵，而兵士和农民却处在社会的最下层，战士的遗孤甚至在路边行乞！“所利非所用，所用非所利”，这是再颠倒没有的了。何况说士和游侠，对于你们，不独无用，而且有害！游侠以行为破坏你们的法令，说士以议论破坏你们的法令。他们都是要于法令之外，另立是非的标准。他们的标准行，你们的威严便扫地。再可恶不过的是说士们称引先王批评时政。臣之尊君至少应当比得上子之尊父。设想一个儿子成日价对自己的父亲赞别人的父亲怎样晏眠早起，勤力生财，怎样缩食节衣，鞠养儿女，这对于自己的父亲，是怎样的侮谩。这种侮谩，明主是不受的。所以“明主之国，无书简之文，以法为教；无先王之语，以吏为师”。

韩非著的书，传到秦国，秦王嬴政读了叹道：“寡人得见此人与之游，死不恨矣！”

第七章　秦始皇与秦帝国

第一节　吕不韦与嬴政

秦皇扫六合，虎视何雄哉！飞剑决浮云，诸侯尽西来。
明断自天启，大略驾群才。收兵铸金人，函谷正东开。
铭功会稽岭，骋望琅琊台。刑徒七十万，起土骊山隈。
尚采不死药，茫然使心哀！连弩射海鱼，长鲸正崔嵬。
额鼻象五岳，扬波喷云雷。鬐鬣蔽青天，何由睹蓬莱？
徐市载秦女，楼船几时回？但见三泉下，金棺葬寒灰！

（李白《古风》之一）

这首壮丽的诗是一个掀天揭地的巨灵的最好速写。这巨灵的来历，说来话长。

当长平之战前不久，有一个秦国王孙，名子楚的，被“质”在赵。他是太子安国君所生，却非嫡出，他的母亲又不得宠。因此赵人待他很冷薄，他连王孙的排场也苦于维持不住。但是阳翟（韩地）大贾吕不韦在邯郸做买卖，一看见他，便认为是“奇货可居”。

不韦见子楚，说道：“我能光大你的门庭。”子楚笑道：“你还是去光大自己的门庭罢！却来光大我的！”不韦说：“你有所不知，我的门庭要等你的来光大。”子楚明白，便和他商量两家光大门庭的办法。原来安国君最爱幸的华阳夫人没有生育的希望，安国君还没有立嗣。不韦一面献上巨款，给子楚结交宾客，沽钓声名；一面辇了巨款，亲到秦国，替他运动。不久华阳夫人便收到许多子楚孝敬的珍宝，不久她便时常听到人称赞子楚的贤能，不久她的姊姊便走来替她的前途忧虑，大意说道：“妹妹现在是得意极了。但可曾想到色衰爱弛的一天？到时有谁可倚靠！就算太子爱你到老，他百岁之后，继位的儿子，要为自己母亲吐气，你的日子就不好过。子楚对你的孝顺，却是少有的。何不趁如今在太子跟前能够说话的时候，把他提拔，将来他感恩图报，还不是同自己的儿子一般？”华阳夫人一点头，子楚的幸运便决定了。

不韦回到邯郸时，子楚已成了正式的王太孙。不韦也被任为他的师傅。他们成功之后，不免用美人醇酒来庆祝一番。邯郸在战国以美女著名。不韦的爱姬，尤其是邯郸美女的上选，妙擅歌舞。有次她也出来奉酒，子楚一见倾心，便要不韦把她相让。不韦气得要死，但一想过去的破费和将来的利益，只得忍气答应。赵姬既归子楚，不到一年（正当长平之战后一年），产了一子，即是后来做秦王和秦始皇帝的嬴政。当时传说，赵姬离吕家之时，已经孕了嬴政。但看后来不韦所受嬴政的待遇，这传说多半是谣言。

嬴政于前246年即王位，才十三岁。这时不韦是食邑十万户的文信侯，位居相国；他从前的爱妾，已做了太后，并且和他私续旧欢。不韦的权势可以想象。他的政治野心不小，他招贤礼士，养客三千，打算在自己手中完成统一的大业。但嬴政却不是甘心做傀僿的。他即位第九年,太后的姘夫嫪毐在咸阳反叛,他用神速的手段戡定了乱事以后,乘机把太后的政权完全褫夺;并且株连到吕不韦,将他免职,逐归本封的洛阳,过了两年,又把他贬到蜀郡。在忧忿夹攻之下,不韦服毒自杀。

不韦以韩人而执秦政,他所客养和援用的又多三晋人,和他结交的太后又是赵女。这种“非我族类”的势力是秦人所嫉忌的。不韦罢相的一年(秦王政十年),适值“郑国渠”事件发生,更增加秦人对外客的疑惧。郑国也是韩人,为有名的水利工程师。韩廷见亡国的大祸迫在眉睫,派他往秦,劝秦廷开凿一条沟通泾水和洛水的大渠,借此消磨秦的民力,延缓它的对外侵略。这渠才凿了一半,郑国的阴谋泄露。其后嬴政虽然听了郑国的话,知道这渠也是秦国的大利,把它完成,结果溉田四万多顷,秦国更加富强;但郑国阴谋的发现,使秦宗室对于游宦的外客振振有词。嬴政于是下了有名的“逐客令”,厉行搜索,要把外籍的游士统统赶走。这命令因为李斯的劝谏而取消。但不韦自杀后,嬴政到底把所有送他丧的三晋门客驱逐出境。可见逐客令是和不韦有关的,也可见不韦的坍台是和种族之见有关的。

第二节　六国混一

嬴政既打倒了吕不韦,收揽了秦国的大权,便开始图谋六国。这时,六国早已各自消失了单独抗秦的力量。不过它们的合纵还足以祸秦。嬴政即位的第六年,秦国还吃了三晋和卫、楚的联军一次亏，当时大梁人尉缭也看到的，假如六国的君主稍有智慧，嬴政一不小心，会遭遇智伯、夫差和齐湣王的命运也未可知。但尉缭不见用于祖国，走到咸阳，劝嬴政道："愿大王不要爱惜财物，派人贿赂列国的大臣，来破坏他们本国的计谋，不过花三十万金，六王可以尽虏。"嬴政果然采纳了这策略。此后六国果然再不费一矢相助而静待嬴政逐个解决。

首先对秦屈服，希望以屈服代替牺牲，结果首先受牺牲的是韩。秦王政十四年，韩王安为李斯所诱，对秦献玺称臣，并献南阳地。十七年秦的南阳守将举兵入新郑，虏韩王，灭其国。李斯赴韩之前，韩王派了著名的公子韩非入秦，谋纾国难，嬴政留非，想重用他。但不久听了李斯和另一位大臣的谗言，又把他下狱。口吃的韩非有冤没处诉，终于给李斯毒死在狱中。

韩亡后九年之间，嬴政以迅雷烈风的力量，一意东征，先后把其余的五国灭了。这五国的君主，连够得上说抵抗的招架也没有，鸡犬似的一一被缚到咸阳。只有侠士荆轲，曾替燕国演过一出壮烈的悲剧。

秦王政十九年，赵国既灭，他亲到邯郸，活埋了所有旧时母家的仇人；次年回到咸阳，有燕国使臣荆轲卑辞求觐，说要进献秦国逃将樊於期的首级和燕国最膏腴的地域督亢的地图。献图的意思就是要纳地。秦王大喜，穿上朝服，排起仪仗，立即传见。荆轲捧着头函，副使秦舞阳捧着地图匣以次上殿。秦舞阳忽然股栗色变，廷臣惊怪，荆轲笑瞧了舞阳，上前解释道："北番蛮夷的鄙人，未曾见过天子，所以惶恐失措，伏望大王包容，俾得完成使事。"秦王索阅地图，荆轲取了呈上。地图展到尽处，匕首出现！荆轲左手把着秦王的袖，右手抢过匕首，就猛力刺去，但没有刺到身上，秦王已断袖走开。秦王拔剑，但剑长鞘紧，急猝拔不出，荆轲追他，两人绕柱而走。秦廷的规矩，殿上侍从的人，不许带兵器，殿下的卫士，非奉旨不许上殿。秦王忙乱中没有想到殿下的卫士，殿上的文臣哪里是荆轲的敌手。秦王失了魂似的只是绕着柱走。最后，侍臣们大声提醒了他，把剑从背后顺力拔出，砍断了荆轲的左腿。荆轲便将匕首向他掷去，不中，中铜柱。这匕首是用毒药炼过的，微伤可以致命。荆轲受了八创，已知绝望，倚柱狂笑，笑了又骂，结果被肢解了。

> 风萧萧兮易水寒，
> 壮士一去兮不复还！

这是荆轲离开燕国之前，在易水边的别筵上，当着满座白衣冠的送客，最后唱的歌，也可以做他的挽歌。

荆轲死后六年（前221年）当秦王政在位的第二十六年而六国尽灭。于是秦王政以一道冠冕堂皇的诏令，收结五个半世纪的混战局面，同时宣告新帝国的成立。那诏书道：

> ……异日韩王纳地效玺，请为藩臣。寡人以为善，庶几息兵革。已而倍约，与赵、魏合从畔秦，故兴兵诛之，虏其王。赵王使其相李牧来约盟，故归其质子。已而倍盟，反我太原，故兴兵诛之，得其王。赵公子嘉乃自立为代王，故举兵击灭之。魏王始约服入秦，已而与韩、赵谋袭秦，秦兵吏诛，遂破之。荆

王献青阳以西，已而畔约，击我南郡，故发兵诛，得其王，遂定其荆地。燕王昏乱，其太子丹乃阴令荆轲为贼，兵吏诛，灭其国。齐王用后胜计，绝秦使，欲为乱，兵吏诛，虏其王，平齐地。

所有六国的罪状，除燕国的外，都是制造的。诏书继续说道：

寡人以眇眇之身，兴兵诛暴乱，赖宗庙之灵，六王咸伏其辜，天下大定。今名号不更，无以称成功，传后世。其议帝号。……

在睥睨古今、踌躇满志之余，嬴政觉得一切旧有的君主称号都不适用了。

战国以前，人主最高的尊号是王，天神最高的尊号是帝。自从诸侯称王后，王已失了最高的地位，于是把帝拉下来代替，而别以本有光大之义的“皇”字称最高的天神。但自从东西帝之议起，帝在人间，又失去最高的地位了。很自然的办法，是把皇字挪下来。秦国的神话里有天皇、地皇、泰皇，而泰皇为最贵。于是李斯等上尊号作泰皇。但嬴政不喜欢这旧套，把泰字除去，添上帝字，合成“皇帝”；又废除周代通行的谥法（于君主死后，按其行为，追加名号，有褒有贬的），自称为“始皇帝”，预定后世计数为二世皇帝，三世皇帝，“至于万世，传之无穷”。

同时始皇又接受了邹衍的学说，以为周属火德，秦代周，应当属克火的水德；因为五色中和水相配的是黑色，于是把礼服和旌旗皆用黑色；又因为四时中和水相配的是冬季，而冬季始自十月，于是改以十月为岁首。邹衍是相信政治的精神也随着五德而转移的。他的一些信徒认为与水德相配的政治应当是猛烈苛刻的政治，这正中始皇的心怀。

第三节　新帝国的经营

秦自变法以来，侵略所得的土地，大抵直隶君主，大的置郡，小的置县，郡县的长官都非世职，也无世禄。始皇沿着成例，每灭一国，便分置若干郡。而秦变法以来新设的少数封区，自从嫪毐和吕不韦的诛窜已完全消灭，既吞并了六国，秦遂成为一个纯粹郡县式的大帝国。当这帝国成立之初，丞相绾主张仿周朝的办法于燕、齐、楚等僻远的地方，分封皇子，以便震慑，但他的提议给李斯打消了。于是始皇分全国为三十六郡，每郡置守，掌民政；置尉，掌兵事；置监御史，掌监察。这种制度是仿效中央政府的。当时朝里掌民政的最高官吏有丞相，掌兵事的最高官吏有太尉，掌监察的最高官吏有御史大夫。

这三十六郡的名称和地位是现今史家还没完全解决的问题。大概的说，秦在开国初的境域，北边包括今辽宁的南部，河北、山西及绥远、宁夏两省的南部；西边包括甘肃和四川两省的大部分，南边包括湖南、江西和福建；东以福建至辽东的海岸为界。从前臣服于燕的朝鲜，也成为秦的藩属。此外西北和西南边外的蛮夷君长称臣于秦的还不少。我们试回想姬周帝国初建时，西则邦畿之外，便是边陲，南则巴蜀、吴、楚皆属化外，沿海则有徐戎、淮夷、莱夷盘踞，北则燕、晋已与戎狄杂处；而在这范围里，除了“邦畿千里”外，至少分立了一百三十以上的小国。我们拿这种情形和三十六郡一统的嬴秦帝国比较，便知道过去八九百年间，诸夏民族地盘的扩张和政治组织的进步了。峄山的始皇纪功石刻里说：

> 追念乱世，分土建邦，以开争理。攻战日作，流血于野，自泰古始。世无万数，阤及五帝，莫能禁止。乃今皇帝，壹家天下，兵不复起。灾害灭除，黔首康定，利泽长久。

这些话一点也没有过火。

在这幅员和组织都是空前的大帝国里，怎样永久维持皇室的统治权力，这是始皇灭六国后面对着的空前大问题，且看他如何解答。

帝国成立之初，始皇令全国"大酺"来庆祝（秦法，平时是禁三人以上聚饮的）。当众人还在醉梦的时候，他突然宣布没收民间一切的兵器。没收所得，运到咸阳，铸成无数大钟和十二个各重一千石以上的"金人"，放在宫廷里。接着他又把全国最豪富的家族共十二万户强迫迁到咸阳，放在中央的监视之下，没有兵器，又没有钱财，人民怎能够作得起大乱来？

次年，始皇开始一件空前的大工程，建筑脉通全国的"驰道"，分两条干线，皆从咸阳出发，其一东达燕、齐，其一南达吴、楚。道宽五十步，道旁每隔三丈种一株青松，路身筑得坚而且厚，遇着容易崩坏的地段，并且打下铜桩。这宏大的工程，乃是始皇的军事计划的一部分。他灭六国后防死灰复燃，当然不让各国余剩的军队留存。但偌大的疆土若把秦国原有的军队处处分派驻守，则分不胜分。而且若分得薄，一旦事变猝起，还是不够应付；若分得厚，寖假会造成外重内轻的局面。始皇不但不肯采用重兵驻防的政策，并且把旧有六国的边城，除燕、赵北边的外，统统拆毁了。他让秦国原有的军队，依旧集中在秦国的本部，少数的地方兵只是警察的性质。驰道的建筑，为的是任何地方若有叛乱，中央军可以迅速赶到去平定。历来创业之主的军事布置没有比始皇更精明的了。（1896 年李鸿章聘使欧洲，过德国，问军事于俾斯麦，他的劝告有云："练兵更有一事须知：一国的军队不必分驻，宜驻中权，扼要地，无论何时何地，有需兵力，闻令即行，但行军的道路，当首先筹及。"这正是秦始皇所采的政策。）

武力的统治不够，还要加上文化的统治；物质的缴械不够，还要加上思想的缴械。始皇三十四年（始皇即帝位后不改元，其纪年通即王位以来计），韩非的愚民政策终于实现。先是始皇的朝廷里，养了七十多个儒生和学者，叫做博士。有一次某博士奉承了始皇一篇颂赞的大文章，始皇读了甚为高兴，另一位博士却上书责备作者的阿谀，并且是古非今地对于郡县制度有所批评。始皇征问李斯的意见。李斯复奏道：

> 古者天下散乱，莫能相一，是以诸侯并作，语皆道古以害今，饰虚言以乱实，人善其所私学，以非上所建立。今陛下并有天下，辨白黑而定一尊。而私学乃相与非法教之制，闻令下，即各以其私学议之，入则心非，出则巷议，非主以为名，异趣以为高，率群下以造谤。如此不禁，则主势降乎上，党与成乎下。禁之便，臣请诸有文学《诗》《书》百家语者，蠲除去之。

令到,满三十日弗去,黥为城旦(城旦者,旦起行治城,四岁刑),所不去者,医药、卜筮、种树之书。若有欲学者,以吏为师。

始皇轻轻地在奏牍上批了一个"可"字,便造成了千古叹恨的文化浩劫。

以上讲的是始皇内防反侧的办法。现在再看他外除边患的努力。

自从战国中期以来,为燕、赵、秦三国北方边患的有两个游牧民族,东胡和匈奴——总名为胡。东胡出没于今河北的北边和辽宁、热河一带,受它寇略的是燕、赵。匈奴出没于今察哈尔、绥远和山西、陕、甘的北边一带,燕、赵、秦并受它寇略。这两个民族,各包涵若干散漫的部落,还没有统一的政治组织。它们在战国中期以前的历史十分茫昧。它们和春秋时代各种名色的戎狄似是同一族类,但是否这些戎狄中某些部分的后身,否则和各种戎狄间的亲谊是怎样,现在都无从稽考了。现在所知道秦以前的胡夏的关系史只有三个攘胡的人物的活动。第一个是和楚怀王同时的赵武灵王。他首先采用胡人的特长,来制胡人;首先脱却长裙拖地的国装,而穿上短衣露裤的胡服,以便学习骑战。他领着新练的劲旅,向沿边的匈奴部落进攻,把国土向西北拓展;在新边界上,筑了一道长城,从察哈尔的蔚县东北(代)至河套的西北角外(高阙);并且沿边设了代、雁门和云中三郡。第二个攘胡的英雄是秦舞阳(随荆轲入秦的副使)的祖父秦开。他曾被"质"在东胡,甚得胡人的信任。归燕国后,他率兵袭击东胡,把他们驱逐到一千多里外。这时大约是乐毅破齐前后。接着燕国也在新边界上筑一道长城，从察哈尔宣化东北（造阳）至辽宁辽阳县北（襄平）；并且沿边设了上谷、渔阳、右北平、辽西和辽东五郡。秦开破东胡后，约莫三四十年，赵有名将李牧，戍雁门、代郡以备胡。他长期敛兵坚守，养精蓄锐，然后乘着匈奴的骄气，突然出战，斩了匈奴十多万骑，此后十几年间，匈奴不敢走近赵边。

当燕、赵对秦作最后挣扎时，无暇顾及塞外。始皇初并六国忙着辑绥内部，也暂把边事抛开。因此胡人得到复兴的机会。旧时赵武灵王取自匈奴的河套一带，复归于匈奴。始皇三十二年，甚至听到"亡秦者胡"的谶语。于是始皇派蒙恬领兵三十万北征。不久把河套收复，并且进展至套外，始皇将新得的土地，设了九原郡。为谋北边的一劳永逸，始皇于三十三、三十四年间，又经始两件宏大的工程：其一是从河套外的九原郡治，筑了一条"直道"达到关内的云阳（今陕西淳化县西北，从此至咸阳有泾，渭可通），长一千八百里；其二是把燕、赵北界的长城和秦国旧有的西北边城，大加修葺，并且把它们连接起来，傍山险，填溪谷，西起陇西郡的临洮（今甘肃岷县境），东迄辽东郡的碣石（在渤海岸），成功了有名的"万里长城"。

始皇的经营北边有一半是防守性质，但他的开辟南徼，则是纯粹的侵略。

现在的两广和安南，在秦时是"百越"（越与粤通）种族所居。这些种族和浙江的於越，大约是同出一系的，但文化则较於越远为落后。他们在秦以前的历史完全是空白。在秦时，他们还过着半渔猎、半耕稼的生活；他们还仰赖中国的铜铁器，尤其是田器。他们还要从中国输入马、牛、羊，可见牧畜业在他们中间还没发达。不像北方游牧民族的犷悍，也没有胡地生活的艰难，他们绝不致成为秦帝国的边患。但始皇却不肯放过他们。灭六国后不久（二十六年）即派尉屠睢领着五十万大军去征百越，并派监禄凿渠通湘、漓二水（漓水是珠江的上游），以便输运。秦军所向无敌，越人逃匿于深山丛林中。秦军久戍，粮食不继，士兵疲饿。越人乘机半夜出击，大败秦军，杀屠睢。但始皇续派援兵，终于在三十三年，把百越平定，将他们的土地，分置南海郡、桂林郡和象郡（南海郡略当今广东省，桂林郡略当广西省，象郡略当安南中北部），百越置郡之后，当时中国人所知道的世界差不多完全归到始皇统治之下了。琅琊台的始皇纪功石刻里说：

> 六合之内，皇帝之土。西涉流沙，南尽北户，东有东海，北过大夏。人迹所至，无不臣者。

至是竟去事实不远了。

以上所述一切对外对内的大事业，使全国瞪眼咋舌的大事业，是始皇在十年左右完成的。

第四节　帝国的发展与民生

像始皇的励精刻苦，在历代君主中，确是罕见。国事无论大小，他都要亲自裁决。有一个时期，他每日用衡石秤出一定分量的文牍，非批阅完了不肯休息。他在帝位的十二年中，有五年巡行在外；北边去到长城的尽头——碣石，南边去到衡山和会稽岭。他觉得自己的劳碌，无非是为着百姓的康宁。他对自己的期待，不仅是一个英君，而且是一个圣主。他惟恐自己的功德给时间淹没。他二十八年东巡时，登峄山，和邹鲁的儒生商议立石刻词，给自己表功；此后，所到的胜地，大抵置有同类的纪念物。我们从这些铭文（现存的有峄山、泰山、之罘、琅琊、碣石、会稽六处的刻石文；原石惟琅琊的存一断片）可以看见始皇的抱负，他"夙兴夜寐，建设长利，专隆教诲"。他"忧恤黔首（秦称庶民为黔首），朝夕不懈"。他"功盖五帝，泽及牛马"。而且他对于礼教，也尽了不少的力量。他明立法："饰省宣义；有子而嫁，倍死不贞；防隔内外，禁止淫佚，男女絜诚；夫为寄豭，杀之无罪；男秉义程，妻为逃嫁，子不得母，咸化廉清；大治濯俗，天下承风，蒙被休经。"在他自己看来，人力所能做的好事，他都做了，而且他要做的事，从没有做不到的。他从没有一道命令，不成为事实。从没有一个抗逆他意旨的人，保得住首领。他惟一的缺憾就是志愿无尽，而生命有穷。但这也许有补救的办法。海上不据说有仙人所居的蓬莱、方丈、瀛洲三岛么？仙人不有长生不死的药吗？他即帝位的第三年，就派方士徐福（一作市，音同）带着童男女数千人，乘着楼船，入海去探求这种仙药，可惜他们一去渺无消息（后来传说徐福到了日本，为日本人的祖先，那是不可靠的）。续派的方士回来说，海上有大鲛鱼困住船只，所以到不得蓬莱。始皇便派弓箭手跟他们入海，遇着这类可恶的动物便用连弩去射。但蓬莱还是找寻不着。

始皇只管忙着去求长生，他所"忧恤"的黔首却似乎不识好歹，只盼望他速死！始皇三十六年，东郡（河北山东毗连的一带）落了一块陨石，就有人在上面刻了“始皇帝死而地分”七个大字。

始皇能焚去一切《诗》《书》和历史的记录，却不能焚去记忆中的六国亡国史；他能缴去六国遗民的兵器，却不能缴去六国遗民（特别是一班遗老遗少）的亡国恨；他能把一部分六国的贵族迁到辇毂之下加以严密的监视，却不能把全部的六国遗民同样处置。在旧楚国境内就流行着“楚虽三户，亡秦必楚”的谚语。当他二十九年东巡行到旧韩境的博浪沙（在今河南阳武县东南）中时，就有人拿着大铁椎向他狙击，中了副车，只差一点儿没把他击死。他大索凶手，竟不能得。

而且始皇只管“忧恤黔首”，他的一切丰功烈绩，乃是黔首的血泪造成的！谁给他去筑“驰道”，筑“直道”，凿运渠？是不用工资去雇的黔首！谁给他去冰山雪海的北边伐匈奴，修长城，守长城？谁给他去毒瘴严暑的南荒，平百越，戍新郡？谁给他运粮转饷，供给这两方的远征兵？都是被鞭扑迫促着就道的黔首！赴北边的人，据说，死的十有六七；至于赴南越的，因为不服水土，情形只有更惨，人民被征发出行不论去从军，或去输运，就好像被牵去杀头一般，有的半途不堪虐待，自缢在路边的树上。这样的死尸沿路不断的陈列着。最初征发的是犯罪的官吏，“赘婿”和商贾；后来推广到曾经做过商贾的人；最后又推广到“闾左”——居住在里闾左边的人（赘婿大概是一种自己卖身的奴隶即汉朝的赘子。商人尽先被征发是始皇压抑商人的手段之一。战国时代，法家和儒家的荀子，都认商人为不事生产而剥削农民的大蠹，主张重农抑商，这政策为始皇采用。琅琊刻石有“上农除末”之语。“闾左”在先征之列者,盖春秋战国以来,除楚国外习俗忌左,居住在闾左的,大抵是下等人家)。征发的不仅是男子,妇女也被用去运输。有一次南越方面请求三万个“无夫家”的女子去替军士缝补,始皇就批准了一万五千。计蒙恬带去北征的有三十万人,屠睢带去南征的有五十万人,后来添派的援兵和戍卒,及前后担任运输和其他力役的工人,当在两军的总数以上。为这两方面的军事,始皇至少摧残了二百万家。

这还不够。始皇生平有一种不可多得的嗜好——建筑的欣赏。他东征以来,每灭一国,便把它的宫殿图写下来在咸阳渭水边的北阪照样起造。后来又嫌秦国旧有的朝宫(朝会群臣的大礼堂)太过狭陋,要在渭南的上林苑里另造一所,于三十五年动工。先在阿房山上作朝宫的前殿:东西广五百步,南北长五十丈,上层可以坐一万人,下层可以树五丈的大旗。从殿前筑一条大道,达到南山的极峰,在上面树立华表,当作朝宫的阙门,从殿后又筑一条大道,渡过渭水,通到咸阳。先时始皇即王位后,便开始在骊山建筑自己的陵墓,灭六国后拨了刑徒七十余万加入工作;到这时陵墓大半完成,乃分一部分工人到阿房去。这两处工程先后共用七十余万人。此外运送工粮和材料(材料的取给远至巴蜀荆楚)的伕役还不知数。这些却多半是无罪的黔首。

这还不够。上说种种空前的兵役和工程所需的粮饷和别项用费,除了向黔首身上出,还有什么来源?据说始皇时代的赋税,要取去人民收入的三分之二。这也许言之过甚,但秦人经济负担的酷重,却是可想见的了。

这还不够。苦役重税之上,又加以严酷而且滥用的刑罚。秦的刑法，自商鞅以后，在列国当中，已是最苛的了。像连坐、夷三族等花样，已是六国的人民所受不惯的。始皇更挟着虓虎的威势，去驭下临民。且看几件他杀人的故事。有一回他从山上望见丞相李斯随从的车骑太多，不高兴。李斯得知以后便把车骑减少，始皇追究走漏消息的人不得，便把当时在跟前的人统统杀了。又东郡陨石上刻的字被发现后，始皇派御史去查办，不得罪人，便命把旁边的居民统统杀了。又一回，有两个方士不满意于始皇所为，暗地讪谤了他一顿逃去。始皇闻之大怒，又刺探得别的儒生对他也有不敬的话，便派御史去把咸阳的儒生都召来案问。他们互相指攀，希图免罪，结果牵涉了四百六十余人，始皇命统统的活埋了。这便是有名的“坑儒”事件。始皇的执法如此，经过他的选择和范示，郡县的官吏就很少不是酷吏了。

始皇的长子扶苏，却是一个蔼然仁者，对于始皇的暴行，大不谓然。当坑儒命令下时，曾替诸儒缓颊，说他们都是诵法孔子的善士，若绳以重法，恐天下不安。始皇大怒，把他派去北边监蒙恬的军。但二世皇帝的位，始皇还是留给他的。及三十七年七月，始皇巡行至沙丘（今河北平乡县东北）病笃，便写定遗书，召他回咸阳会葬，并嗣位。书未发而始皇死。书和玺印都在宦官赵高手。而始皇的死只有赵高、李斯和别几个宦官知道。赵高和蒙恬有仇隙，而蒙恬是太子的亲信，李斯也恐怕蒙恬夺去他的相位。于是赵李合谋，秘不发丧，一面把遗书毁了，另造两封伪诏，一传位给公子胡亥（当时从行而素与赵高亲昵的），一赐扶苏蒙恬死。后一封诏书到达时，扶苏便要自杀，蒙恬却疑心它是假的，劝扶苏再去请示一遍，然后自杀不迟。扶苏说：“父亲要赐儿子死，还再请示什么？”立即自杀。

胡亥即二世皇帝位时，才二十一岁，他别的都远逊始皇，只有在残暴上是“跨灶”的。赵高以拥戴的首功最受宠信，他处处要营私，只有在残暴上是胡亥的真正助手。在始皇时代本已思乱的人民，此时便开始摩拳擦掌了。

第八章　秦汉之际

第一节　陈胜之起灭

二世皇帝元年七月,在旧楚境的蕲县大泽乡停留着附近被征发去防守渔阳的闾左兵九百人。适值大雨,道路不通。这队伍已无法如期达到指定的处所。照当时的法律,将校误期,要被处斩。有两位下级将校陈胜和吴广,便秘密图谋免死的办法。他们想当今的二世皇帝并不是依法当立的,当立的乃是公子扶苏,百姓多称赞他的贤惠,却不知道他已死;又从前楚国最后抗秦而死的名将项燕,亲爱士卒,很得民心,民间传说他还活着,假如冒称扶苏项燕起兵,响应的必定很多。他们去问卜,卜者猜到来意,连称大利;最后并说道:"你们何不再向鬼神占卜一下?"二人会意。

不几天,兵士买鱼,忽然在鱼肚里得着一小卷绢帛,上面写着朱字道:"陈胜王。"晚间兵士又忽然发现附近树林中的神祠有了火光,同时怪声从那里传来,像狐狸作人语道:"大楚兴,陈胜王。"这种怪声每每把兵士们从梦中惊醒。从此他们遇到陈胜每每指目着他窃窃私语。

有一天统领官喝醉了酒,吴广在旁,出言特别不逊。统领官大怒,鞭了他一顿,又把剑拔出。吴广素来很得兵士心,在旁的兵士都替他不平。他抢过了剑,把统领官杀掉。陈胜帮着他,把另外两个将官也结果了。陈、吴号召军中,大意说道:“你们因为大雨,已误了期,误了期就要处斩。即使不处斩,去戍守长城,也是十有六七要死的。大丈夫不死便了,死就要成个大名。王侯将相难道是有种的吗?”在全军喧豗应和之下,陈吴二人以扶苏和项燕的名义树起革命的旗帜。军士袒着右臂,自号大楚。陈胜自立为将军,吴广为都尉。

旬日之间大泽乡、蕲县、陈城和附近若干县城,皆落在革命军之手。而革命军在进攻陈城之时已有车六七百乘,骑千余,步卒数万人了。陈城在战国末年曾一度为楚国都,革命军即以此为根据地。先是魏遗民大梁名士张耳、陈余为秦廷悬赏缉捕,变姓名隐居于陈。陈胜既入陈,二人进谒。是时陈中父老豪杰正议推陈胜为王。二人却劝陈胜暂勿称王,而立即领兵西进,同时派人立六国王室之后,以广树秦敌,使秦的兵力因敌多而分散,因分散而薄弱,然后乘虚入据咸阳,以号令诸侯,诸侯感再造之德,必然归服,如此则帝业可成。陈胜不听,遂受推戴为张楚王,都于陈,以吴广为“假王”(假有副贰之意)。

自陈胜发难后,素日痛恨秦吏的郡县,随着事变消息的传到,纷纷戕杀守长,起兵响应。特别是在旧楚境内,几千人成一伙的不可胜数。陈胜遣将招抚略地,分途进取。举其要者,计有六路:(1)符离人葛婴略蕲以东;(2)陈人武臣及张耳陈余略赵地;(3)魏人周市略魏地;(4)吴广西击荥阳;(5)陈人周文(为一卜者,故项燕僚属)西进,向函谷关;(6)铚人宋留取道南阳向武关。

葛婴至东城，立襄强为楚王，后来闻得陈胜已立为张楚王，乃杀襄强，归陈复命，陈胜诛之。

武臣到邯郸即自立为赵王，分命张耳、陈余为将相。陈胜闻讯大怒，把三人的家属拘捕，将加诛戮，继而听了谋士的劝谏，又把他们迁到宫中，而派人去给武臣等道贺，并请他们速即进兵关中。他们哪里肯听，却派韩广去略取燕地。韩广至燕，旋即自立为燕王。

周市定了魏地，东进至齐，时齐王室之后田儋已自立为齐王，以兵拒之，市军败散，还归魏，魏人推戴他为王，他不肯，却要立魏王室之后魏咎，时咎在陈胜军中，市派人迎之，往返五次，陈胜才答应放他赴魏。

武臣之立在八月，韩广、田儋之立在九月。周文军越过函谷关到达戏亦在九月。戏离咸阳不到一百里，而此时周文的军队已增加到兵卒数十万、车千余乘了。东方变乱的真情，赵高一直瞒着二世，到这时已瞒不住了。可是秦廷有什么办法呢？帝国的军队几乎尽在北边和南越，急猝间调不回来，咸阳直是一座空城，只得赦免在骊山工作的刑徒，并解放奴隶所生的男子，派章邯带去应战。周文军来势虽盛，却经不起章邯一击便败走出关，章邯追至渑池，又大破之。周文自刎死，其军瓦解，这是二世二年十一月的事（秦以十月为岁首，二年十一月在是年正月之前，下仿此）。

章邯乘胜东下。先是吴广围荥阳不下，其部将田臧等私计，秦兵早晚要到，那时前后受敌，必无幸理，不如留少数军队看守住荥阳，而用全部精兵去迎击章邯。他们认为吴广骄不知兵，不足与谋，假托陈王的命令把他杀掉，并把他的首级传送至陈。陈王拜田臧为上将，并赐以楚令尹的印信。田臧迎击章邯于敖仓，一战败死。章邯进击至陈西，陈王出监战，军败遁走，他的御者某把他杀掉，拿他的首级去投降。这是十二月的事。

陈胜，字涉，少时在田间做工。有一次放下锄头叹气痴想了许久，却对一个同伴说道："有一天我富贵了，定不会忘记你。"那位同伴笑道："你做长工，怎样富贵法？"后来陈胜做了张楚王，这位同伴便去叩阍求见，阍人几乎要把他缚起来，凭他怎样解释总不肯给他传达。他等陈胜驾出，拦路叫喊，陈胜认得他，把他载归宫里。他看见殿堂深邃，帷帐重叠，不禁嚷道："夥颐！涉大哥为王！沉沉的！"楚人叫多为夥颐。由此"夥涉为王"，传为话柄。这客人出入王宫，洋洋自得，谈起陈胜的旧事，如数家珍。有人对陈胜说：这客人无知妄言，轻损王威，陈胜便把他杀掉。由此陈胜的故旧尽皆退避。

宋留已定南阳。南阳人闻陈胜死，复叛归于秦。宋留既无法入武关，东还至新蔡与秦军遇，解甲投降，秦又把他解到咸阳，车裂示众。

章邯既破陈胜，进击魏王咎于临济，围其城。六月，齐王田儋救临济，败死。同月魏咎自杀，临济降于秦。其后儋子市继立为齐王，咎弟豹继立为魏王。

第二节　项羽与巨鹿之战

项燕的先人累世做楚将，封于项，因以项为氏，而家于下相。项燕有子名项梁，梁有侄名项籍，字羽。项羽少时学书写，不成，弃去；学剑，又不成。项梁怒责他。他说："书写只可以记姓名罢了，剑是一人敌,也不值得学,要学万人敌!”项梁于是教他兵法。他略通大意,再不深求。项梁曾因事杀人,带着项羽,逃匿于吴(今吴县,秦会稽郡治),吴中名士大夫都奉他为领袖,遇着地方有大徭役或大丧事,每请项梁主办,项梁暗中用兵法部勒宾客子弟,因此他的干才为人所知。项羽长成,身材魁岸,力能扛鼎,尤为吴中子弟所敬畏。

二世元年九月,会稽郡守和项梁商议起兵响应陈胜,打算派项梁和某人为将,是时某人逃匿山泽中。项梁说,只有他的侄子知道某人所在。说完,离座外出,对项羽嘱咐了一番,又走进来,请郡守传见项羽,使召某人。项羽进见后,项梁向他使个眼色,说道:“可以了!”项羽拔剑,砍下郡守的头。项梁拿着郡守的首级佩了他的印绶。项羽连杀了好几十人,阖署慑伏听命,共奉项梁为会稽守。项梁收召徒众,得八千人。项羽为裨将,时年二十四。

二世二年二月项梁叔侄率兵渡江而西。先是广陵人召平为陈胜取广陵不下,闻陈胜败走,秦兵将到。渡江至吴,假传陈胜之命,拜项梁为上柱国。项梁一路收纳豪杰,到了下邳(今江苏邳县)已有了六七万人。离下邳不远,在彭城之东,有秦嘉所领的一支义军,奉景驹(旧楚贵族景氏之后)为楚王。是时陈胜的下落,众尚不知。项梁声言秦嘉背叛陈王擅立景驹大逆不道,即进击之。秦嘉败死,军降,景驹走死。

既而项梁得知陈胜确实已死,乃从居巢老人范增之策,访得楚怀王之孙(名心)于牧场中,立以为王,仍号楚怀王,都于盱眙(安徽今县),项梁自号武信君。这是六月的事。

自四月至八月间,项梁叔侄军与秦军转战于今苏北、鲁南及豫东一带，连获大捷。项梁由此轻视秦军，时露骄色，部下宋义劝谏他道："战胜而将骄卒惰乃是败征；现在士卒已渐形怠懈，而秦兵日增，大可忧虑。"项梁不以为意。九月章邯得到关中派来众盛的援兵之后，还击楚军，大破之于定陶，项梁战死。

章邯破项梁军，认为楚地无足忧虑，乃渡河击赵。先是赵地内乱，武臣被杀，张耳、陈余访得赵王室之后赵歇，继立为赵王，居信都。章邯入邯郸，迁其民于河内，夷其城郭。张耳与赵王走入巨鹿城，章邯使王离围之，而自军于巨鹿南。陈余北收兵于常山得数万人，军于巨鹿北。巨鹿城被围数月，粮乏兵单，危在旦夕，求援于陈余，而陈自以力薄非秦敌，按兵不肯动。

项梁死后，楚军集中于彭城附近，怀王亦移节于彭城。巨鹿围急，求救于诸侯，怀王拟派兵赴之。宋义自预言项梁之败而中，以知兵名于楚军。怀王召他来筹商，听了他的议论，大为赞赏，派他为援赵军的统帅，称上将军，以长安侯项羽为次将军，范增为末将。宋义行至安阳（河南今县），逗留四十六日不进，项羽主张急速渡河，与赵军内外夹击秦军。宋义却主张先让赵秦决战；然后秦胜则乘其疲敝而击之，秦败则引兵西行，乘虚袭取咸阳。于是严申军令，禁止异动。宋义派其子某为齐相，大排筵席为其饯行。是时岁荒粮绌，又适值天寒大雨，士卒饥冻。项羽昌言军中，责备宋义但顾私图，不恤士卒，不忠楚王。一天早晨，项羽朝见宋义，就在帐中把他的头砍下，号令军中；说他通齐反楚，奉怀王令把他诛戮。诸将尽皆慑服，共推他为"假上将军"。项羽使人报告怀王，怀王就派他代为上将军。自杀了宋义之后，项羽威震楚国，名闻诸侯。

项羽既受了援赵军统帅之任，立即派二万人渡河救巨鹿，先锋连获小胜，陈余又请添兵。项羽于是率全军渡河。既渡，凿沉船只，破毁釜甑，焚烧房舍，令士卒每人只带三日粮，示以决死无归还之心。既至巨鹿，反围王离，九战秦军，绝其粮道，大破之，王离被虏，其部下将领或战死或自杀。这是二世三年十二月的事。先是诸侯援军营于巨鹿城外的，不下十几个壁垒，都不敢出战。及楚军开始进攻，诸侯军将领皆从壁上观看。楚兵无不以一当十，呐喊声动天地，诸侯军士卒无不心惊胆震。项羽既破秦军，召见诸侯军将领，他们将入辕门，个个膝行而前，不敢抬头瞧望。于是项羽成了联军的统帅，诸侯军将领皆隶他麾下。

是时章邯尚军于巨鹿南，外见迫于项羽，内受二世的责备，又见疾于赵高，陷入进退维谷之境。陈余乘机投书给他，说道：

> 白起为秦将，南征鄢郢，北坑马服（马服谓赵将马服君赵括，此指长平之战），攻城略地，不可胜计，而竟赐死。蒙恬为秦将，北逐戎人，开榆中地数千里，竟斩阳周。何者？功多，秦不能尽封，因以法诛之。今将军为秦将三岁矣，所亡失以十万数，而诸侯并起，滋益多。彼赵高素谀日久，今事急，亦恐二世诛之，故欲以法诛将军以塞责，使人更代将军，以脱其祸。夫将军居外久，多内隙，有功亦诛，无功亦诛。且天之亡秦，无愚智知之。今将军内不能直谏，外为亡国将，孤特独立，而欲常存，岂不哀哉！将军何不还兵，与诸侯为纵，约共攻秦，分王其地，南面称孤，此孰与身伏铁质、妻子为戮乎？

章邯得书，心中更加狐疑，秘密派人和项羽议降。议未成，项羽连接进击章邯军,大破之。章邯遂决意投降。项羽以军中粮绌许之。二世三年七月,章邯与项羽相会于洹水南殷墟上(即今安阳殷墟),立盟定约。章邯与项羽言及赵高事,为之泪下。

第三节　刘邦之起与关中之陷

当怀王派定了宋义等北上援赵之际,又派砀郡长武安侯刘邦西行略地,向关中进发。

刘邦,字季,泗川郡沛县(江苏今县)人。家世寒微。从小即不肯学习生产技艺。壮年做了本县的泗水亭长(秦制若干户为一里,十里为一亭,十亭为一乡)。他使酒好色,却和易近人,疏财乐施,县署的属吏,常给他嘻嘻哈哈的大开玩笑。有一次县令的旧友吕公来沛县作客,县中属吏都去拜贺,萧何替他收礼,声明贺礼不满千钱的坐在堂下。刘季骗阍人道:“贺礼万钱!”实在不名一钱。阍人领了他进来,吕公一见,看了他的相貌大为惊讶,特加敬重。萧何笑道:“刘季只会吹牛,本领有限。”刘季满不在乎地据了上位,嘲弄座客,言语之间,一点也没有屈服。酒罢,吕公暗中使眼色留他。客散之后,吕公对他说,生平喜欢看相,看过的相也不少,从未见过他这样好的相貌,望他自爱。就在这一次叙会中,吕公把女儿许嫁了给他,后来吕媪虽严重抗议也无效。

秦朝初年征各地刑徒赴骊山工作。沛县的刑徒,由泗水亭长押去。这些刑徒半路逃脱了许多。刘季预计到得骊山时,他们势必跑个精光。行至丰县西泽中,停下痛饮,半夜,把剩下的刑徒通通放了，自己也准备逃亡。刑徒中有十几个壮汉要跟随他。刘季于是领了这班人匿在芒、砀两县的山泽岩石之间。他们所以维持生活的方法似乎是不很名誉的，所以历史上没有交代。

陈胜发难后，沛县令打算响应。县吏萧何和曹参替他计议，以为他以秦吏背秦，恐怕沛中子弟不服，不如把本县逃亡在外壮士召来，可得几百人，有他们相助，众人就不敢不听命了。于是派樊哙去招刘季。这樊哙是刘季的党羽，以屠狗为业。刘季率领着部下约莫一百人，跟着樊哙回来，沛令反悔，闭城不纳，并打算把萧、曹二人杀掉。二人跳城投奔刘季。刘季射书城上，劝县人诛沛令起事，否则城破之后，以屠城对付，县人遂共杀沛令，开城相迎。刘季受父老的推戴为沛公，收县中子弟得二三千人。这是二世元年九月的事，此后七个月内刘季转战于今独山湖以西，苏鲁两省相接之境，先后取沛、丰、砀（皆江苏今县）做根据地。替刘季守丰的部将叛而附魏，刘季攻他不下，走去留县求助于景驹。他始终没有得到景驹的帮助，却在留县遇到了张良。张良原是韩国的贵公子，其先人五世相韩，亡国后散家财谋报国仇。秦始皇在博浪沙遇刺，那凶手就是他所买的。这时他领了一百多个少年，想投景驹，遇了刘季，情投意合，便以众相从。后来楚怀王既立，张良说动了项梁，更立故韩公子韩成为韩王，只得辞别刘季，往佐韩王。

景驹败死后，刘季往见项梁，项梁给他补充五千人。他得了这援助，才于二世二年四月把丰县攻下。从此刘季归附了项梁。他和项羽似乎很相得，两人总是共领一军出战或同当一面，像是形影不离的。据说当怀王派刘季西行时项羽也请求同往，只是怀王左右的老将们极力反对，以为项羽剽悍残暴，是屠城的能手，关中人民，久苦苛政，可以德服，他一去，反失人心；惟有刘季，忠厚长者，可胜宣抚之任；怀王因此不许项羽和刘季偕行。

宋义、项羽等北上救赵之军和刘季西进之军，同于二世二年闰九月（当时称后九月）分途出发。刘季转战于今豫东豫南，取道南阳以向武关。这时秦军的主力被吸在河北，这一路的楚军并未遇着劲敌。刘季从洛阳南下，复与张良相会。先是，张良同了韩王领兵千余，西略韩地，取了数城，又被秦军夺回，只得在颍川一带作游击战。至是，领兵与刘季合，占领了韩地十余城。刘季令韩王留守阳翟，而同了张良前进，略南阳郡。郡守兵败，退守宛城。刘季便越过宛城而西。张良谏道：现在虽急于入关，但关中兵尚众，且凭险相拒，若不攻下宛城，腹背受敌，这是危道。刘季便半夜隐匿旗帜，绕道回军，黎明，围宛城三匝。南阳守以城降，刘季封他为殷侯，由此西至武关，一路所经城邑纷纷迎降。二世三年八月武关陷。是月，赵高弑二世，使人来约降，刘季等以为诈，继进。九月峣关陷。刘季初欲急攻峣关。张良以为守将乃屠户之子，可以利动。于是楚军一面派人先行，预备五万人的餐食，并在山上多树旗帜为疑兵；一面派人拿重宝去说守将，守将果然变志，愿和楚军同入咸阳。刘季将要答应他，张良以为只是守将要反，怕士卒不从，不从可危，不如乘其怠懈进击。刘季依计遂破峣关。是月秦军再战于蓝田南，复大败。次月刘季入咸阳。先是赵高既弑二世，继立其侄子婴，贬去帝号，称秦王，子婴又袭杀赵高。至是，子婴以绳系颈，乘素车白马，捧着皇帝的玺印，迎接刘季于霸上（长安东十三里）的帜道旁。

秦历以九月为岁终，而秦历可说是终于二世三年九月。后此五十四个月，即四年半，刘季乃即皇帝位，汉朝乃开始。中间纪事，系年系月，甚成问题。若用公元，年次固可约略相附，但月份则尚无正确的对照。汉人以二世三年之后为汉元年；汉初沿秦历法，以十月为岁首，故以汉元年十月接秦二世三年九月。但此时尚无汉朝，何有汉年？今别无善法，只得依之。

第四节　项羽在关中

刘季到了咸阳，看着堂皇的宫殿，缛丽的帷帐和无数的美女、狗马、珍宝，便住下不肯出。奈不得樊哙和张良苦劝婉谏，才把宫中的财宝和府库封起，退驻霸上，以等待各方的领袖来共同处分。他又把父老召来，宣布废除秦朝的苛法，只约法三章："杀人者死，伤人及盗抵罪。"人民大喜，纷纷送上牛羊来犒军，刘季一概辞谢不受。

项羽既定河北，率楚军诸侯军及秦降军西向关中，行至新安，闻秦降卒有怨声，虑其为变，尽坑之。

当初怀王曾与诸将约，谁先入关中，即以其地封他为王。刘邦因此以关中的主人自居。而项羽西进之前已封了章邯为雍王（秦地古称雍州），大有否认怀王初约之意。刘季闻讯，派兵守函谷关，拒外军入境，同时征关中人民入伍以扩充实力。

项羽至函谷关，不得入，大怒，攻破之。进驻鸿门，与刘季军相距只四十里。是时外军四十万，号百万；内军十万，号二十万。项羽大飨军士预备进攻。项羽的叔父项伯曾受张良救命之恩，半夜去给张良通消息,劝张良快跟他走。张良却替他和刘季拉拢。刘季会项伯一见如故,杯酒交欢,约为婚姻。刘季道:“我入关以来,秋毫不敢有所沾染,簿籍吏民,封闭府库,以等待项将军。派人守关,只是警备盗贼。日夜盼望项将军到,哪里敢反?”恳求项伯代为解释。项伯答应,并约他次早亲到鸿门营中来。

项羽听了项伯的话,芥蒂已消,又见刘邦亲到,反而高兴起来,留他宴饮。项羽、项伯坐西,范增坐北,刘季坐南,张良坐东。范增主张翦除刘季最力,席间屡次递眼色给项羽,同时举起所佩的玉玦。项羽默然不应。范增出去,一会又入来。随后不久,项庄入来奉酒祝寿。奉毕说道:“君王和沛公饮酒,军营里没有什么可以助兴的,让我来舞剑!”项羽说:“好!”他便舞起剑来。项伯亦拔剑起舞。项庄屡屡逼近刘季,项伯屡屡掩护着刘季。正对舞间,张良出去,一会又入来。随后,门外喧嚷声起,一人带剑持盾闯进来,鼓起眼睛盯着项羽。项羽按剑翘身(时席地坐)问做什么?张良说:“那是沛公的骖乘樊哙。”项羽说:“壮士!赏他酒。”是一大杯。樊哙拜谢了,一口喝干。项羽说:“赏他一个猪肩!”那是生的,樊哙把盾覆在地上,把猪肩放在盾上,拔剑切肉便啖。项羽问他可还能饮不,他说:“臣死也不避,何况杯酒?”接着他痛陈刘季的功劳,力数项羽的不是。项羽无话可说,只请他坐,他便挨张良坐下。自从樊哙闯入,舞剑停止。樊哙坐下不久,刘季说要如厕走开,张良跟着他。过了许久,张良单独回来,带好些玉器。张良作礼道:“沛公很抱歉,因饮酒过多,不能亲来告辞。托下臣带了白璧一对献与大王(项羽),玉斗(酒器)一对献与大将军(范增)。”项羽问沛公在哪里,张良说:“他听说大王有意责难他,已回营去了。”项羽收下白璧，放在几上。范增把玉斗放在地下，拔剑撞个粉碎。

随后项羽入咸阳，屠城，杀子婴，烧秦宫室，收财宝妇女，然后发号施令，分割天下。他尊怀王为义帝，却只给他湘江上游弹丸之地，都于郴（今县）。自立为西楚霸王，占旧楚、魏地九郡，都于彭城；此外他封立了十八个王国，列表如下：

<table>
<tr><th>王号</th><th>姓名</th><th>原来地位</th><th>国都</th><th>领地</th><th>附注</th></tr>
<tr><td>汉王</td><td>刘季</td><td></td><td>南郑</td><td>汉中、巴蜀</td><td></td></tr>
<tr><td>雍王</td><td>章邯</td><td>秦降将</td><td>废丘</td><td>咸阳以西</td><td rowspan="3">三人共分关中地，三国合称三秦。</td></tr>
<tr><td>塞王</td><td>司马欣</td><td>章邯部下长史</td><td>栎阳</td><td>咸阳以东至河</td></tr>
<tr><td>翟王</td><td>董翳</td><td>章邯部下都尉</td><td>高奴</td><td>上郡</td></tr>
<tr><td>西魏王</td><td>魏豹</td><td>魏王</td><td>平阳</td><td>河东</td><td></td></tr>
<tr><td>河南王</td><td>申阳</td><td>张耳部将，先定河南</td><td>洛阳</td><td>河南郡</td><td></td></tr>
<tr><td>韩王</td><td>韩成</td><td>韩王</td><td>阳翟</td><td>韩地若干郡</td><td></td></tr>
<tr><td>殷王</td><td>司马卬</td><td>赵将，先定河内</td><td>朝歌</td><td>河内</td><td></td></tr>
<tr><td>代王</td><td>赵歇</td><td>赵王</td><td></td><td>代郡</td><td></td></tr>
<tr><td>常山王</td><td>张耳</td><td>赵相，从项羽入关</td><td>襄国</td><td>赵地大部分</td><td></td></tr>
<tr><td>九江王</td><td>英布</td><td>项羽部将</td><td>六</td><td>九江郡一带</td><td>后降刘季，封淮南王</td></tr>
<tr><td>衡山王</td><td>吴芮</td><td>百越君长，从入关</td><td>邾</td><td>楚地一部分</td><td></td></tr>
<tr><td>临江王</td><td>共敖</td><td>怀王柱国</td><td>江陵</td><td>楚地一部分</td><td>死于汉三年；子尉嗣，四年十二月为汉所虏</td></tr>
<tr><td>辽东王</td><td>韩广</td><td>燕王</td><td></td><td>辽东</td><td>后拒臧荼，为所杀。</td></tr>
</table>

续表

燕王	臧荼	燕将，从项羽入关	蓟	燕地大部分	
胶东王	田杻	齐王	即墨	齐地一部分	
齐王	田都	齐将	临淄	齐地大部分	
济北王	田安	齐王室后，项羽部将	博阳	齐地一部分	

我们看这表便可知道，其中哪些是不会悦服项羽的宰割的人。刘季指望割据关中而只得到僻远的汉中、巴蜀，不用说了。魏豹由魏王而缩为西魏王，赵歇由赵王而缩为代王，田市由齐王而缩为胶东王，韩广由燕王而缩为辽东王，都是受了黜降。此外项羽在瓜分天下时所树的敌人，不见于表中的还有故齐相田荣和故赵将陈余。当初田儋战死后，齐人立田假为王，田荣（田儋弟）逐田假更立儋子田市而专齐政。田假走依项梁，由此田荣与项氏有隙。项羽以齐地分王田市、田都、田安，而田荣无份。田荣怎肯甘心？陈余本与张耳为“刎颈交”。巨鹿之围，张求援于陈，而陈竟以利害的计较，按兵不动。两人从此成仇。但两人的“革命功绩”，实不相上下。项羽因张耳相从入关以赵地的大部分封他为常山王，而仅以南皮等三县之地封陈余为侯。陈余由此深怨项羽。

第五节　楚、汉之战及其结局

汉元年四月，在咸阳新受封的诸王分别就国。张良辞别刘季，往佐韩王，却送刘季到褒中，临别，劝他烧绝所过栈道，示无北还之心，刘季依计。

五月,田荣发兵拒田都,击走之。田荣留田市,不让他赴胶东。田市惧怕项羽,逃亡就国。田荣追杀之,而自立为齐王。是时昌邑人彭越(以盗贼起)聚众万余人于巨野,无所属。田荣给他将军印,使攻济北。越击杀济北王。于是田荣尽有全齐之地。彭越又进击楚军,大破之。陈余请得田荣的助兵,并尽发南皮三县兵,共袭常山,张耳败逃。二年十月陈余迎故赵王歇于代,复立为赵王。于是齐赵地尽反楚。是月义帝在就国途次,为项羽命人袭杀于江中。

刘季乘齐变,于元年八月突入关中。章邯兵败,被围于废丘(二年六月废丘始陷,章邯自杀)。塞王、翟王皆降汉。先是项羽挟韩王成归彭城,不使就国,继废之为侯,继又杀之。于是张良逃就刘季于关中。刘季以故韩襄王(战国时)孙信为韩太尉,使共张良将兵取韩地。二年十一月,韩地既定,刘季立信为韩王。先是河南王申阳亦降汉。

项羽权衡西、北两方敌人的轻重,决定首先击齐。二年正月,大败田荣于城阳。田荣遁逃,为人民所杀。项羽坑田荣降卒。提兵北进,一路毁城放火,掳掠妇女。齐人怨叛。荣弟田横,收散兵,得数万人,复反城阳。项羽还战,竟相持不下。刘季乘齐、楚相斗之际东进,降西魏王豹,虏殷王印,为义帝发丧,率诸侯兵五十六万伐楚,遂入彭城。项羽以精兵三万人还战,汉军大溃,被挤落谷水和泗水死的据说有十余万人。再战灵壁东,汉军又溃,被挤落睢水死的据说也有十余万人,睢水几乎被死尸填塞了。楚军围了刘季三匝。适值大风从西北起,折树发屋,飞沙走石,阴霾蔽天,白昼昏黑。楚军逆着大风,顿时散乱,刘季才得带了几十骑遁走。但项羽一去齐,田横复定齐地,立田荣子田广为王。刘季收聚散卒,又得萧何征调关中壮丁转运关中粮食来援,固守荥阳、成皋(并在今河南成皋县境，荥阳在东，成皋在西），军势复振。先是魏王豹于汉军败后，复叛归楚。汉使淮阴人韩信击之。九月，韩信俘魏王豹，定魏地。

此后战争的发展，可分为三个阶段。

第一阶段尽汉三年九月。在这一阶段，汉正面大败，而侧面猛进。在正面，汉失荥阳、成皋。刘季先后从荥阳、成皋突围先遁。其出荥阳时，将军纪信假扮着他，从东门出，以诳楚军，他才得从西门逃走，纪信因此被烧杀。在侧面，韩信取赵。先是，张耳败走，投奔汉。刘季微时曾为张耳客，因善待之。及会诸侯兵伐楚，求助于赵，陈余以汉杀张耳为条件。刘季把一个貌似张耳的人杀了，拿首级送去，陈余才派兵相助。后来陈余闻得张耳未死，便绝汉。汉使韩信击赵，杀陈余。在这阶段，还有两件大事可记。其一，楚将九江王英布先已离心，又受了汉所遣辩士的诱说，遂举九江降汉。英布旋被项羽击败，只身逃入汉，但项羽已失去一有力的臂助了。其二，项羽中了汉的反间计，对一向最得力的谋臣范增起了猜疑，范增愤而告退，归近彭城，疽发背死。

第二阶段尽汉四年九月。在这一阶段，韩信南下取齐，楚军援齐大败，韩信遂定齐地；而彭越（于田荣死后归汉）为汉守魏地，时出游兵断楚粮道，荥阳、成皋的楚军大窘；项羽抽军自领回击彭越，汉乘机收复成皋，并进围荥阳。项羽引兵还广武（在荥阳附近，荥泽与汜水之间）与汉相持数月。项羽以前方粮绌、后方又受韩信的抄袭，想和汉决一死战，而汉按兵不出，只得与汉约和。约定楚汉平分天下，以鸿沟（在广武荥泽间）为界准，其东属楚，其西属汉；楚放还前所掳汉王之父及妻。约成，项羽便罢兵东归。

以下入最后阶段。初时刘季也打算罢兵西归，张良等力劝乘势灭楚。五年十月，汉追击项羽军于固陵（今河南淮阳县西北），大败之。刘季约韩信、彭越会师，而二人不至。先是韩信既定齐，自请立为齐王，刘季忍怒许之；彭越只拜魏相国。至是张良献计：韩信故乡在楚，指望做楚王；彭越据魏地亦指望做魏王；若能牺牲楚、魏地的一部分，许与他们，他们必然效命。刘季依计，二人立即会师。十一月，汉遣别将渡淮围寿春，又诱降楚舒城守将，使以舒屠六。十二月，项羽至垓下（今安徽灵璧县东南），兵少食尽，汉军围之数重。项羽率八百余骑溃围而出，所当辟易；到了长江西岸的乌江（今安徽和县东北乌江浦）只剩下二十六骑。乌江渡口单摆着一只小船。乌江亭长请他立即下渡。说道："江东虽小，也有几千里地，几十万人；现在只有这一只船，汉兵即使追来，也无法飞渡。"项羽说："我当初领江东子弟八千，渡江西去，如今无一人归还，即使江东父老怜恤我，奉我为王，我也有何面目再见他们？他们即使不说话，难道我不问心有愧？"于是把所乘的骓马赏给了亭长，令他先走。自与从人步行，持短兵接战。他连接杀了几百人，身上受了十几伤，然后拔剑自刎。

五年正月，汉王立韩信为楚王，领淮北，都下邳；立彭越为梁王，领魏地，都定陶。随后，诸侯向汉王上了一封献进书如下：

> 楚王韩信，淮南王英布，梁王彭越，故衡山王吴芮（项羽所立，旋废之），赵王张敖（汉立张耳为赵王，先是已死，其子敖嗣），燕王臧荼昧死再拜言：大王陛下，先时秦为无道，天下诛之，大王先得秦王，定关中，于天下功最多。存亡定危，救败继绝，以安万民，功盛德厚，又加惠于诸侯王，有功者使得立社稷。地分已定，而位号比拟无上下之分，大王功德之著于后

世。不宣。昧死再拜上皇帝尊号。

刘季经过一番逊让之后，于二月即皇帝位于定陶附近的汜水之北。是月封吴芮为长沙王，领长沙、象郡、桂林、南海四郡；又封故粤王无诸（秦所废，后从诸侯伐秦）为闽粤王，领闽中地。初定都洛阳，五月迁都于长安。

刘季做了七年皇帝（前202至前195年）而死，庙号太祖高皇帝（《广阳杂记》卷二："考得高祖起沛年四十八，崩时年六十三。"不知何据）。

第九章　大汉帝国的发展

第一节　纯郡县制的重建

刘邦即帝位之初，除封了七个异姓的“诸侯王”外，又陆续封了一百三十多个功臣为“列侯”，汉朝的封君，主要的就是这诸侯王和列侯两级。在汉初，这两级的差异是很大的。第一，王国的境土“多者百余城，少者乃三四十县”；这七个王国合起来就占了“天下”的一大半。但侯国却很少有大过一县的。刘邦序次功臣，以萧何为首，而萧何初受封为酂侯时，只食邑八千户；后来刘邦想起从前徭役咸阳时，萧何多送了二百钱的赆，又加封给他二千户；后来萧何做到相国，又加封五千户；合共才一万五千户。终汉之世，也绝少有超过四万户的列侯。第二，诸侯王除享受本国的租税和徭役外，又握着本国政权的大部分。王国的官制是和中央一样的。汉代的官制大抵抄袭秦朝。中央有丞相，王国也有之；中央有御史大夫，王国也有之；中央有太尉，王国则有中尉。王国的官吏，除丞相外，皆由诸侯王任免。但列侯在本“国”，只享受额定若干户的租税和徭役（譬如某列侯食五千户，而该国的民户超过此数，则余户的租税仍归中央），并没有统治权。他们有的住长安，有的在别处做官，多不在本国。侯国的"相"实际是中央所派地方官，和非封区里的县令或县长相等（汉制万户以上的县置令，万户以下的县置长）。他替列侯征收租税，却不臣属于列侯。在封君当中，朝廷所须防备的只有诸侯王，列侯在政治上是无足轻重的。

最初，诸侯王都是异姓的。异姓诸侯王的存在，并非刘邦所甘愿。不过他们在新朝成立之前都早已据地为王。假如刘邦灭项之后，不肯承认他们既得的地位，他们在自危之下，联合起来，和刘邦对抗，刘邦能否做得成皇帝，还未可知。所以当刘邦向群臣询问自己所以成功的原因，就有人答道：

> 陛下慢而侮人，项羽仁而爱人。然陛下使人攻城略地，所降下者，因以予之，与天下同利也。项羽妒贤嫉能，有功者害之，贤者疑之，战胜而不予人功，得地而不予人利，此所以失天下也。

不过刘邦在未做皇帝之前，固能"与天下同利"；做了皇帝之后，就不然了。他在帝位未坐稳之前，不能把残余的割据势力一网打尽；在帝位既坐稳之后，却可以把他们各个击破。他最初所封诸王，除了仅有众二万五千户的长沙王外，后来都被他解决了。假如刘邦有意重振前朝的纯郡县制度，他很可以把异姓诸侯王的国土陆续收回归中央。此时纯郡县制度恢复的主要障碍似乎只是心理的。秦行纯郡县制十五年而亡，周行"封建"享祀八百，这个当头的历史教训，使得刘邦和他的谋臣认"封建"制为天经地义。异姓的"诸侯王"逐渐为刘邦的兄弟子侄所替代，到后来，他立誓："非刘氏而王者天下共击之。"不过汉初的"封建"制和周代的"封建"制，名目虽同,实则大异。在周代,邦畿和藩国都包涵着无数政长而兼地主的小封君;但在汉初,邦畿和藩国已郡县化了。而且后来朝廷对藩国的控制也严得多:藩国的兵符掌在朝廷所派的丞相手,诸侯王非得他的同意不能发兵。

在高帝看来,清一色的刘家天下比之宗室的异姓杂封的周朝,应当稳固得多了。但事实却不然。他死后不到二十年,中央对诸侯王国的驾驭,已成为问题。文帝初即位的六年间,济北王和淮南王先后叛变,虽然他们旋即被灭,但拥有五十余城的吴王濞又露出不臣的形迹。他收容中央和别国的逃犯,用为爪牙;又倚恃自己镕山为钱、煮海为盐的富力,把国内的赋税免掉,以收买人心。适值吴太子入朝,和皇太子(即后日的景帝)赌博,争吵起来,给皇太子当场用博局格杀了。从此吴王濞称病不朝,一面加紧地"积金钱,修兵革、聚谷食"。文帝六年,聪明盖世的洛阳少年贾谊(时为梁王太傅)上了有名的《治安策》,认为时事有"可为痛哭者一,可为流涕者一(今本作可为流涕者二,此处据夏炘《贾谊政事疏考补》改),可为长太息者六。"其"可为痛哭者一"便是诸侯王的强大难制。他比喻道:"天下之势,方病大腫,一胫之大几如腰,一指之大几如股。"他开的医方是"众建诸侯而少其力",那就是说,分诸侯王的土地,以封他们的兄弟或子孙,这一来诸侯王的数目增多,势力却减少。后来文帝分齐国为六,淮南国为三,就是这政策一部分的实现。齐和淮南被分之前,颍川人晁错提出了一个更强硬的办法,就是把诸侯王土地的大部分削归中央。这个提议,宽仁的文帝没有理会,但他的儿子景帝继位后,便立即采用了。临到削及吴国,吴王濞便勾结胶东、胶西、济南、淄川(四国皆从齐分出)、楚、赵等和吴共七国,举兵作反。这一反却是汉朝政制的大转机。中央军在三个月内把乱事平定。景帝乘着战胜的余威,把藩国一切官吏的任免权收归朝廷,同时把藩国的官吏大加裁减,把它的丞相改名为相。经过这次的改革后,诸侯王名虽封君,实为食禄的闲员;藩国虽名封区,实则中央直辖的郡县了。往后二千余年中,所行的"封建制"多是如此。

景帝死,武帝继位,更双管齐下地去强干弱枝。他把贾谊的分化政策,极力推行。从此诸侯王剩余的经济特权也大大减缩,他们的食邑最多不过十余城,下至蕞尔的侯国,武帝也不肯放过,每借微罪把他们废掉。汉制,皇帝以八月在宗庙举行大祭,叫做"饮酎",届时王侯要献金助祭,叫做"酎金"。武帝一朝,列侯因为酎金成色恶劣或斤两不够而失去爵位的,就有一百多人。

景、武之际是汉代统治权集中到极的时期,也是国家的富力发展到极的时期。

秦代十五年间空前的工役和远征已弄到民穷财尽。接着八年的苦战(光算楚、汉之争,就有"大战七十,小战四十")。好比在羸瘵的身上更加剜戕。这还不够。高帝还定三秦的次年,关中闹了一场大饥荒,人民相食,死去大半。及至天下平定,回顾从前的名都大邑,多已半付蒿莱,它们的户口往往十去七八。高帝即位后二年,行过曲逆,登城眺望,极赞这县的壮伟,以为在所历的都邑中,只有洛阳可与相比,但一问户数,则秦时本有三万,乱后只余五千。这时不独一般人民无蓄积可言,连将相有的也得坐牛车,皇帝也无力置备纯一色的驷马。

好在此后六七十年间,国家大部分享着不断的和平,而当权的又大都是"黄老"的信徒,守着省事息民的政策。经这长期的培养,社会又从苏复而趋于繁荣。当武帝即位的初年,据同时史家司马迁的观察:"非遇水旱之灾,民则人给家足。都鄙廪庾皆满,而府库余货财。京师之钱累巨万(万万),贯朽而不可校(计算)。太仓之粟,陈陈相因,充溢露积于外,至腐败不可食。众庶街巷有马,阡陌之间,(马聚)成群。"

政权集中,内患完全消灭;民力绰裕,财政又不成问题,这正是大有为之时。恰好武帝是个大有为之主。

第二节　秦、汉之际中国与外族

在叙述武帝之所以为"武"的事业以前,我们得回溯秦末以来中国边境上的变动。

当秦始皇时,匈奴既受中国的压迫,同时它东边的东胡和西边的月氏(亦一游牧民族,在今敦煌至天山间,其秦以前的历史全无可考。《管子·揆度篇》和《逸周书·王会篇》中的禺氏,疑即此族),均甚强盛。因此匈奴只得北向外蒙古方面退缩。但秦汉之际的内乱和汉初国力的疲敝,又给匈奴以复振的机会。适值这时匈奴出了一个枭雄的头领冒顿单于。冒顿杀父而即单于位,约略和刘邦称帝同时。他把三十万的控弦之士套上铁一般的纪律,向四邻攻略:东边,他灭了东胡,拓地至朝鲜界;北边,服属了丁零(匈奴的别种)等五小国;南边,他不独恢复蒙恬所取河套地,并且侵入今甘肃平凉至陕西肤施一带;西边,他灭了月氏,把国境伸入汉人所谓"西域"中(即今新疆及其以西和以北一带)。这西域包涵三十多个小国,其中一大部分不久也成了匈奴的臣属,匈奴在西域设了一个"僮仆都尉"去统辖它们,并且向他们征收赋税。冒顿死于文帝六年（前174年），是时匈奴已俨然一大帝国。内分三部：单于直辖中部，和汉的代郡、云中郡相接；单于之下有左右贤王，分统左右两部；左部居东方，和上谷以东的边郡相接；右部居西方，和上郡以西的边郡及氐羌（在今青海境）相接。胡俗尚左，左贤王常以太子充任。

匈奴的土地虽广，大部分是沙碛或卤泽，不生五谷，而除新占领的月氏境外，草木也不十分丰盛，因此牲畜不会十分蕃息。他们的人口还比不上中国的一大郡。当匈奴境内人口达到饱和的程度以后，生活的艰难，使他们不得不以劫掠中国为一种副业。而且就算没有生活的压迫，汉人的酒谷和彩缯，对于他们也是莫大的引诱。匈奴的人数虽寡，但人人在马背上过活，全国皆是精兵。这是中国人所做不到的。光靠人口的量，汉人显然压不倒匈奴。至于两方战斗的本领，号称“智囊”的晁错曾作过精细的比较。他以为匈奴有三种长技：

1. 上下山阪，出入溪涧，中国之马弗如也。

2. 险道倾仄，且驰且射，中国之骑（兵）弗如也。

3. 风雨疲劳，饥渴不困，中国之人弗如也。

但中国却有五种长技：

1. 平原易地，轻车突骑，则匈奴之众易扰乱也。

2. 劲弩长戟，射疏（广阔）及远，则匈奴之弓弗能格也。

3. 坚甲利刃，长短相杂，游弩往来，什伍俱前，则匈奴之兵（器）弗能当也。

4. 材官（骑射之兵）驺（骤）发，矢道同的，则匈奴之革笥木荐弗能支也。

5. 下马地斗，剑戟相接，去就相薄，则匈奴之足弗能给也。

这是不错的。中国的长技比匈奴还多,那么,汉人对付匈奴应当自始便不成问题了。可是汉人要有效地运用自己的长技,比之匈奴困难得多。匈奴因为是游牧的民族,没有城郭宫室的牵累,“来如兽聚,去如鸟散”,到处可以栖息。他们简直用不着什么防线。但中国则从辽东到陇西(辽宁至甘肃)都是对匈奴的防线,而光靠长城并不足以限住他们的马足。若是沿边的要塞皆长驻重兵,那是财政所不容许的。若临时派援,则汉兵到时,匈奴已远飏,汉兵要追及他们,难于捉影。但等汉兵归去,他们又卷土重来。所以对付匈奴,只有两种可取的办法:一是一劳永逸的大张挞伐,拼个你死我活;二是以重赏厚酬,招民实边(因为匈奴的寇掠,边地的居民几乎逃光),同时把全体边民练成劲旅。前一种办法,武帝以前没有人敢采。后一种办法是晁错献给文帝的,文帝也称善,但没有彻底实行。汉初七八十年间对匈奴的一贯政策是忍辱修好,而结果殊不讨好。当高帝在平城给冒顿围了七昼七夜,狼狈逃归后,刘敬献了一道创千古奇闻的外交妙计:把嫡长公主嫁给单于,赔上丰富的妆奁,并且约定以后每年以匈奴所需的汉产若干奉送,以为和好的条件。这一来匈奴既顾着翁婿之情,又贪着礼物,就不便和中国捣乱了。高帝想不出更好的办法,只舍不得公主,于是用了同宗一个不幸的女儿去替代。不过单于们所稀罕的毋宁是“蘖酒万石,稷米五千斛,杂缯万匹”之类,而不是托名公主而未必娇妍的汉女。所以从高帝初年到武帝初年间共修了七次“和亲”,而遣“公主”的只有三次。和亲使单于可以不用寇掠而得到汉人的财物。但他并不以此为满足,他手下没得到礼物或“公主”的将士们更不能满足。每度和亲大抵只维持三几年的和平。而堂堂中国反向胡儿纳币进女,已是够丢脸了,贾谊所谓“可为流涕”的事,就是指此。

上面讲的，是汉初七八十年间西北两方面的边疆状况，让我们再看其他方面的情形。

在东北方面，是时朝鲜半岛上，国族还很纷纭；其中较大而与中国关系较密的是北部的朝鲜和南部的真番。真番在为燕所征服之前无史可稽。朝鲜约自周初以来，燕、齐的人民或因亡命，或因生计所迫，移殖日众。至迟到了秦汉之际，朝鲜在种族上及文化上皆已与诸夏为一体，在语言上和北燕属同一区域。在战国末期（确年无考）燕国破胡的英雄秦开（即副荆轲入秦的秦舞阳的祖父）曾攻朝鲜，取地二千余里。不久，朝鲜和真番皆成了燕的属地，燕人为置官吏。秦灭燕后，于大同江外空地筑障以为界，对朝鲜控制稍弛，朝鲜名虽臣服于秦，实不赴朝会。汉朝初立，更无远略，把东北界缩到大同江。高帝死时，燕王卢绾率叛众逃入匈奴，燕地大乱，燕人卫满聚党千余人，渡大同江，居秦故塞，收容燕、齐的亡命之徒；继灭朝鲜，据其地为王，并降服真番及其他邻近的东夷小国。箕子的国祀，经八百余年，至此乃绝。卫满沿着朝鲜向来的地位，很恭顺地对汉称臣，约定各保边不相犯，同时半岛上的蛮夷君长要来朝见汉天子时，朝鲜不加阻碍。但到了卫满的孙右渠（与武帝同时），便再不和汉朝客气，一方面极力招诱逃亡的汉人，一方面禁止邻国的君长朝汉。

在南方，当秦末的内乱，闽越和西南夷，均恢复自主；南越则为故龙川县（属南海郡）令真定（赵）人赵佗所割据。汉兴，两越均隶藩封。但南越自高帝死后已叛服不常，闽越当武帝初年亦开始侵边。而西南夷则直至武帝通使之时，还没有取消独立。

以上一切边境内外的异族当中，足以为中国大患的只有匈奴。武帝对外也以匈奴为主要目标。其灭朝鲜有一部分为的是“断匈奴左臂";其通西域全是为"断匈奴右臂"。

第三节　武帝开拓事业的四时期

武帝一朝对待外族的经过,可分为四期。

1. 第一期包括他初即位的六年(前 141 至前 136 年),这是承袭文、景以来保境安民政策的时期。武帝即位,才十六岁,太皇太后窦氏掌握着朝政。这位老太太是一个坚决的"黄老"信徒。有她和一班持重老臣的掣肘,武帝只得把勃勃的雄心暂时按捺下去。当建元三年(前 138 年)闽越围攻东瓯(今浙江东南部),武帝就对严助说:"太尉不足与计,吾新即位,不欲出虎符发兵郡国。"结果,派严助持"节"去向会稽太守请兵,"节"并不是发兵的正式徽识,严助几乎碰了钉子。在这一期里,汉对匈奴不但继续和亲,而且馈赠格外丰富,关市的贸易也格外起劲;可是武帝报仇雪耻的计划早已决定了。他派张骞去通使西域就在即位的初二年间。

2. 第二期从建元六年窦太后之死至元狩四年大将军霍去病之兵临瀚海,凡十六年(前 135 至前 119 年),这是专力排击匈奴的时期。

窦氏之死,给汉朝历史划一新阶段。她所镇抑着的几支历史暗流,等她死后,便一齐迸涌,构成卷括时代的新潮。自她死后,在学术界里,黄老退位,儒家的正统确立;政府从率旧无为变而发奋兴作,从对人民消极放任变而为积极干涉。这些暂且按下不表。现在要注意的是汉廷的对外政策从软弱变而为强硬。她死后的次年,武帝便派重兵去屯北边;是年考试公卿荐举"贤良",所发的问题之一,便是“周之成、康……德及鸟兽,教通四海,海外肃慎,……氐、羌徕服。……呜呼,何施而臻此欤?”次年,便向匈奴寻衅,使人诈降诱单于入塞,同时在马邑伏兵三十万骑,要把单于和他的主力一举聚歼。这阴谋没有成功,但一场狠斗从此开始。

鼂错的估量是不错的。只要汉廷把决心立定,把力量集中,匈奴绝不是中国的敌手。计在这一期内,汉兵凡九次出塞挞伐匈奴,前后斩虏总在十五万人以上,只最后元狩四年(前119年)的一次,也是最猛烈的一次,就斩虏了八九万人。先是元狩二年(前121年),匈奴左地的昆邪王惨败于霍去病将军之手,单于大怒,要加诛戮,他便投降汉朝,带领去的军士号称十万,实数也有四万多。光在人口方面,匈奴在这一期内,已受了致命的打击(匈奴比不得中国,便遭受同数目的耗折也不算一回事。计汉初匈奴有控弦之士三十万,后来纵有增加,在此期内壮丁的耗折总在全数一半以上)。在土地方面,匈奴在这一期内所受的损失也同样的大。秦末再度沦陷于匈奴的河套一带(当时称为“河南”)给将军卫青恢复了。武帝用《诗经》中赞美周宣王征伐猃狁“出车彭彭,城彼朔方”的典故,把新得的河套地置为朔方郡;以厚酬召募人民十万,移去充实它;又扩大前时蒙恬所筑凭黄河为天险的边塞。从此畿辅才不受匈奴的威吓。后昆邪王降汉,又献上今甘肃西北的“走廊地带”(中包括月氏旧地),为匈奴国中最肥美的一片地。武帝把这片地设为张掖、酒泉两郡(后来又从中分出武威、敦煌两郡,募民充实之)。从此匈奴和氐羌(在今青海境)隔绝,从此中国和西域乃得直接交通,从此中国自北地郡以西的戍卒减去一半。后来匈奴有一首歌谣,纪念这一次的损失道(依汉人所译):

亡我祁连山，
使我六畜不蕃息！
失我焉支山，
使我妇女无颜色！

最后在元狩四年的一役，匈奴远遁至瀚海以北，汉把自朔方渡河以西至武威一带地（今宁夏南部，介于绥远和甘肃间地）也占领了，并且在这里开渠屯田，驻吏卒五六万人（惟未置为郡县），更渐渐的向北蚕食。是年武帝募民七十余万充实朔方以南一带的边境。

3. 元狩五年至太初三年，凡十七年（前118至前102年）间，是武帝对外的第三期。在这一期内，匈奴既受重创，需要休息，不常来侵寇；武帝也把开拓事业转向别方，先后征服了南越、西南夷、朝鲜，皆收为郡县；从巴蜀开道通西南夷，役数万人；戡定闽越，迁其种族的一大部分于江淮之间，并且首次把国威播入西域。

西域在战国时是一神话的境地，屈原在《招魂》里描写道：

西方之害，流沙千里些！
旋入雷渊，靡散而不可止些！
幸而得脱，其外旷宇些！
赤蚁若象，玄蠭若壶些！
五谷不生，丛菅是食些！
其土烂人，求水无所得些！

一直到张骞出使之时，汉人还相信那里的昆仑山，为日月隐藏之所，其上有仙人西王母的宫殿和苑囿。对这神话的境界武帝首先作有计划的开拓。武帝在即位之初，早已留意西域。先时月氏国给匈奴灭了以后，一部分的人众逃入西域，占据了塞国（今伊犁一带），驱逐了塞王，另建一新国，是为大月氏（余众留敦煌、祁连间为匈奴役属的叫做小月氏），对于匈奴，时图报复。武帝从匈奴降者的口中得到这消息，便想联络月氏，募人去和它通使。汉中人张骞应募。这件事是一件很大的冒险。是时汉与西域间的交通孔道还是在匈奴掌握中，而西域诸国多受匈奴的命令。张骞未入西域，便为匈奴所获，拘留了十多年。他苦心保存着所持的使“节”，终于率众逃脱。这十多年中，西域起了一大变化。先前有一个游牧民族，叫做乌孙的，在故月氏国东，给月氏灭了。他们投奔匈奴，被收容着，至是，受了匈奴的资助，向新月氏国猛攻。月氏人被迫作第二次的逃亡，又找到一个富厚而文弱的国家——大夏（今阿富汗），把它鸠居雀巢地占据了；遗下塞国的旧境为乌孙所有。张骞到大夏时，月氏人已给舒服的日子软化了，再不想报仇。张骞留居年余，不得要领而返，复为匈奴所获，幸而过了年余，单于死，匈奴内乱，得间逃归。骞为人坚忍、宽大、诚信，甚为蛮夷所爱服。他出国时同行的有一百多人，去了十三年，仅他和一个胡奴堂邑父得还。这胡奴在路上给他射鸟兽充饥，否则他已经绝粮死了。

张骞自西域归还，是轰动朝野的大事。他给汉人的政治、商业和文化开了一道大门；后来印度佛教的输入，就是取道西域的。这次我国史上空前的大探险，不久成了许多神话的挂钉。《张骞出关志》、《海外异物记》等类夸诞的书，纷纷的堆到他名下。可惜现在都失传了。

张骞第二次出使是在元狩四年，匈奴新败后。这回的目的是乌孙。原来乌孙自居塞地，国势陡强，再不肯朝事匈奴，匈奴派兵讨它，不胜，从此结下仇隙。张骞向武帝献计：用厚赂诱乌孙来归旧地（敦煌、祁连间），并嫁给公主，结为同盟，以断“匈奴右臂”；乌孙既归附，则在它西边大夏（即新月氏）等国皆可收为外藩。武帝以为然，因派张骞再度出使。这回的场面比前次阔绰得多。受张骞统率的副使和将士共有三百多人，每人马二匹，带去牛羊以万数，金币价值巨万。骞至乌孙，未达目的，于元鼎二年（前 115 年）归还，过了年余便死。但乌孙也派了一行数十人跟他往汉朝报谢。这是西域人第一次来到汉朝的京都，窥见汉朝的伟大。骞死后不久，他派往别些国的副使也陆续领了报聘的夷人回来；而武帝继续派往西域的使者也相望于道，每年多的十几趟，少的也五六趟，第一行大的几百人，小的也百多人；携带的礼物也大致同张骞时一般。于是请求出使西域，或应募前往西域，成了郡国英豪或市井无赖的一条新辟的出路。西域的土产，如葡萄、苜蓿、石榴等植物；音乐如摩诃、兜勒等曲调，成了一时的风尚。乌孙的使人归去，宣传所见所闻，乌孙由此重汉。匈奴闻它通汉，要讨伐它，乌孙恐惧，乃于元封中（前 110 至前 105 年）实行和汉室联婚，结为兄弟。但匈奴闻讯，也把一个女儿送来，乌孙王也不敢拒却，也就一箭贯双雕地做了两个敌国的女婿。中国在西域占优势乃是元封三年至太初三年（前 108 至前 102 年）间对西域的两次用兵以后的事。第一次用兵是因为当路的楼兰、姑师两小国，受不了经过汉使的需索和骚扰，勾通匈奴，攻劫汉使。结果，楼兰王被擒，国为藩属；姑师兵败国破，虽尚倔强，其后十八年（前 90 年）终被武帝征服。第二次用兵因为大宛国隐匿着良马，不肯奉献；结果在三年苦战之后，汉兵包围大宛的都城，迫得宛贵人把国王杀了投降。楼兰、姑师尚近汉边，大宛则深入西域的中心。大宛服，而汉的声威震撼西域，大宛以东的小国纷纷遣派子弟，随着凯旋军入汉朝贡，并留以为质。于是汉自敦煌至罗布泊之间沿路设“亭”（驿站），又在渠犁国驻屯田兵数百人，以供给使者。

自汉结乌孙，破楼兰，降大宛，匈奴渐渐感到西顾之忧。初时东胡为匈奴所灭后，其余众分为两部：一部分退保鲜卑山，因号为鲜卑；一部分退保乌桓山，因号乌桓（二山所在，不能确指，总在辽东塞外远北之地）。汉灭朝鲜后，又招来乌桓，让它们居住在辽东、辽西、右北平、渔阳、上谷五郡的塞外。从此匈奴又有东顾之忧。元封六年（前 105 年）左右，匈奴大约因为避与乌桓冲突，向西退缩；右部从前和朝鲜、辽东相接的，变成和云中郡相当对；定襄以东，无复烽警，汉对匈奴的防线减短了一半。

武帝开拓事业，也即汉朝的开拓事业，在这第三期，已登峰造极。计在前一期和这一期里，他先后辟置了二十五新郡；此外他征服而未列郡的土地尚有闽越、西域的一部分和朔方以西、武威以东一带的故匈奴地。最后一批的新郡，即由朝鲜所分的乐浪、临屯、玄菟、真番四郡（四郡占朝鲜半岛偏北的大部分及辽宁省的一部分。此外在半岛的南部尚有马韩、弁韩、辰韩三族谓之三韩，包涵七十多国，皆臣属于汉），置于元封三年（前 108 年）。越二年，武帝把亲自扩张了一倍有余的大帝国，重加调整，除畿辅及外藩，分为十三州；每州设一个督察专员，叫做“刺史”。这是我国政治制度史上一个重要的转变。

刺史的制度，渊源于秦朝各郡的监御史。汉初，这一官废了；有时丞相遣使巡察郡国，那不是常置的职官。刺史的性质略同监御史，而所监察的区域扩大了。秦时监御史的职权不可得而详。西汉刺史的职权是以“六条”察事，举劾郡国的守相。

那“六条”是：

(1)强宗豪右田宅逾制，以强凌弱，以众暴寡。

(2)二千石(即食禄“二千石”的官，指郡国的守相)不奉诏书，遵承典制，倍公向私，旁诏牟利，侵渔百姓，聚敛为奸。

(3)二千石不恤疑狱，风厉杀人，怒则任刑，喜则淫赏，烦扰刻暴，剥截黎元，为百姓所疾；山崩石裂，妖祥讹言。

(4)二千石选署不平，苟阿所爱，蔽贤宠顽。

(5)二千石子弟，恃怙荣势，请托所监。

(6)二千石违公下比，阿附豪强，通行货赂，割损政令。

第一和第六条的对象都是“强宗豪右”——即横行乡曲的地主。这一流人在当时社会上的重要和武帝对他们的注意可以想见了。

4. 武帝对外的第四期——包括他最后的十五年(前101至前87年)。在这一期，匈奴巨创稍愈，又来寇边。而中国经了三四十年的征战，国力已稍疲竭，屡次出师报复，屡次失利。最后，在征和三年(前90年)的一役，竟全军尽覆，主帅也投降了。祸不单行，是年武帝又遭家庭的惨变，太子冤死。次年，有人请求在西域轮台国添设一个屯田区，武帝在心灰意冷之余，便以一道忏悔的诏书结束他一生的开拓事业，略谓：

> 前有司奏，欲益民赋三十(每口三十钱)助边用。是重困老弱孤独也。而今又请遣卒田轮台！……乃者贰师(李广利)败，军士死略离散，悲痛常在朕心。今请远田轮台，欲起亭隧，是扰劳天下，非所以优民也。今朕不忍闻。……当今务在禁苛暴，止擅赋，力本农，修马复令(马复令谓许民因养马以免徭役之令)，以补缺，毋乏武备而已。

又二年,武帝死。

不过这一期中匈奴的猖獗只是“回光返照”的开始。在武帝死后三十四年内(前86至前53年),匈奴天灾人祸,外患内忧,纷至沓来,弄成它向汉稽首称臣为止。其间重要的打击凡三次。第一次(前72年),匈奴受汉和乌孙夹攻,人畜的丧亡已到了损及元气的程度;单于怨乌孙,自将数万骑去报复,值天大雪,一日深丈余,全军几尽冻死;于是乌孙从西面,乌桓从东面,丁令又从北面,同时交侵,人民死去什三,畜产死去什五;诸属国一时瓦解。又一次(前68年)闹大饥荒,据说人畜死去什六七。最后一次,国内大乱,始则五单于争立,终则呼韩邪与郅支两单于对抗;两单于争着款塞纳降,为汉属国,并遣子入侍。后来郅支为汉西域都护所杀,匈奴重复统一,但终西汉之世,臣服中国不改。跟着匈奴的独立而丧失的是它在西域的一切宗主权。它的“僮仆都尉”给汉朝的西域都护替代了。都护驻乌垒国都(今新疆库车),其下有都尉分驻三十余国。

第四节 武帝的新经济政策

武帝的开拓事业,论范围,论时间,都比秦始皇的加倍;费用自然也加倍。军需和边事有关的种种工程费,募民实边费(徙民衣食仰给县官数年,政府假与产业),犒赏和给养降胡费,使节所携和来朝蛮夷所受的遗赂——这些不用说了。光是在元朔五、六年(前124至前123年)间对匈奴的两次胜利,“斩捕首虏”的酬赏就用去黄金二十余万斤。武帝又厉行水利的建设,先后在关中凿渠六系:其中重要的是从长安引渭水傍南山下至黄河,长三百余里的运渠;

为郑国渠支派的“六辅渠”和连接泾渭长二百余里的白公渠。又尝凿渠通褒水和斜水长五百余里，以联络关中和汉中；可惜渠成而水多湍石，不能供漕运之用。这些和其他不可胜述的水利工程，又是财政上一大例外的支出。加以武帝笃信幽冥，有神必祭，大礼盛典，几无虚岁。又学始皇，喜出外巡行，却比始皇使用更豪爽。元封元年第一次出巡，并登封泰山，所过赏赐，就用去帛百余万匹，钱以巨万计。可是武帝时代的人民，除商贾外，并不曾感觉赋税负担的重增。这真仿佛是一件奇迹。

汉朝的赋税是例外地轻的，在武帝以前只有四项。一是田租：自景帝以后确定为三十税一。二是算赋和口赋：每人从十五岁至五十六岁年纳百二十钱，商人与奴婢加倍，这叫做算赋；每人从三岁至十四岁，年纳二十钱，这叫做口赋。三是郡国收来贡给皇帝的献费：每人年纳六十三钱。四是市租：专为工商人而设的。这些赋税当中，只有口赋武帝加增了三钱，其余的他不曾加增过分文。此外他只添了两种新税，一收舟车税：民有的轺（小车）车纳一算（百二十钱），商人加倍；船五丈以上一算。二是工商的货物税：商家的货品，抽价值的百分之六（缗钱二千而一算），工业的出品减半，这叫做“算缗钱”（货物的价值听纳税者自己报告，报不实或匿不报的，罚戍边一年，财产没收，告发的赏给没收财产的一半，这叫做“告缗”）。无论当时悭吝的商人怎样叫苦连天（据说当时中产以上的商人大抵因“告缗”破家），这两种新税总不能算什么“横征暴敛”。

那么武帝开边的巨费大部分从何而出呢？除了增税，除了鬻爵（民买爵可以免役除罪，武帝前已然。武帝更设“武功爵”，买至五级的可以补官），除了募民入财为“郎”，入奴婢免役，除了没收违犯新税法的商人的财产（据说政府因"告缗"所得，财产以亿计，奴婢以万计；田，大县数百顷，小县百多顷，宅亦如之）外；武帝的生财大道有二：新货币政策的施行和国营工商业的创立。

（1）武帝最初的货币政策，是发行成本低而定价高的新币。以白鹿皮方尺，边加绘绣，为皮币，当四十万钱，限王侯宗室朝觐聘享必须用作礼物。又创铸银锡合金的货币大小凡三种：龙文，圆形，重八两的当三千；马文，方形的当五百；龟文，椭圆形的当三百。又把钱改轻，令县官镕销"半两钱"，再铸"三铢钱"；后因三铢钱轻小易假，令更铸"五铢钱"。又由中央发行一种"赤仄钱"（赤铜做边的），以一当五，限赋税非赤仄钱不收。但银币和赤仄钱，因为抵折太甚，终于废弃。而其他的钱币，因为盗铸者众，量增价贱。于是武帝实行币制的彻底改革。一方面集中货币发行权，禁各地方政府铸钱。一方面统一法币，由中央另铸新钱，把从前各地方所造质量参差的旧钱收回镕销。因为新钱的质量均高，小规模的盗铸无利可图，盗铸之风亦息。汉朝的币制到这时才达到健全的地步。集中货币发行权利和统一法币的主张是贾谊首先提出的。

（2）武帝一朝所创的国家企业可分为两类：一、国营专利的实业；二、国营非专利的商业。

国营专利的实业，包括盐铁和酒。酒的专利办法是由政府开店制造出售，这叫做"榷酤"。盐的专利办法是由"盐官"备"牢盆"等类煮盐器具，给盐商使用，而抽很重的税，同时严禁民间私造煮盐器具。铁的专利办法是由政府在各地设"铁官"主办铁矿的采冶及铁器的铸造和售卖。盐铁官多用旧日的盐铁大贾充当。

国营非专利的商业有两种：其一是行于各地方的。以前郡国每年对皇帝各要贡献若干土产。这些贡品有的因为道路遥远，还不够抵偿运费，有的半途坏损了。有人给武帝出了一条妙计：让这些贡品不要直运京师，就拿来做货本，设官经理，运去行市最高的地方卖了，得钱归公。这叫做“均输”。其二是行于京师的。武帝在长安设了一所可以叫做“国立贸易局”，网罗天下货物，“贱则买，贵则卖”。这叫做“平准”。当时许多商人之被这贸易局打倒是可想见的。

均输、平准和盐铁专利终西汉之世不变。惟榷酤罢于武帝死后六年（前81年）。是年郡国所举的“贤良文学”议并罢盐铁专卖。主持这些国营实业的桑弘羊和他们作了一次大辩论。这辩论的记录便是现存的《盐铁论》。

第十章 汉初的学术与政治

第一节 道家学说的全盛及其影响

汉初在武帝前的六七十年是道家思想的全盛时代,帝国的政治和经济都受它深刻的影响。

为什么道家会在这时有这么大的势力呢?

道家学说的开始广布是在战国末年。接着从秦始皇到汉高祖的一个时期的历史恰好是道家学说最好的注脚,好像是特为马上证实道家的教训而设的。老子说:"法令滋章,盗贼多有。"秦朝就是法令滋章而结果盗贼多有。老子说:"民不畏死,奈何以死惧之?"秦朝就是以死惧民而弄到民不畏死。老子说:"飘风不终朝,骤雨不终日。"秦始皇和楚项羽就都以飘风骤雨的武功震撼一世,而他们所造成的势力都不终朝日。老子说:"为者败之,执者失之。"秦始皇就是最"有为"的,而转眼间秦朝败亡;项羽就是一个"战胜而不予人功,得地而不予人利"的坚执者,终于连头颅也失掉。老子说:"柔弱胜刚强。"刘邦就是以柔弱胜项羽的至刚至强。老子说:"自胜者强。"刘邦的强处就在能"自胜"。他本来是一个"酒色财气"的人,但入了咸阳之后,因群臣的劝谏,竟能"财帛无所取,妇女无所幸”,并且对项羽低首下心。老子说:“将欲歙之,必固张之;将欲弱之,必固强之;将欲夺之,必固与之。”刘邦所以成帝业的阴谋,大抵类此。他始则装聋作聩,听项羽为所欲为;继则侧击旁敲,力避和他正面冲突;终于一举把他歼灭。他始则弃关中给项羽的部将,并且于入汉中后,烧毁栈道,示无还心;继则弃关东给韩信、英布,以树项羽的死敌;而终于席卷天下。像这样的例,这里还不能尽举。道家的学说在战国末年既已流行,始皇的焚书,并不能把简短精警的五千言从学人的记忆中毁去。他们当战事平息、痛定思痛之际,把这五千言细加回味,怎能不警觉它是一部天发的神谶。况且当时朝野上下都是锋镝余生,劳极思息;道家“清静无为”的政策正是合口的味,而且是对症的药。我们若注意,当第一次欧洲大战后,于道家学说素无历史因缘而且只能从译本中得到朦胧认识的德国青年,尚且会对老子发生狂热的崇拜,一时《道德经》的译本有十余种(连解释的书共有四五十种)之多;便知汉初黄老思想之成为支配的势力是事有必至的了。

第一个黄老思想之有力的提倡者,是高祖的功臣曹参。他做齐国的丞相时,听得胶西有一位盖公,精通黄老学说,就用厚币请了来,把自己的正房让给他住,常去请教;果然任职九年,人民安集,时称贤相。后来汉丞相萧何死了,曹参被调去继任。他一切遵照旧规,把好出风头的属员都免了职,换用了朴讷的人。他自己天天饮酒,无所事事。有人想劝他做点事,他等那人来时就请他喝酒,那人正想说话时,便敬上一杯,直灌到醉了,那人终没有说话的机会。丞相府的后园,靠近府吏的宿舍,他们常常饮酒,呼叫和歌唱的声音闹得人不得安静。府吏讨厌了,请丞相去游园,让他听听那种声音,好加以制止;哪知他反在园中摆起酒来,一样的呼叫和歌唱，竟同隔墙的吏人们相应答。继曹参的汉相是另一个高帝的功臣陈平。他虽然不像曹参一般装懒，也是一个黄老信徒。第二个黄老思想之有力的提倡者是文帝的皇后窦氏。她自己爱好《老子》不用说，并且令太子和外家的子弟都得读这书。有一次她向一位儒生问及这书，那儒生不识好歹，批评了一句，她便大怒，罚他到兽圈里打野猪，幸亏景帝暗地给他一把特别快的刀，他才不致丧命。她在朝廷中，供养了一位精通黄老学说的处士王生。有一次公卿大会，王生也在场，袜带解了，回头瞧着廷尉（最高执法官）张释之道："给我结袜！"释之跪着给他结了。后来王生解释道："吾老且贱，自度终无益于张廷尉；廷尉方（为）天下名臣，吾故聊使结袜，欲以重之。"（事在景帝时）一位黄老大师的青睐，能增重公卿的声价，则当时道家地位可想而知了。

文帝对于黄老学说的热心，虽不及他的皇后；但他一生行事，确是守着道家的"三宝"——"一曰慈，二曰俭，三曰不为天下先"。他慈，他废除"收孥相坐"（罪及家属）的律令；废除"诽谤讹言之罪"；废除"肉刑"（残毁人体的刑）；废除"秘祝"（掌移过于臣下的巫祝）。他首颁养老令，每月以米和酒肉赐给八十岁以上的人；他甚至把人民的田赋完全免掉（后景帝时恢复）。他俭，他身穿厚缯，有时著草鞋上殿；他最宠爱的慎夫人衣不拖地，帷帐无文绣。有次他想造一座露台，匠人估价需百金，他便道这是中人十家之产，停止不造。他不肯为天下先，所以一任北边的烽火直逼到甘泉；所以酿成淮南王长、济北王兴居的叛变，所以养成吴王濞的跋扈，为日后七国之乱的张本。他的一朝，只有消极的改革，没有积极的兴建；只有保守，没有进取；只有对人民增加放任，没有增加干涉。不独他的一朝，整个汉初的六七十年也大抵如此。

但汉初，尤其是文帝时代，黄老思想之最重要的影响，还在经济方面。自从春秋以来，交通日渐进步，商业日渐发达，贸迁的范围日渐扩张，资本的聚集日渐雄厚，“素封之家”（素封者，谓无封君之名，而有封君之富）日渐增多，商人阶级在社会日占势力。战国时一部分的儒家（如荀子）和法家（如商鞅、韩非）对这新兴的阶级，都主张加以严厉的制裁；儒家从道德的观点，痛恶他们居奇垄断，括削农民；法家从政治的观点，痛恶他们不战不耕，减损国力。商鞅治秦，按照军功限制人民私有田土奴婢的数量和服饰居室的享用。这是对于商人的一大打击。但他这政策后来被持续到什么程度，还是问题。始皇曾给一个擅利丹穴的富孀筑女怀清台，又使牲畜大王乌氏倮岁时奉朝请，同于封君；他和大资本家是打过交道的。但至少在灭六国后，他对于一般商人是采用法家的方略，他在琅琊刻石中的自豪语之一是“上农除末”。在兵役法上，他使商人和犯罪的官吏同被尽先征发。秦汉之际的大乱，对于资本家，与其说是摧残，毋宁说是解放；因为富人逃生，照例比贫民容易；而勾结将吏，趁火打劫，尤其是乱世资本家的惯技，这是最值得注意的事。高帝登极后第三年（前199年）便下令“贾人毋得衣锦绣绮縠絺纻罽，操兵，乘（车），骑马”（高帝又尝规定商人纳加倍的“算”赋，商人及其子孙不得为官吏，史不详在何年，当去此令不久或与同时）。假如大乱之后，富商大贾所余不多，则这样的诏令根本没有意义，决不会出现的。此时此令，表示连纯驷马车也坐不起的新兴统治阶级，对于在革命历程中屹立如山的“素封之家”，不免羡极生妒了。高帝此令在商人中间必然惹起很大的忿激。所以过后两年代相陈豨作反，手下的将帅全是商人。但高帝死后不几年，道家放任主义的潮流便把他的抑商政策压倒。关于商人服用之种种屈辱的限制给惠帝撤销了。“市井子孙，不得仕宦为吏”的禁令，虽在文景之世犹存，恐亦渐渐的有名无实。在武帝即位之初，十三岁为侍中，后来给武帝主持新经济政策的桑弘羊便是洛阳贾人子。道家放任主义，在经济上之重要的实施莫如文帝五年的取消“盗铸钱令”（此禁令至景帝中元六年始恢复）。于是富商大贾，人人可以自开“造币厂”，利用奴隶和贱值的佣工，入山采铜，无限制地把资本扩大。结果造成金融界的大混乱，通货膨胀，物价飞腾，人民和政府均受其害。

汉朝统一中国后，一方面废除旧日关口和桥梁的通过税，一方面开放山泽，听人民垦殖；这给工商业以一个空前的发展机会。而自战国晚期至西汉上半期是牛耕逐渐推行的时代，农村中给牛替代了的剩余人口，总有一部分向都市宣泄；这又是工商业发展之一种新的原动力。此诸因缘，加以政府的放任，使汉初六七十年间的工商业达到一个阶段，为此后直至“海通”以前我国工商业在质的方面大致没有超出过的。这时期工商界的状况，司马迁在《史记·货殖列传》里有很好的描写。据他的估计，是时通都大邑至少有三十几种企业，各在一定的规模内，可以使企业家每年的收入比得上食邑千户的封君（每户年收二百钱），计：

> 酤一岁千酿，醯酱千瓨，浆千甔，屠牛羊彘千皮，贩谷粜千钟，薪藁千车，船长千丈（诸船积长千丈），木千章，竹竿万个，其轺车百乘，牛车千辆，木器髹者千枚，铜器千钧，素木铁器若卮茜千石，马蹄躈千，牛千足，羊彘千双，僮手指千，筋角丹沙千斤，其帛絮细布千钧，文采千匹，榻布皮革千石，漆千斗，蘖曲盐豉千荅，鲐鲨千斤，鲰千石，鲍千钧，枣栗千石者三之，狐

貂裘千皮，羔羊裘千石，旃席千具，佗果菜千钟，子贷金钱千贯。

富商往往同时是大地主，“专川泽之利，管山林之饶”，或抽岁收千分之五的田租。他们的生活，据晁错所说是“衣必文采，食必粱肉。……因其富厚，交通王侯；力过吏势，以利相倾；千里游遨，冠盖相望，乘坚策肥，履丝曳缟”。据贾谊说，“白縠之表，薄纨之里”的黼绣，古时天子所服，“今富人大贾，嘉会召客者，以被墙”。

这时期先后产生了两项制度，无形中使富人成了一种特权阶级。一是买爵赎罪制，始于惠帝时，其制，人民出若干代价（初定钱六万，后有增减），买爵若干级，使得免死刑。于是有了钱的人，简直杀人不用偿命。二是“买复”制，始于文帝时，其制，人民纳粟若干（初定四千石），买爵若干级，便免终身的徭役。汉民的徭役有三种（应役的年限，有些时是从二十三岁到五十六岁，有些时从二十岁起）：一是充“更卒”，就是到本郡或本县或诸侯王府里服役，为期每年一月，但人民可以每次出钱三百替代，谓之“过更”。其次是充“正卒”，即服兵役。为期两年，第一年在京师或诸侯王府充卫士；第二年在郡国充材官，骑士（在庐江、浔阳、会稽等处则充楼船兵），在这期内习射御骑驰战阵。其次是戍边，每丁为期一年。除了在北方，边郡的人民不得“买复”外，在其他的地方，上述三种徭役，富人都可以免掉。

当时的儒者，本着儒家思想，对于骄奢的商贾自然主张制裁的。贾谊便是一例。他说，商贾剥蚀农民的结果，“饥寒切于民之肌肤。……国已屈矣，盗贼直须时耳！然而献计者曰，毋动为大耳！夫俗至大不敬也，至无等也，至冒上也，进计者犹曰，毋为！可为长太息者〔此其〕一也”。这里泄露一个重要的消息，当时得势的黄老派学者无形中竟成了商贾阶级的辩护士（司马迁推崇道家，而亦主张对商人放任。故曰：“善者因之，其次利导之，其次教诲之，其次整齐之，最下者与之争。”可为旁证）。这却不是因为他们拜金，或受了商人的津贴。道家要一切听任自然，富贾大商的兴起，并非由于任何预定的计划，也可以说是一种自然的现象，道家自然不主张干涉了。他们从没有梦想到人类可以控制自然而得到幸福。“清静无为”之教结果成了大腹贾的护身符！这诚非以少私寡欲为教的老聃所能梦想得到，但事实确是如此滑稽。

但到了黄老学说成为大腹贾的护身符时，黄老的势力就快到末日了。

第二节　儒家的正统地位之确立

儒家在汉朝成立之初，本已开始崭露头角。高帝的“从龙之彦”，固然多数像他自己一般是市井的无赖，但其中也颇有些知识分子。单讲儒者，就有曾著《新语》十一篇，时常强聒地给高帝讲说《诗》、《书》的陆贾；有曾为秦博士、率领弟子百余人降汉的叔孙通；而高帝的少弟刘交（被封为楚王），乃是荀卿的再传弟子，《诗》学的名家。高帝即位后，叔孙通奉命和他的弟子，并招鲁国儒生三十多人，共同制作朝仪。先时，群臣都不懂什么君臣的礼节，他们在殿上会饮，往往争论功劳；醉了，就大叫起来，拔剑砍柱。朝仪既定，适值新年，长乐宫也正落成，群臣都到那边朝贺。天刚亮，他们按着等级，一班班的被谒者引进殿门。那时期廷中早已排列了车骑，陈设了兵器，升了旗帜。殿上传一声“趋”，殿下的郎中们数百人就夹侍在阶陛的两旁；功臣、列侯、诸将军、军吏都向东站立；文官丞相以下都向西站立。于是皇帝坐了辇车出房，百官传呼警卫；从诸侯王以下，直到六百石的吏员依了次序奉贺，他们没一个不肃敬震恐的。到行礼完毕，又在殿上置酒，他们都低着头饮酒，没有一个敢喧哗失礼的。斟酒到第九次，谒者高唱“罢酒”，他们都肃静地退出。高帝叹道：“我到今天才知道皇帝的尊贵呢！”于是拜叔孙通为太常（掌宗庙礼仪，诸博士即在其属下，故亦名太常博士），赐金五百斤。他们的助手各有酬庸，不在话下。高帝本来轻蔑儒者，初起兵时，有人戴了儒冠来见，总要把它解下来，撒一泡尿在里边。但经过这回教训，他对于儒者不能不另眼相看了。后来他行经鲁国境，竟以太牢祀孔子。

高帝死后，儒家在朝中一点势力的萌芽，虽然给道家压倒，但在文、景两朝，儒家做博士的也颇不少；儒家典籍置博士可考者有《诗》《春秋》《论语》《孟子》《尔雅》等。而诸侯王中如楚元王交、河间献王德，皆提倡儒术，和朝廷之尊崇黄老，相映成趣。元王好《诗》，令诸子皆读《诗》；并拜旧同学申公等三位名儒为中大夫。献王兴修礼乐，征集儒籍，立《毛氏诗》《左氏春秋》博士；言行谨守儒规。山东的儒者多跟随着他。

武帝为太子时的少傅就是申公的弟子王臧，武帝受儒家的熏陶是有素的。他初即位时，辅政的丞相窦婴（窦太皇太后的侄子）和太尉田蚡（武帝的母舅），皆好儒术，他们乃推荐王臧为郎中令——掌宿宫殿门户的近臣，又推荐了王臧的同学赵绾为御史大夫。在这班儒家信徒的怂恿之下，武帝于即位的次年（建元元年）诏丞相、御史大夫、列侯、诸侯王相等荐举"贤良方正直言极谏之士"来朝廷应试。这次征举的意思无疑地是要网罗儒家的人才。广川大儒董仲舒在这次廷试中上了著名的"天人三策"。在策尾，他总结道：

> 《春秋》大一统者，天地之常经，古今之通谊也。今师异道，人异论，百家殊方，指意不同，是以上无以持一统；法制数变，下不知所守。臣愚以为诸不在六艺之科，孔子之术者，皆绝其道，勿使并进。邪辟之说灭息，然后统纪可一，而法度可明，民知所从矣。

同时丞相卫绾也奏道：

> 所举贤良或治申、商、韩非、苏秦、张仪之言，乱国政，请皆罢。

这奏给武帝批准了。卫绾不敢指斥黄老，因为窦太皇太后的势力仍在，但董仲舒所谓"诸不在六艺之科、孔子之术者"，则把黄老也包括在内了。当文、景时代，太常博士有七十多人，治《五经》及"诸子百家"的均有。经董、卫的建议，武帝后来把不是治儒家《五经》的博士，一概罢黜了，这是建元五年（前136年）的事。

武帝又听王臧、赵绾的话，把申公用"安车蒲轮"招请了来，准备做一番制礼作乐的大事业和举行一些当时儒者所鼓吹的盛大的宗教仪式。

儒家的张皇生事已够使窦老太太生气的了。更兼田蚡等，把窦氏宗室中无行的人，除了贵族的名籍，又勒令住在长安的列侯各归本国。住在长安的列侯大部分是外戚，且娶公主，不是窦老太太的女婿，便是她的孙婿，都向她诉怨。建元二年，赵绾又请武帝此后不要向窦太皇太后奏事，她忍无可忍，便找寻了赵绾、王臧的一些过失，迫得武帝把他们下狱，结果他们自杀。同时窦婴、田蚡也被免职，申公也被送回老家去了。但过了四年，窦老太太寿终内寝，田蚡起为丞相。儒家终于抬头，而且从此稳坐了我国思想史中正统的宝座。

儒家之成为正统也是事有必至的。要巩固大帝国的统治权非统一思想不可，董仲舒已说得非常透彻。但拿什么做统一的标准呢？先秦的显学不外儒、墨、道、法。墨家太质朴、太刻苦了，和当时以养尊处优为天赋权利的统治阶级根本不协。法家原是秦自孝公以来国策的基础，秦始皇更把他的方术推行到"毫发无遗憾"。正惟如此，秦朝昙花般的寿命和秦民刻骨的怨苦，使法家此后永负恶名。贾谊在《过秦论》里，以"繁刑严诛，吏治刻深"为秦的一大罪状。这充分地代表了汉初的舆论。墨、法既然都没有被抬举的可能，剩下的只有儒、道了。道家虽曾煊赫一时，但那只是大骚乱后的反动。它在大众（尤其是从下层社会起来的统治阶级）的意识里是没有基础的，儒家却有之。大部分传统信仰，像尊天敬鬼的宗教和孝悌忠节的道德，虽经春秋战国的变局，并没有根本动摇，仍为大众的良心所倚托。道家对于这些信仰，非要推翻，便存轻视；但儒家对之，非积极拥护，便消极包容。和大众的意识相冰炭的思想系统是断难久据要津的。况且道家放任无为的政策，对于大帝国组织的巩固是无益而有损的。这种政策经文帝一朝的实验，流弊已不可掩。无论如何，在外族窥边，豪强乱法，而国力既充，百废待举的局面之下，“清静无为”的教训自然失却号召力。代道家而兴的自非儒家莫属。

第三节　儒家思想在武帝朝的影响

武帝虽然推崇儒家，却不是一个儒家的忠实信徒。他所最得力的人物，不是矩范一代的真儒董仲舒（仲舒应举后，即出为江都相，终身不在朝廷），也不是“曲学阿世”的伪儒公孙弘（虽然弘位至丞相），而是“以峻文决理著”、“以鹰隼击杀显”的酷吏义纵、王温舒……之徒，是商人出身的搜括能手桑弘羊、孔仅等。在庙谟国计的大节上，他受儒家的影响甚小。儒家说，“远人不服，则修文德以来之”，他却倾全国的力量去开边。他对匈奴的积极政策，董仲舒是曾婉谏过的。儒家说，“国不以利为利，以义为利”，他的朝廷却“言利事析秋毫”。他的均输、平准和盐铁政策正是董仲舒所谓“与民争利业”，违反“天理”的。

不过除了形式上表章六艺、罢黜百家外，武帝也着实做了几件使当时儒者喝彩的事。

（一）是“受命”改制的实现。邹衍的“五德终始”说自战国末年以来已成了普遍的信仰，在汉初，这一派思想已完全给儒家吸收了过来，成了儒家的产业。秦朝倒了，新兴的汉朝应当属于什么德呢？当初高帝入关，见秦有青、黄、赤、白帝四个神祇的祠，却没有黑帝，便以黑帝自居。在五行中说黑是和水相配的，高帝遂以为汉朝继承了秦的水德，正朔服色等和“德”有关的制度，一仍旧贯。这倒是百忙中省事的办法。贾谊却以为汉革秦命,应当属于克水的土德,提议改正朔,易服色,并于礼乐、政制、官名有一番兴革,亲自草具方案。在当时的儒者看来,这种改革是新朝接受天命的表示,不可缺的大典。贾谊把草具的方案奏上文帝,但在道家“无为”主义的势力之下,未得施行。这方案的内容现在只知道“色尚黄,数用五”,这两点都给武帝采用了。为着“改正朔”,武帝又征集民间治历者凡十八派,二十余人,互相考较,终于采用浑天家(浑天家是想象天浑圆如鸡蛋,地是鸡蛋中黄,天空半覆地上,半绕地下的)落下闳等的测算,制定“太初历”。这历法的内容,详在《汉书·律历志》。这里单表它的两个要点。以前沿用的秦历以一年的长度为$365\frac{1}{4}$日,现在以一年的长度$365\frac{385}{1509}$日,较精密得多。秦历“建亥”,现在改用“建寅”。这句话得加解释,古人以冬至所在月为子,次月为丑,余类推;建寅就是以寅月(冬至后第二个月)为岁首,余类推。相传夏历建寅,殷历建丑,周历建子。孔子主张“行夏之时”。太初历建寅(后来直至民国前相沿不改)就是实行孔子的话。

(二)是商人的裁抑。除了特别增加商人的捐税外(详前章),武帝又规定商人不得“名田”(即置田为产业)。“告缗令”(详前章)施行后,据说中产以上的商人大抵破家。

董仲舒曾对武帝建议裁抑富豪和救济农民的办法,他说道

> 秦……用商鞅之法,改帝王之制,除井田,民得卖买(田)。富者田连阡陌,贫者无立锥之地。又专川泽之利,管山林之饶。荒淫越制,逾侈以相高。邑有人君之专,里有公侯之富。小民安得不困?又加月为更卒,已,复为正(卒)一岁,屯戍一

岁。力役三十倍于古,田租口赋盐铁之利二十倍于古。或耕豪民之田,见税什伍。故贫民常衣牛马之衣,而食犬彘之食。重以贪暴之吏,刑戮妄加。民愁无聊,亡逃山林,转为盗贼。赭衣半道,断狱岁以千万数。汉兴,循而未改。古井田法虽难猝行,宜少近古,限民名田(谓限制人民私有田地的数量),以赡不足,塞并兼(资产集中在少数富豪手中,当时叫做"并兼"或"兼并")之路。盐铁皆归于民。去奴婢,除专杀之威(废除奴婢制度),薄赋敛,省徭役,以宽民力,然后可善治也。

这是第一次学者为农民向政府请命;这是封建制度消灭后农民生活的血史第一次被人用血写出。这血史并没有引起好大喜功的武帝多大的同情。但他禁商人名田的法令,似乎是受董仲舒"限民名田"的建议的影响。

(三)是教育的推广。在西周及春秋时代,王室和列国已有类似学校的机关,但只收贵族子弟。孟子"设为庠序"以教平民的理想,至武帝方始实现。先时秦朝以来的太常博士,本各领有弟子;但博士弟子的选择和任用,还没有定制,而他们各就博士家受业,也没有共同的校舍。建元元年,董仲舒对策,献议"立大学以教于国,设庠序以化于邑"。后来武帝便于长安城外给博士弟子建筑校舍,名叫"太学";规定博士弟子名额五十,由"太常择民年十八以上、仪状端正者"充当。这些正式弟子之外,又增设跟博士"受业如弟子"的旁听生(无定额),由郡国县官择"好文学,敬长上,肃政教,顺乡里,出入不悖"的少年充当。正式弟子和旁听生均每年考试一次,合格的按等第任用。于太常外,武帝又令天下郡国皆立学校。但这诏令实行到什么程度现在无从得知。先是,景帝末,蜀郡太守文翁在成都市中设立学校，招各县子弟入学；学生免除徭役，卒业的按成绩差使；平常治事，每选高材生在旁听遣，出行则带着他们，让传达教令。县邑人民见了这些学生都钦羡不置，争着送子弟入学。这是我国地方公立学校的创始。

第十一章　改制与“革命”

第一节　外戚王氏的专权

武帝死后，经昭帝和宣帝两期，和平而繁荣的两朝，凡四十四年，而至元帝。

当元帝做太子时，他的爱妃夭死，临死时，自言死于非命，由妾婢诅咒所致。太子悲痛到极，许久不去接近宫里任何女人，长日精神恍惚的。宣帝很替他担心，叫皇后觅些女子，可以开解他的。皇后选了五人，等他来朝时，给他瞧见，并嘱近身的太监暗中探听太子的意思。太子本来没有把这五人看在眼里，怕拂母后意，勉强答道：内中有一人可以，却没明说是谁。那太监见五人中独有一人穿着镶大红边的长褂，并且坐的挨近太子，认为就是她，照禀皇后，皇后便命人把她送到太子宫里。她叫做王政君，当年她就生了嫡皇孙，即后来的成帝。

元帝即位，王政君成了皇后，嫡皇孙成了太子。元帝晚年，太子耽于宴乐，很使他失望，而皇后又已失宠。他常想把太子废掉，而另立他新近所恋一个妃嫔的儿子。当他最后卧病时，这妃嫔母子常在他跟前，而皇后和太子难得和他见面；他屡次查问从前景帝易置太子的故事。是时皇后、太子和太子的长舅王凤，日夜忧惧，却束手无策，幸亏因一位大臣涕泣力谏，元帝竟息了心。

成帝之世，王凤四兄弟相继以“大司马”（大司马乃是当时最高的军政长官）的资格辅政。据王凤的同僚刘向在一封奏章里的观察：

> 王氏一门，乘朱轮华毂者二十三人。青紫貂蝉，充盈幄内，鱼鳞左右。大将军（王凤）乘事用权，五侯（凤诸弟）骄奢僭盛，并作威福，击断自恣。……尚书九卿，刺史郡守，皆出其门。筦执枢机，朋党比周。称誉者登进，忤恨者诛伤。游谈者助之说，执政者为之言。排摈宗室，孤弱公族，其有智能者，尤非毁而不进。……兄弟据重，宗族盘互。历上古至秦汉，外戚僭贵，未有如王氏者也。

王凤诸弟继任时，虽然不能像他那样专权独断，但王家的势焰，并没有稍减。

王太后的兄弟共八人，惟独弟曼早死，没有封侯，太后很惦念他，他的寡妇住在宫里，抚育着幼子王莽。王氏众侯的公子，个个骄奢淫逸，只知讲究车马声伎。惟独王莽谦恭俭朴，勤学博览，交结贤俊，穿着得同儒生一般。他对寡母，对诸伯叔，对寡嫂孤侄，无不处处尽道，为人所不能为。王凤病，他在跟前侍候，亲自尝药，蓬头垢面，衣不解带，一连好几个月。王凤临死，特别把他托付给太后和成帝，其他诸伯叔也无不爱重他。他不久便被升擢到侍中（宿卫近臣），并封新都侯。他爵位愈尊，待人愈敬谨。散赀财车马衣裘，以赠送宾客，赡养名士，又广交名公巨卿。于是在朝的推荐他，在野的颂赞他，他隐然为一时人望所寄了。

成帝绥和元年（前8年），王莽的叔父大司马王根因病辞职，荐莽自代。这时莽才三十八岁。他虽位极人臣，自奉仍如寒素。有一回，他的母亲病，公卿列侯的夫人来问候，他的夫人出迎，衣不拖地（是时贵妇的衣服是拖地的），用粗布做“蔽膝”，来宾只当她是婢仆，问知是大司马夫人，无不吃惊。他把受赏赐所得的赀财完全散给寒士。又延聘贤良，以充属吏。他的声誉随爵位而起。

次年三月，成帝死，绝后，以侄定陶王嗣位，是为哀帝。王政君虽然升级为太皇太后，王氏的权势却暂时为哀帝的祖母家傅氏和母亲丁氏所压倒。是年七月，王莽称病去职。

第二节　哀帝朝的政治

王莽去职前一月，汉廷议行一大改革，这改革方案的主要条目如下：

（一）一切贵族、官吏及平民，“名田”（谓私有田土）皆不得过三十顷。三年后，过限的充公。

（二）商人皆不得“名田”为吏。

（三）诸侯王蓄奴婢不得过二百人，列侯公主不得过一百人，关内侯及吏民不得过三十人。年六十以上，十以下，不在数中。三年后过限的充公。

（四）官奴婢，年五十以上，解放为平民，宫人年三十以下，出嫁之。

（五）废除“任子令”。“任子令”的规定是，官吏二千石以上，任职满三年，得荫子弟一人为“郎”，即皇帝的侍从（这种特权的废除，宣帝时已有人主张）。

（六）增加三百石以下的官吏的俸禄。

这改革案的发动人师丹在建议里说道：

> 古之圣王莫不设井田，然后治乃可平。孝文皇帝承亡周乱秦兵革之后……民始充实，未有并兼之害，故不为民田及奴婢为限。今累世承平，豪富吏民，赀数巨万，而贫弱愈困。盖君子为政贵因循而重改作；然所以有改者将以救急也。亦未可详，宜略为限。

我们把这些话和上一章所载董仲舒对武帝说的话对读，便可见一个时代要求的持续性。

这改革案和王莽的关系，史无明文，但从他日后在政治上的措施看来，他赞成这改革案是无可疑的。

这改革案奏上后，一时奴婢田地的价值大减。但丁、傅两家和哀帝的嬖臣董贤觉得它于自己不便，哀帝诏暂缓施行，这就等于把它判了无期徒刑。不久，哀帝赐董贤田二千顷，就把这改革案中最重要的项目宣告死刑。

董贤是我国历史中一个极奇特的角色。哀帝即位时，他才十七岁，比哀帝少三岁。他生得异常姣好，哀帝做太子时早已倾心于他，即位后，依然时常与他同卧起。他们间有一件千古传为话柄的事，一日午睡，董贤枕着哀帝的衫袖，哀帝要下床，却怕惊醒了董贤，把衫袖剪断而起。他对董贤的赏赐，使得他死后董氏家产被籍没时，卖得四十三万万。这还不足为奇，董贤甫二十二岁，在政治上没有做过一点事，便被册为大司马，册文里并且用了"允执厥中"的典故，那是《书经》所载帝尧禅位于舜时说的话。这册文已够使朝野惊骇了。不久哀帝宴董贤父子，酒酣，从容对董贤说道："吾欲法尧禅舜何如？"

哀帝想效法帝尧，原有特殊的历史背景。秦汉以来深入人心的"五德终始"说早已明示没有一个朝代能够永久。而自昭帝以来，汉运将终的感觉每每流露于儒生、方士之口。昭帝时有一位眭孟因天变上书，有一段说道：

> 先师董仲舒有言，虽有继体守文之君，不害圣人之受命。汉家尧后（谓汉高帝为帝尧的后裔）有传国之运，汉帝宜……求索贤人，禅以帝位，而退自封百里，如殷、周二王后，以承顺天命。

眭孟虽然以妖言伏诛，其后二十年，在宣帝时，有一位盖宽饶，亦以同类的言论送死。成帝时，大臣谷永因天变上书，也说道："白气起东方，贱人将兴之征也；黄浊（尘）冒京师，王道微绝之应也。"稍后，亦在成帝时，方士甘忠可昌言："汉家逢天地之大终，当更受命于天。"并且供献种种重要"受命于天"的法术。忠可虽以"假鬼神罔上惑众"死于狱中，他的弟子夏贺良又把他的一套向哀帝进献。原来哀帝即位后，久病无子。贺良用这类的话恫吓他："汉运已经中衰，应当重新接受天命。成帝不应天命，所以绝嗣。如今陛下久病，天变屡次出现，这就是上天的谴告。"哀帝信了他的话，改建平二年（前5年）为"太初元将"元年，自号为"陈圣刘太平皇帝"，改刻漏百度为百二十度，并大赦天下。这些就是"更受天命"的法术。

但是一切实行后，毫无效验。哀帝在计穷望绝之下，又被一种异常的情感所驱使，便自觉或不自觉地要实行眭孟的主张了。

哀帝册命董贤为大司马是在元寿元年（前2年）十二月。次年六月，他还没有“法尧禅舜”，便仓促死了。

第三节　从王莽复起至称帝

王莽罢政后不久，被遣归“国”（即本封的新都，在今河南），闭门韬晦了三年。吏民上书替他讼冤的有一百多次。后来应举到朝廷考试的士人又在试策里大大颂赞王莽的功德。哀帝于是召他还京，陪侍太皇太后。他还京年余，而哀帝死。哀帝又是绝后，他的母后及祖母又皆已前死，大权又回到太皇太后手，这时她七十二岁了。王莽于哀帝死后不几日，以全朝几乎一致的推举，和太皇太后的诏令，复大司马职。是年九月，他才选了一个年方九岁的中山王做继任的皇帝，这时朝中已没有和王莽不协，或敢和王莽立异的人了。次年，王莽既进号太傅安汉公，位诸侯王上，太皇太后又从群臣的奏请，下诏道：

> 自今以来，惟封爵乃以闻。他事，安汉公、四辅平决。州牧（成帝末王莽为大司马时，罢刺史，于每州设长官，称州牧）、二千石及茂材吏初除奏事者，辄引入，至近署对安汉公，考故官，问新职，以知其称否。

平帝虽名为天子，连自己的母亲卫后也不得见面。她被禁锢在中山，因谋入长安，全家被诛灭。不久平帝亦郁郁而死。他一共做了五年傀儡。在这五年间，王莽行了不少的惠政和善政，举其要者如下：他大封宗室和功臣的后裔，前后不下二百人。他令官吏自“比二千石”以上，年老退休的，终身食原俸三分之一。值凶年，他献田三十顷，钱百万，以与贫民，同僚仿行的二百三十人。他在长安城中起了五条街，房屋二百所，给贫民居住。他立法，妇女非身自犯法，不受株连；男子八十以上七岁以下，非家犯大逆不道，被诏名捕，不得拘系。他赐天下鳏寡孤独及高年人以布帛。他在郡（王国同）、县（侯国同）、乡、聚（较乡为小）皆设公立学校；在郡的称“学”，在县的称“校”，每所置经师一人；在乡的称“庠”，在聚的称“序”，每所置《孝经》师一人（《孝经》是战国末出现的一部劝孝的书，托为孔子和弟子对话的记录）。他扩充太学，增加博士人数至每经五人，于《五经》之外又添立《乐经》；学生增加至万余人。又给太学建筑宏伟的校舍，其中学生宿舍就有万多间。他征求全国通知逸经、古记、天文、历算、乐律、文字训诂、医药、方技和以“五经”、《论语》、《孝经》、《尔雅》（秦汉间出现的讲训诂的书）教授的人，由地方官以优礼遣送到京。前后应征的凡数千人，皆令在殿庭上记述所学。他又曾奏上“吏民养生，送终，嫁娶，田宅，奴婢之品”；所谓“品”就是分等级的限制。董仲舒、师丹的建议，他又打算实行。可惜这方案提出不久，适值卫氏之狱，又被搁起，后来不知何故，竟没有重提；其详细节目不得而考了。

讴歌和拥戴王莽的人自然不会缺少。当平帝选后，王莽拒绝把女儿参加候选时，就每日有千余人，包括平民、学生和官吏，守阙上书，“愿得公女为天下母”，结果他的女儿不待候选便直接做了皇后。当皇后正位后，群臣请求给他“大赏”时，就有八千多人上书附和。当他拒绝接受赏田时，就先后有吏民四十八万七千五百七十二人，上书朝廷，声言对他“宜亟加赏”。

在这时期，王莽处处以周公为榜样，朝野也以周公看待他。传说周公辅政时，有南方远夷越裳氏来献白雉，为周公功德及远的表征；是时也有益州塞外（今安南境）蛮夷，自称越裳氏，来献白雉和黑雉，其后四夷声言因慕义而来朝贡的络绎不断。周公“托号于周”，所以朝廷的公论要给王莽以安汉公的称号。周公位居总领百僚的太宰，所以朝廷的公论要为他特设“宰衡”一职，位在诸侯王之上（宰衡是兼采太宰和阿衡之号，商汤大臣伊尹，号阿衡，曾辅汤孙太甲）。周公的七个儿子都封为诸侯，所以朝廷的公论要把他的两个儿子（他原有四子，一因杀奴，为他迫令自杀；一因助卫氏，伏诛；后来又一因谋杀他，为他迫令自杀）都封侯。最后，传说周公当成王幼小时，曾暂时替代他做天子，谓之“居摄”，于是就有一位侯爵的宗室上书，说“今帝富于春秋，宜令安汉公行天子事，如周公。”这件想象的史事正要开始重演时，平帝病死，又是绝后。是月就有人奏称，武功县长淘井，得白石，上有丹漆写的文字：“告安汉公莽为皇帝。”王莽却经问卜和看相之后，选了一个最吉的两岁的宗室子婴，做平帝的后嗣，同时他受同僚的推戴和太皇太后勉强下的诏令，实行“居摄”，他令臣民称他为“摄皇帝”。他祭祀及朝见太皇太后时，自称“假皇帝”（假有代理之意，非言伪）。

在王莽“居摄”的头两年间，安众侯刘崇及东郡太守翟义先后起兵讨伐他，皆败死。第三年（公元8年），宣示天意要王莽做皇帝的“符命”接叠而起。是年十一月，王莽奏上太皇太后，请（许莽）：

> 共事神祇宗庙，奏言太皇太后、孝平皇后，皆（仍）称假皇

> 帝，其号令天下，天下奏言事，毋言摄，以居摄三年为初始元年，漏刻以百二十为度，用应天命。臣莽夙夜养育，隆就孺子，令与周之成王比德；宣明太皇太后威德于万方，期于富而教之。孺子加元服，"复子明辟"（谓待子婴长大后，还他帝位），如周公故事。

次月，某日黄昏时，有梓潼人哀章，穿着黄衣，拿了一个铜盒，送到汉高祖庙。盒里装着两卷东西：一卷题为《天帝行玺金匮图》，一卷题为《赤帝行玺刘邦传予黄帝金策书》。策书的大意是说王莽应为真天子，太皇太后应从天命。守庙的人奏闻王莽。次日一早王莽便到高庙拜受这铜盒，即所谓"金匮"，然后谒见太皇太后，然后还坐殿廷，下书道：

> 予以不德，托于皇初祖考黄帝之后，皇始祖考虞帝之苗裔，而太皇太后之末属。皇天上帝隆显大佑，成命统序，符契图文，金匮策书，神明诏告，属予以天下兆民。赤帝汉氏高皇帝之灵，承天命传国金策之书，予甚祗畏，敢不钦受？以戊辰直"定"（定是建除等十二日次之一），御王冠，即真天子位。定有天下之号曰"新"。其改正朔，易服色，变牺牲，殊徽帜，异器制。以十二月朔癸酉为始建国元年正月之朔。

第四节　王莽的改革

王莽即真后，除了改正朔，易服色等等外，还要改变全国的经济机构。他自从少年得志以来，可谓从心所欲，无不成为事实。现在他要依照先圣的启示，理性的唤召，为大众的福利和社会的正义，去推行一种新经济的制度，还会遇到不可克服的阻碍吗？孟子所提倡而认为曾经存在过的“井田”制度，时常闪烁于西汉通儒的心中。不过董仲舒和师丹都认为“井田”制“难猝行”，不得已而思其次，提出“限民名田”的办法。王莽在胜利和乐观、信古和自信之余，便完全看不见董仲舒和师丹所看见的困难了。他不但要实行“井田”制度，并且要同时改革奴隶的制度，始建国元年（公元9年）王莽下诏道：

> 古者设庐井八家，一夫一妇田百亩，什一而税，则国给民富而颂声作。此唐、虞之道，三代所遵行也。秦为无道，……坏圣制，废井田，是以兼并起，贪鄙生，强者规田以千数，弱者曾无立锥之居。又置奴婢之市，与牛马同栏，制于民臣，专断其命（谓吏民得擅杀奴婢）。奸虐之人，因缘为利，至略卖人妻子。逆天心，悖人伦，谬于“天地之性人为贵”（语出《孝经》）之义。……汉氏减轻田租，三十而税一，常有更赋，疲癃咸出。而豪民侵陵，分田劫假。厥名三十税一，实什税五也。父子夫妇，终年耕耘，所得不足以自存。故富者犬马余菽粟，骄而为邪；贫者不餍糟糠，穷而为奸。俱陷于辜，刑用不措。……今更名天下田曰王田，奴婢曰奴属，皆不得卖买。其男口不盈八而田过一井者，分余田予九族邻里乡党。故无田，今当受田者如制度。致有非井田圣制，无法惑众者，投诸四裔，以御魑魅，如皇始祖考虞帝故事。

这道诏书亦宜与董仲舒请限民名田及废除奴婢的奏章对读。

这道诏书所提出的改革，分析如下：

（一）田地国有，私人不得买卖（非耕种的土地，似不在此限）。

（二）男丁八口以下之家占田不得过一井，即九百亩。关于男丁八口以上之家无明文，似当以"八丁一井"的标准类推，有爵位食赏田的当不在此限。

（三）占田过限的人，分余田与宗族乡邻。

（四）无田的人，政府与田；所谓"如制度"，似是依"一夫一妇田百亩"的办法。有田不足此数的亦当由政府补足。

（五）现有的奴婢，不得买卖（但没有解放）。买卖自由人为奴婢，虽没有提及，当亦在禁止之列。现有的奴婢的子孙是否仍听其承袭为奴婢，亦没有明文。若否，则是王莽要用渐进的方法废奴；若是，则他并不是要完全废奴。

这道诏令实际上曾被施行到什么程度，不可确考。据说"坐卖买田宅奴婢，……自诸侯卿大夫至于庶民，抵罪者不可胜数"。可惜这几句话太笼统了。这道诏令的推行所必当碰到的困难和阻碍是怎样，历史上亦没有记载。但是到了始建国四年，有一位中郎区博进谏道：

> 井田虽圣王法，其废久矣。……今欲违民心，追复千载绝迹，虽尧、舜复起，而无百年之渐，弗能行也。天下初定，万民新附，诚未可施行。

王莽听了他的话，便下诏：

> 诸名、食、王田，皆得卖之，勿拘以法。犯私买卖庶人者，

且一切勿治。

这里只涉及上列的第一项及第五项的一部分。其余各节不知是否亦连带撤销。但我们要注意,他的解禁并不否认始建国元年的诏令在四年间所已造成的事实。

除了关于土地和奴婢的新法外,王莽在民生及财政上还有六种重要的兴革:

(一)国营专利事业的推广。武帝时国家已实行盐铁和酒的专卖,其后酒的专卖废于昭帝时;盐铁的专卖,元帝时废而旋复。王莽除恢复酒的专卖外,更推广国家独占的范围及于铜冶和名山大泽的资源的开采,同时严禁人民私自铸钱。

关于这一项立法的用意,王莽曾有诏说道:

夫盐,食肴之将(将帅);酒,百药之长,嘉会之好;铁,田农之本;名山大泽,饶衍之藏;五均赊贷,百姓所取平,仰以给赡;钱布铜冶,通行有无,备民用也。——此六者非编户齐民所能家作,必仰于市,虽贵数倍,不得不买。豪民富贾,即要(要挟)贫弱。先圣知其然也,故斡(谓由国家经营)之。

(二)国家放款的创始。人民因祭祀或丧事所需,得向政府借款,不取利息;还款期限,祭祀十日,丧事三月。人民因经营生业,得向政府借款,每年纳息不过纯净赢利的十分之一。

(三)国营"平价"贸易的创始。五谷布帛丝棉等类日常需用之物,遇滞销时,由政府照本收买。政府在各地算出这类货物每季的平均价格(各地不必同)。若货物的市价超过平均价,则政府照平均价出卖，若低过平均价，则听人民自由买卖。这制度虽然与武帝所行的平准法有点相似，但用意则极不相同，后者目的在政府赢利，前者则在维持一定的物价水准，便利消费者而防止商人的囤积居奇。

（四）荒弃土地税的创始。不耕的田和城郭中不种植的空地皆有税。

（五）处理无业游民的新法。无业的人每丁每年须缴纳布帛一匹，不能缴纳的由县官征服劳役，并供给其衣食。

（六）所得税的创始。对一切工商业（包括渔猎牧畜，巫医卜祝，旅店经营以至妇女之养蚕，纺织和缝补），取纯利十一分之一，叫做“贡”，政府收入的贡即为放款与人民的本钱。贡税与现代所得税的异点在前者没有累进的差别，亦没有免征的界限。

以上的制度，除铜冶的专利公布于始建国元年外，其余皆在始建国二年以后陆续公布，其被实际施行的程度和推行时所遇的困难和阻碍，历史上亦均无记载。铜冶的专利弛于始建国五年，山泽的专利弛于地皇三年（公元22年），次年王莽便败死。

第五节　新朝的倾覆

王莽对于立法的效力有很深的信仰，他认为“制定天下自平”。除上述一切关于民生和财政的新法外，他对于中央和地方的官名官制、行政区域的划分以及礼乐刑法无不有一番改革，他自即真以来，日夜和公卿大臣们引经据典地商讨理想的制度，议论连年不休。他沿着做大司马时的习惯，加以疑忌臣下，务要集权揽事，臣下只有唯诺敷衍，以求免咎。他虽然忙到每每通宵不眠，经常的行政事务，如官吏的遴选、讼狱的判决等却没有受到充分的理会。有些县甚至几年没有县长，缺职一直被兼代着。地方官吏之多不得人是无足怪的。更兼他派往各地的镇守将军，“绣衣执法”，以及络绎于道的种种巡察督劝的使者又多是贪残之辈，与地方官吏相缘为奸。在这样的情形之下，即使利民的良法，也很容易变成病民。何况像贡税和荒地税本属苛细。国家专利的事业禁民私营，像铸钱和铜冶，犯者邻里连坐，这又给奸吏以虐民的机会。

在王莽的无数改革中有一件本身甚微而影响甚大的，即王爵的废除，因此从前受汉朝册封为王的四夷的君长都要降号为侯，并且更换玺印。为着这事，朝鲜的高句骊、西南夷句町先后背叛。王莽对他们纯采高压政策。他派十二将领甲卒三十万，十道并出，去伐匈奴。因为兵士和军用的征发的烦扰，内郡人民致有流亡为“盗贼”的，并州、平州尤甚。出征的军队屯集在北边，始终没有出击的机会。边地粮食不给，加以天灾，起大饥荒，人民相食，或流入内郡为奴婢。边地的屯军，生活困苦，又荼毒地方，五原、代郡，受祸尤甚；其人民多流为“盗贼”，数千人为一伙，转入旁郡，经一年多，才被平定。北边郡县却大半空虚了。为伐匈奴，强征高句骊的兵，结果高句骊亦叛，寇东北边。征句町的大军，十分之六七死于瘟疫，而到底没有得到决定的胜利。为给军用，赋敛益州人民财物至于十收四五。益州因而虚耗。以上都是王莽即位以来八年间的事。

从新朝的第九年（是年莽六十二岁）至第十四年（公元17至22年）间，国内连年发生大规模的天灾，始而枯旱，继以飞蝗。受灾最重的地方是青、徐二州（今山东的东南部和江苏的北部）和荆州（今河南的南部和湖北的北部）。灾害的程度，除了表现于四方蜂起的饥民暴动外，还有二事可证：其一，山东饥民流入关中求食的就有数十万人；其二，王莽分遣使者往各地，教人民煮草木为“酪”，以代粮食，这种“酪”却被证明是无效的替代品。

暴动的饥民，起初只游掠求食，常盼年岁转好，得归故里；不敢攻占城邑，无文告旗帜，他们的魁帅亦没有尊号，他们有时俘获大吏也不敢杀害。因将吏剿抚无方，他们渐渐围聚，并和社会中本来不饥的枭悍分子结合，遂成为许多大股的叛党。其中最著者为萌芽于琅琊而蔓延于青、徐的“赤眉”（暴动者自赤其眉，以别于官军，故名）和最初窟穴于绿林山（在今湖北当阳）而以荆州为活动范围的绿林军。二者皆兴起于新朝的第九年。绿林军后来分裂为下江兵和新市兵。

第十三年（即地皇二年，公元21年），王莽遣太师羲仲景尚、更始将军王党将兵击青、徐。同时又遣将击句町，并令天下转输谷帛至北边的西河、五原、朔方和渔阳诸郡，每郡以百万数，预备大举伐匈奴。是年曾以剿贼立大功，领青、徐二州牧事的田况，上平贼策道：

> 盗贼始发，其原甚微，部吏伍人所能擒也。咎在长吏不为意，县欺其郡，郡欺朝廷，实百言十，实千言百。朝廷忽略，不辄督责，遂致延蔓连州。乃遣将率（率乃新朝将帅之称）多发使者，传相监趣（促）。郡县力事上官，应塞诘对。供酒食，具资用，以救断斩。不给（暇）复忧盗贼，治官事。将率又不能躬率吏士，战则为贼所破，吏气寖伤，徒费百姓。前幸蒙赦令，贼欲解散，或反遮击，恐入山谷转相告语。故郡县降贼，皆更惊骇，恐见诈灭。因饥馑易动，旬日之间，更十余万人。此盗贼

> 所以多之故也。今洛阳以东,米石二千。窃见诏书欲遣太师、更始将军(指羲仲景尚与王党)。二人爪牙重臣,多从人众,道上空竭;少则无以威视远方。宜急选牧尹以下,明其赏罚。收合离乡、小国(小国,诸侯列中也),无城郭者,徙其老弱,置大城中,积藏谷食,并力固守。贼来攻城则不能下,所过无食,势不得群聚。如此招之必降,击之则灭。今空复多出将率,郡县苦之,反甚于贼。宜尽征还乘传诸使者,以休息郡县,委任臣况以二州盗贼,必平定之。

王莽不听,反免田况职,召还京师。

第十四年二月,羲仲景尚战死。四月,莽继续太师王匡和更始将军廉丹,将锐士十余万,往征青、徐。大军所过百姓唱道:

> 宁逢赤眉,
> 不逢太师。
> 太师尚可;
> 更始杀我!

十月,廉丹战死,全国震动。十一月,下江、新市兵与平林、春陵兵联合。平林、春陵兵皆以其兴起之地名,先后皆于是年兴起。春陵兵的领袖乃汉朝皇室的支裔刘縯和刘秀两兄弟。

第十五年,二月,下江、新市等联军拥立刘玄为皇帝,改元更始。刘玄亦汉朝皇室的支裔,他即位之日,对群臣羞愧流汗,举手不能言语。是时联军攻宛城未下,他驻跸宛城下。三月王莽诏发郡国兵四十余万,号百万,会于洛阳,以司空王邑、司徒王寻为将。

五月，二王率其兵十余万由洛阳向宛进发，路过昆阳，时昆阳已降于联军，二王首要把它收复。部将严尤献议道：“今僭号的人在宛城下，宛城破，其他城邑自会望风降服，不用费力。”王邑道：“百万大军，所过当灭。如今先屠此城，喋血而进，前歌后舞，岂不快哉！”于是纵兵围城数十重，城中请降，王邑不许。严尤又献计：兵法上说，“归师勿遏，围城为之阙”，可依此而行，使城中贼得路逃出，好惊恢宛下。王邑不听。先是当城尚未合围时，刘秀漏夜从城中逃出，请救兵。六月刘秀引救兵到，自将步骑千余为前锋。二王亦派兵迎击，却连战皆败。刘秀乃率敢死队三千人从城西水上冲官军的中坚。二王根本轻视他，自将万余人出阵，令其他营伍各守本部，不得擅动。二王战不利，大军又不敢擅来救援。二王阵乱，刘秀乘势猛攻，杀王寻。城中兵亦鼓噪而出，内外夹击，震呼动天地，官军大溃，互相践踏，伏尸百余里。是日风雷大作，雨下如注，近城的河川盛潦横溢，官兵溺死以万计，得脱的纷纷奔还本乡。王邑只领着残余的“长安勇敢”数千，遁归洛阳。消息所播，四方豪杰，风起云涌地举兵响应，旬月之间，遍于国中，他们大都杀掉州牧郡守，自称将军，用更始的年号，等候着新主的诏命。九月，响应更始的“革命”军入长安，城中市民亦起暴动相应，王莽被杀，手刃他的是一个商人。他的尸体被碎裂，他的首级被传送到宛。

做过王莽的“典乐大夫”的桓谭在所著《新论》里曾以汉高帝与王莽比较，指出王莽失败的原因，说道：

> 维王翁（即莽）之过绝世人有三焉：其智足以饰非夺是，辩能穷诘说士，威则震惧群下，又数阴中不快己者。故群臣莫能抗答其论，莫敢干犯匡谏。卒以致亡败。其不知大体之祸也。

夫(知)帝王之大体者,则高帝是已。高帝曰:张良、萧何、韩信,此三子者,皆人杰也。吾能用之,故得天下,此其知大体之效也。王翁始秉国政,自以通明贤圣,而谓群下才智莫能出其上,是故举措兴事,辄欲自信任,不肯与诸明习者通,……稀获其功效焉。故卒遇破亡。此不知大体者也。高帝怀大智略,能自揆度群臣。制事定法,常谓曰:庳而勿高也,度吾所能行为之。宪度内疏,政合于时。故民臣乐悦,为世所思。此知大体者也。王翁嘉慕前圣之治,……欲事事效古而不知……己之不能行其事。释近趋远,所尚非务。……此不知大体者也。高祖欲攻魏,乃使人窥视其国相,及诸将卒左右用事者。乃曰:此皆不如吾萧何、曹参、韩信、樊哙等,亦易与耳。遂往击破之,此知大体者也。王翁前欲北伐匈奴,及后东击青、徐众郡,赤眉之徒,皆不择良将,但以世姓及信谨文吏,或遣亲属子孙素所爱好,或无权智将帅之用。猥使据军持众,当赴强敌。是以军合则损,士众散走。……(此)不知大体者也。

第六节　东汉的建立及其开国规模

新朝倒塌后,革命势力的分化和冲突,乘时割据者的起仆和一切大规模和小规模的屠杀、破坏,这里都不暇陈述。总之,分裂和内战,继续了十四年,然后全中国统一于刘秀之手。

刘秀成就帝业的经过,大致如下。他起兵初年追随其兄刘縯之后。昆阳之战后不久,刘縯为更始所杀。时秀统兵在外。闻讯立即驰往宛城,向更始谢罪,沿途有人吊唁,他只自引咎,不交一句私语。他没有为刘縯服丧，饮食言笑，一如平常。更始于是拜他为破虏大将军，封武信侯。是年，更始入驻洛阳，即派他“行大司马事”，去安抚黄河以北的州郡。当他渡河时，除了手持的麾节外，几乎什么实力也没有。他收纳了归服的州郡，利用他们的兵力去平定拒命的州郡。在两年之间，他不独成了黄河以北的主人，并且把势力伸到以南。在这期间，更始定都于长安，封他为萧王；他的势力一天天膨胀；更始开始怀疑他，召他还京了；他开始抗拒更始的命令了，他开始向更始旗下的将帅进攻了。最后，在更始三年六月，当赤眉迫近长安，更始危在旦夕的时候，他即皇帝位于鄗南，改元建武，仍以汉为国号（史家称刘秀以后的汉朝为后汉或东汉，而别称刘秀以前的汉朝为前汉或西汉）。先是，有一位儒生从关中带交他一卷“天书”，上面写着：

> 刘秀发兵捕不道，
> 四夷云集龙斗野；
> 四七之际火为主。

是年，赤眉入长安，更始降。接着，刘秀定都于洛阳。十二月，更始为赤眉所杀。赤眉到了建武三年春完全为刘秀所平定。至是，前汉疆域未归他统治的，只相当于今甘肃、四川的全部和河北、山东、江苏的各一小部分而已。这些版图缺角的补足，是他以后十年间从容绰裕的事业。

刘秀本是一个没有多大梦想的人。他少年虽曾游学京师，稍习经典，但他公开的愿望只是：

作官当作执金吾，
娶妻当娶阴丽华。

执金吾仿佛京城的警察厅长，是朝中的第三、四等的官吏。阴丽华是南阳富家女，著名的美人，在刘秀起兵的次年，便成了他的妻室。他的起兵并不是抱着什么政治的理想。做了皇帝以后，心目中最大的政治问题似乎只是怎样巩固自己和子孙的权位而已。他在制度上的少数变革都是朝着这方向的。第一是中央官制的变革。在西汉初期，中央最高的官吏是辅佐君主总理庶政的丞相和掌军政的太尉、掌监察的御史大夫，共为三公。武帝废太尉设大司马，例由最高的统兵官"大将军"兼之。成帝把御史大夫改名为大司空，哀帝又把丞相改名为大司徒。在西汉末期，专政的外戚例居大司马、大将军之位，而大司徒遂形同虚设了。刘秀把大司徒、大司空的大字去掉，把大司马复称太尉，不让大将军兼领。同时他"愠数世之失权，忿强臣之窃命，矫枉过直，政不任下，虽置三公，备员而已"（东汉人仲长统语）。他把三公的主要职事移到本来替皇帝掌管文书出纳的尚书台。在官职的等级上，尚书台的地位是很低的。它的长官尚书令禄只千石，而三公禄各万石。他以为如此则有位的无权，有权的无位，可以杜绝臣下作威作福了。第二是地方官制的变革。西汉末年，把刺史改称为州牧，把他的秩禄从六百石增到二千石，但他的职权并没有改变。州牧没有一定的治所，每年周行所属郡国，年终亲赴京师陈奏。他若有所参劾，奏上之后，皇帝把案情发下三公，由三公派员去按验，然后决定黜罚。刘秀定制，州牧复称刺史，有固定治所，年终遣吏入奏，不用亲赴京师，他的参劾，不再经三公按验，而直接听候皇帝定夺。这一来三公的权减削而刺史的权提高了。第三是兵制的变革。刘秀在建武七年三月下了一道重要的诏令道：

> 今国有众军，并多精勇。宜且罢轻车、骑士、材官、楼船士。

这道诏令的意义，东汉末名儒应劭（曾任泰山太守）解释道：

> （西汉）高祖命天下郡国选能引关蹶张、材力武猛者，以为轻车、骑士、材官、楼船。常以立秋后，讲肄课试，各有员数。平地用（轻）车、骑（士），山阻用材官，水泉用楼船。……今悉罢之。

这道诏令使得此后东汉的人民虽有服兵役的义务，却没有受军事训练的机会了。应劭又论及这变革的影响道：

> 自郡国罢材官、骑士之后，官无警备，实启寇心。一方有难，三面救之。发兴雷震……黔首嚣然。不及讲其射御……一旦驱之以即强敌，犹鸠鹊捕鹰鹯，豚羊弋豺虎。是以每战常负。……尔乃远征三边，殊俗之兵，非我族类，忿鸷纵横，多僵良善，以为己功，财货粪土。哀夫！民氓迁流之咎，见出在兹。“不教民战，是为弃之。”迹其祸败，岂虚也哉！

末段是说因为郡国兵不中用，边疆有事，每倚靠雇佣的外籍兵即所谓胡兵；而胡兵凶暴，蹂躏边民，又需索犒赏，费用浩繁。应劭还没有说到他所及见的一事：后来推翻汉朝的董卓，就是胡兵的领袖，凭藉胡兵而起的。

郡国材官、骑士等之罢，刘秀在诏书里明说的理由是中央军队已够强众，用不着他们。这显然不是真正的理由。在征兵制度之下，为国家的安全计，精强的兵士是岂会嫌多的？刘秀的变革无非以强干弱枝，预防反侧罢了。郡国练兵之可以为叛乱的资藉，他是亲自体验到的。他和刘縯当初起兵，本想借着立秋后本郡"都试"——即壮丁齐集受训的机会，以便号召，但因计谋泄露而提早发难。当他作上述的诏令时，这件故事岂能不在他心头？

（据徐规的校正本印行）

第十二章 汉帝国的中兴与衰亡[①]

(一)

当新莽之世及建武初二十年间，匈奴不断侵扰中国的边境。但这时期匈奴的强梁只是他将届末日之前的“回光返照”。约在建武二十年以降，“匈奴中连年旱蝗，赤地数千里，草木尽枯，人畜饥疫，死耗大半”。二十四年，匈奴复分裂为南北。南单于复称“呼韩邪单于”，以所主南边八郡众四五万人降汉。汉朝听他们入居云中。其后南匈奴与北匈奴战失利，汉朝又让他们入居西河美稷（今山西汾县离石一带）。南单于派所部分驻北边的北地、朔方、五原、云中、定襄、雁门及代八郡，为郡县侦逻耳目，以防北虏。汉廷在西河置官监督匈奴，并令西河长史领骑二千、弛刑五百人，以卫护匈奴，冬屯夏罢，岁以为常。这是建武二十六年（公元 50 年）的事。

直至明帝永平十六年（公元 73 年）以前，东汉对匈奴一向取容忍羁縻的态度。是年，明帝始大发缘边兵，遣将分道出塞，会合

---

① 本章为张荫麟先生遗著。而据发表本章的《思想与时代》杂志编者称：“此为张荫麟先生《中国史纲》第十二章未完之稿。全书已有数千言，虽非全貌，已可见一斑。因加整理，发表如下。”（该杂志第 30 期，第 8 页）今据此增入。——编者注

南匈奴，挞击北虏。北虏闻风渡大沙漠远去，汉军未得和他们的主力接触，只取了伊吾卢的地方。不数年后，北匈奴内部复起分裂，党众离叛，南匈奴攻其前，丁零攻其后，西域攻其右，鲜卑攻其左，内忧外患之余，加以饥蝗。章和二年(公元88年)章帝(东汉第三帝)死，和帝继位，窦太后临朝，南单于上书请求乘机灭北匈奴。适值窦太后见窦宪犯了重罪，请求击匈奴赎死，乃拜窦宪为车骑将军，耿秉为副，将汉兵、南匈奴兵及其他外夷兵伐匈奴。次年，汉将所领的南匈奴兵与北单于战于稽落山，大破之，敌众溃散，降者八十一部二十余万人。宪等登燕然山，立石刻铭而还。铭文的作者即著《汉书》的班固，为东汉一大手笔，是役以中护军的资格从行。兹录铭文如下：

> 惟永元元年秋七月，有汉元舅曰车骑将军窦宪，寅亮圣明，登翼王室，纳于大麓，惟清缉熙，乃与执金吾耿秉，述职巡御，理兵于朔方。鹰扬之校，螭虎之士，爰该六师，暨南单于，东乌桓，西戎氐羌，侯王君长之群，骁骑三万，元戎轻武，长毂四分，云(一作雷)辎蔽路，万有三千余乘，勒以八阵，莅以威神，玄甲耀日，朱旗绛天。遂陵高阙，下鸡鹿，经碛卤，绝大漠，斩温禺以衅鼓，血尸逐以染锷，然后四校横徂，星流彗扫，萧条万里，野无遗寇，于是域灭区单，反旆而旋。考传验图，穷览其山川，遂逾涿邪，跨安侯，乘燕然，蹑冒顿之区落，焚老上之龙庭，上以摅高文之宿愤，光祖宗之玄灵；下以安固后嗣，恢拓境宇，振大汉之天声。兹所谓一劳而久逸，暂费而永宁者也。乃遂封山刊石，昭铭上德。其辞曰：铄王师兮征荒裔，剿凶虐兮截海外，夐其邈兮亘地界。封神丘兮建隆碣。熙帝载兮振万世。

次年,宪方遣班固等招降北匈奴,而南匈奴深入追击,北单于大败,受伤遁走,其阏氏及男女五人皆被虏。宪见北胡微弱,便想趁势把他灭掉。次年遣耿夔将精骑八百出居延塞,直奔北单于廷于金微山。汉兵凌厉无前,斩杀五千余级。单于领数骑逃亡,他的珍宝财畜尽为汉兵所得。夔等追至去塞五千余里而还。单于远走,当时汉人不知其下落。近今史家或疑四世纪末叶侵入欧洲而引起西方民族大移徙之"匈人",其前身即此次北单于率以远遁之残众云。但据《后汉书·耿夔传》,是时从北单于逃亡的不过"数骑",其后裔如何能成为偌大的势力?故吾人于此说不无疑问。北单于既走,其余众降汉,后复叛,为汉所破灭。

耿夔灭北匈奴之后三年,即永元六年(公元94年),班超亦把西域完全平定。班超,平陵(今陕西兴平)人,班固之弟。超之始露头角是在永平十六年伐匈奴之役。是役超为"假司马",领兵击伊吾卢,战于蒲类海,斩虏很多,因被朝廷赏识。东汉自取伊吾卢后,乃开始经营西域,因派班超往使鄯善(即楼兰)。班超初到,鄯善王敬礼备至,后来忽然疏懈。超料定北匈奴有人派来,鄯善王因而动摇,考问服侍的胡奴,果得其实。于是把他关起来,尽召随从的吏士三十六人共饮。酒酣,说道:"你们和我都身在绝域,想立大功以取富贵。现在虏使才到了几天,鄯善王的态度便大变,假如他奉命要把我们收送匈奴,又为之奈何?"吏士都道:"现今处在危亡之地,死生从司马。"班超便道:"不入虎穴,不得虎子。为今之计,只有趁夜放火袭攻虏使,他们不知我们人数多少,必然大起恐慌,可以杀尽。把虏使一行诛灭,鄯善破胆,便功成事立了。"是夜班超领众直奔虏舍,适值有大风。他令十人携鼓藏虏舍后,约定一见火起即擂鼓呐喊,其余的人尽持刀剑弓弩,夹门埋伏。于是乘风放火,前后鼓噪,虏众慌乱。班超亲手格杀三人,吏士斩虏使并从士三十余级,余下的一百人左右通通烧死。明日,班超传召鄯善王,拿虏使的首级给他看。鄯善全国震怖,即纳王子为质,归服汉朝。事变的经过奏上朝廷,朝廷便令超继续往使其他诸国,以竟前功,并要给他增兵。他说:原有的三十六人就够了,倘有不测,人多反而为累。是时于阗新破莎车,雄霸天山南路,而服属匈奴,匈奴遣使监护之。超离鄯善,西至于阗,其王待他甚冷淡。于阗俗信巫,巫者说:神怒于阗王向汉,要他取汉使的骃马来献祭。他便向班超求马,超秘密探知这事的详情,便答应他,却要那巫者亲自来取。一会巫者果到,班超立刻把他斩首,拿他的首级送给于阗王,并责备他。他早已知道班超在鄯善的伟绩,见了巫者血淋淋的首级,更加惶恐,便攻杀匈奴的使者而投降于班超。超厚赏王以下,优加抚慰。永平十七年,汉始复置西域都护。是年班超去于阗,从间道至疏勒。先是龟兹倚仗匈奴的威势,雄踞天山北路,攻破疏勒,杀其王,而立龟兹人兜题以代之。超既至疏勒,先派属吏田虑去招降兜题,并嘱咐他道:"兜题本非疏勒种,国人必不替他出死力,他若不降,便把他拘执。"兜题果然无意归降,田虑便乘他无备,把他缚了,他左右的人惊骇而散。班超赶到,召集疏勒将吏,宣布龟兹无道之状,改立旧王的侄子忠为王,疏勒人大悦。忠和官属请杀兜题,班超却把他放了遣送回国。永平十八年,明帝去世,章帝继位。龟兹和焉耆乘中国的大丧,攻杀都护陈睦,于是班超孤立无援。龟兹姑墨屡次出兵攻疏勒,班超率着那三十几个吏士,协同疏勒王拒守了一年多。章帝初即位,见他势力单薄,怕蹈陈睦的覆辙,便召他回国。疏勒都尉见留他不住,拔刀自刎。他行到于阗,于阗的王侯以下号泣留他,抱住他的马脚。他于是复回疏勒。时疏勒已有两城降于龟兹,和尉头国连兵。班超捕斩叛徒，击破尉头，杀了六百多人，疏勒复安。章帝建初三年（公元78年），班超率领疏勒、康居、于阗和拘弥兵一万人攻破了姑墨（时姑墨附龟兹，其王为龟兹所立）的石城，斩首七百级。班超想趁势平定西域诸国，上疏请兵。五年，朝廷派弛刑及应募千人来就。先是，莎车以为汉兵不出，降于龟兹，而疏勒都尉番辰亦反叛。援兵既至，超击番辰，大破之，斩首千余级，获生口甚众。超欲图龟兹，建议先联乌孙，朝廷从之。八年，拜超将兵长史。九年，又给他增兵八百。超于是征发疏勒、于阗兵击莎车。莎车秘密勾结疏勒王忠，啖以重利，忠遂反叛。超改立疏勒王，率效忠的疏勒人以攻忠，相持半年，而康居派精兵助忠，超不能下。是时月氏新和康民联婚，相亲善。超派人带了大批的锦帛送给月氏王，请他晓谕康居罢兵，果达目的。忠势穷，被执归国。其后三年，忠又借康居兵反，既而密与龟兹谋，遣使诈降于超。超知道他的奸谋，却装着答应他。他大喜，亲来会超，超暗中布置军队等待他。他到，设筵张乐款待他。正行了一轮酒，超呼吏把他缚起，拉去斩首。继击破他的部众，杀了七百多人，疏勒全定。次年，超征发于阗等国兵二万五千人复击莎车，而龟兹王遣左将军征发温宿、姑墨、尉头兵合五万人救莎车。超召集将校和于阗王等商议道："现在我们兵少，打不过敌人，计不如各自散去，于阗军从这里东归，本长史亦从这里西归，可等夜间听到鼓声便分途进发。"同时暗中把夺得的生口放了。龟兹王得到这消息大喜，自领万骑在西界拦截班超，而命温宿王领八千骑在东界拦截于阗军。超探知他们已出发，密令诸部准备，于鸡鸣时突击莎车营。敌军大乱四窜，追斩五千多级，获马畜财物无算。莎车穷蹙纳降，龟兹等各自散去。班超由此威震西域。

和帝永元二年(公元90年),超又定月氏。先是月氏以助汉有功,因求汉公主,为超所拒绝,因怀怨恨。是年派其副王领兵七万攻超。超的部众自以人数单少,大为忧恐。超晓谕军士道:"月氏兵虽多,但越过葱岭,经数千里而来,并无运输接济,何须忧惧呢?我们只要把粮食收藏起来,据城坚守。他们饥饿疲困,自会投降,不过几十天便了结。"月氏攻超不下,钞掠又无所得,超预料他们粮食将尽,必向龟兹求援。于是伏兵数百,在东界等候。果然遇到月氏派去龟兹的人马,带着无数的金银珠玉,伏兵把他们解决了。班超把使人的首级送给月氏副王。他看了大惊,派人请罪并求放他生还。班超答应了他。月氏由此慑服,每年纳贡。永元三年,即耿夔灭北匈奴的一年,龟兹、姑墨、温宿皆向班超投降。朝廷拜超为西域都护,超设都护府于龟兹,废其王,拘送京师,而另立新王。是时西域五十多国,除焉耆、危须、尉犁因从前曾攻杀都护,怀着贰心外,其余尽皆归附汉朝。其后永元六年,这三国亦为班超所平定。

(二)

自北匈奴为耿夔击败,逃遁无踪,其部众瓦解,本居于辽西辽东塞外的鲜卑,乘机而进,占取北匈奴的土地。是时北匈奴余众尚有十余万落,皆自号为鲜卑。鲜卑由此强盛,自和帝永元九年(公元97年)至顺帝阳嘉二年(公元133年)凡三十七年间,平均每隔一年,入寇一次,先后杀渔阳、云中及代郡太守。此后鲜卑忽然敛迹了二十年,而檀石槐兴起。檀石槐在鲜卑民族史中的地位,仿佛匈奴的冒顿。他把散漫的鲜卑部落统一,尽取匈奴的旧地,建一大帝国，分为三部：东部从右北平至辽东，接夫余、濊貊；中部从右北平以西，至上谷；西部从上谷以西至敦煌。每部置一大人主领。他南侵中国，北拒丁零，西击乌孙，东侵夫余以至倭国。他有一次俘了倭人一千多家，迁到“秦水”上，令他们捕鱼以助粮食。他死于灵帝光和四年（公元 181 年），溯自桓帝永寿二年（公元 156 年），他开始寇掠云中以来，他为中国患凡二十二年。在这期间，鲜卑几于年年入寇；有时连结乌桓及南匈奴，为祸更烈。北边州郡东起辽东，西至酒泉，无不遭其蹂躏。桓帝延嘉九年（公元 166 年）遣使持印绶封檀石槐为王，想同他讲和，给他拒绝。灵帝熹平六年（公元 177 年）曾派三万多骑，三路（高柳、云中、雁门）并进，讨伐鲜卑。结果，三路皆惨败，三将各率数十骑逃归，全军覆灭了十七八。汉廷对于鲜卑，盖已和战之策两穷。幸而檀石槐死后，鲜卑帝国旋即分散。

（原载《思想与时代》第 30 期，1944 年 1 月）

校订说明

张荫麟先生的名著《中国史纲》（止于东汉初，共十一章），主要是完成于抗日战争的前夕，大部分曾陆续登载于天津《大公报·史地周刊》中。重庆青年书店在1940年6月首次加以汇集出版。1940年秋至次年夏，张先生在西迁遵义的国立浙江大学讲授中国上古史课程时，将该书石印五百册（止于第八章“秦汉之际”）作为学生参考书。1942年夏秋间，张先生在病榻上，对该书初版略加增删，改正笔误和刊误多处，并添入第九章至第十一章。张先生不幸于是年10月遽归道山。1947年，改正稿经我稍予整理，奉还给浙大文学院院长兼史地系主任张晓峰（其昀）先生设法印行。次年4月，由南京正中书局出版。清样未经我们校对，书中个别文字及标点误刊较多。

此书先后获得海内外专家的推重和珍视。上世纪50年代，台湾、北京都有重版。台湾重印本，我未曾读及。北京三联书店的重印本对正中本作了文字技术上的校订，尤其是核对引文，订正史实，颇费功力，标点亦大抵加以规范化。这是值得称道的。可惜受到当时“左”倾思想的影响，删去了著者的自序，且对正文亦间有斧削。后来复旦大学中文系傅杰博士应辽宁教育出版社之请，又对《中国史纲》加以整理，收入张先生的三篇自序，正文则以正中本为主要依据，不作删节，也参考三联本作了校订，由辽宁教育出版社编入“新世纪万有文库·近世纪文化书系”中,于1998年3月刊布。最近亦有好几家出版社印行该书,大抵与傅博士整理本相同。

多年来,我对《中国史纲》曾不断予以校订,于1998年8月撰成《张著〈中国史纲〉(新本)校正》一文,收载《仰素集》中。此次又对《中国史纲》再加整理。“校书如扫尘,随扫随有”。恳乞专家、读者不吝指出为幸!

徐规于浙江大学历史系

2002年7月

附 录 一

中学本国史教科书编纂会征稿启事*

在本刊第二期(去年九月廿八日)所载《关于“历史学家的当前责任”》一文里,素痴君曾说过:

> 良好的国史课本的编撰是大家公认的急需,而目前似乎没有一个史家敢自信能独力担任此事而愉快。于此,我们被迫到一个史学史上旧问题的变相:毕竟理想的国史课本应由一手独修抑由众力合作?这两方面的利弊,昔人论说已详。现在事实恐怕要迫得我们出于合作的一途,那么,我们不可不想一个法子,以尽其利而去其弊。

当时他提出的法子是这样:

> 设想一个以友谊和共同兴趣为基础的小团体,内中包涵国史各方面的专家,和一两位有历史兴趣的散文作家。……大家推定一人为总纂。首先大家讨论出这部课本所应当包括

---

* 本文未署名;其时张荫麟受傅斯年之推荐,负责编纂高中和初中历史教科书,并以《大公报·史地周刊》为发表之园地,陆续刊登《中国史纲》初稿数章,由此推断本文为张氏所作。另文《关于中学国史教科书编纂的一些问题》被收入的原因也同上。

> 的项目,拟成一个大纲。这个大纲不妨先发表,征求这个团体以外的史家的意见,然后由总纂作最后的去取。第二步,由这小团体的分子各就所长的范围,从大纲中认定自己担任的项目,去广集资料,纂成长编。……长编全部告成后,也可以刊出,总纂根据长编和对它的批评,乃开始作这课本的初稿。由初稿以至定稿,自然要经过大家的讨论,和总纂的裁定。

这个法子,依我们现在看来,还是太过于理想了。机会把编纂一套中学本国史教科书的工作放在我们肩上。我们面对着一个立需解决的实际问题。这套课本包括高中和初中两部分。完成的期限是三年:以二年完成其中的一部分,以一年完成其余的一部分。这个时间的限制马上使我们觉得上说的办法大部分不切实用。那"包涵国史各方面的专家和一两位有历史兴趣的散文作家"的,"以友谊和共同兴趣为基础"的合作团体是"可遇而不可求"的,而我们现在不能再费时间去等待那不可知的奇遇。那样的团体不独需好些能合作的"专家",而且需要他们能聚在一起,而且需要他们能在一定时间内以中学本国史教科书的编纂作为正业,至少正业的大部分。于是又牵涉到经济的问题。那样的团体我们能马上唤召得起么?但我们的工作却是马上要开始的。因此我们不能不放弃素痴君的理想。

因为事实上的种种限制,我们同在一起,直接合作的只能有两三人。我们深觉得自己的力量远不能与所担任的工作相副,现在特用征稿的形式,请求国内史学家的援助。在说明所需要稿件的性质和关于投稿的规定以前,为着愿意和我们合作的人的便利起见,让我们把编纂的计划略为解释。

我们劈头碰到的问题就是国史教材在初中和高中两阶段里的分配。这个浅显而且基本的问题,竟被以前编纂中学国史教本的人忽略了,这不必因为他们智力不周,只因过去初中和高中的国史教本绝少是同出一手的。结果这两级的课本,内容大半雷同。学生们在初中时读的是一套,在高中时读的还是那一套,这最足为兴味的障碍。我们第一步要使初中的国史教本不是高中同类教本的缩影或稀淡剂。要使它们各有各的范围,各有各的生命。这目的怎样达到呢?中国史是一而无二的,我们怎能给它做两种不同的叙述呢?我们不能把它斩成两橛,以一橛给初中,一橛给高中;若如此,则读了初中而不升学的学生对本国史只认识一半。那又怎行呢?

我们对于这分配的问题的解答是这样:第一,在初中采用纵的划分,在高中采用横的划分。所谓纵的划分者,即是将历史的众方面,如民族的斗争和离合,国境的开拓,物质生活的变迁,社会结构的演化等等,分别叙述,各方面从古及今,自为段落。这种方法最宜于简要的鸟瞰和现状的溯源,这些正是初步的历史智识所需要的。所谓横的划分者,即是以整个的时代为段落,其目的在显示各时代的特殊面目,这正适合于历史之较深刻的认识。第二,在初中详今略古,详近略远;在高中则各时代的叙述力求比较的平均。我们以为初中的历史教材应侧重解释现在;而大概而论,愈近的历史对于现在的影响愈深,故应当愈详。高中的历史课程应当侧重各时代之比较深刻的认识,故需要比较平均的叙述。

为着研究和编纂的便利,我们打算从高中部分着手,因为由博返约,则约者易精。现在所要征求的稿就是为这部分用的。下文附有这部分的草目,这只代表我们出发前约略画定的路程,将来是不免稍有分并或增减的。同时我们极端欢迎对于这草目的批评。这草目包涵八十章,七十二个大题。(也许将来在这范围内增多若干章,给教学者以伸缩的余地。)计高中的本国史授三学期,共约一百六十学时。平均恰可每两学期时毕一章。也许有人觉得大题的数目未免太少,遗略的未免太多。这一点我们也曾考虑过。我们以为过去的历史教本的通病之一就是头绪太过纷繁,使读者如堕大海。中学教科书的理想是引人入胜。凡有写作经验的人都知道,欲使文章动听,必须条理简明。韦尔思有名的《世界史纲》连引论通共只有四十章回。若过求材料的周备,结果只成一部类书或辞典,要追求趣味的少年读这样的点鬼簿,(某印书馆出的高中本国史便是一个例子,我们曾偶于其中一叶里共发现一百多专名!)未免残酷。

我们一方面要求纲领的简单,一方面要求叙述的丰腴。我们不轻易引进一个专名,但每个专名被书中给予的涵义必须极具体而饱满。我们打算定稿每章的字数从六千到一万左右。这已经是无法再添的了。在这样的限度内处理像"东汉的学术"或"南朝的社会和文物"等类的题目,我们只能选择最有特征的或对后来最有影响的事项来叙述。但这选择的必要条件是对本范围的澈底了解。编教科书之难在此。

现在我们可以说到投稿的办法了:

(1)所征求的稿是作参考的长编用的,而不是供定稿直接采录的。

(2)投稿分两种:一是受酬的,一是不受酬的。

(3)不受酬的稿,分量或内容无限制,凡作者认为可供本会编纂之助者,均所欢迎。凡不受酬的稿,不论其见解或文字为本书采用,则将来我们于"编纂始末"中著录作者姓名、籍贯及其对本书之贡献,并以本书精印本为赠。

(4)凡欲受酬的投稿者,于附录草目中认定若干章(每人至多以五章为限),或另定题目亦可,惟均请预先通知本会,经其同意,方可属笔。此之规定,一以免工作的重复,二以免与本会的需要相距太远的稿件徒劳往返。但上说本会的同意并不保证来稿之必被采用。

(5)凡欲受酬之投稿者,于其以所担任题目通知本会时,请附寄一些本人以前专题研究之作品,或对于所担任题目之编撰计划及依据资料简目。

(6)凡每章之长编,以万二千字为最高限度,其酬金以六十元为最高限度。酬金之多寡,以内容之价值,而不以字数为比例。

(7)凡担任一章的长编者,其稿件请于接到本会同意后半年内寄来;担任两章者可分两期寄来;担任三章以上者可分三期寄来,均以半年为一期。过期不致酬。

(8)凡已发表之稿概不致酬。

(9)受酬之稿若被采用,则于本书"编纂始末"中著录作者姓名籍贯并来稿之目,采用时并注明所出。

(10)凡受酬之稿,经本会采用后,在本书完成前不得发表。

(11)不用之稿一概退还。

(12)本会通讯由《史地周刊》社转,惟来函请标明寄致本会。(由北平寄该社址,邮费照外埠例,请勿欠资。)

高中本国史教科书草目

卷一

第一章　石器时代(以地质略史为背景)

第二章　殷商文化及其渊源(附述唐虞夏的传说)

第三章　周朝的建立

第四章　周代封建社会的组织

第五章　戎患与东迁

第六章　民族国家的形成与发展

第七章　孔墨及其时代

第八章　七国(上)(政治的、社会的)

第九章　七国(下)(文化的)

第十章　统一的进行和完成(上)

第十一章　统一的进行和完成(下)

上章叙秦的强大及合纵连横的国际形势,迄秦亡;下章起楚汉之争,迄吴楚之乱。各注意政治以外的统一趋势。

第十二章　汉武帝及其文化事业

第十三章　西汉与匈奴的斗争

第十四章　西汉的开拓事业

第十五章　儒生的改革运动

第十六章　东汉的建国及其规制

第十七章　匈奴、西域、南蛮和西羌

第十八章　东汉的学术

第十九章　东汉的社会及经济状况

卷二

第二十章　转变时代——汉末至西晋(上)

第二十一章　转变时代——汉末至西晋(下)

右二章从政治、经济及文化三方面考察。

第二十二章　五胡十六国

第二十三章　佛教的输入与传播

第二十四章　南朝的社会和文物

第二十五章　北朝的社会和文物

第二十六章　南北的混一(上)

第二十七章　南北的混一(下)

从隋的建朝到初唐。兼述隋唐政制,尤注意唐律及考试制度。

第二十八章　唐太宗与武后

第二十九章　隋唐的开拓事业(注意海外交通及其影响)

第三十章　安史之乱及其社会背景

第三十一章　藩镇时代

第三十二章　唐代的文学与美术

第三十三章　唐代的宗教

第三十四章　晚唐和五代

第三十五章　宋的建国及其规制

第三十六章　宋与契丹、西夏

第三十七章　北宋的社会及文物

第三十八章　庆历新政与熙宁新法
第三十九章　女真的兴起和宋室的南渡
第四十章　南宋的社会和文物
第四十一章　朱熹的理学
第四十二章　辽国的社会和文物

卷三

第四十三章　蒙古的兴起和元朝的建立
第四十四章　元代的社会组织
第四十五章　元代的文化（宗教、美术、文学及科学）
第四十六章　蒙古帝国的崩溃
第四十七章　明的建国及其规制（注意八股考试制度）
第四十八章　靖难与迁都
第四十九章　南洋的开拓
第五十章　北元与明的斗争
第五十一章　明代与日本
第五十二章　建州的兴起
第五十三章　西南的开拓
第五十四章　王阳明和明代学术
第五十五章　欧洲文化的初输入
第五十六章　明代经济社会概况
第五十七章　流寇和明的灭亡
第五十八章　建州入关后的设施
第五十九章　复明运动的失败（附明遗老的学术思想及其影响）
第六十章　康熙帝
第六十一章　极盛与渐衰（康熙中至道光初）（一、政治的）

第六十二章　极盛与渐衰(二、经济的、社会的)

第六十三章　极盛与渐衰(三、学术的)

卷四

第六十四章　从鸦片之役到英法联军之役(注意国际背景)

第六十五章　太平天国(上)

第六十六章　太平天国(下)

注意太平天国前后的秘密结社,乱事之经济的原因和结果,乱事前后之中国的军队。

第六十七章　中兴名臣的建设事业

第六十八章　外患的激增(上)甲申中法之役及其前后

第六十九章　外患的激增(下)甲午中日之役及其前后

(注意国际背景)

第七十章　维新运动(注意康梁以前的先驱者及戊戌以后实施)

第七十一章　义和团之役及其影响

第七十二章　回銮后的清室

第七十三章　革命运动

第七十四章　武昌起义和民国成立

第七十五章　袁世凯与北洋军阀

第七十六章　欧战与中国

第七十七章　孙中山的奋斗

第七十八章　新文化运动

第七十九章　近六十年来的国民生计问题

第八十章　近三十年来的中国和日本

(原载《大公报·史地周刊》第21期,1935年2月7日)

关于中学国史教科书编纂的一些问题

(中学本国史教科书编纂会来稿)本刊第二十一期所发表中学本国史教科书编纂会征稿启事,内中投稿办法的开宗明义第一条就说:所征求的稿乃是供编纂时参考用的长编,而不是供将来教本直接采录的。这就是说,所期望大家供给的是教科书材料,而不是教科书的正文。但这一点似乎有些关心的读者没有注意到,因此我们屡听到这样的批评:把许多各不相谋的专门研究,乱七八糟地凑在一起,怎能成为一部良好的教科书?但我们的原定计划,决不是将投来的稿凑在一起而已。诚然,我们所征求的是原始的探讨(original research)的结果,而不是正史和诸"通"之浮光掠影的抄撮。但即使将来所得的稿完全合于理想,主纂者于有来稿可用之题仍须尽其力之所能,作些第一手的研究,而不能全以来稿为依据。现在的征稿完全为尽"集思广益"的可能而已。

于此又有人问:你们到底拿什么目的,什么"史观"去把乱杂的材料贯串起?这个问题是很容易回答的,但我们无论现在或将来却不愿意回答。这并不是因为我们没有目的或史观(至少中国史观);也不是因为我们所采的是不可告人的目的,或"滑头"的史观。我们之所以不愿意回答这问题,有四个原因:(1)教科书的主要任务,是明晰地、有趣地陈述人人应知、而无人能否认的历史常识,这种常识,不是什么目的或史观所能改变的。(2)我们并不想把自己的目的和史观放在这部书的前境(fore ground);我们要使自己的目的和史观在这书中成为“有若无”。我们要使读者处处觉得作者是在陈述事实而不是谋达什么目的,或宣传什么史观。最能达到目的的方法是不使人觉其有目的,最真确的史观是能与事实融化于无间的史观,此固可为知者道,难与俗人言也。(3)贯穿史材之最好的线索是事实本身的脉络,而不是现成的“史观”,求之于现成的“史观”只是不得已而思其次。(4)这部书的任务既不在表扬作者的目的或宣传一派的史观,把他的目的或史观说出来,并不能增进读者对本书的了解,适足以引起不细心的读者的误会。因为一谈到史观,便不能不提到一些流行的名词,而这些名词(肯定的或否定的)都挟有惹起蔽塞聪明的情感的力量。这里是我们用得着涵蓄的地方。我们的鹄的是艺术。一件艺术品的目的若由作者口中说出来便索然无味。于此我们愿意学哈代,而不愿意学萧伯纳。

上面的一段话是为着有人读了我们的启事和草目后,觉得我们没有目的和“史观”,而以为缺憾。但另外有些人却恐怕我们有什么“史观”,希望我们没有什么“史观”。这真令我们左右做人难也!

什么是“史观”?这有两种说法:(1)把史观当作对于历史的鸟瞰,对于历史众方面的变迁和其相互关系的一个大概的看法。这种史观不可不有,而且除了糊涂人以外不能不有。(2)把史观当作解释一切应史事实的因果关系之铁则。这种史观不可有而且只有糊涂人才会有。其实没有一个伟大的“历史哲学”家,或有名的“史观”的创始者是把所谓史观这样看待的。(无论他们的过错是怎样)拿这样的史观归之于他们只是不读书、不思想之过。第(2)种史观我们是没有的,但第(1)种史观是有的,而说明这种史观的最好方法是具体的历史叙述,而不是抽象的名词,尤其是最易惹起蔽塞聪明的情感的流行名词。

(原载《大公报·史地周刊》第24期,1935年3月1日)

附 录 二
高小历史教科书初稿征评

自从我开始在本刊发表《中国史纲》的初稿后，颇有一些关心的读者，经由本刊来函问成书之期。我当时曾分别答复，预定今年暑假前成书。现在要借这机会向这些读者报告：我的计划后来改变了（并非出于自动），先在这一学年内编一高小历史教科书，而把《史纲》的完成退后一年（或更退后一年而先成初中本国史）。现高小教本已大体完成，将陆续在本刊发表，征求批评。

这本小书，虽然预备作课本用，但我并不以通常写课本之方法写之，希望它能成为一般儿童的读物，故原名《儿童中国史》。

儿童中国史

自序

昔狄更斯有《儿童英国史》之作。今仿其名，文体亦略师之，惟取材之准乃大异。

为中国学校儿童述国史，视外此任何国难。并幅员之辽廓与世代之绵邈言，中国史实无与匹。而小学教本，字数有程。往时此类之书，字数皆不盈三万。今为猛增，亦倍而止耳。以区区五六万字，网络上下四五千年之中国史，而又须于粗枝大叶之概撮外，多容娓娓细节，以饵儿童，此一难也。今学制，高小、初中、高中皆有本国史。同一题材，陈说三次。若何避免重叠，而不倦苦学者，此二难也。复次，历史教本之纂，不仅以传知，亦以立训。训之大者，理想人格与理想社会是已。此之规范，在昔汉唐宋明之盛，固无待于设教者之劳心。不幸今非其时也。欲一教本行于今日，其中有若干要义，自不容不上同。虽然，上同而不流于鄙俗，适时而不流于媚世，自古所希。若何调协上同之需要与理性之唤诏，此又一难也。

今标三难，非预为本书之缺憾，欲使继此有作者，知问题所在而已。若予所以处之者，请略一言。

大抵观史有三道：吾尝试名之曰钻观，曰纵观，曰横观。以若干重要人物为隙牖，以窥探其时代及其时代之前后；从其所行所言所感所愿，以贯串其并世之大事；从其事业之所承所启，以觇世变之潮流：此予所谓钻观也。于民族之交涉及化合，于文物制度思想之源流及演变，分门别类，作飞鸟瞰：此所谓纵观也。以个别时代为主体，求认识其特殊之面目，契会其特殊之精神：此所谓横观也。今于高小取钻观，于初中取纵观，于高中取横观，此予所以解第二难也。

大抵短史、简史、略史、小史，甚至通史等类书之通病，在知抽象而不知拣选。抽象与拣选奚以别？譬叙墨子，若于兼爱、非攻、节用、节葬、非乐、上同、天志、明鬼、三衰、大取、小取等，项项而约述之：此抽象也。本书于墨子，只摘非攻、兼爱之目，而详阐之；非攻一节，则大部分为止楚攻宋事：此拣选也。虽然，拣选而无确准，犹病芜乱。今既取钻观，则其选材之确准可得言焉。

（甲）以若干重要人物为中心点，于其性格事业，须充分表明。

是为叙述之“前境”。其他历史常识,则采作“背境”。

(乙)至人物之去取。

(一)须顾及历史(亦即人生)之各方面;政治家、军事家、凿空者、教育家、宗教家、科学家、诗人、美术家俱备;

(二)须略顾及时代之匀称;

(三)须顾及人物本身之教育价值;其人非足为训,而因事功重要见收者,占极少数;

(四)须顾及目前民族之境遇;故于守国攘外之杰,所选独多。

如是严立畔岸,以拣选济抽象 ,此予所以解第一难也。

或曰:以人物为中心,岂不贻崇拜英雄、忽略群众之讥?则应曰:崇拜英雄,非劣事也。亦视所崇拜者为何如之英雄耳。典型自附,寤寐思存,修养之道,此为切要。须知崇拜英雄,与自命英雄,并非一事。以人物为叙述之中心,与以人物为历史之一切,亦非一事。以人物为叙述之中心,此观点也。以人物为历史之一切,此历史哲学也。本书但有观点之选择,并无历史哲学之依执。夫抽象之社会,抽象之制度,儿童所不解也。历史中最具体、最易为儿童所领会者,厥为个人及其言行。今兹观点之选择,亦有见于此耳。

一览目录中之人名,则作者所悬拟之理想人格,不难揣知:刚健质朴,克己利群者是已。此与墨道为近。故书中于墨子三致意焉。其托始于禹,亦师墨说。既以人物为主体,则所能启示之理想,仅限于人格方面。至于理想社会,盖未尝言,然亦未尝不言。夫社会者,个人之积也。从部分之积,固未必足以尽知全;然全之主要属性,每为部分所决定。知每个人应如何如何,则全社会应如何如何者,思过半矣。今日社会类型之智识,已远广于前。而每一种人格理想,非与任何社会类型皆契合无间者也。旧社会之一大破绽，即在其所尊崇（至少所不敢菲薄）之人格理想，与其所代表之社会类型，两相格扞。直道难行之谚，窃钩窃国之讽，胥此破绽之符也。昔人所知之社会类型只限于一，故能安于此破绽而无如何。今则此黑暗时代已成过去矣。某种人格理想，与其所最契合之社会类型，二者之在赤子之心，医则慈石之与针，顿牟之舆芥也。吾书实授彼以慈石与顿牟矣。若夫针与芥，彼将旦暮遇之。诚如是，则向所标第三难，亦有其自然可解之道。

本书之现今形式，与其原初计划，颇有出入。在原初计划中，予过于重视人物之教育价值，而忽略其历史地位。故颇有历史上殊不重要，抑且名不著称，而亦入录者。既而思之，此等人物，以与历史上之巨头并列，未免不伦。且为篇幅所限，故遂削去。削去之人物中，女子占一部分。严格言之，在中国史中占重要地位之女子，唯一武曌。而其人太无教育价值。故今书中女性之中心人物无一焉。予向以为书既并供男女学生读，宜有若干女范。由今思之，此可不必。男女所受之生理限制虽殊，其所以成己成物之道则一。譬政治家、教育家或科学家，使男子与女子为之，岂有二术？在德育、智育上，男女实可同范。柏拉图之《理想国》中，所以泯男女之界也。女性中心人物之强备一格，于本书为不需。

本书托始于禹，而上溯尧舜，惟于此段故事，明著其为传说。吾知有一辈史家，将责其抹煞羲农、黄帝，而另一辈史家又将责其不能割爱于殷商以前。对于前者，予欲无言。惟对于后者，则尚有说。今之考据，只证尧舜禹之故事不能尽实，未证其必为全虚。谓此段传说，必全无史实之质地，而为孔墨师徒所凌空结撰，此康长素之谰言，稍有古史常识之人所不当信。过而存之，如其有失，与过而弃之等耳。况予明著其为传说，而又尽刊落其理想化之色彩乎？且此段传说之本身，与后来历史，关涉甚多，已成为“国故”之一重要部分,教科书中岂容不予以位置?

本书之中心人物,限于逝者,不录生存,非贵远而贱近也。状述生存之人有四难:史料缺乏,一也;下笔不自由,二也;作者之党伐难免,三也;读者每因所闻受或所党伐之不同,而是非閧然,四也。例不在远,本书末章,原只叙淞沪之战,由杨联陞先生撰长编。杨先生参稽一切可得之史料,反复考虑后,决以某某人为中心。虽与予初拟者相违,予亦无以易之。然以就正于一闻见甚广而偏见甚少之先进,则谓某某人实有神经病。嘻,吾真末如之何也已!生存人之状述既无法尽如人意,而近事又不容不及,故今末章但叙事不叙人,于全书中为唯一之变例,不得已也。若夫表扬当路者之德言功业,以起信于童蒙,则就课程之编配言,宜入党义之科;就著作之分工言,宜别选和声鸣盛之能手;予书与予笔,俱无责焉耳。

此书之成,深有赖于郑侃慈女士、袁振之女士、杨联陞先生之助,而袁女士、杨先生之力为尤多。第三册之长编,全出袁女士手;第四册之长编,全出杨先生手。予于此诸长编,只有润色删节,并无改构。微二君,此书恐不知杀青于何日也。

目录

第四册　郑成功　林则徐　曾国藩　左宝贵与邓世昌(甲午战役中之双忠)　孙中山　从淞沪之战到百灵庙之战

一　大禹

(一)

我们打开本国的地图一看,黄河在潼关左近转了一个直角之后,一会斜向东北,到渤海岸的当中入海。是从古就这样的吗?不!现在黄河下游的水道乃是民国纪元前五十七年(即公历纪元一八五五年),迁徙了以后的水道。在这次迁徙之前,它是夺淮河入海的。时间更往上推,它的移动可更多了。

下游善于改道,这是黄河的一大特色。

为什么黄河会有这种特色呢?

原来黄河自龙门以下,从高原折入低谷,水势是很紧的;自洛阳以下,它就在一个大平原上安流,水势越来越缓,它在上游所挟带的泥土就大量的沉淀下去,渐渐把河道填充。填充到了相当的程度,河身便会溢出两岸,甚则改道他适。当远古的时候,堤防和疏濬的技术还没有发明,黄河出岸或改道的事,一定比近代频得多。

和黄河搏斗,乃是我们祖先的一大事业。我们的历史传说,就以黄河的一场大水灾开始。我们的第一个民族英雄便是曾经征服黄河的大禹。

那场大水灾,按传统的估计,大约是在西元前第××世纪内开始的。那时候的“中国”，还没有完全包括现今河北、河南、山东、山西四省，就在这四省之内，给无数未开化的蛮夷部落围绕着。所以在那时候，黄河下游一出了大岔子，就是“洪水横流，氾滥于中国”了。

（二）

传说第一个遭遇这场水灾的君主是尧。尧对洪水始终没有办法，到老，就把位传给舜。原来在此时的中国，君主世袭的制度还没有成立，君主的势力也不很大。君主之下有“四岳”，就是四个大头领。他们对于继位的君主是有推荐之权的。他们推荐了做庄稼出身的舜，尧试派他去办事，果然称职，便传位给他。这就是后来所谓“禅让”的事。

舜即位不久，就派禹去治水。禹父鲧在尧时是曾以治水失败被诛死的。但禹不独没有因此仇恨朝廷，并且一心去给先父补过。据说鲧治水的方法，是专去筑堤挡水，结果劳而无功。禹改变方法，在黄河的下游，凿通了许多支流，把它的水势分散，它才退出以前所侵占的陆地。这样水患就平了。

为了治水，禹亲自拿着耒臿，冒犯风雨，工作了八年。在这期内，他有三次走过自己的家门，也没有进去。据说有一次他还听见自己的孩子呱呱地哭呢。

舜老了，就把君位传给禹。禹立了这么大的功，辛苦了这么久，在别人看来，此时很可以享享福了。可是他不。虽然做了君主，还是食很粗劣的东西，却备办着很丰盛的牺牲去祭祀；还是住很卑陋的宫室，却极力替人民开凿沟洫，以利灌溉。

(三)

禹到了晚年,照例选了一位候补的继任者,名叫益;临死,就传位给他。可是这时禹的儿启已养成很大的势力,他也要做君主。不知道是因为禹的功德太大,人民对他的儿子特别表同情呢;抑或是因为益的才德确不如启呢,人民都拥戴启,而不拥戴益。益和启争位,失败被杀了。

后来启索性传位给自己的儿子,不再"禅让",于是确立了君主世袭的制度。从此开始了我国第一个一姓相传的朝代。这朝代虽然以禹为始祖,实在是启所创造的。这朝代,后人称为夏朝,大约因为启的"发祥"地是夏(夏地在今山西汾水下游,其正确位置不可知)。从夏朝以后,中国人,别于四境的蛮夷,曾被称也自称为"诸夏"。"诸"是言其支派之多。

夏朝继续了约四百七十年,给一个以今河北渤海岸为根据地的民族推翻了。代兴的新朝,以商(今河南商丘)为国都,这朝代因此就名为商。

二 孔子

(一)

在泰山以南,靠近津浦路,有一个著闻世界的胜地,叫做曲阜。

每年无数国内外人士从老远来到这里，为的是瞻仰孔林。

这孔林是一丛苍劲参天的柏树和桧树，中间点缀着古旧的牌坊和楼台，穿透着一湾清浅的流水。林内藏着一个古墓，碑上篆刻着“大成至圣文宣王墓”。这墓是受着二千五百多年的珍重护惜，因为墓中人是受着二千五百多年来中国人的崇拜。

你道这墓中人是一个怎样的人物？假如你早生半个世纪左右，你开始上学的第一件事便是给他的像叩头，上了学一两年便得背诵他的言行的记录（其中最重要的一种叫做《论语》），往后还得背诵他所编订过的几种教本。这些言行录和教本都是所谓“经典”。那时，你若要做一个学者，一生的主要工作便是研究前人对于这些经典的注解；你若参加国家的考试，所出的题目，大部分就是这些经典里的话，让你作文章来说明。

这墓中人是谁？他氏孔，名丘，字仲尼，后世尊称为孔子。

（二）

他的墓碑上虽然题着“文宣王”，他生时却不是什么王侯。那徽号是后人追加给他的。他出身很寒微。他虽然做过短期的大官，却没有什么权柄。他是以一个教学先生著名的，也以一个教学先生终老。不过他的先世可是很阔的贵族，他的远祖并且数到商朝最末的第二个王，帝乙。

从帝乙到孔子，其间有一大段历史。

原来商朝传了约莫五百年，给一个以岐山一带为根据地的周民族灭了（周民族原先是臣属于商朝的）。他们所建立的新朝叫做周朝，周朝的第一个王叫做武王。在周朝，中国依然还没有真正统一。武王以下的三世,共在王畿外分封了好几百个属国(这些国的君王都是世袭的),其中国名可考的也有一百四十多。现在单表两国:宋和鲁。宋是武王为留给先朝一点余地,拿来封帝乙的一个儿子的,即以商朝的旧都(商丘)为国都。鲁是武王的兄弟周公的封地,其都城即现今的曲阜。孔子的先世乃是宋"公室"(即国君的一家)的一支派,因内乱避难而迁到鲁国的。他们一离开本国,自然就丧失了世袭的贵族资格了。

孔子以西元前552年生于曲阜附近的一个村落。

他壮年以前的事迹,我们知道的极少,只有两点可说。第一,他是在伶仃孤苦中长大的。他三岁就死了父亲,也没有叔伯的提携,而且家里很贫困。他是全靠赤手奋斗而出人头地的。第二,他从少就好学好问,多材多艺。他决不只读死书。年纪很青,就出去谋生,先后给贵族管理过会计和牧畜,都非常称职。

在三十岁左右,孔子的学问大成,名闻全鲁国,并且吸引了很多的生徒。

(三)

和孔子同时,或在孔子前后,不少以教学为业的人。为什么惟独孔子受着二千五百多年全中国一致的崇拜呢?原因是很复杂,但有三点最值得注意。

第一,是他的人格的伟大。他没有在战场上立过惊天动地的功勋,也没有在政治上做过扶危定倾的事业。他只靠他的德行使得人人对他低头。然而他的德行,说来也是平平无奇的,只是别人做不到。假设你在他门下受业,你会遇见一个怎样的先生呢?他的衣冠总是整齐而合宜的;他的视盼,温和中带有严肃;他的举止,恭敬却很自然。他平常对人朴拙得像不会说话,但遇着该发言的时候,却又辩才无碍,间或点缀以轻微的诙谐。他永远是安静舒适的。他没有忧虑,也没有怨恨。他一点也不骄矜,凡有所长的,他都向请教。便是他和别人一起唱歌,别人若唱得好,他必请再唱一遍,然后自己和着。无论待怎样不称意的人,他总要"亲者不失其为亲,故者不失其为故"。他的穷朋友生时随便在他家里食宿,死后若无人收敛,他便替殡葬。他对一切人抱着三个理想:"年老的得到慰安,年幼的得到爱抚,朋友以诚信相待。"

第二,他的遗教几乎包涵了所有重要的道德真理。除了以身作则外,他对门弟子还留下许多道德的训言,大部分记录在《论语》里。此等训言许多是永久适用,而任何人若接受了,会终身受益的。此等训言,这里不能尽述,但也无须尽述,因为,依照孔子的意思,它们是有一条贯通的原则的,那便是"忠恕"。"忠"就是尽自己的责任,和尽心替别人打算。"恕"呢?有一次,一个门弟子问,"有没有一个字可以终身奉行的?"孔子答道,"有,那便是恕:自己不愿意的,不要加在别人身上。"

第三,孔子在我国教育史上开了一个新纪元。在孔子以前,教育是专为贵族而设的,教师也专靠着贵族生活,而且只有贵族才会造就高深的学识。孔子是第一个平民出身的大学者,同时也是第一个努力去把教育平民化的人。他广收生徒,不分贵贱贫富,不拘修金多少。便是只拿一束干肉,来做贽礼的(这时的规矩,凡去拜会一个生人得带些礼物,叫做贽),他也不拒绝。对于当时别的教师,这可不行的。孔子所认识自己生平的特长只是"好学不厌,诲人不倦"。他是深深感觉到教育事业的乐趣和价值的。凭他的人格和学识,加以教诲的热心,所以他的门弟子许多是名闻列国的贤才,其事迹见于记载的也有二三十人。后人传说他门下先后有“贤人七十,弟子三千”,虽然有点夸张,恐竟去事实不远。论生徒的品类之杂,数目之多,及成就的人才之众,孔子在我国教育史上都是仅有的。无怪后世的读书人都尊他为“至圣先师”了。

(四)

孔子不仅是一个教育家,并且是一个政治的改革运动者。

在孔子的时代,周朝的王室久已衰微。在孔子生前二百一十八年,即西元前770年,周王因为边境蛮族西戎(又名犬戎)的压迫,把国都从镐京(在今陕西长安县西)东迁到洛邑(在今河南洛阳),同时把岐山以西的地方封立了一个秦国,让它去对付西戎。这次迁都是一件划分时代的大事。后人称东迁以前的周朝为西周,以后的为东周。自东迁以后,周朝的王畿大大的缩小,周王的势力大大的削减,他的号令越发不能行于列国。列国的君主,即所谓“诸侯”者,于是强的侵凌弱的,众强和众弱之间又彼此相争。内战不断的发生,人民可就苦了。

孔子是要拯救人民的,他的政治主张是要列国尊重王室,拥护王权,遵守从前武王、周公所定的一切规矩,并且在周王的统制之下,和平地相处。

孔子也曾在鲁国做过三年的“司寇”(掌捕治盗贼及其他刑犯的最高官吏),但始终不能得到鲁国的政权。他在解除司寇职后,率领着一群弟子,奔走于列国之间,作政治活动,凡十几年。他向好些诸侯竭诚劝说,希望有一个能听他的主张,用他执政,但终无所遇。

他最后回到鲁国时,已将近七十岁,又过了四五年,便病死,那是在西元前479年。

他死后，群弟子把他葬在鲁都城北泗水边，即现在的孔林。群弟子并为他服丧庐墓三年，然后洒泪分手。弟子们和别些鲁人靠他的坟墓住下的有一百多家，成功了一条“孔里”。这孔里的遗址，今尚可寻。

三　墨子

（一）

孔子曾根据鲁国的《史记》，编了一本书，叫做《春秋》，后来成为经典之一。《春秋》的记事始于前 722 年，终于前 481 年。后人称这个时代为春秋时代。

宰制着春秋时代的有四个强国：齐、晋、秦、楚（齐在今山东北部，以泰山与鲁为界；晋略当于今山西；秦略当于今陕西；楚略当于今河南的南部和湖北）。在前 403 年，晋给国内三个久已强大的贵族瓜分了，他们运动得周王的册封，正式建立了韩、赵、魏三国，即所谓三晋。从这一年起至前 221 年秦人统一中国止，史家称为战国时代。这个名称恰符其实，因为战国时代之最大的特色就是国际战争的剧烈频繁。“争地以战，杀人盈野；争城以战，杀人盈城”：这就是当时日常发生的事。

（二）

墨子的一生正连接着春秋之末和战国之初（他的生卒年均不

可确考,约略是前483至前390)。他目睹战祸的惨酷,要把人民从其中拯救出来,首倡"非攻"的主义,意思就是说,反对侵略的战争。

墨子推原人类所以有战争,以及侵夺欺凌等事,根本是由于彼此不相爱。他想,假如人人把别人的身体看作自己的身体一般,谁还会加人以伤害?假如人人把别人的东西看作自己的东西一般,谁还会去偷劫?假如人人把别国看作祖国一般,那里还会有国际战争?为着消灭一切人与人间的冲突,墨子又提倡一种主义,叫做"兼爱",意思就是说:爱一切同类,如爱自己,不按亲疏而分厚薄。他悬想了一个合理的社会,在其中,每个人一视同仁地爱着其他一切人,同时也受着其他一切人的爱;全天下的人合为一家,谁有余剩的力量便用来帮助同侪,谁有余剩的钱财便拿来分给同侪;谁尽了职分便不用为生活担忧,年老无依的都得到赡养,年幼无亲的都得到抚育。这样一个欢乐和谐的天堂,岂不胜于一个充满了战争攘夺、诡诈仇恨的地狱?墨子觉得奇怪,为什么人类是这样的愚昧,宁可安于一个充满了战争攘夺、诡诈仇恨的地狱,而不肯在一转念之间把它变成一个兼爱主义的天堂?说兼爱是不易实行的理想吗?世间比兼爱更难更苦的事多着哩!看哪!每年以万计亿计的人,为着君主一人的私利或一时的意气,可以争先恐后的到战场上送死!兼爱无论如何不是这样苦事罢?然而人们宁肯把性命作毫无价值的牺牲,而不肯实行兼爱。这不是由于愚昧却是由于什么?

墨子和他的信徒(即所谓墨者),不仅宣传兼爱,并且严格的实行兼爱。他们认为全人类应当"有福同享,有祸同当";若世间还有一人不免于饥寒,而自己的享受超过了维持生命之最低限度的需要,那便是罪过。所以他们都住极朴陋的房屋,吃极粗劣的食品,穿着得像囚犯一般。他们日夜操作,弄到"手胼足胝"。他们说,不这样,够不上做墨者。为着救人急难,他们可以"赴汤蹈火,死不旋踵"。他们的义侠行为,下面还要详叙一件。

墨子提出大禹做模范的人物,以为他们的生活是实行着"禹之道"。禹是怎样刻苦为民的?读者还记得吗?

(三)

墨子提倡"非攻",并不是只凭口舌去宣传。他虽然反对侵略,却赞成抵抗。而且他知道,要消灭侵略的战争,最有效的方法,还是比侵略者更强顽的抵抗。所以他的信徒几百人都熟习守御的战术,并且自备守御的器械,以作主义的后盾。

那时鲁国有一个著名巧慧的木匠叫做公输般(般一作班,如今木匠行所供奉的鲁班师父即公输般),他替楚国创制了一种攻城的利器叫做云梯。楚人准备用来进攻邻近的宋国,即墨子的祖国。墨子在鲁国闻得这消息,便立即起行,一连跑了十日十夜,来到楚的国都郢邑(在今湖北江陵县),找公输般。

公输般见了墨子,就问道:"先生老远来到,有什么见教?"

墨子佯答:"北方有人侮辱了我,想请你去杀掉他。"

公输般不高兴了。

墨子接着说:"我送你十金。"

公输般忿忿的回道:"我是义不杀人的。"

墨子于是给公输般作了一个敬礼,然后很严肃的说道:"可是我有几句话。我在北方,听说你造了云梯,要去攻宋。宋有什么罪过呢?楚国有余的是地,缺少的是民。杀缺少的来争有余的,不能说是智;宋没有罪,却要攻他,不能说是仁;知道着,却不争,不能说是忠;争了,而不得,不能说是强;义不杀少,然而杀多,不能说是知类。”

公输般给说服了。

墨子道:“那么,不可以歇手了么?”

公输道:“这可不行,我已经对王说过了。”

墨子道:“何不带我去见王?”

于是公输般同墨子入朝。墨子见楚王,行过礼后,从容问道:“现在有一个人,不要轿车,却想偷邻家的破车子;不要锦绣,却想偷邻家的短毡袄;不要米肉,却想偷邻家的糠屑饭;这是怎样的人呢?”

楚王答道:“那一定是犯了偷摸病了。”

墨子道:“楚的地面,方五千里,宋的却只方五百里,这就像轿车和破车子之比;楚有云梦,满是犀兕麋鹿,江汉里的鱼鳖鼋鼍之多,那里都赛不过,宋却是所谓连雉兔鲫鱼也没有的,这就像米肉和糠屑饭之比;楚有长松、丈梓、楠木、豫章,宋却没有大树,这就像锦绣和短毡袄之比。所以据臣看来,王吏的攻宋,和刚才所说的偷摸病是同类的。”

楚王道:“确也不错!不过公输般已经给我在造云梯,总得去攻的了。”

墨子知道此时靠口舌去争是没用的,于是请求和公输般比较一下彼此的攻守技术谁高谁低。他们就在楚王的面前表演。墨子把身上的皮带解下来当做城,把衣服卷叠作器械。公输般用种种机变来攻,墨子也用种种机变来守。公输般用尽所有攻城的器械,还攻不下墨子的城。

显然是公输般输了,但他对墨子说:“我知道怎么赢你,但是我不说。”

墨子回道:"我也知道你要怎么赢我,但是我不说。"

楚王很惊讶地问他们知道的是什么。墨子道:"公输子的意思,不过想杀掉我。他以为杀掉我,宋就没有人守,可以攻了。然而我的弟子禽滑釐等三百人已经拿了我的守御的器械,在宋城上等待楚军。就是杀掉我,宋城还是攻不下的!"楚王于是把攻宋的计划打消。

墨子名翟,墨是否他的姓或氏,至今史家还争论不决。

四　商鞅

(一)

前面说过,在西周时代中国境内包含有好几百国(确数不详);它们互相吞并的结果,到战国中叶,剩下的大概不到二十国。内中秦、齐、楚、赵、魏、韩、燕最强,合称为七雄。前三国是春秋旧有的强国,次三国是春秋的一强晋国分成的。最末的燕国(齐的北邻,在今河北省内)则一向闭关自守,在国际局面上无足轻重,到战国中叶才突然露头角的。

战国时代的历史,大部分就是这七雄互相残杀的历史。

在这大混乱的局面中,周朝的王室远远的退居幕后。本来东迁以后,周王已不能号令诸侯,不过他的威严还没有扫地,诸侯表面上还尊重他。直至三晋建国(前403),还需要周王的册封。但三十余年后,赵和韩便合兵攻周,并且帮助两个王亲,把王畿分裂为二，各治一方，号东西周（这与时间上的东西周不可混乱）。从此周王连一点残余的势都丧失尽，只保存一个空衔罢了。到前256年，西周君为秦所迫，把所有的三十六邑，共三万人口，奉献给了秦，西周亡。是年周赧王死，大约此时周人认为周室已衰到无可救药，再没有人给赧王立嗣，他就成了最后的一个周王（通常以赧王死年为周朝灭亡之年）。传说他有时穷到负人民的重债没得还，便跑到一个高台上躲避，周人因此称那台为"逃债台"。"债台"的典故就是从这里出来的。赧王死后七年，秦灭东周。

（二）

秦在战国初年原是七雄中最不雄的一国，但在战国中叶以下却是七雄中最雄的一国。这转移的关键，乃在秦孝公用商鞅变法。

商鞅原是卫国（鲁的西邻）的贵族，故又名卫鞅。他后来在秦国立了功，封于商，才号商鞅。

商鞅知道，要一个国家强起来，第一须有严格守法的人民，第二须有乐于为国牺牲的战士，第三须有丰富的生产，尤其是供给军粮的农产。他替秦孝公所定的新法全是要达到三个目的的，例如：

1. 人民以十家或五家为一组，若一家犯法，其他同组诸家得连同告发，知情不举的要受重罚。

2. 凡不做耕织的游民收为公家的奴隶，努力耕织、多致粟帛的人民免除徭役。

3. 家有二男以上不分居的纳加倍的赋税。

4. 有军功的分等给爵；虽贵族，没有军功的，亦不得受爵；服饰、居室等等按爵级区别，没有军功的人虽富也不得享受。

以上诸项中，那一项是针对着那一个目的，读者试自一想。

商鞅的新法实行后，秦国家给人足，盗贼绝迹，人民勇于公战，怯于私斗。其它六强，虽也各自在政治上有所变革，但没一国变得像秦那么彻底。这是秦凌驾六国的主要原因。

六国虽然各自不是秦的敌手，不过它们联合起来，却足以抗秦而有余。可是六国的君主多数只顾眼前小利，不独不能长久相联合，有时甚且勾结秦国来自相攻伐。结果六国给秦各个削弱，终于一口并吞。

五　秦始皇帝

（一）

秦人统一中国的事业完成于秦始皇帝手。他在十年之间（前230至前221），把六国摧枯拉朽地一气扫灭，建立了一个空前大的帝国，接着，又向南北两方把国境大大的开拓。当统一完成之初，他觉得自己的功业前无古人，认为旧日“王”的称号再不适用了，于是给自己创出“皇帝”的称号。“皇”有光大的意思，“帝”则原是指至尊的天神。“始皇帝”意思就是头一个皇帝。他预定日后子孙称二世皇帝、三世皇帝……以至于千万世。

全盛时的秦帝国，在当时人的想象中，几乎把整个世界都包括了。始皇的群臣曾在琅琊临海的高台上立石刻词颂始皇功德，内中说道：

> 六合之内，皇帝之土。

六合即四方上下，即全世界。颂词又说：

> 人迹所至，无不臣者。

这不是瞎捧。始皇势力所达的极限，差不多就是当时所知的世界的极限。

不过我们要分别（甲）绝对受始皇统治的帝国本部和（乙）虽向始皇称臣朝贡仍有自主权的帝国藩属。当帝国全盛时，本部连京师一共有四十二郡，南边包括全两广和安南的大部分；北边深入今辽宁省和内蒙古，并包括朝鲜的一部分；东边达到海岸；西边包全四川和甘肃、宁夏的一部分。至于帝国的藩属，现今可考的，则有朝鲜半岛上许多"东夷"族部，和滇黔境内的许多"西南夷"族部。此外西北边外的蛮族向始皇称臣的，虽然历史上不见记载，一定还有不少。我们若把藩属也算作"皇帝之土"，那么，上面所引歌颂的话，照当时人的世界观念，虽不全真，也去事实不甚远了。

我们若拿这秦朝的疆域，和西周的疆域一比较，便知道其间（有八九百年）中国民族向外发展的成绩了。在周初，最南的封国吴（都于今苏州）、楚，已是化外的蛮夷，非王朝所能统制；最北的封国燕、晋已和戎狄杂居；东边则沿海给东夷、淮夷、徐戎……等蛮族占据着，不属于中国范围；西边则王畿之外，更无藩国。所谓王畿，不过是周围着镐京和洛邑约莫一千里见方的土地。

秦朝不独疆域远广过周朝，政治组织也比周朝严密得多。在周朝，王畿之外分封了好几百国，各国的君主都是世袭，而不受周王任免的。周王在畿内，诸侯在国内，又把土地分给了许多小封君。这些小封君又都是世袭而不受周王或诸侯任免的。所以周朝的统治阶级是宝塔式的一班世袭的君长，名义上彼此相臣属，事实上各自为政。但在秦朝则京师之外分为若干郡，每郡分为若干县；郡县的长官都是直接或间接由皇帝任免，而非世袭的；京师的办法也如外郡一般，不过无郡之名罢了。这周朝和秦朝政治组织的差别，即所谓"封建制"和"郡县制"的差别。秦以后，郡县制虽偶有波折，终底是被维持着。

(二)

始皇灭六国后曾有两次大规模的对外用兵。一是征匈奴，一是征南越。

匈奴是游牧于内蒙古高原的一个民族。他们逐水土迁徙，以牲口为粮，以帐幕为家，没有城郭房屋，也没有文字。他们从少就学习骑射，刚会步行便骑羊射鸟鼠，故此个个强悍善战。遇着粮食不够时，便以剽掠中国为生业。所以古人有两句诗道：

> 匈奴以杀戮为耕稼，
> 古来唯见白骨黄沙田。

在匈奴以东，又有一个像匈奴一般的游牧民族，叫做东胡。他们以辽河流域为根据地。匈奴和东胡，战国人总名为胡。

胡的出现于中国历史乃在战国中叶。大约战国以前胡和中国之间隔着别的野蛮部落；自从战国以来，燕、赵各把北边拓展，遂与胡接境，与胡发生冲突，因此历史上才有关于胡的记载。燕、赵两国都饱受过胡人的蹂躏，却终于把他们大加惩创，远远的逐出边境之外，并在边界上各筑了一道长城以防他们。

但当燕、赵忙着对秦作最后挣扎时，和当始皇忙着调整新建的大帝国时，胡人得到了振兴的机会，匈奴尤其是猖獗，从前赵国得自匈奴的河套一带又给匈奴夺回了。当时并且有一句流行的谶语道“亡秦者胡”。始皇是最迷信的，便派蒙恬（相传蒙恬发明毛笔）统领三十万大军去征匈奴。蒙恬不久把河套收复，并且进展至套外，始皇将新得的土地设了九原郡。为谋北边的一劳永逸，始皇把燕、赵北界的长城和秦国旧有的西北边城，大加修葺，并且连接起来，成功了有名的“万里长城”。不过现今留存的“万里长城”乃是后人另筑的，不是始皇时代的遗物。

始皇的征匈奴还可以说是出于自卫，他的征南越（越与粤通）则纯是为着扩张领土。

南越即两广和安南一带，在战国时与楚为邻。这区域内分布着无数野蛮部族，中国人总称为“百越”。他们虽无文字，却已习耕种，有定居。南方地广人稀，物产饶富，他们不用向外剽掠，一向是和中国相安无事的。但始皇灭楚后，便乘胜向南越进兵，要把它收入版图。这回他没有得手。越人退入深山丛林中，乘秦军饥疲无备，半夜出击，把秦军的主帅也杀了。始皇统一中国后才派大军把南越压服，置为桂林、象郡、南海三郡，并迁数十万人到那里戍守。中国人向南越移殖是从这时候开始的。

（三）

匈奴、南越的征伐和万里长城的修筑，在始皇固然是煊赫的事业，在人民却是饮恨的牺牲。那时还没有募兵（由政府出钱雇人民当兵）的制度。前后近百万的远征军都是人民在鞭朴之下尽义务充当的。因为交通的艰难，军粮运输所需的夫役，比军队本身还多。这些夫役又是人民在鞭朴下尽义务充当的。因为待遇的苛刻，赴北边的人据说十死六七；赴南越的因为瘴气和水土的原故，情形也许更惨。人民听说被征发，不论去征戍或运输，就像受了死刑的宣告一般。许多不堪虐待的，就缢死在路边的树上！

为着军事的需要，始皇又努力于交通的建设，他从咸阳修了两条大“驰道”，其一东达燕、齐，其一南达吴、楚；从河套外修了一条“直道”，通到畿内；从蜀郡（在今四川）修了一条“五尺道”，通西南夷。此外他又大兴土木，建筑了空前宏丽的宫殿和生陵。那生陵用了七十多万工人筑了十年；那还没完成的阿房宫，后来烧了三个月还没熄火，其他可想见了。这一切工程直接和间接（如运输材料）所需的夫役，除一部分用罪人外，又都是人民在鞭朴底下尽义务充当的。

始皇压迫人民的事还多着哩！他在统一之初，为着永绝反叛的根株，曾把民间的兵器完全没收；他恨一班读书人引经据典地批评他，便把民间的书籍，除了关于医药、种树、占卜的外，通通烧掉；他听说有人暗地毁谤，便不分皂白，把犯嫌疑的四百多个士人一齐活埋。像这类的苛政，这里也不能尽述。

本来六国的遗民，尤其是旧日王亲和宦族，为着亡国的痛恨，早就想倾覆秦朝而甘心。例如韩国的一个阔少张良就曾倾尽家产，雇人用大铁锥来行刺始皇，虽然差一点没有中。又例如楚国民间早就流行着这样的谣谚：

楚虽三户，

亡秦必楚！

何况亡国的痛恨之外，更加以苛政的忍受？

始皇在皇帝位十二年而死。其子胡亥（后来人人说“亡秦的胡”的“胡”字应在他身上）继位为二世皇帝。胡亥没有始皇一半的英明，却有比始皇加倍的残暴。他即位不到一年，被征发去北边的九百个戍卒，在楚人陈胜、吴广的领导之下，把反叛的旗一竖起，这包括全“六合之内”的大帝国便霎时瓦解。

各地的革命军联合把秦朝推翻了，接着便起内讧。血战八年的结果，中国统一在楚人刘邦手。他以前206年即皇帝位，次年定都于长安。因为他以前曾占领过汉中为汉王，故此以汉为新朝之号。

汉朝传了二百一十四年，为王莽所篡。王莽死于大乱之中。汉宗室刘秀起兵重把中国统一，仍以汉为朝号。史家称刘秀以前的汉朝为前汉，以后的为后汉。因为后汉都于长安之东的洛阳，故此又称前汉为西汉，后汉为东汉。

六　张骞

（一）

现在的新疆省是汉朝人所谓“西域”的一部分。西域是指当时西北边境以外的一带地方，西达波斯湾，北达黑海。在汉初，这区域包涵了三十几国，多数的小国是在今新疆境，有的小至只有一百二十五户。西域诸国，大多数习农业，有定居，筑城郭，有些并且已使用文字。它们有许多特异的风俗和物事，是汉人所诧为奇闻的。譬如大夏（今阿富汗一带）等国以金银为钱，面铸国王像，背铸皇后像。又譬如大宛（今俄属土尔其斯坦）等国用葡萄酿酒，富人藏酒至万余石。又譬如安息（今波斯一带）等国看重女子，丈夫凡事听妻子的话取决。

不过汉人之知道这些事实，乃在前一二六年张骞（汉中人）自西域归还以后。在张骞以前，中国没有人深入过西域，也没有人知道西域的实情。那时西北边以外的地方，一部分是神话中的魔境，一部分是神话中的仙境。战国晚年楚国有一个诗人屈原曾咏道：

> 西方之害，流沙千里些！
> 旋入雷渊，靡散而不可止些！
> 幸而得脱，其外旷宇些！
> 赤蚁若象，玄蜂若壶些！
> 五谷不生，藂菅是食些！
> 其土烂人，求水无所得些！

一直至汉武帝派张骞出使西域之时，他根据披览古图书所得，还相信西边黄河尽处有一座高二千五百余里的昆仑山，日月轮流在那里躲藏着，山上有瑶池醴泉和仙人的宫阙。

张骞的亲见亲闻才把这些神话打得粉碎。他给汉人开辟了一个新天地，像哥伦布给欧洲人发现了美洲一般。

张骞探险所到极远的地方，除了上面提到的大宛、大夏外，还有康居国(今俄属土尔其斯坦),在前二国之北。他这次行程,历时凡十四年,中间初去时被匈奴拘留了十年余,归还时被匈奴拘留了一年余,因为这时汉与西域间交通的孔道(今甘肃西北玉门关一带)是被匈奴握着。他初出国时,一行共有百余人,归时只剩下他和他的奴仆堂邑父而已。这堂邑父倒是张骞的大恩人。他们行冰天雪碛、荒山绝漠中,往往断粮,幸亏堂邑父善射,猎鸟兽充饥。

张骞为人强毅、宽大而诚信,故到处得蛮夷敬爱,化险为夷。

(二)

上面说过,张骞赴西域,是汉武帝派他的。武帝为什么派他赴西域呢?说来话长。

汉初在武帝以前的六七十年是匈奴强盛到登峰造极的时代。中国刚从秦末的大乱中喘过气来,正要休息,无力攘外。匈奴虽然不时蹂躏边疆,汉廷对它总是忍辱修好,进贡财物。到了武帝时代,一方面因为忍无可忍,一方面因为经过长期的培养后,国力已很充实,便要对匈奴大张挞伐。

是时匈奴在东边已灭了东胡,与朝鲜接境;在西边则已把西域的许多国置为属国,并且设了一个"僮仆都尉"以管治它们和征收它们的赋税。当时汉人称朝鲜为匈奴的"左臂",西域为它的"右臂"。武帝于前108年把朝鲜半岛的大部分征服,收为郡县,这算是断匈奴的左臂。但他即位之初(前141)最先注意的却是匈奴的右臂。

武帝听到匈奴的降卒说,从前有一个月氏国(今甘肃西北部,即当中国通西域的孔道),给匈奴灭了,一部分月氏人逃入西域,占据了塞种人的土地(今伊犁一带),建立了一个新月氏国,是为大月氏,时常想报复匈奴。武帝要联络大月氏,便于即位的次年,募人去和它通使,应募的人就是张骞。

当张骞被匈奴拘留的期间,西域起了一大变化。月氏人又被一个强悍的游牧民族叫作乌孙的所迫,作第二次逃亡,终于又鸠居鹊巢地把一个文弱而富厚的大夏国占据了,遗下塞人旧境为乌孙所有。当张骞从匈奴逃出到达大夏时,月氏人正在新领土里过着舒服的日子,已忘却匈奴的旧仇。张骞留大夏年余,不得要领而返。

武帝派张骞使月氏的目的,原要断匈奴的右臂。但他们的右臂还没有断,汉朝的大军已深入他们的腹心,把他们驱逐到蒙古大沙漠之北,他们从前所占月氏的土地归入了汉朝。他们在痛定思痛之余,竟唱起这样的失败之歌了:

失我胭脂山,
使我妇女无颜色!
失我祁连山,
使我六畜不蕃息!

接着汉朝用战胜的余力,乘战胜的余威,经营西域,六十年间(前119至前59),终于把匈奴在西域的势力排除净尽,把西域的大部分收为属国,并且在那里设置了一"都护"官以替代匈奴的"僮仆都尉",都护之下有都尉,分驻三十一国。但这是远在张骞和武帝死后的事了。张骞死前还曾一度奉使去连结乌孙,亦无结果而返。张骞的贡献不在外交上的胜利,而在地理上的开辟。这种新事业汉人给起了一个新名词,叫做"凿空"。

七 马援

（一）

西汉最大的边患是匈奴，东汉最大的边患是西羌，东汉第一个征羌的名将是马援。

马援，字文渊，扶风郡茂陵县人。十二岁丧父。长兄命他去从师学习经典，以图仕进。他受不了当时经师的咬文嚼字，便辞去，要到边郡从事牧畜。不巧长兄死去，只得暂留乡里，作郡中的小吏。有次押解一个重罪的囚犯去受审判，途中见这囚犯太可怜，竟把他放了。自己也亡命到边郡去。后来遇赦，仍留在那里，经营牧畜。

援很有干才，他的事业很成功。有数百家人来归属，为他工作，听他调遣。畜牧之外，并且种田，积得牛马羊数千头，谷数万斛。他虽成了富翁，却叹道："生利赚钱，所贵在能施赈别人，否则就是守钱虏了！"遂把家财尽数给亲戚朋友。

当王莽末年，群雄并起。在西北割据的隗嚣，很佩服马援，把他请了去。公孙述在蜀中称帝，他被派到那里观看情形。他和公孙述本是同乡，而且自幼就十分相熟，以为见面应该握手言欢咧，不料公孙述却排起盛大的仪仗，以严肃的君臣之礼相见。援回来对隗嚣说："公孙述眼孔太小，不过井底之蛙而已。还是去看看洛阳的刘秀罢。"刘秀即建立东汉的光武帝，此时势力比公孙述大得多，几乎已领有中国的一半了。光武一闻马援来，立刻请进，连头巾都未戴就起身相迎，很随便的说笑。援心中大为佩服，说："陛下不怕我是刺客么?”光武说:“你那里是刺客,不过是说客罢了!”援回去就劝隗嚣降汉,自己也带家属迁到洛阳。后来隗嚣又听了别人的话,不肯降汉,援写信劝他也不听,归结和公孙述同被光武灭掉。

(二)

隗嚣的根据地在陕甘,附近就是羌人。羌人散居甘肃、青海以至西藏,王莽末,侵入陕西。隗嚣既平,有人推荐说羌人非马援不能平定,光武遂拜他为陇西郡太守。他对西北地理非常熟悉,带兵去先破灭一股羌人,又潜行抄近路袭击羌人的辎重大营。羌人大惊溃散,另结一营在山上。他进兵追讨,一面在山前列阵,一面分兵乘夜到山后去放火,击鼓叫噪。两面夹攻,羌人大溃。援上阵身先士卒,中箭贯胫。光武以玺书慰劳,赐牛羊数千头。他都拿来分给部下。

援在太守任内,教人民修理城郭堡垒,开导沟洫,推广耕牧。对残余的羌人也都恩抚宽待,地面大为安静。他作事只从大体上着眼,琐屑概不过问。属下小吏常来禀告外面的事,他说:“这都该那些小官们管的,别来烦我,还是给我点空闲玩玩罢。要真有大姓侵夺小民,羌人图谋造反,那才是我太守的事哩。”有一次,近县的人报仇行杀,吏民误惊,以为羌人反了。百姓纷纷逃入城郭。县长也跑来请快快闭门发兵。援正与宾客饮酒,闻言大声说:“羌虏那敢犯我?”就告诉县长“快回去看守你的衙门罢!要真害怕的话,可以伏到床下躲一躲。”后来事情弄明白了。大家都佩服太守的镇静。

（三）

定羌之役，马援虽受过箭伤，尚是驾轻就熟。他一生最艰苦的事业还在后头。

公元40年，交阯（今安南境）女子徵侧纠众造反。南方蛮夷很多响应，声势浩大，被扰的有六十余城。马援奉命去征剿。这时中国的南方还是未辟的边荒，马援率兵沿海而进，随山开路，凡千余里。苦战年余，终于败斩徵侧。

这次师行所经，每每下面是湿地，上面是瘴雾，不宜于居人。马援有时卧军营中，看见只只飞鸟，耐不住瘴，落在水中。同行的兵士，犯瘴疫死的有十分之四五。马援属下有一位将军还没有到战场便病死。马援凯旋时年已五十八，却还猛健如壮年。

他师行所至，便教人民修治城郭，穿渠灌溉，同教给西方人的差不多。这与中国西、南两部的开发很有关系。他不但是个大将，并兼是个拓荒者呢。

他还洛阳后，故人多来慰劳说，从此可以休息了。他摇头说："现在匈奴、乌桓（东胡的余族），还侵扰北边，我正想请旨去打他们。男儿合当死在边野，用马革裹尸还葬。那能安卧床上，死在儿女子手中呢？"在家才月余，果然又请行。匈奴、乌桓听说他来，都散去了。

公元48年，马援已六十二岁。闻南方武陵蛮反，汉将败死，又自请去征讨。光武怜他年老，不肯答应。他说："臣尚能披甲上马。"光武命他试一试，他果然披挂整齐，据鞍顾盼。光武笑说："这老头儿真壮啊。"遂许他出兵。当年他在西北牧畜时，本来常常勉励部下说:“穷当益坚,老当益壮。”

临出兵时,他告别友人说:“我年已老,常恐不能死于国事。现在能如我愿,可以甘心瞑目了。”

他到南方,正遇暑热。兵士多病疫,他自己亦病到两足难行,只得暂时改攻为守。每逢蛮兵登山鼓噪,他必扶病出来察看。左右为之哀痛流涕。可是平日和他有仇恨的皇亲贵戚便乘机上奏,说他师出无功。光武把他免职的诏书颁下时,他已病死军中了。

亲贵们还不肯罢休,又谗他南征交阯时私带回了许多明珠文犀之类回来,不曾奏报。光武更加生气。其实他带回来的只有薏苡一车。

后来他的朋友屡次上书给他讼冤,光武才明白过来,就命太子娶了他的少女为妃,即日后的明德马皇后。

马后为人,甚得父风,非常俭朴。身为皇后,衣服常用一种粗疏的织品,叫做“大练”的。宫人朝见,每误以为这是一种特别的好材料,细看方知是贱物,就笑了。马后解说道:“这种东西特别宜于染色,所以我喜欢用它。”

八　张衡

(一)

我国第一个伟大的科学家是后汉中叶的张衡(公元 78 至 139)。

在张衡以前，我国也有过不少无名的科学家。例如至迟在战国末年，中国人已知道磁石的吸铁性和指极性，但发现这两件事实的是谁，不可考了。又例如现存我国最古的天文学书《周髀算经》和最古的数学书《九章算术》——这两部书在旧日乃是这两门学问的基础，但不独它们的作者没有留名，连它们著作的时代都成疑问，只约略可知它们是后汉以前的产品罢了。

在张衡以前，我国也有过一些知名的科学家。例如战国中叶（约前 360 左右）楚有天文家甘公，魏有天文家石申，研究恒星的方位和行星的运行，各把观测的结果记录了下来。他们的著作是全世界最早的天文记录，比之希腊人依巴谷的（西洋最早的）还先二百年。可惜甘公和石申的书现在只存片段了。

（二）

不过张衡以前有名和无名的科学家，论方面之广和贡献之精，都没有比得上张衡的。

张衡是一个天文学家。他创设了我国旧天文学中最重要的一件仪器，叫做“浑天仪”。他首先发现月本身是不发光的，因太阳的照射才生光，又解释月蚀是由于月为地所遮蔽，不能接受日光。他的天文学著作可惜现在也只存小片段。

他也是一个数学家，著作一部“网络天地而算之”的算罔论，可惜现在连片段也不存了。我们只知道：旧以圆周率（圆周和圆径的比例）为三，张衡改为十的平方根，较密得多了。（现今数学中的圆周率是 355/113 或三·一四一五九……这个密率，张衡后四百年的祖冲之才发现，但也比西洋的发现早一千多年。）

但张衡之惊动一时的创造,还在一个测验地震的仪器,叫做"候风地动仪"。那是用精铜铸成的,圆径八尺,样子好像当时的酒樽,机关隐藏在内中。外面有八个龙头,各衔着一颗铜丸,下有蛤蟆,张口来承受。地震从某方来,某方的龙便把丸吐出,落在蛤蟆口中,其余的龙却不动。有次一龙吐丸,大家却没有觉得地震,以为这仪器无效。但过了几天,西方边郡果然传来地震的消息。这仪器构造的原理现在还可以推知。

张衡不独是个科学家,也是个文学家。我们现在特别推重他的科学贡献,以前他在历史上的名气,却全靠他的文学著作,尤其是那篇描写两汉首都的《两京赋》。从前认真在文学上用工夫的人,几乎没一个不哼过这篇赋的。

张衡字平子,南洋郡西鄂县(今河南南部)人。

(以上第一册)

九　诸葛亮

(一)

东汉帝国维持了一个半世纪(公元37至189),终于瓦解而为群雄割据的局面。这变迁是怎样造成的?

东汉的皇帝有一特色,就是多数短命。奇怪得很,自从第三传的章帝以下,一共十君,除了最后被逼退位的献帝外,没有活过了三十六岁的。因为皇帝短命,不是绝后,就遗下幼少的嗣君。遇着皇帝绝后时,被迎来继位的宗室,也照例是幼少的。试想小孩子坐在皇位,除了做傀儡以外,还能做什么?玩弄着这些傀儡的有两种人,一是在宫中服役的阉人,即所谓宦官;一是太后或皇后的娘家,即所谓外戚。东汉末一百年的朝廷,就是宦官和外戚的战场。最后外戚何进想到借助朝外的兵力来诛灭宦官,把驻在凉州(今甘肃)的悍将董卓召到京城,便闯出弥天大祸。

东汉因为主要的边患是西羌,精兵猛将多聚在邻近西羌的凉州。董卓的一军尤是其中的精锐。他早已不把那分裂无主的朝廷看在眼内,不受它的指挥;但如今奉召,却立即领兵起行。董卓还没有到,何进已谋泄遇害,他的党舆向宦官反攻,已把宦官杀个净尽。这证明董卓的内召完全是多余的一举。董卓至洛阳,收降了何进的部众,声势更加浩大。他把才立了六个月的少帝废掉,另立他所喜欢的傀儡,即献帝,并鸩杀少帝之母何太后。

董卓入洛阳之前五年(184),中国开始闹着"黄巾之乱"(叛众头裹黄巾,故名):叛众有数百万,乱区包括今河北、河南、山东、江苏、湖北。叛乱的主力虽不到一年便被击破,但余党却与汉祚同尽。为着防剿黄巾,乡里的豪杰纷纷竖旗起义,地方大吏也纷纷买马招兵。这些军队和投降的黄巾渐渐合并,而成为若干大队的私人部曲,此时便被用为诛讨董卓的义师。

义师逼近洛阳了。兼之洛阳离董卓的根据地凉州太远,他不容易控制,便挟着献帝迁都长安,并胁逼全洛阳数百万户男女老幼一同迁徙。董卓的军队,纪律是著名坏的。此时连赶带抢,马蹄践踏,死尸堆满一路。临行,董卓又在空城中放一把火。这一百五十余年的帝都霎时化为灰烬,它周围二百里内绝了人烟。

董卓到长安不久,被他的敌党勾结他的部下杀掉。他的部下又互相攻杀，关中（今陕西）在大乱中变成荒墟。同时各地的拥兵的将吏，纷纷划疆自主。

在这些对峙的群雄当中，巍然挺出一个曹操。他把献帝抓到手中，“挟天子以令诸侯”，改元建安，以许为都，渐次把其他割据的势力扫灭，最后，当他进入荆州的时候（建安十三年），稍有抵抗能力的，只剩下江东（今江浙一带）的孙权了。但他并不把孙权放在心上。他觉得配和他对敌的只有一人，即汉宗室刘备。他从前对刘备说过：“天下英雄唯使君与孤耳。”但此时刘备正被他追赶得无地可栖。他眼见要做中国的主人了。

（二）

当黄巾乱起时，诸葛亮才四岁，及曹操挟着汉献帝定都于许，改元建安时，亮已十六岁了。

亮字孔明，本籍琅琊郡（今山东诸城一带）。幼丧父，依其叔刘玄。玄官至豫章郡（在今江西）太守，后来失官，因与割据荆州（略当今两湖）的刘表有交谊，便投奔他，不得志而死。这时孔明已长成，便在荆州住下，结庐山中，且耕且读。也有几年出外寻师就学。他读书有一点和同学们大不相同。人家得着一部书便抱住读到烂熟为止；他却纵观博览，只记大略。刘玄的故旧不少显贵的，而此时割据的群雄也都急于延揽人才。孔明既学成，很可以出去找寻一官半职。可是他不，依然隐居隆中（在今湖北沔阳县）草庐里，耕种自给。

建安六年，刘备为曹操所败，领着部众和家小投奔刘表，也在荆州住下。刘备渐渐和当地的名士往来，知道他们很推重孔明，称他为“卧龙”。有次一位名士向刘备举荐孔明，刘备便说，“请你和他同来”。那人答道,“孔明只可拜访,不可传唤的”。刘备只得亲到隆中的草庐去,去了三遍才会着他。

刘备见孔明身长玉立,容貌英伟,就起了敬意。两人屏去随从,密谈恢复汉室的大计。孔明的筹划,大意道:“如今曹操已拥有百万之众,挟天子以令诸侯,这确是不可与争锋的。孙氏据有江东,已历三世,地势险阻而民心归附,又得贤能为用。这是可以连结而不可以图谋的。唯独荆州,北面据有汉、沔,南面通达南海,可以享受海外通商之利,东面接连吴郡和会稽,西面可通巴蜀;这正是用武之地,而刘表不能保守,好像是上天特意留给将军的。其次益州(即巴蜀),沃野千里,山险环绕,从前高祖(指刘邦)就靠它成就帝业。现在领有益州的刘璋,其人愚弱,不知爱恤人民,任用贤能,这也是可图的。如果将军并有荆、益,收服西南边境的蛮夷,结好孙吴,修明内政,等时局一有转变,便派一上将领着荆州的兵向宛洛出动(从湖北攻河南),将军则亲率益州的兵向秦川出动(从四川攻陕西)。这一来,霸业便可成,汉室便可复兴了。”

刘备听了这话,好比迷途中得到出路,欢喜是不消说的。便把孔明请到军中,并对人说,“我之有孔明,就像鱼之有水”。这时是建安十二年,孔明二十七岁。

建安十三年,曹操统着水陆大军来取荆州,适值刘表病死,其部众纷纷迎降。刘备用孔明计,联结孙权,合兵拒曹,把他大败于赤壁。他狼狈逃归。荆州的大部分遂落在刘备手。五年后,刘备又攻取了益州,定都于成都。孔明在隆中所预定的“三分天下”的计划完全实现了。

是时汉献帝仍在,名义上仍为中国的共主,曹操名义上仍为献帝的丞相,孙权称“徐州牧”,刘备则称“益州牧”。“州牧”乃是东汉末最高级的地方官的名号。到了建安二十五年，曹操死，其子曹丕迫献帝把帝位“禅让”了给他，次年刘备才称帝和他对抗。八年后，孙权也称帝。于是魏蜀吴三国鼎峙的局面名实俱备。（因曹操曾封为魏公，故曹氏以魏为国号；江东为春秋时吴国境，故孙氏以吴为国号。）

（三）

刘备既领益州牧，即任孔明为军师将军，后来称帝，任他为丞相。刘备临死，把十七岁的儿子刘禅付托给他，并诏敕儿子道：“汝与丞相从事，事之如父。”刘禅守着这遗训，事无大小，皆取决于丞相。

从任军师将军至死，孔明肩荷西蜀的国政凡二十年。

在民事和军事上，孔明执法行令均甚严厉，有犯必重惩。他初抵蜀时，有人看不过他的辣手，向他劝谏，大意道：“从前高祖入关，只简单的约法三章，所以秦民感德。如今新占一州，不缓刑施恩，以收拾人心，未免失策。”孔明的回答大意道：“你知其一，未知其二。秦朝苛政民怨，以致覆亡，高祖继秦而起，所以能以宽宏济事。这里刘氏累世宽纵，法律的威严扫地。做官的每每专权自恣，忘了君臣上下。一味拿爵位去宠耀他们，爵位尽极，他们便把爵位看贱了；一味拿恩惠去笼络他们，恩惠尽极，他们便怠慢了。这是刘氏衰弱的根源。如今我拿法去裁抑他们，法行便知道感恩了；爵位有限制，得爵位的便知道荣耀了。”这是孔明内政的方术。

他的外交政策，在隆中时已决定，即连吴图魏。这是再高明不过的政策。曹操劫持天子，是当时志士所目为国贼的，曹丕篡夺，更不用说了。伐魏是正义，魏在三国中最强大，魏灭，江东便不成问题了。蜀在三国中最弱小，不能同时树二敌。既要图魏，则不能不连吴。所以当孙权袭杀了刘备的心腹大将关羽,因而夺取了荆州之后,刘备一意伐吴报仇,孔明是不赞成的。但丞相的智谋到底拗不过皇帝的情感。结果刘备大败而还,半途病死,把孔明召到白帝城托孤。孔明主政后,却立即与东吴修好,一面劝农业,造战具,以备北伐。

但在北伐之前,尚有一事要办,即平定"南蛮"。这也是孔明在隆中所预料到的。所谓南蛮(汉代称为"西南夷"),即分布在今滇黔一带的许多半开化部落。这一带地方,在汉武帝时代已经收为中国的郡县。但东汉帝国瓦解后,南蛮又恢复独立的状态。当刘备败死时,南蛮就乘机侵寇蜀边。为绝内顾之忧,孔明不得不先南征,后北伐。

孔明出师南征的时候,他平日最器重的参军马谡来送行。临别,孔明问他还有什么良规。马谡道:"南蛮恃着地势险阻,不服已很久了。今天把他们击破,明天他们还是要反的。要紧的是使他们心服。"孔明采纳了这计策。是时,南蛮的首领叫做孟获。孔明设法把他生擒了来,问他服输不服;不服,便放了再战。如是者七次。最后一次被放时,孟获道:"公真是天威,南人再不敢反了。"孔明于是把孟获以下一班酋长收为属官,归时不在南中留驻一卒。此后南人果不再反。

(四)

孔明第一次北伐就失利。失利的原因,是前敌总指挥马谡违背了孔明的节制。马谡兵败私逃,被捉了回来。孔明只得按军法从事。马谡临死,上书给孔明道:"明公视谡犹子,谡视明公犹父。愿深惟殛鲧兴禹之义,使平生之交不亏于此,谡虽死无恨于黄壤也。"马谡既斩,孔明挥泪临祭,全军也为之哀恸。马谡的遗孤,孔明善为抚养,不在话下。

此后孔明屡次出师北伐,间有小胜,终不能深入魏境。

孔明的图魏是失败的。失败的主要原因不是谋划不周,而是地势不利。荆州既失,伐魏的途径,只有从汉中(汉中在刘备时已入于蜀)攻关中。这一路栈道崎岖,运输很艰难,粮草不能多带。因此蜀军利于速战而不利于停逗,后来魏将司马懿看透这一点,只是按兵不战,和孔明相持。孔明想到补救的方法:在边境"屯田"(使军士垦田),以给军食。但屯田的效果还没有见到,孔明正当和司马懿相持之际,病死军中了。他享年五十四。

孔明的图魏是失败的。但有一次出师之前,他也曾上表对刘禅说过:"臣鞠躬尽力,死而后已。至于成败利钝,非臣之明所能逆睹也。"

孔明又曾上表给刘禅说过:"臣成都有桑八百株,薄田十五顷,子孙衣食自有余饶。至于臣在外任,无别调度。随身衣食,悉仰于官。不别治生,以长尺寸。若臣死之日,不使内有余帛,外有赢财,以负陛下。"到死,果如所言。

孔明死后二十九年而魏灭蜀。魏军将到成都,意外的遇着一个强顽的抵抗者,叫做诸葛瞻。魏将投书于瞻,说道:"若降,必表为琅琊王"。瞻怒,斩来使,战死。瞻就是孔明的独子。

十　谢安

(一)

上面不是提到司马懿吗?他就成了第二个曹操,渐渐把魏国的大权弄到手里。接着他的两个儿子相继掌握魏政。到了他的孙炎,便索性仿效曹丕,以武力行"禅让",建立了晋朝。在这次"禅让"之前不久,魏已灭蜀;其后不久,晋又灭吴。于是中国重复统一。

当初曹丕开国定制,务求"强干弱枝"。皇亲封在外郡的,只给些老弱残兵,而且至多不过二百。因为皇亲无权,所以魏国很容易的被异姓篡了。司马炎有鉴于此,便把重兵广土,交给同姓诸王,希望他们做帝室的"屏藩"。无奈他的改革,正是"如扶醉人,扶得东来西又倒"。诸王有了兵力,就不容易安分。他死后才十年,诸王便因为争夺中央政权,互相残杀个不休。正当他们厮杀得最热闹的时候,中国史的一大变局开始。这就是"五胡之乱"。

所谓五胡,都是东汉以来因投降而迁居于中国内地的外夷。其名目是:匈奴、羯、氐、羌和鲜卑。内中匈奴和羌上面已讲及。羯乃是匈奴的一支。鲜卑则是东胡的后裔。东胡在秦汉之际为匈奴所灭后,有一支逃避到鲜卑山(在今蒙古以北俄国的边境)下,因而得名。氐原是中国西南边境外的民族,在商朝之初,就和羌人一同臣服于中国。但此后二千多年间寂然无闻,直至晋代,忽然像彗星一般在中国史里出现。

这些归化的外夷各各聚族而居,自成一社会,由本族的首领管治着。这些首领则听命于中国政府。当初中国让他们迁入内地,只为便于监视。他们本来人数甚少,后来滋生,到全盛时,最大的族也不过十数万人。这些外夷,因为人数不多,且是投降来的,一向颇受汉人尤其是汉官的凌虐,甚至被掠卖为奴。不过汉人的压迫愈甚,他们的团结愈坚。他们都娴习骑射,较一般汉人为强悍。等到中国的政治组织破坏了,战斗力在内乱中消磨尽了以后,他们更收纳失意失业的汉人,加以部勒,遂成为无抵抗的势力了。

首先发难的是匈奴。他们以山西汾水流域为根据地，于 311 年，长驱入洛阳（晋首都），虏晋怀帝，终杀之，继占长安，虏晋愍帝，终又杀之。愍帝被杀之次年（317），晋琅琊王称帝于建康（今南京），统治着江淮以南，是为东晋。同时北方的贵家豪族纷纷避乱渡江。

匈奴的统治者不久便在骄奢淫逸中衰弱下去。接着羯族（初附属于匈奴）、鲜卑慕容氏（初以辽东之北为根据地）和氐族（原居甘肃境），一仆一继的以次宰制着中原。

氐族在苻坚的领导下，不独完全统一了黄河流域，并且得了慕容氏的辽东，取了汉中、成都，服属了西域和滇黔境内的许多"西南夷"，建立了一个大帝国，号曰秦（都长安）。苻坚挟着百战百胜的声威，进一步便要扫灭东晋，统一中国。383 年，他帅领步兵六十万、骑兵二十七万南征。旗鼓相望，前后千里。东晋不有长江的天险吗？苻坚说："我们的兵士，只把鞭子丢下，就可以塞断长江的流水。"

（二）

东晋的朝廷，闻得大敌压境，岌岌摇动。唯独宰相谢安照例是镇静如平时。

他遭遇的大敌，这不是第一次了。十年以前，跋扈将军桓温领着大兵入朝（以前温曾废过一个晋君），谢安和另一位大臣王坦之奉诏去郊迎，当时都城中人心恟恟，谣言纷起，说桓温要先诛王、谢，继篡晋室。坦之十分害怕，问计于安。安神色不变的答道："晋祚存亡，在此一行！"桓温大陈兵卫，接见迎者。在一群跪列道旁、战栗失色的朝官中间，坦之也汗流沾衣，倒执手板（当时见上官照例要拿的）。谢安却从从容容的就席（当时是席地而坐的），坐定，对桓温说道："安听闻古人说，'诸侯有道，守在四邻'。明公何必在壁后置人呢？"桓温给说得不好意思起来，便把兵卫撤掉，后来也没有什么非常的举动。

这一次苻坚起倾国的兵来侵，事情比桓温入朝严重得多了，人心也惶急得多了。谢安的两个侄子，一个谢石，正受任为征讨大都督，一个谢玄，正受任为前锋都督。谢玄曾以战胜胡虏著名，这回也没有把握了。入去向谢安问计，安坦然的答道，"已别有旨"，便再无话。玄不敢多嘴，退后，托人请问。谢安却叫仆夫预备车驾，出去游山，把谢玄和许多亲友也约了来。叔侄二人在山中围棋，以别墅为赌注。谢玄的棋素来是高过谢安的，这回因为心中有事，始而势均力敌，终竟输了。谢安玩了整日，晚上回来，调遣兵将，指授方略，却一点也没有差失。

东晋迎战的兵，水陆合计，不过九万。秦军还没有尽到前线，已屡败晋军。有一位先遣的将官飞报苻坚道："贼少易擒，但怕逃去，要快的来。"苻坚于是把大军留在后头，自领轻骑八千，赶上前线。并派朱序去劝谢石等，说"强弱相差太远，不如快快投降"。朱序（汉人）虽身仕秦朝，却心存晋室，暗地对谢石说道，"秦军百万到齐，确是难敌，现在趁他们还没有齐，快快进击，若把前锋打败，挫其士气，大军便可破了"。谢石心慌，不敢急进，经谢琰（谢安的儿子）在旁劝告，方从朱序之计。不久谢玄的部队果然得了一大胜仗。

苻坚在前敌登城眺望，看见晋兵部阵严整，又看见对面山上的草木，也以为是晋兵，觉得先前的飞报是不对了，开始惧怕了。

临到大决战的时候，秦兵逼着淝水（淮水的支流）列阵，晋军不得渡。谢玄派人到秦军,说道:“你们逼水列阵,这像是持久之计,不是想速战的。你们把阵往后略移一点,让晋军渡水来决胜负,不更好吗?”秦方诸将都说:“我们人多,他们人少,阻止他们不让上来,万无一失。”苻坚道:“只退却一点,等他们刚渡过来一半,派铁骑去掩袭他们,断没有不胜的了。”于是麾兵略退。不想秦兵才退,朱序在阵后大叫道:“秦兵败了。”秦兵信以为真,又因为平常训练不好,一遇变故,心慌意乱,不听指挥,拼命的退,竟没法制止。玄等领精锐八千追击。苻坚中了流矢,秦兵自相践踏,投水死的,不可计数,把淝水也堵住了。残余的秦兵,乘夜奔逃,听到风声鹤唳,也以为是晋兵。他们日夜不停的奔跑,草行露宿,受尽风霜,又加以饥寒交迫,到了秦境,已经十死七八了。这便是有名的淝水之战。

谢安接到这场大战的捷书时,正和客人对坐围棋,他看完后,把书放在床上,不露一点喜色,照旧下棋。客人问有什么消息,他徐徐的答道:“小儿辈便就已经破贼了。”棋下完,谢安回屋里去,过门限时,却欢喜到不觉把屐齿碰折了。

(三)

苻坚败归之次年,苻秦帝国便瓦解。鲜卑慕容氏、拓跋氏、羌族的姚氏等纷纷割据自主,和氐族争雄。混战了约莫六十年,北方终又统一在鲜卑拓跋氏的治下(初以代郡即今察哈尔宣化一带为根据地)。拓跋氏的新朝号称为魏,别于曹魏,又称为后魏或北魏。

当北方统一完成之前不久(420),东晋又演了一出假“禅让”的喜剧,这回的受“禅”者是刘裕,他所建的新朝号称为宋。

从宋以后,南北对峙的局面维持了一百六十多年(420 至

589)，史家称这时代为南北朝时代。

在这时代里，南方经历了三次朝代的变换，皆采取曹丕所例示的假“禅让”的方式，以次产生了齐、梁和陈朝。这三朝，再加上刘宋、东晋，和三国时代的吴，史家合称为六朝。

当南朝的梁代，北魏裂为东西，仍各以拓跋氏为主。后来东魏经了一度假“禅让”变为北齐，西魏也经了一度假“禅让”变为北周。当陈代，周灭了齐，北方重复统一。后来北周的大臣杨坚又翻一次假“禅让”的把戏，推倒北周而建立隋朝，更进一步灭陈而统全中国(即隋)。

十一　唐太宗

(一)

隋朝有好些地方很像秦朝。第一，同是把长时期分裂的局面结束。第二，同时享祚极短：秦传二世，十五年而亡；隋传二世，三十年而亡(589 至 618)。第三，秦朝和隋朝之后，同是继以短期的混乱，往下便是长时期的统一和平；这长时期，在秦之后的是汉朝，在隋之后的是唐朝。第四，秦、隋两代，同有宏大的工程建设：举其著者，秦始皇筑万里长城，隋炀帝(隋朝的第二帝)则凿一条运河，从首都洛阳通到扬州。第五，这两代同有大规模的远征军事：始皇北征匈奴，南征百越；炀帝则东征高丽(即朝鲜)。不过始皇南北用兵都是很顺利的；炀帝的东征则三十余万大军几乎完全覆没。炀帝方要报仇，而人民已受不了工役和军费的负担，怨声沸腾，叛乱纷起，不久炀帝便死于乱徒之手。

唐朝的开创者李渊（即唐高祖），原是隋朝镇守太原的大将，他以山西为根据地，五年之间，以次削平四方割据的群雄，统一中国。

在开国的战役中，李渊的儿子建成、世民、元吉都很得力，而世民尤其英武。当李渊起兵太原（617）时，世民才二十岁，已身为大将，领兵由山西到陕西，取长安。次年李渊称帝，世民又平定甘肃、四川等地。唐在西北方面的地位既稳固了，世民又来争取中原。是时河南的王世充与河北的窦建德，是两个最强的割据者，与唐成为三分鼎足之势。世民先攻世充。世充兵势甚盛。世民选精锐千余骑，皂衣玄甲，分为左右队，使儿员猛将分领。每战，世民亲披玄甲，率领这一军为前锋，所向无敌。世充退守洛阳，世民又进兵围洛阳城。城中守御甚坚，唐将士都疲困想回去，世民不许。高祖知道了，密敕世民班师，世民也不听，围攻更急。窦建德率大兵十余万来救世充，先写信给世民请退兵潼关讲和。世民集众将商议，都愿班师。世民还是不肯，乃分兵一部围洛阳，自率精兵东进，去解决窦建德，在月余之间便把他生擒到手。世充失了外援，只得请降，此后统一的进行便一帆风顺了。

世民虽然功高，但因为建成居长，高祖在几番犹豫之后，仍决定以建成为太子。这事使世民心中不平。建成亦忌世民功高权重，想除掉他。两人仇隙日深，势不两立。世民的幕僚部将都劝世民先下手为强。有一天建成、元吉要入朝，世民乘他们不备，率勇士九人，守候在宫城北的玄武门，把他们杀掉。世民箭法甚好，亲自射死建成。高祖闻知，亦自无法，只得改立世民为皇太子，当年（626）就传位于世民，世民即唐太宗。

（二）

假如以隋比于秦，以唐比于汉，则唐初的突厥可以比于汉初的匈奴，而征服突厥的唐太宗可以比于痛创匈奴的汉武帝。

突厥和土尔其乃是一音的异译。现在的土尔其国即突厥的后裔。俄属西伯利亚的西南角，欧洲称为土尔其斯坦；我国的新疆，欧洲人称为东土尔其斯坦，皆因曾经是突厥的领土而得名。当初翻译这些西文名词的人不知道突厥的历史，故此创出土尔其的新名，现在既经通行就不好改了。

突厥乃是和匈奴同种的游牧民族，当北魏之世，住在阿尔泰山之北，其以前的历史不可确考。北魏之末，突厥始强。隋时分为东西二部。东突厥领有匈奴旧地，西突厥则以今伊犁一带为根据地雄霸西域。唐高祖当初替隋朝镇守太原，职务就在防御东突厥。他在起兵之时，先卑辞厚赂，与突厥连和。后来统一中国，突厥求索无厌，寇掠不时。唐都长安偏近北边，每感受突厥的威胁。大臣多主张迁都河南以避，高祖也意动，因太宗极力反对而止。当时太宗说："不出十年，必定漠（蒙古大沙漠）北。"

这话果然应了。太宗不独征服了东突厥，不独把它的土地的大部分收入版图，并且把它的君主颉利可汗也俘到长安。这是太宗即位第四年（630）的事。就在这年，慑服来朝的蛮夷君长，一致推尊太宗为"天可汗"。

东突厥的平定只占天可汗的武功的一小部分。此外因侮慢大唐而被他灭掉的国家有高昌（今新疆吐鲁番一带）和龟兹（今新疆库车一带);因侵寇大唐而被他征服的国家有吐蕃(都城在今西藏拉萨)和吐谷浑(在今青海)。

648年,太宗派使臣王玄策到印度的中天竺国。适值中天竺国王死,其臣阿罗那顺僭立,藐视大唐,发兵攻玄策。玄策乘夜逃至吐蕃,征调吐蕃等属国的兵进讨,一路长驱扫荡,霎时间便把那顺擒了,解往长安。太宗时代大唐的国威,从这件事可以想见。

(三)

太宗对外的成功,一部分固然由于他自己知兵善战,选将得人。最重要的原因,还在他注意国民的军事训练。唐初行着"府兵制"。府兵制的要素,就是在一些特定的区域内挑选精壮的农民,免除赋税徭役,指定当兵。平时就地训练,有事则集合成军。各地的府兵轮流地被调到京城给皇帝守卫。太宗把这种守卫的兵将,每日召数百人到殿前,亲临教射。成绩好的立即赏以弓刀布帛。有一次太宗对他们作这样的训话:"从前汉晋以至隋代的君主,平日不使兵士练习武艺,外族来侵,无法抵御,弄到生民涂炭。故此我现在不叫你们去穿池筑苑,只叫你们练习弓马,盼望你们所向无敌。"

太宗死后,他的儿子高宗,凭藉他所练成的精兵,灭西突厥,及高丽、百济(二国在朝鲜半岛的北部),又凭藉西域属国的兵力,在波斯也设置了都督府。

当太宗及高宗时代,还有好些外族自动向中国内属,或遣使朝贡,这里没有数及。

在高宗朝,大唐帝国达到全盛,其境域,连属国(指唐朝在那里设有"都督府"或"都护府"的)计,北边伸入西伯利亚,东边包括朝鲜半岛的大部分，西边包括波斯，南边包括交趾支那的大部分，几乎全亚洲都归入唐朝的治下了。

十二　玄奘法师

(一)

你可曾逛过一所佛寺，停留在那沉寂的殿堂，看那安定慈祥的佛像？可曾登过佛塔的绝顶，望山川云树的渺茫？可曾当晓色朦胧的时候，听到远寺传来隐约的钟声？你可曾注意到所住在或附近的城镇里有多少佛寺？其中最古的是什么时候建立的？

佛教创于印度人释迦牟尼，和孔子同时而稍后。释迦本是一个小国的王子，过着很舒服的生活。但他感觉凡人有生老病死四种苦，想求彻底的解脱。二十九岁时，遂抛弃妻子，历访当时有名的各派宗教家求教，都不满意。又到一条河边的树林中，依照当时“苦行”的方法，日食一麻一麦，修道六年，结果形容枯槁，并无所得。乃在菩提树下，静坐冥思了四十八日，忽于夜半明星现时，自觉豁然大悟，疑念尽消。后来的佛教徒说释迦从此就成了“佛”。佛即“佛陀”(Buddha)的省称，意义是“得到最高的真理者”。故此释迦又被称为佛。

释迦“成佛”后，游行恒河沿岸中印度诸国，说教四十五年乃死。感化人民甚多，弟子有数千。

释迦认为一般人的生活是苦痛的，是值不得的。苦痛的根源就在他们给自己的欲望束缚住；天天为满足自己的欲望而营谋，而争夺,而担忧;为自己的欲望受了窒碍而忿怒,仇恨;欲望无穷,苦痛也无穷。为免除一切苦痛,他提倡一种新生活,“出世”的生活。那就是脱离家庭社会,到幽僻处所修养。修养的法式,一方面是戒绝种种嗜欲,如饮酒食荤、男女之爱等等;一方面是屏绝念虑,聚精会神的静坐,这叫做“入定”。佛家以为这种修养,行之既久,一旦会像释迦一般,得到彻底的解悟,同时得到至极的快乐。这就是成佛。理想的佛徒不仅要自己成佛,并且要帮助人人成佛。佛教是具有博爱精神的。

释迦和后来的佛教大师,还造出许多高深的理论,以为这种“新生活”的依据。玄奘所要澈解的就是这些理论。在另一方面,偶像崇拜和禳灾祈福的迷信也和佛教混合起来。一般愚民所知道的佛教只是这些迷信。

佛教的传布,分南北两路。南路传亚洲南部锡兰、缅甸、暹罗诸国,北路传亚洲中部西藏等地。两路会合于中国,又从中国东传到朝鲜、日本。

佛教传入中国是在东汉的后半期。魏晋时,流布渐广。南北朝时,南北两方,君民上下,一致尊崇佛教。自东汉末以来,印度与西域僧人东来传教的甚多。中国僧人西去留学的也不少,其中头一个著名的是晋时的法显。他经西域,越过葱岭,以达印度,回来却从海道到广州。他取回经典甚多,又著有《佛国记》,叙述印度的情形。但西行僧中,经历最危苦,成就最高,影响最大的还是唐初的玄奘法师。

(二)

玄奘(602 至 664)俗姓陈,洛州缑氏县人。十三岁便出家为僧。就在这一年他听了法师讲经，再看经文一遍，便都了解，同学请他升座复讲，一点也不差。

当隋末大乱，他漂流避地，经长安入四川，下长江到荆州，又北游赵州，到处访问名师，究心佛理。但他觉得各宗派所说不同，看经典也不尽相合，怀疑莫释，决意到佛教的故乡印度去留学。

时当唐太宗初年，天下方定，禁人民出境。玄奘犯禁西行，还没有到玉门关，就屡次被官吏截住。但他的热诚把官吏感动，反让他通行。途中遇着一位老翁，把一匹瘦老的赤马换给他，说此马往来沙漠中已十五度，健而识路。又有人告诉他，此去只五个烽火站下有水，必须夜到偷水，但被一处发觉，就活不成。玄奘一点也不惧怕，径自出关。

玄奘经过第一及第四个烽站时，都被守者发觉，飞箭射来。玄奘大呼“我是京城来的僧人”，遂被引入站里。玄奘解说后，守官都敬服，放他西行。第四烽站的守官并且送他一个大皮囊盛水。玄奘再西去些时，就遇到八百里的大沙漠，上无飞鸟，下无走兽，又无水草。取下皮袋要饮水，袋重，失手打翻了。玄奘直是懊丧，又迷了路，很想回去。但念我已立了志愿，宁可西行而死，决不东归而生。于是向西北直进。一路狂风飞沙，散下如雨。四夜五日无一滴水沾喉。人马都困卧在沙漠中，看看要死。在第五夜半，忽有凉风吹来，爽快如沐寒泉。人马遂勉强起乘。又走不久，马忽然变了方向，拉它不住，竟走到一处，有青草数亩、清水一池，在此休息一日。又走两日，方出沙漠。

玄奘出了大沙漠之后，在高昌国一带颇受优待。高昌王赠他侍从沙弥四人并金银绫绢甚多。但不久他又到了一段危险的路程，那就是葱岭北隅的凌山与印度北部的大雪山。凌山是冰雪所积聚，高入云际，登涉艰难；加以风雪杂飞，虽复履重裘，不免寒战。眠食都不得干燥之处，只好悬釜而饮，席冰而寝。七日之后方始出山，同伴冻饿死的已有一小半，牛马死的更多。大雪山路途的艰危，更甚于沙漠与凌山。这里凝云飞雪，没有一刻的晴天。有些地方，平地积雪深至数丈。在雪山中凡行六七百里。

过了雪山，是北印度，再走就到中印度。玄奘到处瞻礼佛陀圣迹，访问名僧，抄写经卷，欢喜得像小孩子初次到市场一般。但是乐极生悲，在中印度某处渡河时，被一群强盗捉住。强盗们信一种教，每年要杀一个"质状优美"的人祭他们的神。现在捉住玄奘这样一个白净和尚，就要用做牺牲。乃先于岸上树林中和泥筑坛，拔刀相待。同伴都吓得大哭。玄奘全不畏惧，礼拜诸佛后，从容上坛。众贼正惊异，忽然黑风四起，折树飞沙，船也漂覆。贼有点害怕，问玄奘的同伴，知道他是中国来的僧人。同伴又说"这大风正是天神瞋怒的表示"，贼众才把玄奘放了。

玄奘遍游东西南北中五印度，到处学习梵文，讨论教义；学识日进，声名渐起，终于被印度的佛徒奉为大师。中印度的戒日王于是把他迎去开会说教，参加的僧人就有六七千。会中有人把玄奘所作的论文读给大众听。玄奘又另写一本，悬在会场门外，声明若其间有一字无理，能驳倒的，请断头相谢。始终无一人发言。

大会完后，玄奘告辞回国，计贞观三年他从长安出发，贞观十九年回到长安，历时十六年。

（三）

玄奘回唐时，太宗正预备亲征高丽，已经东到洛阳，听说玄奘回国,就派大臣去欢迎。

玄奘入长安时,欢迎的官吏百姓真是万人空巷。玄奘带来的经像,只说高二三尺的金银椟佛像就有六七座,如来肉舍利(舍利是佛死后焚尸残余的骨肉颗粒,极为佛教徒所尊敬的)一百五十粒。佛典五百二十夹,六百五十八部,用二十匹马驮到。定日迎入弘福寺陈列。参加送经像的官民又极多,十数里内,都有人拥挤着。管理的人,怕人多了互相腾践会出危险,都限令站立路旁,于当处烧香散花,不许移动。这一日空中烟云绕缭,街上奏乐赞响之声不绝。

玄奘谒太宗于洛阳,谢罪。太宗问玄奘西行的经过,十分钦佩。又看玄奘很有才干,劝他还俗同去征辽东。玄奘固辞,请求还长安设立译场,翻译佛经。因太宗的赞助,译场终于成立了,参加的除在长安大寺的僧人以外,还有各地来的名僧。

此后玄奘专心翻译,一刻时候都不肯放过,每日自立程课,倘白日有事,不能完毕,必连夜补足,直到过了预定的地方,方肯停笔。译经之后,还要礼佛,每夜至三更才睡,五更又起来,诵读梵本,用朱笔点定次第,拟定好白天要翻的地方。每日黄昏有一定时间,讲说经典,为各处来听学僧人决疑。他又是所住寺的上座,许多琐细事情,都要亲自决定。寺内弟子百余人,满廊满屋的来请教,玄奘一一酬答,又不时与各法师讨论。还有王公贵人来礼拜的,他都亲加诱导,使他们忘其骄贵,肃敬称叹。玄奘每天如此忙碌,还是剧谈畅论,忘了疲倦。可见他的精力。

玄奘前后翻译十九年,译成的经论凡七十六部,一千三百四十七卷。

十三　杜甫

(一)

唐朝是诗人的黄金时代。朝廷用诗赋去考试士子,诗人很容易走上荣显的路,王公贵胄争着交结诗人,供养诗人;在华筵盛会中,在歌台舞榭里,把他们奉作上客。他们的作品,早上写就,晚上便会传遍了长安的“教坊”。多少娇滴滴的歌喉会唱着他们的佳句!多少温柔的心会羡慕地暗记着他们的姓名!爱好诗歌的风气不仅限于上层社会,并且普及到民间。一个幸运的诗人会在穷乡僻邑中发现他自己的诗被写在寺观、旅店或村塾的墙壁上;会在市廛里巷中听到他自己的诗被人咏歌;会在不相识的人群中听到他自己的诗受人夸赞。

在这时代里,却有一个穷愁终身的诗人,他应“进士”试没有及第,他的作品不曾流传到教坊或市井;然而他却是唐朝最伟大的诗人,或者竟是我国历来最伟大的诗人,他被后世尊为“诗圣”。这便是杜甫。

杜甫,字子美,洛州巩县(今河南巩县)人,生于玄奘死后四十八年,即公元712年。

在唐代诗人中,他咏及自身经历、社会状况的作品最多,故此有“诗史”之称。我们正好从他的诗里考见他的生平和他的时代。

杜甫的诗才很久就表现。自述道:“七齿思即壮,开口咏凤凰。九龄书大字,有作成一囊。”又道:“往昔十四五,出游翰墨场。斯文崔魏徒,以我似班扬。”崔魏并是当时名士。班扬指东汉的班固和西汉的扬雄,皆是文学史上的重要人物。

但他尽管年少峥嵘,自从二十一岁应进士试落第后,一直潦倒了二十多年,中间时而流浪四方,时而穷居长安。这是他中年的自叹:“骑驴三十载,旅食京华春。朝叩富儿门,暮随肥马尘。残杯与冷炙,到处潜悲辛。”

到了四十三岁的一年(天宝十四年),因为以前进献了三篇赋得到玄宗皇帝的赏识,才补了“右卫率府胄曹参军”,即太子侍从武官属下的一员小吏。这是一个十分闲散而穷苦的差使。此时他已有妻子,但穷到不能在长安住家,只得把妻子寄顿在近畿的奉先县。就在这一年的十一月初冬,他到奉先去看望妻子,刚入门便听见哭声,原来他的幼子已经饿死。

(二)

杜甫的少年和中年正当玄宗皇帝的开元、天宝年代。这是唐朝极盛的时期。从太宗即位之初到这时期之末,中间继续了一百二十多年的升平。后来杜甫追述这个时期道:“忆昔开元全盛日,小邑犹藏万家室。稻米流脂粟米白,公私仓廪皆丰实。九州道路无豺虎,远行不劳吉日出。齐纨鲁缟车班班,男耕女桑不相失。宫中圣人奏云门,天下友朋皆胶漆。”

不过这太平盛世里,实隐藏着不少的血泪。杜甫自身的经历不用说了,他这次回到奉先后,从自己的哀痛,联想到普遍了社会下层的悲惨,反衬着社会上层的骄奢,因此写了《自京赴奉先咏怀》一首长诗,把这时代的黑幕揭穿了。这诗中的警句有道:“彤庭所分帛，本自贫女出。鞭挞其夫家，聚敛贡城阙。”又形容贵人的享乐道：“中堂舞神仙，烟雾蒙玉质。煖客貂鼠裘，悲管逐清瑟。朱门酒肉臭，路有冻死骨。”

在开元、天宝的“盛世”，一般诗人的工作是赞美朝廷，阿谀权贵；是给乐工舞女作歌词，供王公大人的娱乐；是“嘲风月，弄花草”，或梦想神仙的境界，以消磨闲暇的时光。注意到被践踏在社会下层的人们，拿诗去替他们诉怨苦，鸣不平，杜甫是头一个。

《自京赴奉先咏怀》诗的墨还未干，大乱便降临唐帝国。就在这年十一月中旬，安禄山在河北作反的消息传到长安。接着洛阳被毁（唐以洛阳为东京），接着潼关失守，接着玄宗逃难四川，接着长安陷落。

安禄山及其余党的叛乱虽然在八年之内先后被平定，但从此唐帝国的面目改变了；从此拥兵据地的军阀，即所谓的“藩镇”者兴起了。往后一百四十多年间，叛乱连绵不断，藩镇的权力渐渐扩大，藩镇的数目渐渐增加，唐帝的地盘和权力渐渐缩小，直缩至名实俱亡为止。

话说回来，玄宗逃到四川后，惊魂才定，便传位给太子。太子在甘肃的灵武即位，是为肃宗。杜甫在长安贼中冒险逃出，跑到灵武谒见肃宗，补了个六品的谏官，叫做“左拾遗”。这是他仕途中最得意的时候了。但不久因为强谏得罪，几乎丧命。

接着畿辅闹饥荒，他流转山谷间采橡实黄精之类过活，儿女饿死数人。后来流落到四川。适值故人严武镇守西蜀，把他招入幕府。他在西蜀住了六年，中经两次变乱。严武死，四川又乱，他举家避难到湖南，湖南又乱，他就在流离中病死，年五十九。

杜甫的诗友中，最值得提及的是陇西（今甘肃）李白。他在当时的诗名,远在杜甫之上,后人却以李杜并称。宋朝的大诗人王安石批评他们道:“太白(李白字)的歌诗豪放飘逸,固不可及;但他的格调止是如此而已,不知道变化。至于子美,则悲哀或欢愉的,豪放或谨严的,发扬或蕴蓄的,急促或舒徐的,无施不可。所以他的诗,有的平淡简易;有的绮丽精确;有的严重威武,像三军的主帅;有的奋跃驰骤,像放步的骏马。……”要透彻的了解这番话,只有熟读两家的诗集。

(原载《大公报·史地周刊》第130、131、139期,
1937年4月2、9日,6月4日)

附 录 三

宋朝的开国和开国规模

(一)

后周世宗以三十四岁的英年,抱着统一中国的雄心,而即帝位。他即位不到一个月,北汉主刘崇联合契丹入寇,他便要去亲征。做了四朝元老的长乐老冯道极力谏阻。世宗说:“从前唐太宗创业,不是常常亲征的吗?我怕什么?”冯道却说:“唐太宗是不可轻易学的。”世宗又说:“刘崇乌合之众,王师一加,便好比泰山压卵。”冯道却怀疑道:“不知道陛下作得泰山么?”世宗看他的老面,不便发作,只不理睬,径自决定亲征。周军在高平(即今山西高平)遇到敌人。两军才开始交锋,周军的右翼不战而遁,左翼亦受牵动,眼见全军就要瓦解。世宗亲自骑马赶上前线督战,并且领队冲锋,周军因而复振,反把敌军击溃,杀到僵尸弃甲满填山谷。在凯旋道中,世宗齐集将校,大排筵席来庆祝,那些临阵先逃的将校也行无所事的在座。世宗突然声数他们的罪状,喝令他们跪下受刑。说着,壮士们便动手,把七十多个将校霎时斩讫,然后论功行赏。接着他率军乘胜直取太原,却无功而还。

经这一役,世宗深深感觉到他的军队的不健全。回到汴京后不久,便着手整军。这里我们应当略述后周的军制。象唐末以来一般,这时州郡兵为藩镇所私有,皇室不能轻易调遣。皇室所有的军队即所谓禁军。禁军分为两部:一殿前军;二侍卫亲军。两部之上,不置总帅。侍卫亲军虽名为亲,其实比较和皇帝亲近的却是殿前军。侍卫亲军分马、步两军,而殿前军则无这样的分别。大约前者是量多于后者,而后者则质优于前者。世宗一方面改编全部禁军,汰弱留强;一方面向国内各地召募豪杰,不拘良民或草寇,以充实禁军。他把应募的召集到阙下,亲自试阅,挑选武艺特别出众、身材特别魁伟的,都拨入殿前军。

世宗不独具有军事的天才,也具有政治的头脑。他奖励垦荒,均定田赋。他曾为经济的理由,废除国内大部分的寺院,并迫令大部分的僧道还俗。他以雷霆的威力推行他的政令。虽贤能有功的人也每因小过而被戮,但他并不师心自用。他在即位次年的《求言诏》中甚至有这样的反省:“自临宸极,已过周星。至于刑政取舍之间,国家措置之事,岂能尽是?须有未周。朕犹自知,人岂不察?而在位者未有一人指朕躬之过失,食禄者曾无一言论时政之是非!”他又曾令近臣二十余人,各作《为君难为臣不易论》一篇和《平边策》一篇,供他省览。“平边”是他一生的大愿。可惜他的平边事业只做到南取南唐的淮南江北之地,西取后蜀的秦、凤、阶、成四州,北从契丹收复瀛、莫二州,便赍志而殁,在位还不到六年,遗下二个七岁以下的幼儿和臣下对他威过于恩的感想。

世宗死于显德六年(公元959)六月,在临死的一星期内,他把朝内外重要的文武职官,大加更动。更动的经过,这里不必详述,单讲他对禁军的措置。殿前军的最高长官是正副都点检,其次是都指挥使。侍卫亲军的最高长官是正副都指挥使;其次是都虞候。

世宗对禁军要职的最后"人事异动",可用表显示如下:

	职　位	原　任	更　定	附　注
殿前军	都点检	张永德	赵匡胤	此据《旧五代史·周恭帝纪》,《宋史》本传误
	副都点检	慕容延钊	慕容延钊	
	都指挥使	赵匡胤	石守信	
侍卫军	都指挥使	李重进	李重进	
	副都指挥使	未详(或缺员)	韩　通	
	都虞候	韩　通		

其中最可注意的是张永德的解除兵柄和赵匡胤的超擢。张永德是周太祖的驸马(世宗是周太祖的内侄兼养子),智勇善战,声望久隆,显然世宗不放心他。赵匡胤是洛阳人,与其父弘殷俱出身投军校。在周太祖时,已同隶禁军。高平之役,匡胤始露头角,旋拜殿前都虞候。其后二年,以从征淮南功,始升殿前都指挥使。他虽然年纪略长于张永德(世宗死时匡胤三十四岁),勋望却远在永德之下。但他至少有以下的几件事,给世宗很深的印象。他从征淮南时,有一次驻兵某城。半夜,他的父亲率兵来到城下,传令开城。他说:"父子固然是至亲,但城门的启闭乃是王事。"一直让他的父亲等到天亮。从征淮南后,有人告他偷运了几车财宝回来,世宗派人去检查,打开箱笼,尽是书籍,一共有几千卷,此外更无他物。原来他为人沉默寡言,嗜好淡薄,只是爱书,在军中是时常手不释卷的。南唐对后周称臣讲好后,想离间世宗对他的信任,尝派人送他白银三千两,他全数缴呈内府。从殿前都点检的破格超升,可见在这"易君如骰棋"的时代,世宗替他身后的七岁幼儿打算,认为在军界中再没有比赵匡胤更忠实可靠的人了。

(二)

世宗死后半年,在显德七年的元旦,朝廷忽然接到北边的奏报,说北汉又联合契丹入寇。怎样应付呢?禁军的四巨头中,李重进(侍卫都指挥使,周太祖的外甥)是时已领兵出镇扬州;绰号"韩瞠眼"的韩通(侍卫副都指挥使),虽然对皇室特别忠勤,却是一个毫无智谋的老粗,难以独当一面。宰相范质等不假思索,便决定派赵匡胤和慕容延钊(副都点检)出去御敌。

初二日,慕容延钊领前锋先行。是日,都城中突然喧传明天大军出发的时候,就要册立赵点检做天子。但有智识的人多认为这是无根的谣言。先前也有人上书给范质说赵匡胤不稳,要加提防。韩通的儿子,绰号韩橐驼的,也劝乃父及早设法把赵匡胤除掉。但是他做都点检才半年,毫无不臣的痕迹,谁能以小人之心度君子之腹呢?但这一天不知从何而来的关于他的谣言,却布遍了都城,有钱的人家纷纷搬运细软,出城躲避。他们怕什么?稍为年长的人都记得:恰恰十年前,也是北边奏报契丹入寇,也是派兵出征。约莫一个月后,出征的军队掉头回来,统兵的人就做了皇帝(即周太祖)。他给部下放了三天假,整个都城几乎被抢掠一空。现在旧戏又要重演了罢。

初三日,赵匡胤领大军出发。城中安然无事,谣言平息。

初四日上午,出发的军队竟回城了!谣言竟成事实了!据说队伍到了陈桥,当天晚上军士忽然哗变,非要赵点检做天子不可,他只得将就。但出乎大家意料之外的,这回军士却严守秩序,秋毫无犯。在整个变局中，都城里只发生过一次小小的暴行。是日早朝还未散，韩通在内庭闻变，仓皇奔跑回家，打算调兵抵抗，半路给一个军校追逐着，才到家，来不及关门便被杀死，那军校把他全家也屠杀了。都城中已没有赵匡胤的敌人了，一切仪文从略。是日傍晚，赵匡胤即皇帝位。因为他曾领过宋州节度使的职衔，定国号为宋，他便是宋太祖。

在外的后周将帅中，不附宋太祖的，唯有镇守扬州一带的李重进和镇守潞州一带的李筠。四月，李筠结合北汉（占今山西全省除东南隅及雁门关以北）首先发难。李重进闻讯，派人去和他联络，准备响应。那位使人却偷到汴京，把扬州方面的虚实告诉了宋太祖，并受了密旨，回去力劝重进不可轻举。重进听信了他，按兵不动。北汉和后周原是死对头，而李筠口口声声忠于后周，双方貌合神离。他又不肯用谋士的计策：急行乘虚西出怀孟，占领洛阳为根据，以争天下；却困守一隅，坐待挨打。结果，不到三个月，兵败城破，赴火而死。九月，李重进在进退两难的情势下勉强起兵。他求援于南唐，南唐反把他的请求报告宋朝。他还未发动，亲信已有跳城归宋的。他在狐疑中，不问皂白，把三十多个将校一时杀掉。三个月内，扬州也陷落，他举家自焚而死。

（三）

宋太祖既统一了后周的领土，进一步便着手统一中国。是时在中国境内割据自主的区域，除宋以外，大小有八。兹按其后来归入宋朝的次序，列表如下：

区域	今地	统治者名义	入宋年
荆南	湖北江陵以西及四川峡道	宋荆南节度使	963
湖南	略当湖南省	宋武平节度使	963
蜀	四川省除峡道	称帝	965
南汉	两广全部及湖南一部分	称帝	966
南唐	苏皖的长江以南区、湖北东南部(包武昌)、江西全部及福建西部	称唐国主奉宋正朔	975
闽南	福建漳泉一带	唐清源节度使	978
吴越	浙江全部、福建东北部及江苏苏松区	称吴越王奉宋正朔	978
北汉	山西全省除东南隅及雁门关以北	称帝	979

太祖的统一工作,大致上遵守着“图难于其易”的原则。荆南、湖南皆地狭兵寡,不足以抗拒北朝,过去只因中原多故,或因北朝把它们置作后图,所以暂得苟全。太祖却首先向它们下手。他乘湖南内乱,遣军假道荆南去讨伐。宋军既到了荆南,却先把它灭掉,然后下湖南。既定两湖,便西溯长江,南下阁道,两路取蜀。蜀主孟昶是一纨绔少年,他的溺器也用七宝装成。他的命运,可用他的一个爱妃(花蕊夫人)的一首诗来交代:

君王城上竖降旗,妾在深宫那得知!
十四万人齐解甲,宁无一个是男儿?

这些解甲的军士中,至少有二万七千被屠,而宋兵入蜀的只有三万。次取南汉。南汉主刘𬬮比孟昶更糟,是一变态的胡涂虫,成日家只在后宫同波斯女之类胡缠。国事委托给宦官,仅有的一二忠臣良将，因随便的几句谗言，便重则族诛，轻则赐死。他最后的办法是把珍宝和妃嫔载入巨舶，准备浮海。这些巨舶却给宦官盗走，他只得素衣白马，叩首乞降。次合吴越夹攻南唐。南唐主李煜是一绝世的艺术天才，在中国文学史中，五代是词的时代，而李煜（即李后主）的词，凄清婉丽，纯粹自然，为五代冠。读者在任何词的选本中都可以碰到他的作品。他不独爱文学，也爱音乐、书画以及其他一切雅玩，也爱佛理，更爱女人。在一切这些爱好的沉溺中，军事、政治、俗务的照顾，只是他的余力之余了。他遇着宋太祖，正是秀才遇着兵，其命运无待龟蓍。以下是他在被俘入汴途中所作的词：

帘外雨潺潺，春意阑珊。罗衾不耐五更寒。
梦里不知身是客，一晌贪欢。
独自莫凭栏！无限江山，别时容易见时难。
流水落花春去也，天上人间！

和李煜的文雅相称，宋军在南唐也最文明，至少在它的都城（今南京）是如此。“曹彬下江南，不妄杀一人”，历史上传为美谈。但江州城（今九江）为李煜坚守不降，后来陷落，全城被屠，横尸三万七千。

南唐亡后次年，太祖便死，寿仅五十，遗下吴越、闽南和北汉的收拾工作给他的继承者，他的胞弟赵匡义，即宋太宗。吴越王钱俶一向以对宋的恭顺和贿赂作他的地位的保障。南唐亡后，他亲自入朝。临归，太祖交给他一个黄包袱，嘱咐他在路上拆看。及拆阅，尽是群臣请扣留他的奏章，他为之感激涕零。太宗即位后，他又来朝，适值闽南的割据者自动把土地献纳。他恐惧，上表请除去王号和其他种种优礼,同时求归。这回却归不得了！他只得照闽南的办法,也把土地献纳。最后,宋朝可以用全副精神和全部力量图谋北汉了。北汉地域虽小,却是一个顽敌,因他背后有契丹的支持。自从太祖即位以来,它曾屡次东侵,太祖也曾屡加讨伐——有二次兵临太原(北汉都城)城下。其中一次,太祖并且亲征。但太祖终于把它放过了。太祖是有意暂时放过它的。他有这样的考虑:北汉北接契丹,西接西夏。北汉本身并不怎样可怕,它存在,还可以替宋朝作西北的缓冲；它若亡,宋朝和这两大敌的接触面便大大增加,那是国防上一个难题。但这难题可暂避而不能终免。吴越归地后不到一年,太宗更大举亲征北汉。契丹照例派兵去救,前军到达白马岭(今山东盂县东北),与宋军只隔一涧。主帅主张等后军到齐,然后决战。监军却要尽先急击,主帅拗不过他,结果契丹军渡涧未半,为宋军所乘,大溃。监军及五将战死,士卒死伤无算。宋军进围太原城。在统一事业中,这是九仞为山的最后一篑之功了。军士冒犯矢石,奋勇争先地登城,甚至使太宗怕死伤过多,传令缓进。半月,城陷,北汉主出降。太宗下令毁太原城,尽迁其居民于榆次。军士放火烧城,老幼奔赴城门不及,烧死了许多。(唐五代之太原,在今太原西南三十里。太宗毁太原城后,移其州治,即今太原省会。)

(四)

太祖、太宗两朝,对五代制度的因革损益,兹分三项述之如下:(一)军制与国防,(二)官制与科举,(三)国计与民生。

五代是军阀的世界。在稍大的割据区域内,又分为许多小割据区,即"节度使"的管区。节度使在其管区内尽揽兵、财、刑、政的大权,读者从不久以前四川"防区"的情形,便可以推想五代的情形。太祖一方面把地方兵即所谓厢兵的精锐,尽量选送到京师,以充禁军,又令厢兵此后停止教练。这一来厢兵便有兵之名无兵之实了。厢兵的编制是每一指挥使管四五百人。每大州有指挥使十余员,次六七员,又次三四员。每州有一马步军都指挥使,总领本州的厢兵;而直隶于中央的侍卫司,即侍卫亲军的统率处。在另一方面,太祖把节度使的行政和财权,逐渐移归以文臣充任的州县官。这一来"节度使"在宋朝便成为一种荣誉的空衔了。

禁军的组织,大体上仍后周之旧,惟殿前正副都点检二职,经太祖废除。殿前和侍卫的正副都指挥使在太宗时亦缺而不置,后沿为例,因此侍卫军的马、步两军无所统属,而与殿前军鼎立,宋人合称之为"三衙"。禁军的数目,太祖时约有二十万,太宗时增至二十六万。禁军约有一半驻屯京城及其附近,其余一半则分戍边境和内地的若干重镇(禁军外戍分布的详情,是一尚待探究的问题)。其一半在内而集中,另一半在外而分散。这样,内力永远可以制外,而尾大不掉的局面便无法造成了。太祖又创"更戍法":外戍各地的禁军,每一或二年更调一次。这一来,禁军可以常常练习行军的劳苦而免怠惰,同时镇守各地的统帅不随戍兵而更动,因此"兵无常帅,帅无常师",军队便无法成为将官的私有了。

厢军和禁军都是雇佣的军队。为防止兵士逃走,他们脸上都刺着字。此制创自后梁,通行于五代,而宋朝因之。兵士大多数是有家室的。厢兵的饷给较薄,不够他们养家,故多营他业。禁兵的饷给较优,大抵勉强可够养家。据后来仁宗庆历间一位财政大臣(张方平)的报告,禁军的饷给"通人员长行(长行大约是伕役之类)用中等例(禁军分等级,各等级的饷类不同):每人约料钱(每月)五百,月粮两石五斗,春、冬衣䌷绢六匹,绵十二两,随衣钱三千。……准例(实发)六折";另外每三年南郊,大赏一次,禁兵均每人可得十五千左右。除厢、禁军外,在河北、河东(今山西东)及陕西等边地,又有由农家壮丁组成的民兵。平时农隙受军事训练,有事时以助守御,而不支官饷。

这里我们应当涉及一个和军制有关的问题,即首都位置的问题。宋都汴梁在一大平原中间,四边全无险阻可资屏蔽,这是战略上很不利的地形。太祖曾打算西迁洛阳,后来的谋臣也每以这首都的地位为虑。为什么迁都之议始终没有实行,一直到了金人第一次兵临汴梁城下之后,宋帝仍死守这地方,等金人第二次到来,而束手就缚呢?我们若从宋朝军制的根本原则、从主要外敌的所在、从经济地理的形势各方面着想,便知道宋都有不能离开汴梁的理由。第一,在重内轻外的原则下,禁军的一半以上和禁军家属的大部分集中在京畿,因此军粮的供应和储蓄为一大问题。随着禁军数量的增加,后来中央政府所需于外给的漕粮,每年增至六七百万石,而京畿的民食犹不在内。在这样情形下,并在当时运输能力的限制下,政治的重心非和现成的经济的重心合一不可。自从唐末以来,一方面因为政治势力由西而东移,一方面因为关中叠经大乱的摧毁和水利交通的失理,汉唐盛时关中盆地的经济繁荣和人口密度,也移于"华北平原"。汴梁正是这大平原的交通枢纽,经唐、五代以来的经营,通渠四达,又有大运河以通长江。宋朝统一后,交通上的人为限制扫除,它便随着成为全国的经济中心了。第二,宋朝的主要外敌是在东北,它的边防重地是中山(今河北定县)、河间、太原三镇,而在重内轻外的原则下,平时兵力只能集中在京畿，而不能集在其他任何地点。因此，都城非建筑在接近边防重镇且便于策应边防重镇的地点不可。汴梁正适合这条件。

(五)

中央政府的组织，大体上沿袭后周。唐代三省和御史台的躯壳仍然保存，但三省的大部分重要职权，或实际上废除，如门下省的封驳（“封”谓封还诏书，暂不行下；“驳”谓驳正台议），或移到以下几个另外添设的机关：(1)枢密院（创始于后唐）掌军政，与宰相（即“同中书门下平章事”）所主的政事堂对立，并在禁中，合称二府。院的长官（或称“枢密使”，或“知枢密院事”，或“签事枢密院事”）的地位也与宰相抗衡。(2)三司使司（创始于后唐）掌财政，三司使下辖盐铁、度支和户部三使，宋初以参知政事（即副宰相，太祖时创置）或宰相兼领，后置专使。(3)审官院（不知创于何时，后分为审官东院与流内铨）掌中下级文官的铨选，其上级文官的铨选则归中书省。(4)三班院（不知创于何时，后分为审官西院与三班院）掌中下级武官的铨选，其上级武官的铨选则归枢密院。(5)审刑院（创始于太宗时）主复核刑部奏上的重案。枢密院分宰相及兵部之权，三司使分户部之权，审官院分吏部之权，三班院再分兵部之权，审刑院分刑部之权。

地方行政的区域有三级，自下而上是：(1)县；(2)府、州、军、监，通称为郡；(3)路。在郡的四类中，府是经济上或军事上最重要的区域，其数目最少，其面积却最大。通常州所管辖的县数较府为少；军次之，至多只三县，少则一县。监则尽皆只占一县。设监的地方必定是矿冶工业或国家铸钱工厂等所在的地方，监的长官兼管这些工业的课税和工厂的事务。宋初在郡县制度上有两项重要的变革。一是郡设通判(大郡二员,小郡一员,不满万户的郡不设),以为郡长官的副贰,郡长官的命令须要他副署方能生效;同时他可以向皇帝上奏,报告本郡官吏的良劣和职事的修废。因为通判的权柄这样大,郡的长官就很不好做。宋人有一传为话柄的故事如下:有一杭州人,极好食蟹。他做京朝官做腻了,请求外放州官(宋朝京官得请求外放并且指明所要的郡县),有人问他要那一州,他说我要有蟹食而没有通判的任何一州。二是县尉(县尉制始于汉朝)的恢复。在五代,每县盗贼的缉捕和殴斗的案件,由驻镇的军校管理,县政府无从过问。宋初把这职归还县政府,复设县尉以司之。路的划分在宋代几经更改,这里不必详述。太宗完成统一后将全国分为十路,其后陆续于各路设一转运使,除总领本路财赋外,并得考核官吏,纠察刑狱,兴利除弊,几于一路之事无所不管。后来到真宗(太宗子)时,觉得转动使的权太大,不放心,又于每路设一提点刑狱司,将转运使纠察刑狱之权移付之。宋人称转运使司为漕司,提点刑狱司为监司。

宋在变法以前的科举制度,大体上沿袭唐朝,进士科独尊。以后的规模,但有以下的更革:(1)唐朝每年一举进士,每举以一二十人为常,至多不过三四十人。宋朝每四年一举进士,在太宗时每举常一二百人,后来有多至五六百人的。(2)唐朝进士考试不弥封,不糊名,考官亦不专凭试卷去取,而可以参考举子平日的声誉。因此举子在考试之前,照例把自己的诗赋或其他著作,向权要投献,望他们赏识、延誉,以至推荐。宋朝自真宗(一说太宗)时,定糊名制以后,试官于举子只能凭试卷去取了。(3)唐朝进士经礼部录取后,即算及第。宋朝则礼部录取后,还要到殿庭复试,由皇帝亲自出题，这叫做“殿试”。及第与否和及第的等次，是在殿试决定的。（仁宗某年以后，殿试只定等，不关去取。）（4）唐朝进士及第后，如想出仕，还要经吏部再定期考选。“吏部之选，十不及一”，因此许多及第的进士等到头白也得不到一官。宋朝的进士，一经及第，即行授职，名次高的可以得到通判、知县或其他同等级官职。（5）宋朝特定宗室不得参与科试。

从上面所述科举制度的更革，已可以看出宋朝对士大夫的特别优待。但宋朝士大夫所受的优待还不止此。像“官户”免役、免税及中上级官吏“任子”（子孙不经“选举”，特准宦仕）的特权，固然沿自前代（汉代），但宋朝官吏“任子”的权利特别大。台省官六品以上，它官五品以上，每三年南郊大礼时，都有一次“任子”的机会，每次品级最底的荫子或孙一人，品级最高的可荫六人，不拘宗人、外戚、门客以至“医人”（家庭医生）。此外大臣致仕时有“致仕恩泽”，可荫若干人；死后有“遗表恩泽”，可荫若干人。因为科举名额之多，仕途限制之宽和恩荫之广，宋朝的闲职、冗官特别多，且日增无已，到后来官俸的供给竟成为财政上的大问题了。更有一由小可以见大的优待士大夫的制度：太祖于每州创立一“公使库”，专以款待旅行中的士大夫。据一个曾受其惠的人的记录：“公使库……遇过客（自然不是寻常的过客）必馆置供馈……使人无旅寓之叹。此盖古人传食诸侯之义。下至吏卒（随从）批支口食之类，以济其乏食。承平时士大夫造朝，不赍粮，节用者犹有余以还家。归途礼数如前，但少损。”太祖还有一个远更重大的优待士大夫的立法。他在太庙藏一传诸子孙的密约：“誓不杀大臣及言事官”。规定以后每一皇帝于即位之前，在严重的仪式下，独自开阅这誓约。这誓约对宋代政治的影响，读者以后将会看到。

（六）

宋初财政收入的详细节目，大过繁琐，这里不能尽述，举其重要的如下：（1）"两税"（分夏、秋两季征纳的田赋和资产税）。沿唐旧制，而大致仍五代加重的额数，约为唐代的六倍。其中田赋一项，通常每亩产谷十五石而抽一斗（依当时度量），但因为逃税的结果（上官册的田只占实垦田实额约十分之三），大多数豪强或显达田主实纳的田赋远较上设的比率为轻。（2）政府专卖的物品，除沿自唐季的盐、茶、酒，沿自五代的矾外，又有自外海输入的香料。此外，苛税之沿自五代的有（3）通过税（即近代的厘金）。每关抽货价的百分之二（现款亦照抽）。又有（4）身丁钱，即人头税。此税只行于江淮以南，迄于闽广（四川除外），因为五代以来本是如此。这种税的负担，加上别的原因，使得这区域的贫民无法维持他们所不能不继续孳生的人口，因而盛行杀婴的习俗。宋朝大文豪苏东坡于这习俗，有一段很深刻的描写。他写给一位鄂州知州的一封信道：

> 昨王殿直天麟见过，言鄂、岳间田野小人例只养二男一女。过此，辄死之。尤讳养女。辄以冷水浸杀之。其父母亦不忍，率常闭目背面，以手按之水盆中，咿嘤良久乃死。天麟每闻其侧近有此，辄驰救之，量与衣服、饮食，全活者非一。鄂人有陈光亨者，今已及第，为安州司法。方其在母也，其舅陈遵梦一小儿援其衣，若有所诉。比两夕辄见，其状甚急。遵独念其姊有娠将产，而意不乐多子，岂其应是乎？驰往省之，则已在水盆中矣。救之得免。

这是宋朝的黄金时代的一斑。

人民除赋税的负担外，还有差役的负担。差役有四种：一是押运官物，二是督征赋税，三是逐捕盗贼，四是在州县衙门供使唤或管杂务。民户分九等，上四等服役，下五等免役。押运（即所谓衙前）和督赋（即所谓里正），最是苦差，当者要负赔偿损失的责任，每至倾家荡产，并且坐牢。宋朝名将韩琦当知并州时，在一封论及役法的奏疏里有这样的描写：

> 州县生民之苦，无重于里正、衙前。兵兴以来，残剥尤甚。至有孀母改嫁、亲族分居或弃田与人，以免上等。或非分求死，以就单丁。规图百端，苟脱沟壑之患。

这是宋朝的黄金时代的又一斑。

在五代，一方面军阀横行，一方面豪强的兼并也变本加厉。军阀是给太祖兄弟以和平的手段解决了，但豪强的兼并并妨碍他们的政权，所以他们也熟视无睹。宋初豪强兼并的程度有下列几事为证：

（1）在太宗淳化四年至至道元年（公元993—995）间四川成都附近发生一次贫民（也许大部分是农民）的大暴动。他们的领袖李顺的口号，据宋朝《国史》的记载，是“吾恨贫富不均，吾为汝均之”。他们把官吏杀掉，拿来示众。他们把富人的财产，除了足供养家的一部分外，尽数充公，拿来赈济贫困。他们竟“号令严明，所到一无所犯”，但他们终于一败涂地。

（2）同时在四川盛行着一种沿自五代的“旁户”制度。旁户是隶属于豪家的贫户，豪家所领的旁户，每有数千之多。他们向领主纳租外，并供领主役使，如奴隶一般。当李顺乱起时，有些豪家反率领旁户去响应他。后来事定,太宗想把旁户制度废除,终因怕引起更大的扰乱而止。

(3)同时在江淮以南迄于闽广(即身丁钱制施行的区域),又有一沿自五代的特殊法律:佃户非得田主的许可并给予凭证,不许迁移。这一来,佃户便成了附着于田土的农奴,如欧洲中古时代的情形。这特殊的法律到太宗的孙仁宗时始行废除。仁宗之所以为"仁",于此可见。

(原载《思想与时代》第4期,1941年11月)

北宋的外患与变法

一

自从石晋末年（公元947），契丹退出汴梁后，它的极盛时代已成过去。白马岭之战使太宗觉得契丹易与。太原攻下之后，他便要一劳永逸地乘胜直取燕云。这十六州的国防要区一天不收回，他的帝国一天不能算是"金瓯无缺"。但是他的部下，上至大将下至兵卒都指望太原攻下之后，可以暂息汗马之劳，同时得到一笔重赏，回家去享享太平福。太宗却不这样想。将士有了赀财，那里还肯卖力去打仗？不如等燕云收复后，才给他们一起颁赏也不迟。而将士贪赏求逸的隐衷又怎能向皇帝表示？在迅速的"宸断"之下，太宗便领着充满了失望心情的军队向东北进发。一路所经易州和涿州的契丹官将先后以城降。不到一月便抵达幽州城（今北平）下。附近的契丹官将又络绎来降。宋军围幽州城三匝。城内空虚，自分无倖。契丹主也准备放弃这重镇。独有一大将（舍利朗君），自告奋勇，请兵赴援，他领兵寅夜兼程，从间道兜到宋军的后方，席卷而北。宋军仓卒应战于今北平西直门外的高梁桥（下为高梁河）一带，立时大败，四散逃窜。幸而契丹主帅受了重伤，不能穷追。败军复集后找寻太宗不得，只当他已死。正议拥戴太祖的儿子继位间，却发现了他，只身乘驴车遁归，大腿上中了两箭。十八年后他就因这伤口的发作而死。

高梁桥之战(太平兴国四年，公元979)以后，宋辽边境上的冲突，断断续续的拖了二十几年，彼此都无大进展。(京戏中有名的"杨家将"就是在这时代出现的。)太宗于死前三年(公元九九四)，正当李顺乱事未平之际，曾两次遣使往契丹议和，都为所拒绝。真宗咸平六年(公元1003)，宋殿前都虞候王继忠孤军力战，为契丹所俘。他本是真宗藩邸的亲信，骁勇著名。契丹摄政太后萧氏，很器重他，授以高官，配以贵女。他既荷新宠，又感旧恩，一心要促成宋辽的和好，萧后和她朝中的领袖们对于边境的拉锯战也未尝不感厌倦，但怎肯平白休兵？次年，他们率领倾国的军队南下，同时由王继忠出面与宋朝通书约和，真宗用宰相寇准的定策，一面严密布置守御，并亲至澶渊(今河北濮阳县西南)督师，一面遣使赴契丹议和。契丹攻瀛州城不下，而其进迫澶渊的前锋的统帅(即去年擒王继忠者)又中伏弩死。两方且战且议的结果，便是所谓"澶渊之盟"。构和的条件载于两方交换的誓书内。兹将宋方的誓书录下。

> 维景德元年，岁次甲辰，十二月庚辰朔，七日丙戌，大宋皇帝谨致誓书于大契丹皇帝阙下：共遵成信，虔奉欢盟，以风土之宜，助军旅之费。每岁以绢二十万匹，银一十万两，更不差使臣专往北朝，只令三司差人搬送至雄州交割。沿边州军各守疆界；两地人户，不得交侵。或有盗贼捕逃，彼此无令停匿；至于垄亩稼穑，南北勿纵惊骚。所有两朝城池，并可依旧存

守，淘濠完葺，一切如常。即不得创筑城隍，开拔河道。誓书之外，各无所求。必务协同，庶存悠久。自此保安黎献，慎守封陲。质于天地神，告于宗庙社稷。子孙共守，传之无穷。有渝此盟，不克享国。昭昭天鉴，当共殛之！……

据说，宋方的使人临行时，真宗吩咐他道：若不得已，许与契丹的岁币，不妨添到一百万。寇准却把使人召来，对他说：虽有御旨，若许过三十万，我便砍你的头。其后使人定约回来，真宗正在幕内用膳，不及召见，先差太监去探问。使人在幕外，不便扬声，只把三个指头向额上一点。那太监当为三百万禀报。真宗听了道：太多，也罢，姑且了事。

二

澶渊之盟后，宋朝边境保持了三十年完全的和平，而有西夏赵元昊之患。西夏原初的地域，大略包括今陕北的无定河以西、延水之北和绥远的鄂尔多斯。这区域在唐以来为羌族所散布。唐末，这区域的守将跋拔氏（北魏之后）割据自主，传世至宋。太宗时，西夏叛而复附，附而复判。澶渊之盟前一年，西夏攻占灵州（今宁夏灵武县西南），盟后二年，又复就抚。是时西夏之于宋边，还不过是癣疥之患。至仁宗明道元年（公元1032），赵元昊（赵是太宗时赐姓）继位，而形势大变。元昊从小就是一个异凡的人物，不独精娴武事，并且通蕃（盖指藏族）汉文字，从法律书、兵书，以至佛典，无所不读；又能绘画，能出新意创制器物。他劝其父不要臣属中国。其父说:“我们三十年来,周身锦绮,都是宋朝所赐,怎好负恩?”他说:“穿兽皮,勤力牧畜,是蕃人的天性。大丈夫要为王为霸,锦绮算什么?”在继位之前,他曾领兵西征回鹘,连取了甘州和西凉府(并在今甘肃省河西地)。既继位,模仿宋朝制度,改革政府组织。自创西夏字根,命人演成西夏文字,又命人拿来译《孝经》、《尔雅》、《论语》等书(西夏文译的佛经和其他西夏文书现在还有留存)。他有蕃汉兵十五六万,仍都兴州(今宁夏省会);西取回鹘的沙、瓜、肃三州(并在今甘肃河西),东南寇宋。他继位之初已私自改元,第七年(公元1038),便正式称帝,定国号为大夏。此后,宋在今陕西黄河近岸、延水流域,以迄甘肃的环县、庆阳、泾川、固原一带的边境上,和西夏展开四年的苦战。宋方的主要将帅是安阳人韩琦和苏州人范仲淹。范之参预这次军事,原是由韩的举荐,但初时二人的战略根本不同。韩主张集中兵力,深入进攻,一举击破敌主力。他也知道这是冒险的事,但他以为“大凡用兵,当置胜败于度外”。范却以为“承平岁久,无宿将精兵,一旦兴深入之谋,国之安危,未可知也”。“为今之计,宜严戒边城,使持久可守;实关内(即关中),使无虚可乘;若寇至边城,清野不与大战。关中稍实,(敌)岂敢深入?二三年间,彼自困弱。”他又主张军事与外交并用,亲自作书,劝元昊罢兵称臣,时人多以他为怯。庆历元年(公元1041),韩琦巡边至镇戎军(今甘肃固原),派兵数万,深入敌后,窥取羊牧隆城(今甘肃隆德附近)。所遣的统领官贪利轻进,陷入敌人的大包围中,全军尽覆。兵士阵亡的,据当时边庭低折的报告,也有一万零三百人。这是宋与西夏战役中最惨的败仗,中外为之震撼。契丹乘这机会,蠢蠢欲动,次年便向宋朝提出割地的要求。宋朝只得增加岁币银十万两、绢十万匹(加原额三分之二),以为宽免割地的代价。经这一役的教训,韩琦只得接受范仲淹的清野固守政策。从此二人同心协力,作持久计。二人皆名重一时,人心归向,又皆号令严明,爱抚士卒,对近边的羌人部落,也推诚相与,恩威并用。士卒用命,羌人感畏,边境渐安。边民为之歌唱道:

> 军中有一韩,西贼闻之心胆寒!
> 军中有一范,西贼闻之惊破胆!

这两位使西贼"心胆寒""惊破胆"的大将可都不是雄赳赳的武夫,而是温雅雍容的儒者。那羌人尊称为"龙图老子"(因为他带"龙图阁直学士"衔)的范公,并且是一代的作手,他这时在军中的歌咏,为宋人所传诵的,兹录一首如下:

> 塞上秋来风景异,衡阳雁去无留意。四面边声连角起,千嶂里,长烟落日孤城闭。
>
> 浊酒一杯家万里,燕然未勒归无计。羌管悠悠霜满地,人不寐,将军白发征夫泪。

宋朝虽守住了西北边境,却谈不到犁庭扫穴。因为宋取防堵的战略,需要兵力特别多。自对西夏用兵以来,禁军从四十余万增至八十余万,军队的维持费自然照这比率增加,而战时的非常支出还不算。政府虽把税收入增到无可再增(例如以较真宗景德时,商税酒税皆增四倍余,盐税增一倍余),仍不敷甚巨,只得把太祖、太宗以来的储蓄,拿来支用。到西夏事定时,"百年之积,惟存空簿"了。朝廷对元昊自始就没有关闭和平的路,只要罢兵称臣,在相当限度内,银绢是不吝惜的。元昊见宋边无隙可乘,又适值国内发生严重的天灾,便于庆历三年遣使来讲和。两方所争的只是元昊称呼,来使所持元昊的文书自称"男邦尼定国兀卒上书父大宋皇帝"。兀卒是他自取的名,意思是"我是祖宗"。继后他的文书,竟直用汉译作"吾祖"。但这不过是一种讨价的刁难,次年元昊便答应取消这个怪名,而对国内自称夏国王,对宋称臣。宋朝则答应每年"赐"他绢十万匹,银七万两,茶四万斤。和议成后四年,元昊因为占夺新娶的媳妇,为其子所杀,年四十六。

三

范仲淹自从读书应举时,便"以天下为己任"。他常说,"士当先天下之忧而忧,后天下之乐而乐"。远在仁宗天圣三年,即元昊僭号之前十三年,当他任大理寺丞(年三十七,登进士第后十年)时,他已看见国家隐伏的危机,上书朝廷,倡言改革。书中最精警的一段道:

> 圣人之有天下也,文经之,武纬之,此二道者,天下之大柄也……相济而行,不可斯须而去焉。……《道经》曰:"祸兮福所倚,福兮祸所伏";又曰:"防之于未萌,治之于未乱。"圣人当福而知祸,在治而防乱。……我国家自真宗皇帝之初,犹有旧将旧兵,多经战敌,四夷之患,足以御防。今天下休兵余二十载。昔之战者,今已老矣。今之少者,未知战事。人不知战,国不虑危,岂圣人之意哉?而况守在四夷,不可不虑。古来和

> 好，鲜克始终。……今自京至边，并无关岭。其或恩信不守，衅端忽作，戎马一纵，信宿千里。若边少名将，则惧而不守，或守而不战，或战而无功，再扣澶渊，岂必寻好？未知果有几将，可代长城？伏望圣慈……与大臣论武于朝，以保天下。先命大臣密举忠义有谋之人，授以方略，委以边任；次命武臣密举壮勇出群之士，任以武事，迁其等差……列于边塞，足备非常。……至于尘埃之间，岂无壮士？岂复唐之武举，则英雄之辈，愿在彀中。此圣人居安虑危之备，备而无用，国家之福也。

除了国防整顿外，仲淹于官吏的选任、人才的储养、直谏之奖励、文风浮薄之救正、君德之修省，皆有所规陈。但他这封富于预言性的奏书竟未曾发生一点实际的影响。

庆历三年，当元昊使来，西事大定之后，仲淹被召入朝为枢密副使，旋任参知政事。一时朝野倾心属目。他于就职的次月，上了一封"万言书"，条陈兴革事宜十项。这十项中除关于民生的两项（厚农桑，减徭役）外，其余大旨不出天圣三年的建议的范围，不过比从前更为周详，更为具体罢了。现在把其中比较最重要的六项归入四纲领，节述如下。

（一）关于国防建设的，恢复唐朝的府兵制："先于畿内并近辅州府召募强壮之士，充京畿卫士，约五万人，以助正兵，足为强盛，三时务农……一时教战。……俟京畿近辅召募卫兵已成次第，然后诸道仿此渐可施行。"

（二）关于民生的。（甲）厚农桑："请每年秋，降敕下诸路转运司，令辖下州军吏民各言农桑可兴之利，可去之害，或合开河渠，或筑堤堰坡塘之类，并委本州运选官计定工料，每岁于二月间兴役，半月而罢，仍具功绩闻奏。”（乙）减徭役：省并户口虚少的县份，使这些县民繁重的徭役可以减轻。（因人民须服役于县衙，县多户少，则役重。）

（三）关于科举制度的：“请诸路州郡有学校处奏举通经有道之士，专于教授，务在兴行。……重定外郡发解条约：须是履行无恶艺业及等者方得解荐，更不弥封试卷。……其考较进士：以策论高、词赋次者为优等，策论平、词赋优者为次等。诸科：经旨通者为优等，墨义通者为次等。……进士，诸科，并以优等及第者放选任官，次等及第者守本科选限。”

（四）关于用人行政的。（甲）明黜陟：是时成例，“文资三年一迁，武职五年一迁，谓之磨勘。……虽愚暗鄙猥，人莫齿之，而……坐至卿监丞郎者比比皆是”。仲淹请严定考绩之法，使无功不擢，有善必赏。（乙）抑侥幸：自真宗以后，恩荫愈滥，“两省至知杂御史以上，每遇（三年）南郊并（每年）圣节（皇帝生日）各奏子充京官，少卿监奏一子充试衔……其大两省等官……复更（例外）每岁奏荐，假有任学士以上官，经二十年者则一家兄弟子孙出京官二十人。仍接次升朝”。仲淹请废圣节恩荫之例，其余恩荫的优待，亦大加减损。

仲淹任参知政事不满一年，便在怨谤丛集之下，不安于位而去。他所提出的改革方案中：复府兵一项因其他大臣一致反对，谈不到实施；变科举一项，已完全实行，但他去职后不久，旧制又被恢复；其他各项，若不是未及着手，便是才开了一点端绪，便因他的去职而停息。他去职后，出巡西北边，其后历知州郡，八年而殁（公元1053），谥文正。

仲淹字希文，二岁丧父，其母携他改嫁长山（在今山东）朱氏。初从朱姓，名说。至二十九岁，始复本姓，定今名。年二十一，中

“学究”科。继后读书于长山的山寺中。这时他的生活很清苦，每日煮一锅粥，划为四块，早晚取两块，加上几茎齑菜和一些盐便算一餐。年二十三，得知自己的身世，立即带着琴剑，离开朱家。其母派人追及他，他说：“十年后，等我中了第，再来迎接母亲。”他投入南京（宋以商丘为南京）的府立学舍，在学舍中更加贫乏，有时连饘粥也不饱，夜间被盖不够，就和衣而睡。真宗巡幸南京学舍，生徒皆往观看，他独不出。南京留守的儿子和他同学，见他的情形和留守谈及。留守命人送了他好些肴馔，他收下，却一直等到腐败也不一动。留守的儿子问故，他说：“并非不感谢厚意，可是食粥已久，安之若素，一旦享受了这嘉肴，以后吃粥还吃得下么？”年二十七，登进士第。初仕为广德军司理参军（法官），常为断狱事和郡长官争是非。长官每盛怒临他，他一点也不摇动，归去便把和长官往来辩论的话记在屏风上，等到满任，整副屏风都写满了。后来知开封府时，有一宦官，倚势作威，中外畏惧，他独抗疏弹劾；自知此事危险，疏上之后，嘱咐诸儿子，他若不幸，以后他们不可做官，但在他墓旁设馆，教书度日。他虽显贵，常以俭约表率家人。非宴客，食不重肉。每夜就寝前，自计一日间自奉的费用和所做的事，若觉得两者可以相当，便熟睡，否则终夜不安，次日必设法做一有益于人的事以为抵补。他为次子娶妇，听说妇家以纱罗给她做帷幔，便怒道：“罗绮岂是做帷幔之物？我家一向清俭，怎得乱我家法？若敢拿来我家，必定把它当众烧掉。”他的起人景慕的遗闻轶事，可以写一本书，这里所选择的只代表他的不移于贫贱，不淫于富贵，不屈于威武的性格，即孟子所谓“大丈夫”的性格。

仲淹死后八年，当仁宗嘉祐五年，王安石（时年四十）自江东提点刑狱，任满应召，赴阙也上了一封“万言书”。他也觉得国家的现状非变革不可，但他认为变法的先决问题是人才的问题。照他的人才的标准，这时无论在中央或在地方，在位或在野，都缺乏人才。“今以一路数千里之间，能推行朝廷之法令，知其所缓急，而一切能使民以修其职事者甚少，而不才苟简贪鄙下人至不可胜数。……朝廷每一令下，其意虽善，在位者犹不能推行，使膏泽加于民，而吏辄缘之为奸，以扰百姓。”为什么人才这样缺乏呢？他以为由于“教之、养之、取之、任之”不得其道。什么是“教之”之道呢？他以为国家应自都城以至乡镇，遍设学校，凡优秀的青年都取入学校，由国家供养；严选教师，教以“朝廷礼乐刑政之事”。所谓“刑政”之事，包括军事。“先王之时，士之所学者，文武之道也。士之才有……大小。……至于武事则随其才之大小无有不学者也。故其大者居则为六官之卿，出则为六军之将也。其次则比、闾、族、党之师，亦皆率两师族之帅也。”什么是“养之”之道呢？他以为国家于取入学校和仕于政府的士人，应当“饶之以财，约之以礼（自婚、丧、祭、养、燕享，以至服食器用皆有定制），裁之以法”。什么是“取之”之道呢？他说：“取人必于乡党，于庠序，使众人推其所谓贤能，书之以告于上而察之（试之以事），诚贤能也，然后随其德之大小，才之高下而官使之”。至于“任之”之道，则任期要久，职责要专，并待以严格的考绩之法。简单的说：要变法，积极方面当从政治和军事教育的普及化做起；消极方面当首先废除以文辞和记诵取士的科举制度。他认为这是逼切的需要，他警告仁宗以下面一类故事。

昔晋武帝，过目前而不为子孙长远之谋。当世在位亦皆偷合苟容，而风俗荡然，弃礼义，捐法制。上下同失，莫以为非。有识者固知其将必乱矣。而其后果海内大扰，中国列于夷狄者二百余年。

但他这封书的效果和三十五年前（天圣三年）范仲淹所上的那封书一样。

四

仁宗在位四十二年，无子，以从侄继，是为英宗。英宗在位四年，其子继，是为神宗。

神宗即位时才二十岁（以足岁计还未满十九岁）。他做皇子时，谦恭好学，优礼宾师，很得士林的称誉。他是感觉异常敏锐的人。他即位之初，和朝臣谈到太宗的死状，至于堕泪。他立志要兴振中国，收复燕云的失地，湔雪祖宗的耻辱。以稚年临御，承积弱之后，而发奋图强，在这一点上，他和汉武帝正相符同（他即位时比武帝长三四岁）。他一生的事业也似乎隐隐以武帝为榜样。但他的福命不如武帝：武帝寿六十九，他寿仅三十八。他所处的时代也和武帝所处的大不相同。武帝初年，当长期休息之后，公家的财力绰裕盈溢；而神宗即位时，不独府库虚竭，国计也濒于入不敷出了。武帝承景帝深文酷法、繁刑严诛的余风，其时主威赫铄，法为国是，令出必行；而宋太祖“誓不杀大臣及言事官”的家法，和真、仁两朝过度的宽柔，浸假造成政治上一种变态的离心力；以敌视当权为勇敢，以反对法令为高超，以言事得罪为无上的光荣。政府每有什么出乎故常的施为，必遭受四方八面寻瑕抵隙的攻击，直至它被打消为止。范仲淹的改革就在这样的空气里失败的。英宗朝因为追尊皇帝本生父的名号的小小问题（即所谓“濮议”，英宗本生父原为濮王），笔舌的战争就闹得天翻地覆。到神宗即位时这种政治上变态的离心力久已积重难返了。再者汉初去春秋战国“军事中心”的时代不久,尚武之风未泯,右文之政未兴,故将材易求,斗士易得,图强易效。宋初惩五季军人恣横之弊,一意崇文抑武,三衙实际的长官爵不过四品至六品,唐朝的武举制度也废而不行,军为世贱,士耻言兵,结果良将勇士,两皆寥落。神宗朝重大的战役多委之宦者季宪,其时军事人材的缺乏可想见了。

神宗做皇子时对王安石久已心仪神往。他即位时,安石方以前知制诰的资格,闲住在金陵。他正月即位,闰三月便命安石知江宁府,九月便命安石为翰林学士。其后三年间,安石遂历参知政事而至宰相。这王安石是江南西路临川县人。其父历知韶州及江宁府通判。他少年时代的优裕顺适和范仲淹恰成对照。据说他的“眼睛如龙”,读书过目不忘。他二十四岁便登进士第,本取第一,因赋卷中语犯忌讳,改置第四。可是他一生从没有和人谈及这件得意的失意事。他的诗文在文学史上都属第一流,并且为当代文宗欧阳修深所心折。欧初识他时,赠他的诗有“翰林风月三千首,吏部文章二百年”之句,直以李白、韩愈相拟。他不独以文名,德行、政事也无不为侪辈所推服。他官知制诰时,他的夫人给他买了一个妾,那是当时达官应有的事,安石见了她,就问:“那里来的女子?”答道:“夫人叫我来侍候舍人的。”问她的来历,原来她的丈夫是一个军校,因运米损失,家产入官,还不够赔,便把她卖掉,得价九十万钱。安石立即命人把她的丈夫找来,让他们复为夫妇。他官知制诰后,居母丧,年已四十余,却尽极哀毁,在厅堂里以槁秸席地,坐卧其上。有一天,某知府给他送一封信,那差人看了他的样子,只当他是一个老仆,叫他递入内宅。他在槁席上拿了信就拆。

那差人嚷骂道:“舍人的信,院子也拆得的么?”左右告诉差人那就是舍人!他于书卷外,一切嗜欲都异常淡薄,对衣食住都漠不关心。后来毁他的人便说他“囚首垢面而谈诗书”。他于荣禄也未曾表现过一点兴趣。宋朝的“养馆职”(“三馆”是国家的图书馆和史馆)是朝廷储才待用的机关,地位极清高,也是仕宦上进必由之路。照例进士名列前茅的,初仕任满后可以请求考试馆职,他却不去请求。再经两任(三年一任)外官之后,大臣荐他去考试馆职,他也不赴。再历一任外官之后,朝廷直接授他馆职,他也不就。再经一任外官之后,朝廷又授他以更高的馆职,他于屡辞之后,才勉强俯就。但他不是没有办事的才能。他在政治上的好处,后来的史家极力埋没,但我们于他早年的政绩还可以找得一例:他知鄞县任满后,县人就给建立生祠。这样一个德行、文章、政事的全人,他在仕途也愈懒于进取,朝野的有心人愈盼望他进取。当他给仁宗上《万言书》的时候,他久已声满天下。可是到了他由江宁知府,而翰林学士,而参知政事,而宰相,一直猛跳的时候,到了天爵和人爵极备于他一身的时候,先进和后进的同僚,包括那正人君子的领袖司马光,都不免对他侧目而视了。

五

我们读史有时可于异中见同。汉武帝初年,财政和军备都没有问题,所以他的事业的第一步是开边;到了后来因兵事的耗费,财政不足,才施行新经济政策。神宗即位时的情形正正相反。所以他的事业的第一步是经济、军事,以至教育上种种建设和改革;后来这些兴革有了相当成效,才着手开边。两人事业的程序是"易地则皆然"的。

神宗在王安石的辅导下所行的新法,现在择其重要的,分经济、军事、教育三类,每类依颁行的次序述之如下。

(一)经济

(甲)青苗法(熙宁二年九月颁布)。其法:各地方政府,每年二次举行放款,听人民自由请贷(第一等户每次所贷不得过钱十五贯,以下递减),半年为期,取息二分。这种贷款叫做"青苗钱",因每年第一次散放是在苗青的时候。此法初行时,官吏邀功,每强迫富人称贷,这叫做抑配,后立法严禁。二分的利息,现在看来,似乎不轻,但在当时,因为通货稀少,民间的利息很高,以五分为常,甚至有一年倍本的。此法固然是政府的生财之道,也是感觉青黄不接之苦的农民的一大福音。以重利盘剥为业的豪强对此法的痛恨是很容易了解的,但司马光所代表的一班士大夫对此法之原则上的反对是比较不容易了解的。

(乙)农田利害条约(熙宁二年十一月颁布)。这法令原文的节略如下:

> 凡有能知土地所宜种植之法,及修复陂湖、河港;或元无陂塘、圩埠、堤堰、沟洫,而可以创修;或水利可及众,而为人所擅有;或田去河港不远,为地界所隔,可以均济流通者;县有废田旷土,可纠合兴修。大川沟渎,浅塞荒秽,合行浚导。及陂塘堰埭,可以取水灌溉,若废坏可兴治者,各述所见,编为图

籍，上之有司。其土田迫大川，数经水害；或地势汙下，雨潦所钟；要在修筑圩垾、堤防之类，以障水势，或疏导沟洫、亩浍，以泄积水。县不能办，州为遣官。事关数州，具奏取旨。民修水利，许贷常平钱谷给用。

这法令的实效是：截至熙宁九年止，全国兴修的水利田共三十六万余顷。但反对党在这事实下注上一句道："民给役劳扰。"

（丙）募役法（熙宁三年十二月颁布）。其法要点：是令本来有徭役义务的人民，输钱代替，这叫做"免役钱"；官户（即仕宦之家）、寺观、女户等等，本来没有徭役义务的也令出"助役钱"，其数比免役钱减半。免役和助役钱的征收率，按各地方政府雇役的需要和资产的等级（分五等）而定；于免役和助役钱的本项外，加征二分，叫做免役或助役宽剩钱，此款原定以备凶荒之用，后来解归国库。募役法对平民是有史以来一大解放，惟官户不免因之蒙受一点小小的损失，其遭受士大夫的反对是势有必至的。

募役法为安石经济政策中最先急的项目。安石曾对神宗说（熙宁四年二月）："今所以未举事者，凡以财不足，故臣以理财为方今先急，未暇理财而先举事，则事难济。臣固尝论天下事如弈棋，以下子先后当否为胜负，又论理财以农事为急，农以去其疾苦、抑兼并、便趣农为急，此臣所以汲汲于差役之法也。"

（丁）市易法（熙宁五年三月颁布）。此即汉武帝时的平准法的扩大。平准法只行于京师，市易法则推行于京师以外。隶属于京师市易务的分支市易务，设置于下列各处：杭州、黔川（今四川彭水县）、成都、广州、郓州（今山东东平县西北）。反对党反对此法的理由是："与商贾争利。"

(二)军事

(甲)保甲法。此法实即旧有乡兵制的改良和扩大，其施行有四个重要的步骤。第一步(熙宁三年十二月)：编民户十家为一保，五保为一大保，十大保为一都保；保有保长，大保有大保长，都保有都保正和副都保正，各选本组织内材勇为众所服的主户(地主或自耕农)人丁充当；家有两丁以上的，选一人为保丁，两丁以外的余丁亦选其壮勇的充保丁；每大保每夜轮派五人警盗，同保有犯强盗、杀人、放火等等重罪而知情不举的坐罪，保内有容留强盗三人以上过三日以上的，其邻舍虽不知情亦坐罪。此法先行于畿内，以次推及全国。第二步(熙宁四年)：奖励畿内保丁习武，每年于农隙分地举行会试，试骑步射法，上等的授官职，以次至四等予赏有差。第三步(熙宁五年)：许畿内主户保丁"上番"(即赴各县巡检司服巡警之役)，十日一换；月给口粮和薪菜钱。第四步(元丰二年至四年)：予保甲长及保丁以严格的武艺教练，先以禁军的教头教大保长，三年艺成，乃以大保长为教头，教保丁。此法先行于畿内，次及河北、河东、陕西三路。到了熙宁四年，这三路共有受训完毕的保丁约七十万人。第四步的开始施行已在王安石去位后三年。

与保甲法约略同时实行的是募兵的裁减，但所裁减的，厢兵居多(其数不详)，禁兵较少。计禁军总数在英宗末年为六十六万余，在熙宁间为五十六万余，在元丰间为六十一万余。

在安石的军事计划中，保甲法原是恢复府兵制以代替募兵制的准备。在施行保甲法第一步之前，安石已与神宗讲论府兵之制，打算以渐复行之。关于此事，安石在所撰《熙宁奏对日录》中曾有记载，此书已佚（此书百二十卷为我国历史文件中稀有之宝，佚去太可惜，幸大部分已为李焘采入《续通鉴长编》中，但经删修，本来面目已失，惟宋人陈瓘《四明尊尧集》引五十余则，可于以见其内容一斑），兹据朱熹所引，摘录如下：

> 余……为上言募兵之害，终不可经久。佥以为如此。
>
> 余曰：今养兵虽多，及用则患少，以民与兵为两故也。又五代祸乱之虞，终不能去；以此等皆本无赖奸猾之人故也。
>
> 上因问府兵之制曰：何处言府兵最备？
>
> 余曰：李邺侯传言之详备。
>
> 上曰：府兵与租庸调法相须否？
>
> 余曰：今上番供役，则以衣粮给之，则无贫富皆可以入卫出戍。虽未有租庸调法，亦可为也。但义勇不须刺手背。刺手背何补于制御之实？今既以良民为之，当以礼义奖养。刺手背但使其不乐，而实无补也。又择其乡间豪杰为之将校，量加奖拔，则人自悦服。今募兵为宿卫，乃有积官至刺史防团者。移此与彼，固无不可。况不至如此费官禄，已足使人乐为之。陛下审择近臣，使皆有政事之材，则他时可令分将此等军。今募兵出于无赖之人，尚可为军厢主，则近臣以上岂不可及此辈？此乃先王成法，社稷之大计也。
>
> 上良以为然。

随后安石即奏上记载唐府兵法最详的邺侯家传。此奏原稿曾为朱熹所藏。朱熹说："（予）独爱其纸尾三行，语气凌厉，笔势低昂，尚有以见其跨越古今、斡旋宇宙之意。疑此非小故也。"又说：

"抑公此纸,词气激烈,笔势低昂,高视一时,下陋千古,而版本文集所载,乃更为卑顺容悦之意,是必自疑其亢厉已甚,而抑损之,其虑深矣。然论其实似不若此纸之云,发于邂逅感触之初,尤足以见其胸怀本趣之为快也。夫以荆公之得神祖,可谓千载之一时矣,顾乃低徊若此,而犹未免有郁郁之怀。君臣之际,功名之会,呜呼难哉!"

神宗到底认府兵制为不可复行,故安石罢政后,不再谈及,其旨似以保甲为防守的辅助力,而战斗的主力仍任募兵。

(乙)保马法(熙宁五年,元丰七年)。此与汉武帝时"马复令"(许人民养官马以减免徭役)相近。其法:于畿内及京东、京西、河北、河东、陕西五路,许人民领官马自养,或领官钱买马自养,每户不过两匹;养官马之家,公家给以钱帛,并免除其捐税的一部分(后来畿内不给钱帛),同时养户自然得使用所养官马。属三等以上的养户十家为一保,属四等以下的养户十家为一社;一保之内,马有死者,十家共偿其值;一社之内,马有死者,十家共偿其值之半。后来又令京东、京西两路保甲户一律养马,而免除其教阅及此外若干保甲的职责。

(丙)更戍法的废除(熙宁七年至元丰四年)。更戍法本以防止兵为将有,但结果"兵不知将,将不知兵,临事应变,精神散漫,指挥不灵";禁军之不振,这是其原因之一。神宗和安石有鉴于此,逐渐于各路的军略要地取消更戍法,而设置固定的驻防禁军,由固定的主将,就地训练。这种驻防军的设置,当时称为"置将"。"将"是当时军队新编制中的一种单位,一将约有三千人上下,仿佛现在的一师。

(三)教育

(甲)变科举。熙宁四年,罢进士以外的"诸科"(诸科是专考记诵的),令除曾应考"诸科"不第的人外,不得参加此种考试;增加进士的名额;进士试废诗赋,专用经义策论;所试群经,但取《易》、《诗》、《书》、《周礼》、《礼记》及《论语》、《孟子》,而废弃旧有的《春秋》和《仪礼》(同时太学教授及经筵进讲亦废之)。

(乙)变学制与兴学校。(1)宋初的太学只是品官子弟考"取解"(取解即取得应进士试的资格,平民在本州取解)的机关,有学校之名而无肄学之实。至仁宗皇祐末,在湖州大儒胡瑗的管领下,太学才成为一真正讲学的机关,但其时学生不过二百人,胡瑗去后,又渐复原状。神宗即位,增太学生额为三百人,后又增为九百人。熙宁四年分太学为三舍,外舍生无定员,新生充之(太学生仍限品官子弟);外舍生经考选入内舍,内舍生额三百人,内舍生经考选入上舍,上舍生额百人;上舍生考取优等的荐于中书,授以官职。元丰二年,增太学生额外舍二千,内舍三百,上舍一百;规定除月考外,每年各舍总考一次,决定外、内舍生的升舍,上舍生的等第。上舍生考上等的等于进士及第,即授官职;中等的免进士的礼部试;下等的免取解。(2)仁宗庆历四年,当范仲淹为参知政事时,曾"令州各县皆立学(校),本路使者选部属官为教授,员不足,取于乡里宿学有道业者"。但当时诸州奉行的不多,其后又限旧时节度使所领州方得立学。熙宁四年,复令各路、州、府立学,每郡给田十顷以赡养学生。其后又派定诸路的州府学教授凡五十三员。(3)仁宗庆历间,胡瑗曾建议兴武学(即中央军官学校),朝议格而不行。熙宁五年始行其议。

(丙)《三经新义》的纂修和颁行。所谓三经是《周官》《书经》《诗经》,《新义》始修于熙宁六年,颁行于八年,主纂的人物为王安石、其子王雱和安石最得力的助手吕惠卿。《三经新义》乃安石对付敌党的思想的武器,也是他所谓"一道德、同风俗"的工具。自从新法开始颁行以来,所有元老重臣和清流名士一致反对;在朝的谤议汹起,在外任的百方阻挠,使新党辨护穷于辨护,神宗谪黜穷于谪黜。反对党的最后论据,可用三朝元老文彦博的话代表。熙宁四年三月,他论新法道:"祖宗法制具在,不须更张,以失人心。"神宗问:"更张法制,士大夫诚多不悦,但于百姓何所不便?"彦博道:"为与士大夫治天下,非与百姓治天下也。"神宗和安石的坚毅到底战胜了一般士大夫的口舌,而贯彻了新法的推行。但为巩固国是的心理基础,他们不得不在经典中替新法找寻或制造理论的根据。《三经新义》便是这种工作的结果。群经中最可为新法掩护的莫如《周官》,故安石也特别推重《周官》。《新义》三种中唯独《周官》一种是安石亲自属笔的,也唯独此种流传至今。《新义》自从颁行以后,在五十余年间,除了短期的被掩蚀外,支配了整个的思想界:太学和州县学校用为主要的课本,科举考试用为绝对的准绳;《新义》以外,三经的一切其他注疏,都无人过问了。

后来宋朝贬斥王安石最力的学者,也公认《新义》富于新颖而确当的解释,不容废弃。我们现在读《周官新义》,很容易注意到的却是安石解经的特殊作风,一种奇怪的拆字法。例如他解"遂"字道:"豖八而辵则遂。"又例如他解"夫"字道:"夫之字与天皆从一从大,夫者妻之天故也;天大而无上,故一在大上;夫虽一而大,然不如天之无上,故一不得在大上。"又例如他解"卿"字道:"卿之字从卯,卯奏也;从卩,卩止也;左从卯,右从卩,知进止之意(卩卯古节奏字);从皀,黍稷之气也,黍稷地产,有养人之道,其皀能上达;卿虽有养人之道而上达,然地类也,故其字如此。"在字形的渊源上都是毫无根据的。但安石确信这种拆字法不独可以得到造字的本意,并且可以得到一切关于人事和天道的重要真理。后来他应用这方法，著了一部二十四卷的字典，名曰《字说》。此书也曾经神宗颁行，其后来的作用和影响与《三经新义》等。此书可惜现在已佚，但从后人所引，还可以看见它的片断。撰此书时安石已罢政，但在书中还念念不忘统一思想；书中解“同”字道：“彼亦一是非也，此亦一是非也，物之所以不同；门一口，则是非同矣。”

以上分类略述神宗的新政见。此外还有一要项为这三类所不能包括的：即元丰三年新官制的颁行。这新官制的内容这里不能细述，大要是恢复唐代台省寺监的实权，而裁减宋朝在这组织外所加的上层机构。新制以尚书左右仆射同中书门下平章事为宰相，以尚书左右丞代替参知政事，枢密院仍保存。

六

神宗在熙宁七年以前对边境的经营，从是年三月间韩琦所上的一封奏疏可见大略。在这奏疏里，他列举神宗所为足以引起契丹疑心的凡七事：“高丽臣属北方，久绝朝贡，乃因商舶诱之使来，契丹知之，必谓将以图我，一也；强取吐蕃之地，以建熙河，契丹闻之，必谓行将及我，二也；遍植榆柳于西山，冀其成长，以制蕃骑，三也；创团保，四也；河北诸州筑城凿池，五也；又置都作院，颁弓刀新式，大作战车，六也；置河北三十七将，七也。”

第二项所谓熙河，略当今甘肃洮河流域之地。此地东北邻接西夏，为羌族所分布，久属吐蕃。德安（江西）人王韶建议招降诸蕃部，抚有其地，以为图谋西夏的初步。先是王安石子王雱十三岁时,闻陕西边卒说洮河事,以为此可以规取,若西夏得之,则国家之患无穷。至是安石力赞王韶之说。神宗便派王韶主持开熙河事。王韶于熙宁四年到边,三年之间,剿抚兼施,并击败吐蕃军,遂定其地。有一次捷书到,神宗解所佩玉带赐安石,以赏其功。其后韶入朝,以宦者李宪继之,史(《宋史·韶传》)称韶"用兵有机略。临出师,召诸将授以指,不复更问。每战必捷。当夜卧帐中,前部遇敌,矢石已及,呼声振山谷,侍者股栗,而韶鼻息自如,人服其量"。韶因熙河功,擢枢密副使,后以与安石不协去职。

熙河抚定的次年,契丹忽然蠢动,侵入边境,并遣使来求割所据之地。上文所引韩琦的奏疏就是为此事而发的。宋与契丹往复谈判,经二年之久,至八年秋,神宗终用王安石"将欲取之必固与之"之说,割河东边地东西七百里以与契丹。

次年有交阯之役。交阯本先南汉节度州,南汉亡,名受宋册封,实自主。太宗时曾乘其内乱,遣军进取,无功而还。至是分三路入寇,陷邕、钦、廉等州,屠邕民五万八千。神宗命老将郭逵往讨,逵派别将收复失地,自领主力,攻其后路,进至富良江,交人以精兵乘船迎战,宋军砍树作炮机,发炮石如雨,尽坏敌船,又设伏邀击,杀敌数千并其王太子。交王恐惧乞降。而宋军八万冒暑行瘴地,也死亡过半。

神宗开边的第一个目标,原是西夏。自从庆历四年宋与西夏和议成后,西北的边境平静了二十余年。到英宗末年,西夏又开始寻衅。自此年至熙宁四年间(公元1066至1071),西夏三次入寇,宋二次反击,互有胜负。但其中熙宁四年西夏最后一次的攻侵是大获胜利的。元丰四年夏,西夏内变,国主为母后所囚。神宗认为这是进攻西夏的最好时机。经三个多月的布置,然后发动。这一役的意义,从他八月底给熙河路军帅李宪和鄜延路军帅种谔的诏书可以看出。前一封诏书里说:“今来举动,不同凡敌,图人百年一国,甚非细事。苟非上下毕力,将士协心,曷以共济?须不惜爵赏,鼓励三军之气。……朝廷唯务灭贼,其他固无爱惜。”后一封诏书里说:“朝廷昨于诸路大发师徒,本候齐集与逐路遣兵并力,择时鼓行,覆贼巢穴。”总之,神宗要一举荡平西夏,要把他十数年来富国强兵的成绩,作一次壮烈的表现。同知枢密院事孙固却不赞成此举,他以为“举兵易,解祸难”。神宗说:“西夏有隙可乘,我不取,便为辽人所有,时机不可失。”其后孙固又对神宗说:“现在五路进兵,却无总帅,即使成功,也怕有内乱。”神宗说:“总帅确是难得合式的人。”知枢密院事吕公著道:“既然没有合式的人,何不罢手?”九月底,河东路军帅王中正(宦者)领兵六万自麟州出发;鄜延路种谔领兵九万三千自绥德城出发;环庆路高遵裕领兵八万七千自庆州出发;泾原路刘昌祚领兵三万自泾州出发;先是李宪已收复古兰州城,至是领本路及秦凤路军七军(数未详),并吐蕃兵三万自兰州出发:约定五路会师于兴、灵(兴州今宁夏省会,西夏首都;灵州今灵武县)。刘昌祚军首先到达灵州城下,高遵裕军继之,两军沿路皆有大捷。昌祚本受遵裕节制,而遵裕疾恶也,屡加凌侮。两军不协,围灵州城十八日不下,而饷道已断绝。夏人决水灌其营,乘其避水而追击之,宋军溃乱,死已无算,遂退。种谔沿无定河而进,连破银(今陕西米脂一带)、石(今地未详)、夏州(今陕西横山一带);自夏州继进,粮饷断绝,又遇大雪,士卒死亡十之二三,溃散南奔的亦十之四五,遂退。王中正屠宥州城(今陕西靖边东),继进,粮尽,士卒死二万人,遂退。李宪东进至泾原边境,稍有斩获,时诸路已退,亦于十一月中奉诏撤归熙河。是役,西夏的战略是坚壁清野,纵敌人深入,而聚精兵保兴、灵,以轻骑抄截敌人的饷道。是役,宋军虽不能达到原来的目的，却恢复了沦陷百余年的银、夏、宥等州。这新占领区的设防是一大问题。次年秋，经边将对这问题反复讨论后，神宗决定建筑永乐城（今陕西米脂西北）。这城才建筑成，西夏便派三十万大军来攻夺。这城依山，下临无定河。城中无泉无井，给水全靠城外。既被包围，临濠掘井，得到的水只够将领之用。兵士绞马粪汁充饮，渴死大半。而援兵和馈饷皆为敌人所阻截。城遂陷。将校死数百人，兵士和伕役死二十余万人；辎重的损失，不可计算。神宗得讯，悲愤不食，临朝痛哭。他想到吕公著和孙固的话，有点后悔了。

七

我们若更把神宗和汉武帝作一对比，则永乐之役相当于征和三年贰师之役。后者是武帝一生事业的收场，前者是神宗一生事业的收场。贰师之役后三年而武帝死，永乐之役后也恰恰三年而神宗死。神宗死后一年余，王安石亦死。

安石自熙宁三年杪进位宰相后，诋诬怨谤，矢集一身，□背亲交，尽成政敌。似乎为减少新法的阻力计，并为劳极少休计，他于七年四月，请求解职，奏六上乃得请，归居金陵。临去，他荐吕惠卿等自代（惠卿旋擢参知政事），并答应他日可以重来。次年二月，神宗召他复位，他即兼程而至。但复位不到两年，便又坚请退休，从此不复问政。他最后告退的原因，是宋史的一个谜。据反对党的记载，那是因为他和吕惠卿起了内哄，惠卿把他的私信中有一封说过“毋使上知”的，缴呈神宗，神宗从此对他失了信任，他不得不去。安石复位后不久，便与惠卿失和，那是事实，但发私书一事，并无确据。安石与惠卿交恶的原因也是宋史的一个谜。这一段历史安石在《熙宁奏对日录》的后四十卷中原有详细的记载，但这四十卷给他的女婿蔡卞抽毁掉，不传于世。据吕惠卿家传（李焘引），二人的冲突是由于安石恶惠卿擅政，改了他所定的《三经新义》，并听信了左右的谗间。这当然只是一面之辞。至于安石引退的原因，我们在加以推测时，不可忘却此事前三个月他所受的一生最大的打击：他的独子王雱的英年（卅三）摧折。这时他已五十六岁了。他退休后隐居金陵十年而死。

> 自古英雄亦苦辛！行藏端欲付何人？
> 当时黯黮犹承误，末学纷纭更乱真。
> 糟粕所存非粹美，丹青难写是精神。
> 区区不尽高贤意，独守千秋纸上尘。

从安石这首诗看来，他身后的遭遇，自己是预料到的。

安石死迟神宗一年余是他的大不幸。神宗死后，长子（即哲宗）继位，年才十岁，太皇太后（英宗后高氏）垂帘听政。她一向是司马光的同志，认祖宗家法为神圣不可侵犯的；她一听政，便开始废除新法，旋起用司马光。一个被宫墙圈禁了五十年的老妇人（她是自幼养在宫中的）和一个被成见圈禁了二十年的老绅士，同心合力，挥着政治的锄头，期年之间，便把神宗和安石辛苦营构的成绩芟除得根株尽绝。

（原载《思想与时代》第5、6期，1941年12月、1942年1月）

北宋四子之生活与思想

荫麟先生于三十年冬撰此文,后以鼻出血而中辍。仅成"北宋四子生活"一节,思想部分尚付缺如。再者,先生于《中国史纲》宋史部分,拟作五章:(一)宋朝的开国和开国规模;(二)北宋的外患与变法;(三)宋代的文学与思想;(四)女真的兴起与宋金的和战;(五)蒙古的兴起与金宋的覆灭。一二两章已载本刊四、五两期。本文当为第三章之初稿耳。编者识

予近撰《宋代思想的主潮和代表的思想家》一文,分三大段:(一)北宋四子;(二)王荆公及其"新学";(三)朱陆与南宋道学。将于本刊陆续布之,此其第一段也。作者识

像千邱万壑间忽有崛起的高峰,像蓬蒿萧艾间忽有惊眼的异卉,在思想史里每每经长久的沉闷、因袭和琐碎后,继以一生气蓬勃、光彩焕发的短短时期,在其间陶铸出种种新学说,支配此后几百年以至过千年的思想界。宋代自仁宗庆历(一〇四一)以后的四五十年就是这样的一个时代。这是周濂溪(敦颐)、张横渠(载)、王荆公(安石)、程明道(颢)和程伊川(颐)的时代。(诸人以年辈为次,周、张、王皆长二程十岁以上。)此以前,宋人的思想大体上继续唐末五代的沉闷、因袭和琐碎;此以后,至宋朝之终,以王荆公为偶像的"新学",和以周张二程为典型的"道学",相继支配着思想

界。故庆历以后的四五十年，一方面是宋代思想的源头，一方面也是宋代思想史的骨干。我们述这个时期的思想应当以周张和二程兄弟——可称北宋四子——为一集团，而以王荆公为一支别出的异军。

北宋四子不独在思想上有许多同调之处，在生活上亦有密切的联系。二程兄弟少时曾从学于濂溪，而横渠乃是二程的表叔，与二程为学友。我们叙述四子和以后的"道学"家的思想，不能离开他们的生活，因为他们的中心问题是一个实践的问题，什么是圣人？怎样做到圣人？我们要从他们的生活中体会他们的理想人格的气象。

濂溪（1018—1073）的事迹见于记录的，像他的著作一般简短得可憾。他是湖南道州（营道县）人，年少丧父，以母舅的荫泽出身，历官州县，官至广东转运判官，兼提点广东路刑狱。当他二十来岁，任分宁县主簿时，有一久悬不决的疑狱，他经一次审讯，便立即分辨。任南安司理参军时，因平反一冤狱，和上官力争，上官不听，他放下手版，缴还官状，脱身便走。他道："这样的官还做得的吗？杀人媚人，我办不到。"上官卒被他感悟。任南昌知县时，曾得大病，一昼夜不省人事，友人为他预备后事，检视他的所有，只一破烂的箱子，里面钱不满一百。同时大诗人黄山谷形容他的性格道："胸怀洒落，如光风霁月；廉于取名，而锐于求志；薄于徼福，而厚于得民；菲于奉身，而燕及茕嫠；陋于希世，而尚友千古。"他爱自然，他对生命的世界好像有一种冥契。他窗前的草从不准剪除，问他为什么？他说："这与自家意思一般。"他教学生，每令"寻孔颜乐处"，体认他们"所乐何事"。有一位老者初时跟伊川问学，总不领悟，便扶杖去访濂溪。濂溪说："我老了，说得不可不详细。"便留他对床夜话。过了三天，他忽觉恍有所得，自言如顿见天的广大。他再去洛阳看伊川，伊川惊讶他迥异寻常，问道：“你莫不是从濂溪那里来吗？”

横渠（1020—1077）也像濂溪一般，少年丧父，孑然自立。他学无所不窥，特别好讲究军事。年十八，当西夏用兵时，上书谒范仲淹。仲淹一见，认为大器，却戒责他道：“儒者自有名教的乐地，何用谈兵。”并劝他读《中庸》，他读了觉得不满足，转而向佛典里探讨，用功多年，深通其说，却又觉得不满足，终于回到儒家的经典。年三十八，登进士第，始出仕。尝知云岩县，以教导人民、改善风俗为务。每月分别召宴县中长老，亲自劝酒，让人民知道养老敬长的道理，同时向他们访问民间疾苦，并告诉他们怎样训诫子弟。通常县官的布告，人民大多数不闻不知，只成一纸具文。横渠常把各处的乡长召来，把告示的意思对他们谆谆解说，命他们回去街坊里传达。每逢在公庭上，或道路上遇到人民，便考察他们是否听到他所要传达的布告，若没有听到便责罚受命传达的人。因此他每有所告诫，全县人民无不知悉。尝任渭川军事判官，于本州的民食和军政都有很精明的规划。神宗初年，因大臣的推荐，入仕朝廷，官至崇文院校书兼同知太常礼院。神宗很赏识他，想加重用，但他不附新法，终于告退，归隐于陕西郿县的故乡，教学终老。

明道（1032—1085）和伊川（1033—1107）虽是大家所认为志同道合的两兄弟，但他们在思想上却有若干重大的差别，而他们的异致在事业上性格上，比在思想上更为显著。在事业上明道是少年科第（与横渠同榜登进士第）的循吏；而伊川则一次落第，便不再应试，晚岁始以布衣征起（哲宗元祐元年，时年五十四），为崇政殿说书。明道的仕历是三十年受尽讴歌赞叹的，不可胜述的睿断和仁政。这里只举几个例。他知晋城县时，有一个富人，丧父不久，忽有老人到门自认为是他的父亲，两人闹到县府。

那老人说，他行医远出后，其妻生子，贫不育养，抱给张家。他现在归来，始知道此事。明道问他有什么凭据，他拿出一部陈旧的方书，后面空白上记着：某年月日，某人抱儿与"张三翁"。明道便问那姓张的：你今年几岁？答道：卅六。又问：你父亲死时几岁？答道：七十六。明道便对老人说：他方才所说的年岁，有邻舍可问的。他出世的时候，他父亲才四十岁，怎么便叫张三翁？那方书上写的是假无疑。老人给吓了一跳，无话可答，只得认罪。他在晋城任内，用保甲法部勒乡村，令同保的人民力役相助，患难相救。凡孤寡残废的人，责成他们的亲戚乡邻不使失所。旅行经过县境的人，遇着疾病，都有给养。每乡设立小学，时常亲去视察。教师有不良的，便给撤换，儿童句读有错，也给改正。令乡民结为会社，并给各会社立定奖善诫恶的规条。在任三年，县内从没有强盗或斗死的事件。临到他任满时，忽然半夜有人叩门，说出了命案。他说：本县那里会有这种事？若有必定是某村某人干的。查问果然。他任镇宁军判官时，有一位声势煊赫的宦官，方督理治河。本军的兵卒八百人，被派去工作。天气严寒，他们受不了虐待，半夜逃归。同僚和长官都惧怕那宦官，主张不放入城。明道说：他们逃死而归，不纳必乱。亲自去给兵士开城门，却与他们约定，休息三日再去工作。兵士欢呼听命。以上是明道无数精彩的政绩中的片断。

伊川仕历最精彩的一幕，却是短短年余的，很不愉快的口舌生涯。当他从布衣一跃到"帝王师"时，他要求在皇帝面前坐着讲书，满朝哗然，他只得照例站着讲。那孩童皇帝偶然高兴，在槛外折一柳枝玩玩，他便板着面孔说："方春万物发生，不可无故摧折！"惹得皇帝、太后和满朝大臣都皱眉。司马光死了，适值明堂大礼，行完礼后，同僚齐去吊唁。伊川认为不对，坚执力争，引《论语》"子于是日哭则不歌"为理由。苏东坡道:《论语》"子于是日歌则不哭"呀!伊川却传语丧家,不得受他们吊。有名会开玩笑的苏东坡便给他取个绰号,叫做"尘糟坡里的叔孙通"。再后那孩童皇帝生了病,不能坐朝,伊川忙去见宰相说:皇帝不能坐朝,太后就不该单独坐朝。这一来太后忍无可忍,谏官乘机参了一本,他便以管勾西京国子监名义,被送回老家去。从上面二程事业的比较,已不难推想他们性格的一斑。

关于明道的精神生活,他的一个学生有一段很好的描写。他说:"先生……粹和之气盎于面背,乐易多恕,终日怡悦……从先生三十年未尝见其忿厉之容。接人温然,无贤不肖皆使之款曲自尽。闻人一善,咨嗟奖劳惟恐不笃;人有不及,开导诱掖惟恐不至。故虽桀傲不恭,见先生莫不感悦而化服。风格高迈,不事标饰,而自有畦畛,望其容色,听其言教,则放心邪气,不复萌于胸中。"另一个学生有一次离别了明道之后,人问他从什么地方来,他说:"我在春风和气中坐了三个月而来。"明道在熙宁以前,和王荆公本相友好,后来虽因新法和荆公分道,但只平心静气,相与讨论,劝荆公不要太过拂逆人心,从没有意气之争。荆公亦感其诚意,对人说:"他虽不闻道,亦忠信人也。"后来他追论新旧之争,亦很公允,他说:"新政之改,亦是吾党争之太过,成就今日之事,涂炭天下,亦须两分其罪可也。"又说:"以今日之患观之,犹是自家不善从容,至如青苗,放过又且何妨?"论广厚宽和,伊川远不似乃兄,这从记载所存几件对照的琐事可以看出。二程少时尝随父远行,宿一僧寺。明道入门右转,仆从都跟随着他;伊川入门左转,无一人跟随。伊川也自觉道:"这是我不及家兄处。"又一次,二程同入一佛寺,明道见僧一揖,伊川却不。门人怀疑,明道说:"论年齿他也比我多几岁,一揖何妨?”明道讲书,偶带谐谑,引得大家哄堂,伊川则永远严肃得可怕。门人讨论,遇有不合,明道只说:“更有商量。”伊川直说:“不对。”明道也曾对乃弟说过“异日能使人尊严师道,那是吾弟之功。至于接引后学,随人才的高下而成就之,则我不让吾弟”。横渠批评二程道:“昔尝谓伯淳(明道)优于正叔(伊川),今见之果然。其(明道)救世之志甚诚切,亦于今日天下之事尽记得熟。”

(原载《思想与时代》第27期,1943年10月)

张荫麟先生学术年表*

1905 年(光绪三十一年)

11 月 2 日(旧历十月初六日)出生于广东东莞石龙镇。父亲张茂如,1926 年去世。生母钟氏早逝,卒年不详。有弟三人:炜麟、泽麟、桂麟(同父异母弟)。幼承父教,熟读经史古文辞。无字,常用笔名有"素痴""燕雏"。

1922 年

夏,毕业于广东省立第二中学,考入北京清华学校中等科(Tsinghua Middle School)二年级,三年后升高等科(Tsinghua College)。清华学校的前身是建于 1911 年的清华学堂,学制八年,分为中等科、高等科两个阶段,学生毕业即获公费赴美留学。1912 年,清华学堂更名为清华学校。1925 年,清华学校进行改制,设留美预备部、大学部和研究院,开始招收四年制大学生和研究院学生。张荫麟是清华学校完成改制前的最后一届旧制生。

中等科三年,修习课程有:英文读本、文法、中国文学、历史、写作、自然、数学、唱歌、体育、童军等。高等科四年,中文、英文和体育为四年必修科目;第二外语为德文,修习三年;第一和第二年修习翻译、中国通史、生物、军事科学、物理、代数、演讲、机械技艺和

* 本年表由刘玲撰写。

欧洲通史等普通学科科目；第三和第四年修习翻译、现代文明、西方文学入门、古典文学、社会学、西洋哲学史、哲学问题、逻辑学、心理学入门等人文社会学科科目。

1923 年

9 月，担任《清华周刊》编辑，负责“国情述要栏”的文化社会部分，因此结识时任“新闻栏”的编辑——贺麟（高二级）和陈铨（中四级），三人从此结下深厚友谊。

9 月，在《学衡》第 21 期发表第一篇学术论文《老子生后孔子百余年之说质疑》，批驳梁启超于 1922 年 3 月在北京大学演讲时提出的“老子生于孔子之后，《老子》著作时代在战国晚期”的观点。

9 月 20 日，在《清华周刊》第 286 期发表《〈清华学报〉的组织问题》，讨论复刊后的《清华学报》的组织与制度建设。

12 月 28 日，在《清华周刊》第 300 期发表《明清之际耶稣会教士在中国者及其著述——〈中国近三百学术史·附表一〉校补》。1923 年秋，梁启超开始在清华演讲“中国近三百年学术史”。其课程讲义中附有“明清之际耶稣会教士在中国者及其著述”一表，张荫麟发现其中有错误，遂致信梁启超求解。梁启超回信，称此表转引自日本人的著作，后者又是引自欧洲人的书籍，且“并未注明出处……其中讹舛，盖不免也”。张荫麟经过认真研究，发现该表“遗漏错误者二十余事”，于是根据《四库全书总目提要》和《明史》进行补充考订，写成此文。

1924 年

本年 3 月至次年，担任《清华周刊·书报介绍副刊》编辑。

4 月 11 日，在《清华周刊·书报介绍副刊》第 10 期发表《钱大昕和他的著述》，称钱大昕是一位“‘科学的’史学家、小学家、天算学家、地理学家”。

4、5 月间，担任仁友会刊物编辑。5 月 2 日，在《清华周刊》第 312 期发表《仁友会十二周年纪念庆祝记》。

6 月，《清华学报》复刊，每年出版两次（6、12 月）。复刊后的《清华学报》由师生共同参与，学生主要负责编写其中的“撰著提要及书目介绍”栏目，张荫麟为撰写者之一。自 1 卷 1 期至 3 卷 2 期，“撰著提要”栏目中的“文学哲学史地类”基本上是张荫麟撰写的。据统计，他总共为该栏目撰写了 63 个条目，介绍了 6 份刊物和 57 篇论文。

6 月，在《清华学报》第 1 卷第 1 期发表长篇学术论文《明清之际西学输入中国考略》。此文是在《明清之际耶稣会教士在中国者及其著述——〈中国近三百学术史 · 附表一〉校补》一文的基础上，参照法国汉学家高第（Henri Cordier）所编写的《汉学书目》（1906 年）进行增补而成，所作“明清之际来华西士之与西学输入有关者，及其输入西学之著作表”，梳理了明清之际西学输入中国的概貌。此文是本期《清华学报》中唯一一篇由学生撰写的文章，可谓有关西学东渐开风气之先的研究。

10 月，在《清华周刊 · 书报介绍副刊》第 13 期发表《清代生物学家李元及其著作》，认为李元是我国数千年来仅有的“为生物学而治生物学”“用归纳方法而治生物学”“研究范围又及于动物之全体者”的学者，是名副其实的“清代生物学家”。

12 月，在《东方杂志》21 卷 23 号发表《纪元后二世纪间我国第一位大科学家：张衡》，介绍张衡的科技成就。次年 4 月，又在《学衡》第 40 期发表《张衡别传》。

1925 年

3 月，在《学衡》第 39 期发表译诗《安诺德〈罗壁礼拜堂〉诗》、

《威志威斯〈佳人处僻地〉诗》。

4 月，在《学衡》第 40 期发表《评近人对于中国古史之讨论（古史决疑录之一）》，批评顾颉刚"疑古"过勇，认为顾颉刚"禹是西周中期起来的，尧舜是春秋后期起来的，他们本来没有关系"一说不能成立，"其所以致误之原因，半由于误用默证，半由于凿空附会"。

6 月，在《学衡》第 42 期发表译作《葛兰坚论学校与教育》，译自葛兰坚（Charles Hall Grandgent）"School"一文，认为此文"于教育之精义、人生之原理多所发明"，可有补于我国教育事业的发展。本年 8 月，又在《学衡》第 44 期发表《葛兰坚黑暗时代说》，译自葛兰坚"The Dark Ages"一文。"其大意谓当今之世，教育学术文艺如此其劣败，思想道德行事如此其浅谬，虽号称文明而实为野蛮，虽自诩进步而日趋退化，较昔之所谓黑暗时代者且远不如矣。"

6 月，在《清华学报》第 2 卷第 1 期发表译作《宋燕肃、吴德仁指南车造法考》，译自英国人莫尔（A. C. Moule）于 1924 年发表在《通报》上的《中国指南车》一文。本年 12 月，又在《清华学报》第 2 卷第 2 期发表《宋卢道隆、吴德仁记里鼓车之造法》，学习莫尔图解指南车造法，对构造同样精巧的记里鼓车进行考证，并绘有详细工程图。

6 月 8、9、10 日，在《京报副刊》连续发表三篇文章——《上海英日人八次惨杀我国同胞始末》、《告全国智识阶级》、《智识阶级应当怎么样救国》，谴责"五卅惨案"，呼吁知识分子"想法子""宣传"以救中国。

本年，与贺麟、陈铨一起选修吴宓为留美预备班开设的"翻译术"课程，因此与吴宓多有交往。在吴宓的影响与指导下，着手翻译外国论作，并在《学衡》发表。

1926 年

本年（月日不详），在《清华周刊·十五周年纪念增刊》发表《〈荀子·解蔽篇〉补释》。1925—1926 年，梁启超在清华国学院做关于《荀子》一书的读书示例，对《解蔽》《正名》两篇"颇多新诂"，但张荫麟认为梁的解释"尚多未尽之处"，因而写成此文深入讨论。

1 月，在《学衡》第 49 期发表译诗《罗色蒂女士〈愿君常忆我〉》。此后又发表数篇罗色蒂女士的诗文翻译，包括：《罗色蒂女士〈上山〉诗》（1926 年 8 月，《学衡》第 56 期）、《罗色蒂女士〈古决绝辞〉》（1928 年 7 月，《学衡》第 64 期）、《罗色蒂作〈幸福女郎〉诗》（1928 年 9 月，《学衡》第 65 期）。

1 月 25 日，在《东方杂志》23 卷 2 号发表《洪亮吉及其人口论》，将洪亮吉的人口论与马尔萨斯的学说相比较，认为它们"不谋而合"。

3 月 19 日，弘毅学会成立。张荫麟当选为丛书委员长，负责将会员言论集结出书，同时也担任《弘毅》月刊（次年更改为双月刊）的编辑。

3 月 26 日，在《清华周刊》第 24 卷第 5 期发表《论"入井运动"》，批评青年人不屑苦读、奉"小册子、副刊、杂志、译籍"为圭臬的不良风气。

5 月，在《弘毅》第 1 卷第 1 期发表《毫无疑问的信仰》，分析了"有许多事情，能使我们一听了便毫无疑问地立刻相信"这一现象背后的原因：一是刺激性大，二是富于联想性。

5 月 16 日，在粤籍历史学家陈垣的家中结识东莞同乡容庚、容肇祖兄弟。容庚时任燕京大学襄教授,并于次年出任《燕京学报》编委会主任,刊发了张荫麟的不少文章,为张荫麟在学界的成名提供了很大帮助。

夏初,在贺麟的陪同下拜访梁启超。梁启超对张荫麟嘉许有加,称赞他"有做学者的资格"。

7 月,回东莞奔父丧,顺道到上海送贺麟赴美留学。分别之际,以埋头学问、少写肤浅文章相勉励,并告诫:"没有学问的人,到处都要受人轻视。"

8 月,在《学衡》第 56 期发表译作《芬诺罗萨论中国文字之优点》,译自美国学者芬诺罗萨(Ernest Franoisco Fenollosa)"The Chinese Written Character as a medium for Poetry"一文。

10 月,在《学衡》第 58 期发表译作《中国印刷术发明述略》,译自荷兰学者戴闻达(J. J. L. Duyvendak)发表于 *The New Mandarin* 第 1 卷第 3 号的 *Coster's Chinese Ancestors* 一文,其文为介绍美国汉学家卡特(Thomas Francis Carter)的"Invention of Printing in China and its Spread Westward"一书。

10 月 8、15 日,在《清华周刊》第 384、385 期发表《回粤见闻记》,叙述暑期回广东的所见所闻,全文共五节:新广东之新精神、中央军事政治学校、我之"赤化"观、党化教育与党化的人才、余论。

秋,因经济困难到伦明(东莞同乡)家中担任家庭教师,为伦明之女伦慧珠教授国文(一说英文)。在教学过程中萌发了对伦氏的爱慕,但伦氏拒不接受其感情,因而倍感痛楚。直到张荫麟留美求学期间,伦氏主动与他通信,两人才正式确定恋爱关系。

1927 年

1 月,在《弘毅》第 2 卷 1、2 合期发表译作《蒙古近状记》,摘译自美国人 Lewis S. Ganett 1926 年发表于纽约《国家周刊》的蒙古游记“Mongolia:A Nomad Republic”一文。

6 月,在《燕京学报》第 1 期发表译作《〈秦妇吟〉之考证与校释》,原作者为 Lionel Giles,文章比较《秦妇吟》各种写本之优劣,并据此考证韦庄事迹。

6 月,清华历史学会成立,10 月 5 日召开第一次常会。学会设第一届执行委员会,共有五位执行委员,张荫麟为其中之一,负责组务工作。

12 月,在《燕京学报》第 2 期发表《〈九章〉及两汉之数学》,用现代数学的语言、图示和公式对《九章算术》的各章进行解释。

12 月 14 日,吴宓宴请张荫麟、赵万里、浦江清、王庸,请他们协助编辑《大公报·文学副刊》。次年 1 月 2 日,《大公报·文学副刊》创刊。张荫麟此后即成为主要撰稿人之一。

1928 年

1、11 月,在《学衡》第 61、66 期连载译作《斯宾格勒之文化论》,向国人系统介绍斯宾格勒文化论。世界史研究专家王敦书称,张荫麟是“翻译有关斯宾格勒理论之专著的第一人”。

1 月 16 日,在《大公报·文学副刊》第 3 期发表《评李泰棻〈西周史征〉》,称李泰棻的《西周史征》是沉寂的中国史学界一“值得注意之事也”,“惜乎其犹是纂辑,而未足为成一家言之著述耳”,但“其业不可废,其功不可没”。

2 月 27 日,在《大公报·文学副刊》第 8 期发表《评〈中山大学语言历史研究所周刊〉论文》,评论《中山大学语言历史研究所周刊》所发表的几篇文章,包括:评顾颉刚《秦汉统一之由来和战国人对于世界的想象》、评顾颉刚《春秋时代的孔子和汉代的孔子》、评胡适《论左传之可信及其性质》、评余永梁《粊(费)誓的时代考》。

3月,在《学衡》第62期发表《论历史学之过去与未来》,分析了史料的价值在主、客观方面所受的种种制约,并提出了减轻或避免这些制约性的方法。

4月2日,在《大公报·文学副刊》第13期发表《评郭沫若译〈浮士德〉上部》,提出"郭译之谬误已不下二十余处,其中有十余处与原文风马牛不相及"。

4月16日,在《大公报·文学副刊》第15期发表《评三宅俊成〈中国风俗史略〉》,批评三宅俊成《中国风俗史略》一书"以供通俗之浏览,已嫌其多不正确,若从学术上观之,则直无价值可言","其引据皆不注明出处","于周以前之资料,毫无批判精神",且叙事笼统不明晰;但"书中影印历朝明器中偶人""宜加以表彰"。

5月21日,在《大公报·文学副刊》第20期发表《评〈清史稿〉》,批评《清史稿》"之体例,一方面病其包罗不赅,一方面痛其滥收不入历史范围之资料",认为"历志及乐志中涉及推算技术之部分,皆成专科,亦宜淘汰",引来《清史稿》乐志部分的作者张尔田的反驳。

5月28日,在《大公报·文学副刊》第21期发表《评戈公振〈中国报学史〉》,认为戈氏此书"搜讨之勤,网罗之富,实为近来著作中之所罕见者",但"其遗漏舛误之处亦所不免"。

6月,在《燕京学报》第3期发表《中国历史上之"奇器"及其作者》,分四个时期介绍先秦至晚清中国所创制的"奇器",强调"以科学态度,考察先民在发明史上成绩,亦史家应有之责任也"。

6月4日,在《大公报·文学副刊》第22期发表《王静安先生与晚清思想界》,主要从哲学的角度,论述了王国维对于晚清思想变化的贡献，归纳王氏的治学方法为“视并世诸家有一特具之优长，即历史眼光之锐敏是也，其治一学必先核算过去之成就，以明现在所处之地位而定将来之途径”，认为“先生在思想上不仅有介绍与整理之功而已也，其论性，其批评叔本华，皆有精到之独见焉”。

7月30日，在《大公报·文学副刊》第30期发表《清华学报第五卷第一期》书评，书评对朱希祖《中国古代铁制兵器先行于南方考》一文着墨尤多，认为朱氏的结论不能成立，还指出朱氏有“染近人翻案立异之恶”的嫌疑。这一批评引起朱希祖的强烈不满，朱氏回应：“此种批评纯用感情，不任理智”。双方争论激烈，历时半年未休。（此后发表的回应文章有：《答朱希祖君》（1928年8月13、20、27日，《大公报·文学副刊》第32、33、34期）、《再答朱希祖君》（1928年11月19日，《大公报·文学副刊》第46期）。）

9月，在《国闻周报》第5卷第38期发表《托尔斯泰诞生百年纪念》，论述托尔斯泰的生平、经历及主要作品。

10月29日，在《大公报·文学副刊》第43期发表《评杨鸿烈〈大思想家袁枚评传〉》，批评杨氏对袁枚的过分推崇。

12月3日，在《大公报·文学副刊》第48期发表《评胡适〈白话文学史〉上卷》，承认胡适《白话文学史》一书在方法、材料、考证、见解上都有贡献，但在“白话文”之定义、文言文之生命力、论李白之人格等方面仍有待商榷。

12月17日，在《大公报·文学副刊》第50期发表《评雪林女士〈李义山恋爱事迹考〉》，批评雪林女士对李义山事迹的判断“多从诗中推出，什九缺乏历史的根据”，“其想象之灵活，远超过其判断之严谨”。

12 月 31 日，在《大公报·文学副刊》第 52 期发表《评卫聚贤〈古史研究〉》，反驳卫氏“《左传》为子夏所作”的观点。

1929 年

1 月，在《学衡》第 67 期发表《近代中国学术史上之梁任公先生》，悼念梁启超逝世。文章将梁启超的学术生涯划分为四个时期：第一个时期为戊戌政变以前的“通经致用”时期；第二个时期为戊戌政变到辛亥革命之间，“为介绍西方思想，并以新观点批评中国学术之时期”，但仍然以“致用”为依归；第三个时期为辛亥革命至欧游之间，“为纯粹政论家之时期”；第四个时期为欧游归来至逝世，“为专力治史之时期”。浦江清称该文“颇能概括梁先生晚年思想上即学术上之贡献”，贺麟也认为“这篇文章可算是纪念梁任公的一篇最早而又比较好的文章”。同期还发表有《王德卿传》，叙述清代女文学家、天文学家、数学家王侦仪（字德卿）的生平事迹。

2 月 25 日，在《大公报·文学副刊》第 59 期发表《所谓“中国女作家”》，讨论当时“女作家”辈出的现象。

4 月 1 日，在《大公报·文学副刊》第 64 期发表译作《论中国语言之足用及中国无哲学系统之故》，译自美国学者德效骞（Homer H. Dubs）发表于《通报》26 卷 2、3 合号的“The Failure of the Chinese to Produce Philosophical Systems”一文。

5 月 6 日，在《大公报·文学副刊》第 69 期发表《评容庚〈宝蕴楼彝器图录〉》，从三个方面（关于古史者、关于名物训诂者、关于艺术史方面）论述了容氏此书的贡献。

5 月 27 日，在《大公报·文学副刊》第 72 期发表译作《白璧德论班达与法国思想》，译自白璧德刊于纽约《星期六文学评论》5 卷

35 期的“Benda and French Ideas”一文。

6 月,在《燕京学报》第 5 期发表《伪古文尚书案之反控与再鞫》*,经过详细对比考证,认为“伪《古文尚书》大略出现于东晋初元帝时,为梅颐所奏上,其以前之历史则不可考”。

6 月 10 日,在《大公报·文学副刊》第 74 期发表译作《罗素评〈现代人之心理〉》,译自罗素为克鲁奇《现代人之心理》(*The Modern Temper*)一书所写的文评。

7 月,在《学衡》第 70 期发表《纳兰成德传》,叙述清代词人纳兰性德的生平事迹与主要作品。

夏,毕业于清华学校高等科。通过王庸介绍,与张其昀在上海首次见面。此前两人已有文字之交,张荫麟在《清华学报》第 3 卷第 2 期(1926 年 12 月)发表的“撰著提要”中,有一篇是对张其昀《金陵史势之鸟瞰》一文的介绍。

初秋,自上海乘船赴美国留学,行中结识谢幼伟。抵美后,进入斯坦福大学攻读哲学,导师为史阿特(Henry W. Stuart)。因在清华高等科已修相关科目,可直升大学三年级,选读高级课程。

初到美国,致信贺麟,陈述自己在过去三年中政治思想的转变“由民族主义的思想,进而赞成一种近似英国费边式的社会主义”。

10 月 27 日,在《国闻周报》第 6 卷第 42 期发表译作《论作史的艺术》,译自美国学者甲斯丁·斯密士(Justin U. Smith)于美国史学会大会宣读的“On the Art of Writing History”一文。

---

* (美)陈润成、李欣荣编《天才的史学家(追忆张荫麟)》一书称《伪古文尚书案之反控与再鞫》一文发表于《燕京学报》第 6 期(第 611 页),当为误写。据(美)陈润成、李欣荣编《张荫麟全集》(第 1133 页)与“民国时期期刊全文数据库”所录信息,此文应发表在《燕京学报》第 5 期。

1930 年

1 月 2 日，致信容庚，计划在美国求学期间编辑《美国访书志》和《清史外征》（皆未完成），并为他在《燕京学报》第 5 期发表的《伪古文尚书案之反控与再鞫》一文的“错误”（伦明指出）进行辩解。《伪古文尚书案之反控与再鞫》一文的发表颇引起学界的注意。英文《中国科学美术杂志》第 11 卷第 6 期所发表的“Recent Scholarship in China”一文中有所介绍。胡适在晚年也有评价：“方法和我的《〈易林〉判归崔篆》的方法一样，算是全集（指伦伟良编《张荫麟文集》）中最好的一篇。”

6 月 9 日，在《大公报·文学副刊》第 126 期发表《司马迁疑年之讨论》，与日本史学家桑原隲藏讨论司马迁的生年问题。

11 月 10 日，在《大公报·文学副刊》第 148 期发表《关于朱熹太极说之讨论》，认为朱熹的两种太极说（“总天地万物之理”和“须以心为主而论”）其实“只是一说”。

本年，收到贺麟自德国的来信，信中提出回国后发展中国哲学的方案，有八九条之多。但张荫麟只同意其中的“介绍并译述西洋典型哲学家”一条。他这一时期“治哲学所取的途径，比较偏重数理哲学”，与贺麟“志同而道不合”。

1931 年

1 月，在斯坦福大学获哲学学士学位，留校进修硕士课程。

3 月 25 日、4 月 10 日，在《东方杂志》第 28 卷 6、7 号发表译作《甲午中日海战见闻记》，译自泰莱（W. F. Tyler）于 1929 年出版的 *Pulling Strings in China* 一书。“泰莱氏之纪载，与现存中国之记录较，不独许多重要事实，前此未记载，且颇有抵牾之处，因亟为译出，以供我国治近世史者之参考”。

4月20、27日,5月4、11日,在《大公报·文学副刊》第171—174期发表《中国书艺批评学序言》,将中国传统的书法艺术定名为"书艺",提出以中国书艺之美学原理为基础,建设"书艺批评学","探求书艺上之美恶标准,并阐明此标准之应用"。

6月8日,在《大公报·文学副刊》第178期发表《〈中国哲学史〉上卷》书评,肯定冯友兰《中国哲学史》(上卷)在哲学方面的成功,但也指出"惟关于历史方面,则未能同样令人满意"。

1932年

1月4日,在《大公报·文学副刊》第208期发表《评郭沫若〈中国古代社会研究〉》,肯定郭沫若《中国古代社会研究》一书的"贡献不仅在若干重要的发现和有力量的假说,尤在它例示研究古史的一条大道,那就是拿人类学上的结论作工具去爬梳古史的材料,替这些结论找寻中国记录上的佐证";但也批评郭沫若无条件地接受已经过时了的摩尔根《古代社会》中的观点,将其作为放之四海而皆准的道理,"用中国史来证明它,结果弄出许多牵强穿凿的地方"。

2月10日,在《火把》第29期发表《为东省事件复容希白教授书》,愤于日本占领东三省而作,由此前所极力主张的"费边"式改革转而认为"布尔雪维克"和"费边"式两种方法"皆有试验之价值与必要"。本年5月15、23日,又在《鞭策周刊》1卷11、12期发表《为东省事件再与容希白教授书》,讨论"一·二八"淞沪抗战,认为"淞沪之战,证明国民党中未尝无可与合作之人矣",并提出两点希望:"(一)全国在野智识阶级推诚竭力与国民党中有觉悟的领袖合作;(二)党政府应尽量收容党外人才"。

3月,完成硕士学位论文《摩尔、杜威伦理学说之比较研究》(*A*

Comparative Study of the Ethical Theories of G. E. Moore and John Dewey)，论文指导老师为史阿特。

春，到加州大学伯克利分校修数理逻辑和人类学。

4 月至次年 5 月，在《大公报 · 文学副刊》发表《浮士德》译文多篇。

7 月 25 日，在《大公报 · 文学副刊》第 238 期发表《历史之美学价值》，认为"历史世界之美实与自然世界之美及艺术世界之美参"。

秋，在斯坦福大学获哲学硕士学位，随即转到经济系攻读社会学博士学位。

12 月 3 日，在《大公报 · 世界思潮》第 14 期发表《代戴东原灵魂致冯芝生先生书》，以戴震的口吻，对冯友兰发表在《大公报 · 世界思潮》上的几篇《新对话》所阐述的"理"的主张提出批评，由此引发了与冯友兰关于中国传统哲学中"理"的问题的讨论。此后，张荫麟更是利用"戴东原乩语"的形式，撰写了一系列文章，来讨论当时备受关注的哲学问题。

注：这些文章包括：

《戴东原乩语选录(二)》(1933 年 3 月 2 日，《大公报 · 世界思潮》第 27 期)

《戴东原乩语选录(三)》(1933 年 6 月 29 日，《大公报 · 世界思潮》第 44 期)

《戴东原乩语选录(四)——论思想自由与革命》(1933 年 9 月，《国闻周报》10 卷 39 期)

《戴东原乩语选录(五)》(1933 年 10 月 19 日，《大公报 · 世界思潮》第 57 期)

《戴东原乩语选录(六)》(1934 年 3 月 8 日，《大公报 · 世界思

潮》第67期)

《戴东原乩语选录(七)——论自由、因果与前定》(1934年3月22日、5月3日、6月28日,《大公报·世界思潮》第68、71、75期)

《戴东原乩语选录(八)》(1934年9月20日,《大公报·世界思潮》第81期)

《戴东原乩语选录补篇(一)》(1934年11月12日,《清华周刊》第42卷3、4合期)

《戴东原乩语选录乙篇之一(为窃书案答辩)》(1937年2月18日,《大公报·图书副刊》第169期)

12月26日,在《大公报·文学副刊》第260期发表《龚自珍诞生百四十年纪念》,论述龚自珍"经世致用"之学。

1933年

1月1日,在《国风》第2卷第1号发表《传统历史哲学之总结算》,将"传统的历史哲学家所探求之法则"分为五类:历史之计划与目的、历史循环律、历史"辩证法"、历史演化律、文化变迁之因果律,并一一加以论述。

3月7日,在斯坦福大学致信张其昀,自述治学志趣:以"国史"为"志业","治哲学,治社会学,无非为此种工作之预备。从哲学冀得超放之博观与方法之自觉,从社会学冀明人事之理法";同时,谈及自己的"通史"抱负:"通史艰巨之业,决非少数人之力所克负荷。斫制营构,固须自用匠心,至若网罗散佚,分析史料,及各方面之综合,则非资众手不可。颇拟约集同志,先成一国史长编","此长编不必有一贯之系统,各册自成段落,为一事,一人,一制度,一时代或文化一方面之专史,谓为丛杂之论集亦可。篇幅多寡亦可不拘,要以于国史知识有新贡献者为准。各册随得随刊,不必按伦类或时次编排”。

4 月 13 日，在《大公报 · 世界思潮》第 33 期发表译作《罗素最近的心论》，摘译自芝加哥大学 A. H. Morris 教授所著 *Six Theories of Mind* 一书中的罗素心学述评。

4 月 15 日，在《大公报 · 社会问题》第 5 期发表《梁漱溟先生的乡治论》，介绍梁漱溟《中国民族自救运动之最后觉悟》一书的主要观点。

6 月，在《燕京学报》第 13 期发表《龚自珍〈汉朝儒生行〉本事考》，认为龚诗暗涉岳钟琪事，是龚自珍对清朝的“腹诽恶讯”。但陈寅恪不认同此观点，他认为龚诗指的是杨芳之事。张荫麟得知之后，又撰写《与陈寅恪论〈汉朝儒生行〉书》（刊于《燕京学报》第 15 期，1934 年 6 月）一文，认为龚诗是“借岳钟琪事以讽杨芳而献于杨者”。

6 月 1 日，在《大公报 · 世界思潮》第 40 期发表《道德哲学之根本问题》，以张东荪《道德哲学》一书为例，提出“道德哲学第一步的工作是把‘应当’（ought）和‘好’（good）这两个概念弄清楚”。

7 月，在《国闻周报》第 10 卷第 26 期发表《中国民族前途的两大障碍物》，认为为尊者讳、为亲者讳、为贤者讳的“三讳主义”和大家庭制，是阻碍中国民族前途的两大障碍物。

11 月 20 日，在《大公报 · 文学副刊》第 307 期发表《评孙曜〈春秋时代之世族〉》，赞赏孙氏此书“无一附会曲解处，其实事求是之精神深值吾人之表彰也”。

11 月，斯坦福大学经济系委员会正式鉴定张荫麟为博士候选人，同时接纳他的建议，以 *The Evolution of Feudalism in Ancient China*（古代中国封建制度的演变）为题，撰写博士论文，计划于次年春季完成。但论文尚未完成,张荫麟即结业回国,因此并未取得博士学位。回程自西向东,途中游览美国、欧洲,由南欧乘船回国。冬季抵达香港,旋即北上,年底到达北平,暂住在燕京大学容庚教授的家中。

1934 年

春,接受清华大学的聘请,任历史系和哲学系专任讲师(相当于副教授),同时在北京大学兼授“历史哲学”课程;陆续结识钱穆、钱锺书、吴晗、张岱年等人。清华时期,受业张门的学生有丁则良等。

1 月 25 日,在《大公报·世界思潮》第 64 期发表《“可能性”是什么——一个被忽略了的哲学问题》,认为“可能性”这个概念在哲学里很重要。

5 月,吴晗、梁方仲、汤象龙等人发起史学研究会,张荫麟加入。

5 月 26 日,在《大公报·图书副刊》第 28 期发表《〈珠玉新抄〉和〈义山杂纂〉》,对比《珠玉新抄》和《义山杂纂》二书的异同,并分析其社会原因。

5 月 31 日,在《大公报·世界思潮》第 73 期发表《道德哲学与道德标准》,为张荫麟与容庚关于道德哲学的一段对话。

6 月,与容庚、容肇祖、商承祚、徐中舒等人发起成立“金石学会”,后改名为“考古学社”,并出版《考古社刊》。张荫麟后在《考古社刊》第 4 期发表译作《中国古铜镜杂记》(原作者为 Oscar Karlbeck)。

7 月 16 日,在《国闻周报》第 11 卷第 28 期发表译作《甲午战后在日见闻记》,译自小泉八云所撰 *Kokoro* 论集中《战后》一文,认为“此文乃甲午战史之极可贵原料。所记虽属战后,实反映战时。虽为片段之轻淡描写,而其显明敌所以胜,我所以败之故,实远优于任何抽象之申论也”。

9月,与容庚、顾颉刚、洪业、容肇祖等人共同发起创办《大公报·史地周刊》,21日创刊,旨在提高中小学师生对史地的兴趣。

9月15日,在《大公报·图书副刊》第44期发表《读〈南腔北调集〉》,对周豫才其人以及其著作《南腔北调集》给予很高评价。

9月21、28日,在《大公报·史地周刊》第1、2期发表《甲午战前中国之海军》,分七个小节论述了甲午战争之前中国海军的管理与经营状况。

9月28日,在《大公报·史地周刊》第2期发表《关于“历史学家的当前责任”》,讨论国史教科书的编纂问题,可视为《中国史纲》的酝酿。张荫麟在文中指出,“学生们国史智识之低,良好的国史课本之缺乏要负很重大的责任”,“但是,改良历史课本的责任却不能完全放在历史学专家的肩上”,因为,这种工作“不仅需要历史智识,并且需要通俗的文章技巧”,“不仅需要局部的专精,而且需要全部之广涉而深入,需要特殊的别裁和组织的能力”。他进一步提出,历史教科书的编纂,“纲目的选择、资料的搜集和文字的商酌,不可不集合众力,但最初的草稿和最后的定稿却不可不由一人负责”。最后,他还提出一些问题供大家讨论,如小学、初中、高中、大学四个阶段的国史课程该如何分配?课本和图像如何分配?怎样使政府尊重专家的开明意见?

10月19日,在《大公报·史地周刊》第5期发表《晚明与现代》,通过阅读晚明历史对比思考当下的时势走向。

1935 年

1月,在《清华学报》第10卷第1期发表《甲午中国海军战迹考》,考证中国海军在丰岛、黄海、威海卫三场海战中的战绩。此文影响很大，中国近代史研究专家戚其章指出："直到今天，研究甲午战争史的学者还不能不读此书。该书的重要性主要不在于其中的一些结论，而在于所使用的研究方法。"

2月，经傅斯年推荐，接受国防设计委员会的聘请，编撰中学历史教科书。约在同时，加入国防设计委员会第八组（文化组）。

2月7日，在《大公报·史地周刊》第21期发表《中学本国史教科书编纂会征稿启事（附高中本国史教科书草目）》，因编纂国史教科书一事在人力、财力、时间上的限制，"特用征稿的形式，请求国内史学家的援助"，征求可以参考的长编。同时，解答了国史教科书在初、高中两个阶段里的分配问题，"第一，在初中采用纵的划分，在高中采用横的划分"，"纵的划分"即根据专题划分，"横的划分"即根据时代划分；"第二，在初中详今略古，详近略远；在高中则各时代的叙述力求比较的平均"。在具体编纂上，则"从高中部分着手，因为由博返约，则约者易精"。在内容上，"一方面要求纲领的简单，一方面要求叙事的丰腴"。

3月1日，在《大公报·史地周刊》第24期发表《关于中学国史教科书编纂的一些问题》，回答《中学本国史教科书编纂会征稿启事（附高中本国史教科书草目）》发表后读者的疑问，一是申明"所征求的稿乃是供编纂时参考用的长编，而不是供将来教本直接采录的"，二是关于教本的"史观"问题，提出不能用一种"史观"来主导历史的叙述，因为"贯穿史材之最好的线索是事实本身的脉络，而不是现成的'史观'，求之于现成的'史观'只是不得已而思其次"。

3月15日，在《大公报·史地周刊》第26期发表《关于高中国史教科书之讨论（二）：复（钱穆）书》，与钱穆讨论教本编纂思路、标题拟定、内容选择等问题。

3月18日，在《国闻周报》第12卷第10期发表《跋〈水窗春呓〉——记曾国藩之真相》，论《水窗春呓》为研究曾国藩之重要史料。

3月25日，在《独立评论》第143期发表《论非法捕捉学生》，谴责国民政府非法捕捉学生。

4月14日，与伦慧珠女士结婚。婚后两人育有一子张匡，一女张华。

5月24日，在《大公报·史地周刊》第36期发表《曾国藩与其幕府人物》（与学生李鼎芳合著），论述曾国藩与其幕府人物的主要活动，认为无论人们对曾国藩怎样痛恶，他都“算得一个并世无两的伟大领袖”，“凡伟大领袖所比具的美德之一是能够鉴识、培植并且善用人才”。

6月28日，在《大公报·史地周刊》第41期发表《严几道》（与学生王栻合著），论述严复生平事迹。

7月，在《清华学报》第10卷第3期发表《〈中国哲学史〉下卷》书评，肯定冯友兰《中国哲学史》（下卷）“平实”“深澈”“精细”，但在某些方面仍有待商榷，如朱陆的异同等。

7月5日，在《大公报·史地周刊》第42期发表《〈孟子〉所述古田制释义》、《〈春秋〉“初税亩”释义》，考证《孟子·滕文公问为国》一章中的“井田制”与《春秋》经文中宣公十五年的“初税亩”。

9月13日，在《大公报·史地周刊》第52期发表《春秋时代的争霸史》，为《中国史纲》第三章“霸国与霸业”的内容。

10月，在《清华学报》第10卷第4期发表《周代的封建社会》，基本为《中国史纲》第二章的内容。

本年，因国防设计委员会改组，改聘于教育部，负责编纂高初中和高小历史教科书。为编撰教科书,向清华请假,暂停授课,但仍然住清华教员住宅区,一方面可以利用清华图书馆的资料,另一方面也可以继续指导清华史学系的学生。

本年,任《清华学报》第十卷编辑委员会委员。

本年,中国哲学会成立,张荫麟加入。

1936 年

4 月,在《清华学报》第 11 卷第 2 期发表《沈括编年事辑》,以年谱形式概述科学家沈括的生平事迹。此文被徐规认为是近人全面研究沈括生平及其贡献的启蒙之作。

4 月 3 日,在《大公报 · 史地周刊》第 79 期发表《梁任公辛亥以前的政论与现在中国》,感慨于梁启超于辛亥前的政论,有一大部分"只要稍为改换几个字眼",便能用来形容当下的局势,意在劝诫国人,以史为鉴,"毋使后之视今,亦犹今之视昔"。

5 月,在《独立评论》第 199 号发表《说民族的"自虐狂"》,称其时中国的病态为"民族的自虐狂","在自身的痛苦和屈辱上,得到筋酥骨痒的满足","不独自虐,甚至自残;不独自残,甚至兴高采烈地在自杀"。

5 月 29 日,在《大公报 · 史地周刊》第 87 期发表《南宋初年的均富思想》,论述南宋林勋的均富思想,称林氏是"我国的'乌托邦式社会主义'思想史中登峰造极的人物"。

7 月 24 日,在《大公报 · 史地周刊》第 95 期发表《关于戊戌政变之新史料》,转录王照流亡日本时与日本人的笔谈稿,认为此稿有很大史料价值。

10 月 16 日,在《大公报 · 史地周刊》第 107 期发表《评冀朝鼎的〈中国历史中的经济要区〉》,认为"此书以马氏(马克思)为立足境，而根柢于邃密之探究，达以严整之条理，虽曰马氏之真精神则然，今实罕觏而可贵”。

10月25日，在《学生与国家》第1卷第2期发表《教授界对时局意见书》，主张中日交涉应在不辱主权的原则下进行，并绝对公开。后经顾颉刚修改，通过燕京大学师生传播到各地，引起很大反响。

11月12日，在《华北日报·史学周刊》第111期发表《南宋末年的民生与财政》，论述南宋末年的土地分配、币制改革等问题。

11月20日，在《大公报·史地周刊》第112期发表《端平入洛败盟辨》，考证出“端平入洛之师，在宋实有条约之依据，而蒙古之迎击，却为违约之举”，但“《宋史》反以遗约之罪加于宋”，感慨“史笔操于易代异族之手，颠倒黑白，何所不至”？

12月，在《燕京学报》第20期发表《南宋亡国史补》，“详考旧迹，以为殷鉴”。

本年，任《清华学报》第十一卷编辑委员会委员。

1937年

2月5日，3月5、20日，在《大众知识》第1卷8—10期发表《孔子》，论述孔子生平及其在教育上的贡献。

3月14日，在《申报·星期论坛》发表《民生主义与中国农民》，认为“改良农业技术和趋向使耕者有其田的步骤，在民生主义的国是之下，至少有双管齐下的必要”，而“目前最急切的问题”就是“怎样使耕者有其田”。

4月，在《清华学报》第12卷第2期发表《宋初四川王小波李顺之乱（一失败之均产运动）》，认为王小波李顺之乱“尤为重要，以其在中国民众暴动史中，创一新旗帜，辟一新道路”，因此“表而出之”。

4月2、9日，6月4日，在《大公报·史地周刊》第130、131、139期发表《高小历史教科书初稿征评》，刊发已经完成的高小历史教本，征求读者的批评。因这部教本"并不以通常写课本之方法写之，希望它能成为一般儿童的读物，故原名《儿童中国史》。"

6月，与梁方仲共同主编中央研究院社会科学研究所所刊《中国社会经济史集刊》第5卷第2期。

6月6日，在《申报·星期论坛》发表《土地法的修正和民生的改善》，认为国民政府于5月颁布的"二十三条'修正土地法原则'，就法论法，大致上是差强人意的"。

卢沟桥事变爆发后，南下浙江，在浙江大学做短期讲学。一度到长沙临时大学，因临时大学再次南迁云南，于年底回东莞短住。

10月30日，在《国命旬刊》第3号发表《九国公约会议与中国抗战前途》，提出布鲁塞尔会议的实质是"牺牲九国公约，而与日本谋得相当的妥协"，提出"东方的战事势必延长"。

1938年

夏初，与陈寅恪自香港乘海轮经越南进入云南，到昆明西南联大（本年4月，清华大学与北京大学、南开大学迁至昆明，更名为西南联合大学）销假，继续任历史系和哲学系教授。暑期结束，在历史系开设"宋史"和"历史哲学"课程。西南联大时期，受业张门的学生有李埏等。

8月1日，在《新动向》第1卷第4期发表《宋儒太极说之转变》，论述由周濂溪至李延平至朱熹诸儒之太极说的转变过程。

本年，在《益世周刊》第2卷第1期发表《抗战中心的问题》，讲述当时士兵生活的艰苦，认为必须使作战的士兵"有充分的满意的生活"，才能取得抗战的胜利。

1939 年

年初,重庆中央军委政治部部长陈诚发来电报,命张荫麟前往重庆。张荫麟“在政治部住了几个月,读了几种蒋委员长的演讲集……似写了一两种宣传册子,大多非经心之作”。因没有“贡献所长的机会”,7 月中旬便与贺麟一同返回西南联大,继续任教授课。

4 月,在《国立云南大学学报》第 1 卷第 1 期发表《陆学发微》,阐述陆学要旨。

6 月,在《中国社会经济史集刊》第 6 卷第 1 期发表《北宋的土地分配与社会骚动》,尝试用统计法证明“北宋几次社会骚动与土地集中无甚关系”。

7 月中旬回昆明后,“住在欧美同学会,地址幽僻,与同事少来往”。

8 月 20 日,在《中国青年(重庆)》第 1 卷第 2 期发表《陆象山的生平》,论说“九渊性格和事业的大概”。

10 月,夫人伦慧珠携带儿女抵达昆明,但夫妇嫌隙已生,感情难睦,数月后即离婚。

11 月 18、22、23 日,在《益世报·史学副刊(昆明版)》第 23、25、26 期发表译作《历史科学》(与容琬合译),原作者为佛娄德(J. A. Froude)。

12 月 1 日,在《中国青年》第 1 卷 5、6 合期发表《近代西洋史学之趋势》(与容琬合译),原作者为 R. H. Cretton。

1940 年

2 月,重庆青年书店版《〈中国史纲〉自序》写成;4 月,以《通史方法略论》为题发表于《益世报·史学副刊(重庆版)》第 2 期,略有删节。1943 年 1 月《思想与时代》第 18 期所发表的张荫麟遗著《论史实之选择与综合》也与之基本相同。《论史实之选择与综合》

一文分两部分，第一部分为“论史实的选择标准”，提出了六种用以判断史实重要程度的标准；第二部分为“史实的综合”，提出两层综合历史知识的秩序：第一层是时间的秩序和因果的秩序，第二层是循环的秩序、演化的秩序、矛盾发展的秩序和定向发展的秩序。此版《〈中国史纲〉自序》影响很大，被视为张荫麟通史理论的宣言。

3月28日、4月11日，在《益世报·史学副刊（重庆版）》发表《王鎏——道光间建议管理货币及白银国有政策者》，指出清道光年间王鎏所著《钞币议》“乃一管理货币及白银国有之详细方案”，是“经济学史上重要无伦之文件”。文章“先述其建议之大要，次考王鎏之时代及事绩”。

4月，在《哲学评论》第7卷第2期发表《历史哲学的根本问题》，指出“历史哲学的根本问题，是要把人类的历史组成系统，不独是系统，而且是严格的系统”。

6月13日，在《益世报·史学副刊（重庆版）》第6期发表《〈刘锜与顺昌之战〉自序》，讲述关于顺昌之战的七种重要史料。

7月底，离开昆明西南联大，到遵义浙江大学任教。除了感情波折的因素，对清华的待遇不满也是原因之一。“许多与他同资历，甚或稍晚的人的待遇，已经较他为高。”离开之前，曾与贺麟长谈，表示“仍有信心，有勇气，对俗事毫不介怀，并对到浙大后的著述工作，有所筹划”。

到浙大后，讲授“中国上古史”“唐宋史”和“历史研究法”三门课程。浙大时期，受业张门的学生有徐规、王省吾、张效乾、刘熊祥、余文豪、管佩韦等。

9月，在《新力》第5卷第25期发表《组织、宣传与训练》，认为应付抗战局面应“尽量发挥民众的力量”，意即“组织、宣传和训练之事”。

9 月,在《浙大史学杂志》第 1 卷第 3 期发表《宋代南北社会之差异》,以宋代的南北社会差异为例,说明“研究一时代之社会史,首须注意各地域之特色”。

11 月,在《哲学评论》第 7 卷第 4 期发表《归纳逻辑新论发端》,“初次尝试”“把因果观念应用到归纳问题的处理上”。

1941 年

4 月,与张其昀长谈,筹划建立思想与时代社,“创办刊物,在建国时期从事于思想上的建设,同时想以学社为中心,负荷国史编纂之业,刊行‘国史长编丛书’”。

5 月,遵义浙江大学出版《中国史纲》石印本,名为《中国史纲》第一册,共八章。6 月,重庆青年书店出版《中国史纲》铅印本,名为《中国史纲》上册,共十章。青年书店铅印本的前六章与浙大石印本基本相同;第七章《秦的兴亡》为浙大石印本第七章《秦始皇与秦帝国》与第八章《秦汉之际》两章的结合;第八章《大汉帝国的发展》、第九章《汉初的学术与政治》与第十章《政制与易代》则为增加的三章。但青年书店的铅印本错讹较多,连作者也误写为“杨荫麟”。1944 年 7 月,青年书店再版,更名为《东汉前中国史纲》,作者改为“张荫麟”。

6 月,在《国立浙江大学师范学院院刊》第 1 集第 2 册发表《王阳明以前之知行学说》,追溯王阳明“知行合一”说的渊源。

6 月,在《国立浙江大学文学院集刊》第 1 集发表《燕肃著作事迹考》,论述北宋科学家燕肃的生平与学术。

6 月,思想与时代社成立。8 月 1 日,《思想与时代》创刊号出版,以张荫麟撰写的“征稿条例”代替发刊辞。

7 月,在《文史杂志(重庆)》第 1 卷第 7 期发表《宋太祖誓碑及政事堂刻石考》,以“太祖誓碑及太祖政事堂刻石”为例,说明“其作伪所因伪之历史事实,甚关重要”。

8 月,在《文史杂志(重庆)》第 1 卷第 8 期发表《宋太宗继统考实》,考证宋太宗继统问题。

8 月,在《思想与时代》第 1 期发表《柏格森(一八五九——一九四一)》,将法国哲学家柏格森的哲学概括为“以直观观心,而广其所得于观心者以说物”。

9 月,在《思想与时代》第 2 期发表《哲学与政治》,从两个方面归纳哲学与政治的关系:“一是哲学的修养和政治的实践的关系,二是哲学的理论和政治的主义的关系”。

10 月,在《思想与时代》第 3 期发表《从政治形态看世界的前途》,将其时世界各国的政治形态分为“上同”和“下比”两种类型,“‘上同’的政治以国家为最后的目的,以国家的发展为一绝对的价值”,“‘下比’的政治,以个人为最后的目的,以个人的幸福为一绝对的价值”。

11 月,在《思想与时代》第 4 期发表《宋朝的开国和开国规模》,论述宋朝开国的过程及其对五代制度的因革损益。

本年 12 月、次年 1 月,在《思想与时代》第 5、6 期发表《北宋的外患与变法》,论述北宋的边患和变法活动(庆历新政、王安石变法)。

1942 年

3 月,在《思想与时代》第 8 期发表译作《怀黑特论哲学之正鹄》。

6 月,在《思想与时代》第 11 期发表《论中西文化的差异》,认为“寻求中西文化的根本差异,就是寻求贯彻于两方的历史中的若干特性”,并从价值意识、社会组织、“社会生存”三个方面,论述中西方文化的差异。

9月，为浙江大学再版《中国史纲》写序，并增加第九至十一章内容。但未及出版，即已去世。此稿直到1948年4月才由南京正中书局出版。虽然问世的《中国史纲》只是张荫麟“通史”计划的一部分，但它仍被视为中国通史撰述的代表性著作之一，不仅得到了国内学界的广泛认可，还引起了国外学者的关注，如苏联学者B.鲁宾就称赞此书不仅“处理史料时感情丰富，能激发读者们对于创造伟大的中国的文化的普通人民的热切关怀”，还“把科学的解释和通俗性成功地结合起来”。

秋，因病（慢性肾脏炎）暂停授课，但仍然要求学生读书、做笔记。

10月24日凌晨3时，逝世于遵义浙江大学卫生院。

10月27日，《大公报（重庆版）》发表张氏遗著《论修明政治的途径》，认为“修明政治有两个途径，一是着眼在政治本身，从政治本身下手；一是着眼在政治弊端所依据的其他社会现象，而从这些政治以外的社会现象下手”。

11月，《思想与时代》第16期发表张氏遗著《师儒与商贾》，批评其时大学教授经商的现象，并向教育当局献策，建议改善大学教授待遇，明令禁止大学教授经商。

11月2日，谢幼伟在浙江大学总理纪念周上演讲张荫麟生平、为人与学问，认为张荫麟“研究历史之有成就，由于其有哲学论理之根底”。

11月29日，浙江大学开张荫麟追悼会，蒋介石送赙仪一万元，教育部拨丧葬费五千元。

12月4日，西南联大开张荫麟追悼会，吴宓、梅贻琦、冯友兰、雷海宗、吴晗发言致辞,并募集张荫麟纪念奖学金,为数约一万元。

12 月,《思想与时代》第 17 期发表张氏遗著《说“同一”》。据谢幼伟识,此文虽是未完稿,“但于形式逻辑上之同一律,有极精审之说,尤于数目之‘同一’所谓‘数同’者,分析至为精细,实逻辑上不可多得之名作”。

12 月 10 日,《益世报·文史副刊》第 21 期发表张氏遗著《〈中国史纲〉献辞》,文中提出:“斯今日之所急,舍读史而末由……斯史实所炳垂,凡国民所宜稔者也……不有述往,何以诏今?”体现出鲜明的以史为鉴的思想。

附:

1943 年 1 月,《思想与时代》第 18 期刊出“张荫麟先生纪念专号”,发表文章有:钱穆《中国今日所需要之新史学与新史学家——本文敬悼故友张荫麟先生》、谢幼伟《张荫麟先生之哲学》、熊十力《哲学与史学:悼张荫麟先生》、王焕镳《张君荫麟传》、张其昀《敬悼张荫麟先生》、陈梦家《评张荫麟先生中国史纲(第一册)》、徐规《张荫麟先生著作系年目录》。10 月,《思想与时代》第 27 期发表张氏遗著《北宋四子之生活与思想》,论述周敦颐、张载、程颐、程颢四人的思想。据编者识,此文为《中国史纲》宋史部分第三章《宋代的文学与思想》之初稿。

1944 年 1 月,《思想与时代》第 30 期发表张氏遗著《汉帝国的中兴与衰亡》,为《中国史纲》第十二章之未完稿。

参考文献:

[1]〔美〕陈润成、李欣荣编:《张荫麟全集》,清华大学出版社 2013 年。

[2]〔美〕陈润成、李欣荣编:《天才的史学家——追忆张荫麟》,清华大学出版社 2009 年。
[3]朱潇潇:《专科化时代的通才——1920—1940 年代的张荫麟》,复旦大学出版社 2011 年。

张荫麟先生论文表*

年度	日期	论文名	期刊	卷期	备注
1923 年	9 月	老子生后孔子百余年之说质疑	学衡	21 期	
	9 月 20 日	《清华学报》的组织问题	清华周刊	286 期	
	12 月 28 日	明清之际耶稣会教士在中国者及其著述——《中国近三百学术史·附表一》校补	清华周刊	300 期	
1924 年	1 月	介绍一部关于我国外交史的重要参考书(《澳门纪略》)	清华周刊·书报介绍副刊	8 期	署名“荫”
	1 月 11 日	编辑室共话(国情述要栏)	清华周刊	302 期	
	4 月 11 日	钱大昕和他的著述	清华周刊·书报介绍副刊	10 期	
	5 月 2 日	仁友会十二周年纪念庆祝记	清华周刊	312 期	署名“荫麟”
	6 月	明清之际西学输入中国考略《清华学报》第一卷第一期撰著提要	清华学报	1 卷 1 期	

* 本表由刘玲编制。

续表

	10 月	清代生物学家李元及其著作	清华周刊·书报介绍副刊	13 期	署名“YLC”
	12 月	纪元后二世纪间我国第一位大科学家——张衡	东方杂志	21 卷 23 号	
	12 月	《清华学报》第一卷第二期撰著提要	清华学报	1 卷 2 期	
1925 年	3 月	安诺德《罗壁礼拜堂》诗 威志威斯《佳人处僻地》诗	学衡	39 期	译诗
	4 月	张衡别传 评近人对于中国古史之讨论（古史决疑录之一）	学衡	40 期	
	6 月	葛兰坚论学校与教育	学衡	42 期	译作
	6 月	宋燕肃、吴德仁指南车造法考	清华学报	2 卷 1 期	译作
	6 月	清华生活:图书馆生活	清华周刊	第十一次增刊	
	6 月 8 日	上海英日人八次惨杀我国同胞始末	京报副刊	173 期	署名“荫麟”
	6 月 9 日	告全国智识阶级	京报副刊	174 期	
	6 月 10 日	智识阶级应当怎么样救国	京报副刊	175 期	
	6 月	《清华学报》第二卷第一期撰著提要	清华学报	2 卷 1 期	
	8 月	葛兰坚黑暗时代说	学衡	44 期	译作
	9 月 25 日	论最近清华校风之改变	清华周刊	352 期	
	12 月	宋卢道隆、吴德仁记里鼓车之造法	清华学报	2 卷 2 期	
	12 月 18 日	自了篇（记所见也）	清华周刊	364 期	署名“荫麟”
	12 月	《清华学报》第二卷第二期撰著提要	清华学报	2 卷 2 期	

续表

1926年		《荀子·解蔽篇》补释	清华周刊	十五周年纪念增刊	
	1月	罗色蒂女士《愿君常忆我》	学衡	49期	译诗
	1月25日	洪亮吉及其人口论	东方杂志	23卷2号	
	3月26日	论“入井运动”	清华周刊	24卷5期	
	5月	毫无疑问的信仰	弘毅	1卷1期	
	6月	《清华学报》第三卷第一期撰著提要	清华学报	3卷1期	
	8月	芬诺罗萨论中国文字之优点 罗色蒂女士《上山》诗	学衡	56期	译作
	10月	中国印刷术发明述略	学衡	58期	译作
	10月8、15日	回粤见闻记	清华周刊	384、385期	
	12月	明末女杰刘淑英传	弘毅	1卷5期	
	12月	《清华学报》第三卷第二期撰著提要	清华学报	3卷2期	
1927年	1月	蒙古近状记	弘毅	2卷1、2合期	译作
		世界文化史鸟瞰	弘毅	2卷3期	
		文化与政治	弘毅	2卷4期	
	6月	《秦妇吟》之考证与校释	燕京学报	1期	译作
	7月	《双忽雷影本》跋	史地与史学	2期	
	12月	《九章》及两汉之数学	燕京学报	2期	

续表

1928年	1、11月	斯宾格勒之文化论	学衡	61、66期	译作 又刊于《国闻周报》4卷39期至5卷34期，以及《弘毅》2卷3、4期
	1月16日	评李泰棻《西周史征》	大公报·文学副刊	3期	署名“素痴”
	2月27日	评《中山大学语言历史研究所周刊》论文	大公报·文学副刊	8期	又刊于《中山大学语言历史研究所周刊》2卷19期
	2月27日	续评《小说月报》“中国文学研究号”	大公报·文学副刊	8期	署名“素痴”
	3月	论历史学之过去与未来	学衡	62期	
	4月2日	评郭沫若译《浮士德》上部	大公报·文学副刊	13期	署名“素痴”
	4月16日	评三宅俊成《中国风俗史略》	大公报·文学副刊	15期	署名“素痴”
	5月21日	评《清史稿》	大公报·文学副刊	20期	署名“燕雏”
	5月28日	评戈公振《中国报学史》	大公报·文学副刊	21期	署名“素痴”
	6月	中国历史上之“奇器”及其作者	燕京学报	3期	
	6月4日	王静安先生与晚清思想界	大公报·文学副刊	22期	又刊于《学衡》64期
	6月18日	评梁乙真《清代妇女文学史》	大公报·文学副刊	24期	署名“燕雏”
	7月	罗色蒂女士《古决绝辞》	学衡	64期	译诗

续表

	7月9日	《燕京学报》第三期(书评)	大公报·文学副刊	27期	
	7月30日	《清华学报》第五卷第一期(书评)	大公报·文学副刊	30期	
	8月13、20、27日	答朱希祖君	大公报·文学副刊	32、33、34期	
	9月	罗色蒂作《幸福女郎》诗	学衡	65期	译诗 署名"素痴"
	9月	托尔斯泰诞生百年纪念	国闻周报	5卷38期	
	10月29日	评杨鸿烈《大思想家袁枚评传》	大公报·文学副刊	43期	署名"素痴"
	11月19日	再答朱希祖君	大公报·文学副刊	46期	
	12月3日	评胡适《白话文学史》上卷	大公报·文学副刊	48期	署名"素痴"
	12月17日	评雪林女士《李义山恋爱事迹考》	大公报·文学副刊	50期	署名"素痴"
	12月31日	评卫聚贤《古史研究》	大公报·文学副刊	52期	署名"素痴"
1929年	1月	王德卿传	学衡	67期	又署名"燕雏"刊于《国闻周报》5卷32期
	1月	近代中国学术史上之梁任公先生	学衡	67期	署名"素痴" 又刊于《大公报·文学副刊》57期
	2月25日	所谓"中国女作家"	大公报·文学副刊	59期	署名"素痴"
	4月1日	论中国语言之足用及中国无哲学系统之故	大公报·文学副刊	64期	译作 又刊于《学衡》69期
	5月6日	评容庚《宝蕴楼彝器图录》	大公报·文学副刊	69期	署名"素痴"

续表

	5月27日	白璧德论班达与法国思想	大公报·文学副刊	72期	译作
	6月	伪古文尚书案之反控与再鞫	燕京学报	5期	
	6月10日	罗素评《现代人之心理》	大公报·文学副刊	74期	署名"素痴"
	7月	纳兰成德传	学衡	70期	又刊于《大公报·文学副刊》77—80期
	7月1日	戴闻达英译《商君书》	大公报·文学副刊	77期	署名"素痴"
	10月27日	论作史之艺术	国闻周报	6卷42期	译作
1930年	2月17日	革命诗选	大公报·文学副刊	110期	译作 署名"素痴"
	6月9日	司马迁疑年之讨论	大公报·文学副刊	126期	署名"素痴"
	11月10日	关于朱熹太极说之讨论	大公报·文学副刊	148期	又署名"素痴"刊于《国闻周报》7卷50期
1931年	3月25日、4月10日	甲午中日海战见闻记	东方杂志	28卷6、7期	译作
	4月20、27日,5月4、11日	中国书艺批评学序言	大公报·文学副刊	171—174期	署名"素痴"
	6月8日	《中国哲学史》上卷(书评)	大公报·文学副刊	178期	
	12月21日	二战士	大公报·文学副刊	206期	译诗
1932年	1月4日	评郭沫若《中国古代社会研究》	大公报·文学副刊	208期	署名"素痴"
	2月10日	为东省事件复容希白教授书	火把	29期	

续表

	4月4、11、18日,8月29日,9月12日	浮士德	大公报·文学副刊	222、223、224、243、245期	译作
	5月15、23日	为东省事件再与容希白教授书	鞭策周刊	1卷11、12期	
	7月25日	历史之美学价值	大公报·文学副刊	238期	署名“素痴”
	12月3日	代戴东原灵魂致冯芝生先生书	大公报·世界思潮	14期	署名“素痴”
	12月26日	龚自珍诞生百四十年纪念	大公报·文学副刊	260期	
1933年	1月1日	传统历史哲学之总结算	国风	2卷1期	又以《论传统历史哲学》为题刊于《思想与时代》19期
	3月2日	戴东原乩语选录(二)	大公报·世界思潮	27期	署名“素痴”
	3月27日、5月15、29日	浮士德	大公报·文学副刊	273、280、282期	译作
	4月13日	罗素最近的心论	大公报·世界思潮	33期	译作 署名“素痴”
	4月15日	梁漱溟先生的乡治论	大公报·社会问题	5期	
	6月	龚自珍《汉朝儒生行》本事考	燕京学报	13期	
	6月1日	道德哲学之根本问题	大公报·世界思潮	40期	署名“素痴”
	6月29日	戴东原乩语选录(三)	大公报·世界思潮	44期	署名“素痴”
	7月	中国民族前途的两大障碍物	国闻周报	10卷26期	
	9月	戴东原乩语选录(四)——论思想自由与革命	国闻周报	10卷39期	署名“素痴”

续表

	9月4日	悼丁玲	大公报·文学副刊	296期	
	10月19日	戴东原乩语选录(五)	大公报·世界思潮	57期	署名“素痴”
	11月6日	张荫麟君来函(关于丁玲女士遇害的事)	大公报·文学副刊	305期	
	11月16日	玩《易》	大公报·世界思潮	59期	署名“素痴”
	11月20日	评孙曜《春秋时代之世族》	大公报·文学副刊	307期	署名“素痴”
1934年	1月25日	“可能性”是什么——一个被忽略了的哲学问题	大公报·世界思潮	64期	署名“素痴”
	3月8日	戴东原乩语选录(六)	大公报·世界思潮	67期	署名“素痴”
	3月10日	跋今本《红楼梦》第一回	大公报·图书副刊	17期	署名“素痴”
	3月22日、5月3日、6月28日	戴东原乩语选录(七)——论自由、因果与前定	大公报·世界思潮	68、71、75期	署名“素痴”
	5月26日	《珠玉新抄》和《义山杂纂》	大公报·图书副刊	28期	署名“素痴”
	5月28日	不列颠博物院所藏中国写本瞥记	国闻周报	11卷21期	署名“素痴”
	5月31日	道德哲学与道德标准	大公报·世界思潮	73期	署名“素痴”
	6月	与陈寅恪论《汉朝儒生行》书	燕京学报	15期	
	7月16日	甲午战后在日见闻记	国闻周报	11卷28期	译作 署名“素痴”
	9月15日	读《南腔北调集》	大公报·图书副刊	44期	署名“素痴”
	9月20日	戴东原乩语选录(八)	大公报·世界思潮	81期	署名“素痴”
	9月21、28日	甲午战前中国之海军	大公报·史地周刊	1、2期	

续表

	9月28日	关于"历史学家的当前责任"	大公报·史地周刊	2期	署名"素痴"
	10月19日	晚明与现代	大公报·史地周刊	5期	署名"燕雏"
	11月12日	戴东原乩语选录补篇(一)	清华周刊	42卷3、4合期	署名"素痴"
	12月	《古石刻零拾》序	古石刻零拾		
1935年	1月	甲午中国海军战迹考	清华学报	10卷1期	
	2月7日	中学本国史教科书编纂会征稿启事(附高中本国史教科书草目)	大公报·史地周刊	21期	
	3月1日	关于中学国史教科书编纂的一些问题	大公报·史地周刊	24期	
	3月15日	关于高中国史教科书之讨论(二):复(钱穆)书	大公报·史地周刊	26期	
	3月18日	跋《水窗春呓》——记曾国藩之真相	国闻周报	12卷10期	
	3月25日	论非法捕捉学生	独立评论	143期	
	4月	说可能性	哲学评论	7卷1期	
	5月24日	曾国藩与其幕府人物	大公报·史地周刊	36期	与学生李鼎芳合著
	6月28日	严几道	大公报·史地周刊	41期	与学生王栻合著
	7月	《中国哲学史》下卷(书评)	清华学报	10卷3期	
	7月5日	《孟子》所述古田制释义 《春秋》"初税亩"释义	大公报·史地周刊	42期	
	9月13日	春秋时代的争霸史	大公报·史地周刊	52期	
	10月	周代的封建社会	清华学报	10卷4期	

续表

1936 年	1 月 10 日	战国时代鸟瞰	大公报·史地周刊	68 期	
	4 月	沈括编年事辑	清华学报	11 卷 2 期	
	4 月 3 日	梁任公辛亥以前的政论与现在中国 读史札记	大公报·史地周刊	79 期	署名“素痴”
	5 月	说民族的“自虐狂”	独立评论	199 期	
	5 月 29 日	南宋初年的均富思想	大公报·史地周刊	87 期	
	6 月	中国古铜镜杂记	考古	4 期	译作
	7 月 24 日	关于戊戌政变之新史料	大公报·史地周刊	95 期	署名“素痴”
	10 月 16 日	汉初的学术与政治 评冀朝鼎的《中国历史中的经济要区》	大公报·史地周刊	107 期	
	10 月 25 日	教授界对时局意见书	学生与国家	1 卷 2 期	
	11 月 12 日	南宋末年的民生与财政	华北日报·史学周刊	111 期	
	11 月 20 日	端平入洛败盟辨 大汉帝国的发展	大公报·史地周刊	112 期	
	12 月	南宋亡国史补	燕京学报	20 期	
1937 年	1 月 1 日	读史与读《易》	大公报·史地周刊	118 期	署名“素痴”
	1 月 12 日	三国的混一	益世报·史学副刊(天津版)	45 期	
	2 月 5 日,3 月 5、20 日	孔子	大众知识	1 卷 8—10 期	
	2 月 18 日	戴东原乩语选录乙篇之一(为窃书案答辩)	大公报·图书副刊	169 期	署名“素痴”
	3 月 14 日	民生主义与中国农民	申报·星期论坛		

续表

	4月	宋初四川王小波李顺之乱(一失败之均产运动)	清华学报	12卷2期	
	4月2、9日,6月4日	高小历史教科书初稿征评	大公报·史地周刊	130、131、139期	
	6月	《宋史·兵志》补阙	中国社会经济史集刊	5卷2期	
	6月6日	土地法的修正和民生的改善	申报·星期论坛		
	10月30日	九国公约会议与中国抗战的前途	国命旬刊	3期	
1938年	8月1日	宋儒太极说之转变	新动向	1卷4期	
		抗战中心的问题	益世周刊	2卷1期	
1939年	3月	蒋委员长论抗战必胜训词释义	蒋委员长论抗战必胜训词释义		
	4月	陆学发微	国立云南大学学报	1卷1期	
	6月	北宋的土地分配与社会骚动	中国社会经济史集刊	6卷1期	
	8月20日	陆象山的生平	中国青年(重庆)	1卷2期	
	11月3日	论中下级政治干部人员的培养	福建民报		
	11月18、22、23日	历史科学(与容琬合译)	益世报·史学副刊(昆明版)	23、25、26期	译作
	12月1日	近代西洋史学的趋势(与容琬合译)	中国青年	1卷5、6合期	译作
1940年	3月28日、4月11日	王瑬——道光间建议管理货币及白银国有政策者	益世报·史学副刊(重庆版)		
	4月	历史哲学的根本问题	哲学评论	7卷2期	

续表

	4月	通史方法略论	益世报·史学副刊（重庆版）	2期	
	5月30日	五代时波斯人之华化 南宋之军队	益世报·史学副刊（重庆版）	5期	
	6月13日	《刘锜与顺昌之战》自序	益世报·史学副刊（重庆版）	6期	
	9月	组织、宣传与训练	新力	5卷 25期	
	9月	宋代南北社会之差异	浙大史学杂志	1卷 3期	
	11月	归纳逻辑新论发端	哲学评论	7卷 4期	
	11月29日	宗教对抗建的重要	益世报	雷鸣远司铎追悼会特刊	
1941年	4月	《顺昌战胜破贼录》疏证	清华学报	13卷 1期	
	6月	王阳明以前之知行学说	国立浙江大学师范学院院刊	1集 2册	
	6月	燕肃著作事迹考	国立浙江大学文学院集刊	1集	
	7月	宋太祖誓碑及政事堂刻石考	文史杂志（重庆）	1卷 7期	
	8月	宋太宗继统考实	文史杂志（重庆）	1卷 8期	
	8月	柏格森（一八五九——一九四一）	思想与时代	1期	
	9月	泰戈尔爱因思坦论实在与真理 哲学与政治	思想与时代	2期	

续表

	10 月	从政治形态看世界的前途	思想与时代	3 期	
	10 月 15 日	关于战时抚恤制度的一个建议	大公报		
	10 月 29 日	关于改善士兵生活之建议	大公报		
	11 月	宋朝的开国和开国规模 跋《梁任公别录》	思想与时代	4 期	
	12 月、次年1 月	北宋的外患与变法	思想与时代	5、6 期	
1942 年	2 月 17 日	北宋关于家庭制度之法令	益世报·文史副刊	1 期	
	3 月	怀黑特论哲学之正鹄	思想与时代	8 期	译作
	5 月 28 日	跋折公墓志铭 读杨亿《汉武诗》	益世报·文史副刊		
	6 月	论中西文化的差异	思想与时代	11 期	
	10 月 27 日	论修明政治的途径	大公报(重庆版)		
	11 月	师儒与商贾	思想与时代	16 期	
	12 月	说"同一"	思想与时代	17 期	
	12 月 10 日	《中国史纲》献辞	益世报·文史副刊	21 期	
1943 年	1 月	论史实之选择与综合	思想与时代	18 期	
	3 月	《曾南丰(子固)先生年谱》序	曾南丰(子固)先生年谱		
	10 月	北宋四子之生活与思想	思想与时代	27 期	
1944 年	1 月	汉帝国的中兴与衰亡	思想与时代	30 期	

史界慧星　通史明珠——张荫麟和他的《中国史纲》

周文玖

张荫麟著的《中国史纲》是一本篇幅不大的通史著述，虽属未完之作，但却广受赞誉。作者的逝世，令当时的学术界感到无限的惋惜，《中国史纲》也因此成为他通史著述的"绝唱"。由于学界的推崇，读者的喜爱，故《中国史纲》问世后一直为出版社青睐，一版再版，以至于其版本都是一个值得研究的课题。本文拟从作者、作品、作品的流布等方面对之进行解读，以期读者更好地认识、阅读这部著作。

一、英年早逝的天才史家

对熟悉民国史学的人来说，一提到本书的作者，最强烈的感想是两个，一是英年早逝，二是聪颖。张荫麟，无字，笔名素痴、燕雏。广东东莞石龙镇人，生于1905年11月2日（旧历清光绪三十一年十月初六日），卒于1942年10月24日，享年仅37岁。母亲钟氏早逝，生有三子：荫麟、炜麟、泽麟。父亲张茂如，原为东莞西湖人，后举家迁至石龙镇。他在钟氏去世后，续娶莫氏，生有一男张桂麟。张茂如旧学根基较深，对长子荫麟寄予厚望，课督诵读经史甚严。

张荫麟坚实的国学基础，盖与其父的启蒙教育有密切关系。张荫麟1922年夏毕业于广东省立第二中学，同年秋入北京清华学校中等科（英译 Tsinghua Middle School）二年级，三年后入高等科（英译 Tsinghua College），1929年毕业。①

清华大学七年，张氏的才华淋漓展现。1923年9月，他即在著名的《学衡》杂志上发表《老子生后孔子百余年之说质疑》，与梁启超辩论老子的生年问题。当时《学衡》的编辑们还以为作者是清华的国学教授呢，想不到竟是一个不满18岁的学生。张荫麟公开发表的第一篇论文，就向学术权威发起了挑战，显示了他的学术个性。接着，他又对梁启超《中国近三百年学术史》的"附表一"——《明清之际耶稣会教士在中国者及其著述》进行了"校补"，并在此基础上发表长篇论文《明清之际西学输入中国考略》。张荫麟的学术成绩，引起了梁启超的注意。贺麟回忆说："有一天晚上在梁任公的中国文化史演讲班上，梁任公从衣袋里取出一封信来，在听众中问张荫麟是哪一位。"②好学深思的张荫麟受到梁氏的勉励。张荫麟尽管仰慕梁启超，但孤傲的个性又使他不愿拜访别人，直到进入清华的第五年，才与好友一起，拜谒了自己的这位乡贤。梁启超欢喜异常，用广东话对张荫麟说："你有作学者的资格呀。"③据统

① 有些文章依据张氏友人回忆录，认为张荫麟1923年秋入清华学校中等科三年级。本文采纳美籍华裔学者陈润成为《张荫麟全集》（清华大学出版社2013年版）所写的《序言：张荫麟先生传略》中的说法。陈润成先生查阅了斯坦福大学的张荫麟档案，内有张荫麟本人填写的入学申请书，并附清华大学盖章的成绩单。这都是第一手材料，更有说服力。

② 贺麟：《我所认识的荫麟》，陈润成、李欣荣编：《天才的史学家——追忆张荫麟》，清华大学出版社2009年版，第36页。

③ 任继愈：《贺麟先生》，《念旧企新——任继愈自述》，山西人民出版社1997年版，第79页。

计，张荫麟在清华读书期间，共发表文章近80篇，这是一个在今天看来令人惊叹的数字，内容涉及中外历史（从古代到当代）、哲学、文学，其中有论辩文章、论文、学术评论、著作及文章提要，有对外国文学、诗歌的翻译，还有时政评论。他的学术评论文章以《评近人对于中国古史之讨论（古史决疑录之一）》影响最大，该文批评顾颉刚"疑古"过头，滥用"默证"，以西方史学方法对顾氏的古史层累说提出质疑。然不知何故，顾氏对张文始终没有正面回应，且将该文收入《古史辨》第二册。这件事情到现在都是研究古史辨派史学一个没有解开的谜题。张荫麟的诸多批评文章，文字犀利，反映了他的睿智和学术领域的宽广。而他对中国科技史的研究和相关成果的译介更能代表他这个阶段的学术成就，诸如《清代生物学家李元及其著作》、《纪元后二世纪间我国第一位大科学家张衡》、《张衡别传》、《宋燕肃、吴德仁指南车造法考》（译）、《宋卢道隆吴德仁记里鼓车之造法》、《中国印刷术发明述略》（译）、《〈九章〉及两汉之数学》、《中国历史上之奇器及其作者》等，不仅涉及学科门类多，而且纵向跨度大，各篇文章对中国科技史研究均有筚路蓝缕之功。这说明张荫麟从青年时代起，就有意通过论述中国古代科技人物及其成就，激发国人树立民族自信心，以振兴中国的科学技术事业。

1929年秋，张荫麟自上海搭乘克里夫兰号轮船赴美留学，入斯坦福大学，攻读哲学和社会学。斯坦福大学与清华大学保持了良好的沟通与合作，对中国学生在清华高等科所修的科目成绩，全部承认。因此，张荫麟到斯坦福大学，直接读大学本科三年级。经过三个学期，他修满了学士学位要求的课程和学分，于1931年春季获得斯坦福大学的哲学学士学位。接着，他继续在该校读硕士学位，修了亚里士多德的哲学、康德的哲学、心理学、形而上学、社会改革等,还选修了法语,于 1932 年 3 月撰写了硕士学位论文 *A Comparative Study of the Ethical Theories of G. E. Moore and John Dewey*(《摩尔、杜威伦理学说之比较研究》)。论文通过哲学系审查,斯坦福大学授予其硕士学位。此后,他转到该校经济系攻读社会学博士学位。在斯坦福大学哲学系期间,他曾到加州大学做短期研究,并修过一门数理逻辑。他在斯坦福大学哲学系及加州大学所修的课程,对于他申请社会学博士学位都是有效的。为了尽快进入博士学位论文撰写阶段,他在一年之内修完了社会学博士学位要求的所有课程,诸如社会学理论、社会心理学、社会组织等。通过口试,斯坦福大学经济系博士学位委员会审核他在各方面的成绩后,于 1933 年 11 月正式鉴定他为博士候选人(doctoral candidate),同意他以 *The Evolution of Feudalism in Ancient China*(《古代中国封建制度的演变》)为题撰写博士论文。[①] 他原打算次年春完成该论文,以获取博士学位。应该说,这是一个完满的结局——官费留学五年,拿到一个博士学位。但张荫麟没有沿着这个计划前行,而是决定提前返国。他从美国西海岸,横贯到东部地区,游览一周后渡大西洋到英国,再到欧洲大陆游历,最后从南欧乘海轮经地中海东归。1933 年冬他在香港登岸,为自己的留学生涯画上了句号。他在港、澳做短暂停留,年底到达北平;次年春,应清华大学之聘,任历史学系和哲学系专任讲师(相当于副教授),同时在北京大学兼授"历史哲学"课。1935 年 2 月,经傅斯年推荐,张荫麟受国防设计委员会聘,编撰中小学历史教科书。后来,国防设计委员会改

---

① 参阅陈润成《序言:张荫麟先生传略》,《张荫麟全集》上卷,清华大学出版社 2013 年版,第 13 页。

组，原来的军事、国际关系、教育文化三个部撤销，工作人员并入相应的主管部门，这样，张荫麟改聘于教育部，负责高中、初中、高小历史教科书的编纂。为了集中精力做此工作，他特意向清华大学请了假，但仍住在清华大学教员宿舍区，意在一则可以利用清华大学图书馆的丰富藏书，二则还可对清华大学史学系的学生尽指导之责。1937 年 7 月 7 日，卢沟桥事变爆发。张荫麟只身南下，任教于浙江天目山的浙江大学；冬间，一度到长沙临时大学。迨临时大学再次南迁云南，他回到东莞老家。1938 年夏初，他到香港，与陈寅恪等坐船至越南，从陆路转往云南蒙自，向西南联大销假，仍任历史学系和哲学系教授。后随校迁往昆明，讲授宋史和逻辑学等。1939 年年初，他接到陈诚(辞修)邀请，到了重庆，为政治部工作了几个月。原以为此行能发挥才干，对抗战救国有所贡献，但实际不过备顾问、资清谈而已。于是至 7 月他与友人一同乘公路车悻悻离渝，经贵阳回到昆明。此后在昆明的一段时间，他在感情和婚姻上陷入了危机，加之薪水待遇问题与清华大学搞得不爽，于是他辞去西南联大教职，而接受迁至贵州遵义的浙江大学的聘请，于 1940 年 7 月到遵义任浙江大学教授，讲授“中国上古史”、“唐宋史”、“历史研究法”等。1941 年 6 月，他与张其昀等成立了思想与时代社，8 月创办《思想与时代》月刊。其间他出版了《中国史纲》。1941 年 12 月 8 日，张荫麟出现流鼻血不止之症状，本拟去贵阳检查和治疗，因当天晚上止住鼻血而作罢。1942 年 7 月下旬，张荫麟在贵阳中央医院被查出患有慢性肾炎。三个月后病情恶化，于 10 月 24 日逝世。

张荫麟逝世后，浙江大学以及西南联合大学均开了追悼会或追思会。教育部送丧葬费五千元，反映了官方对张荫麟逝世的重视。张荫麟参加创刊的《思想与时代》于1943年1月出了“张荫麟先生纪念专号”，顾颉刚主编的《文史杂志》以及一些报纸、期刊也发表了悼念和纪念文章。可见，在抗战岁月，这个青年史学家的逝世，在当时确实引起了相当大的关注。

张荫麟笔名素痴，含有表达志向之意，即“素心”地痴迷于学术。这个名字很容易让人与一个“两耳不闻窗外事，一心只读圣贤书”的书呆子连在一起。事实上，张荫麟决不是一个不谙世事的书呆子，他在生活和学术上的交往圈还是挺大的。在清华大学的师长中，梁启超、王国维、吴宓、陈寅恪都与他有所关联。他对梁启超既有挑战，又有尊敬。在清华期间，他虽然很想请梁氏写字做纪念，但终于没有去请，以致“当时许多清华同学，都得着有梁任公手书的对联或条幅，而他竟未得只字。”①然在梁氏去世后，他却写了多篇高水平的研究和赞扬梁启超的文章，如《近代中国学术史上之梁任公先生》、《史学家的梁任公先生》、《梁任公辛亥以前的政论与现在中国》、《跋〈梁任公别录〉》。他后来甚至为自己早年批评梁启超的政治活动而感到后悔，说自己“年稚无知，于其民国后之政治生涯，妄加贬抑。”他评价梁氏的文章“一篇之出，百数十万人争诵”；其著作，若《春秋战国载记》《欧洲战役史论》，“元气磅礴，锐思驰骤，奔砖走石，飞眉舞色，使人一展卷不复能自休者，置之世界历史著作之林，以质而不以量言，若吉朋、麦可莱、格林、威尔斯辈，皆瞠乎后矣。”②难怪有人说他是“最向往追踪梁任公的”③，是

① 贺麟：《我所认识的荫麟》，《天才的史学家——追忆张荫麟》，第37页。

② 上引均见张荫麟《跋〈梁任公别录〉》，《张荫麟全集》下卷，清华大学出版社2013年版，第1847—1848页。

③ 李埏：《张荫麟先生传略》，《天才的史学家——追忆张荫麟》，第169页。

“承继梁任公学术志业的传人”。[①] 吴宓在张荫麟逝世后，直称张荫麟“博雅能文”，为“第二梁任公”。[②] 谢幼伟也说“张君的文章颇受任公影响，一篇之中总含有多少任公的笔调”。[③]至于与王国维，张荫麟的“中国文学受教于王静庵先生（国维）”。[④] 他曾撰《王静安先生与晚清思想界》，介绍王国维的哲学成就。与王国维一样，他喜爱文学和哲学，尤喜读尼采、叔本华书，清华时期所做文章有“奇思苦语”“劲骏跌宕”之特点，宛如少年之王国维。[⑤] 张荫麟与吴宓的关系极其密切，他的第一篇论文是在吴宓主编的《学衡》发表的，以后他在《学衡》发表论文和评论多篇，张荫麟亦因此与学衡派学人保持了密切的关系。吴宓在清华开设的“英文作文”、“英美文学”、“英诗翻译”等课程，张荫麟均选修。吴宓主持天津《大公报·文学副刊》，特约张荫麟等人撰稿。张荫麟在《大公报·文学副刊》发表了数量众多的文章，包括翻译的西洋名诗，如《幸福的女郎》。张荫麟曾说，他的文学兴趣是雨僧先生启发的。[⑥] 陈寅恪与张荫麟当有很多的接触。张荫麟曾在《燕京学报》发表《与陈寅恪论〈汉朝儒生行〉书》，就龚自珍诗《汉朝儒生行》的解释与陈寅恪进行探讨。张荫麟留美即将归来时，曾给陈寅恪写了信，请他为自己谋职。陈寅恪积极地将他推荐给傅斯年，希望傅斯年将其吸收

---

① 贺麟：《我所认识的荫麟》，《天才的史学家——追忆张荫麟》，第37页。

② 《吴宓日记》卷八，生活·读书·新知三联书店1998年版，第404页。

③ 谢幼伟：《张荫麟先生言行录》，《天才的史学家——追忆张荫麟》，第79页。

④ 王芸生：《悼张荫麟先生》，《天才的史学家——追忆张荫麟》，第23页。

⑤ 《中国社会经济史集刊》编辑部：《张荫麟君事略》，《天才的史学家——追忆张荫麟》，第33页；许冠三：《新史学九十年》上册，香港中文大学出版社1986年版，第56页。

⑥ 贺麟：《我所认识的荫麟》，《天才的史学家——追忆张荫麟》，第37页。

到中研院史语所，或帮助介绍至北京大学任教。陈寅恪的推荐信对张荫麟做了极高的评价："张君为清华近年学生品学俱佳者中之第一人，弟尝谓庚子赔款之成绩，或即在此人之身也。张君年颇少，所著述之学术论文多为考证中国史性质，大抵散见于《燕京学报》等，四年前赴美学哲学，在斯丹福大学得博士学位。其人记诵博洽而思想有条理，若以之担任中国通史课，恐现今无更较渠适宜之人。若史语所能罗致之，则必为将来最有希望之人材，弟敢书具保证者，盖不同寻常介绍友人之类也。"[①]陈寅恪不轻易揄扬人，但他对张荫麟却不吝赞美之词，甚至把张荫麟的博士候选人资格说成"得博士学位"。或许陈寅恪不是有意为之，但他的评价和介绍会令人深信不疑，他这短短的几行字，对张荫麟能够顺利地进入中国的最高学府执教起了很大作用。

容庚和伦明都是张荫麟的东莞同乡，也是与张荫麟关系极其密切的师长。容庚比张荫麟长 11 岁，张荫麟在清华做学生时，他是燕京大学的教授，并担任《燕京学报》主编。他对张荫麟多有提携。张荫麟的诸多有分量的学术论文较快地在《燕京学报》上发表，恐怕离不开容庚的关怀。这对张荫麟少年得志，在学生时代即崭露学术锋芒，无疑是很大的推力。张荫麟对容庚以兄相称，不仅在学术上切磋和请教，而且生活和情感上的事情、困惑也向容庚倾诉。二人推心置腹，私交深厚。张荫麟留美归来一度住在容庚家，只是在西南联大时期，张荫麟恋上了容庚的长女，二人的关系大概转为冷淡。此时，容庚在沦陷区的北平，张荫麟在大后方，他们并没有见面的机会。但从容庚后人所提供的容庚档案看，容庚对张

① 《陈寅恪集·书信集》，生活·读书·新知三联书店 2001 年版，第 46 页。

荫麟也并未绝交。[①]伦明是北京大学教授，著名的藏书家，著有《辛亥以来藏书纪事诗》。张荫麟曾到他家翻阅他的藏书，后来又到他家担任家庭教师，辅导其女儿伦慧珠学习国文（一说英文），由此堕入与伦慧珠的爱情之网，经过曲折，他们终于走进婚姻殿堂，伦明遂成为张荫麟的岳父。但此婚姻以离婚收场，失败的婚姻对张荫麟的健康产生了很大的影响。张荫麟与伦明之间，学术上的交集不多。若不是后来人们对张荫麟情感生活的关注和研究，他们之间的翁婿关系还真是鲜为人知。其实，伦明与张荫麟的许多老师辈，都是彼此稔熟的学术朋友。

张荫麟与朱希祖就铁制兵器是否先行于南方发生了激烈的学术争论，这对双方个人情感蒙上了阴霾。朱希祖原是北京大学史学系的系主任，奉系军阀占据北京后，成立京师大学，将北京大学改为北大学院。北大许多教授愤而辞去北大教职，朱希祖改就清华大学史学系教授。1928 年他在《清华学报》发表《中国古代铁制兵器先行于南方考》，张荫麟以《大公报·文学副刊》编辑的名义发表了对该文的评论。朱希祖认为评论不公，致函云："通篇评论，纯任主观，不任客观，纯任感情，不任理智，实非至当之评论。"[②]朱希祖以"关于古代铁制兵器先行于南方考之讨论"为题四次致函《大公报·文学副刊》。《大公报·文学副刊》以《答朱希祖君》、《再答朱希祖君》、《本报对于此问题结论》予以回应。回应之文均出自张

① 容庚档案中有容庚自定年谱，涉及不少张荫麟的内容。容庚弟容肇祖抗战时在西南联大任教，容琬在生活上依靠叔父。容肇祖应该比较清楚当时张荫麟与容琬是否恋爱的情况。张荫麟逝世后，他写了悼念文章寄与《思想与时代》月刊。见《思想与时代》月刊第 18 期"张荫麟先生纪念号"中的"编者启事"，1943 年 1 月。

② 《张荫麟全集》中卷，第 1014 页。

荫麟手笔,以编辑部的名义发表,没有署名。双方的争辩颇有点火药味。张荫麟的评论文章以严苛著称,批评他人毫不留情,对朱希祖的文章亦是如此。吴宓当时对张荫麟为《大公报·文学副刊》所做的批评文字似乎也有顾虑。《吴宓日记》中有这样的记述:"与寅恪商谈结果,决将张荫麟所撰评研究院《国学丛刊》长文,屏弃不登《文学副刊》,以免研究院学生以此恨宓,而惹起校内之攻击,致宓受重大之牺牲云。"①他对浦江清、张荫麟等"任情固执"也有不满,说:"盖《文学副刊》赞襄诸君,皆系文人书生。故(一)盛意气。(二)多感情。(三)轻视功利。(四)不顾实际之需要及困难,往往议论多而成功少。一己成绩殊微而专好批评他人文章,干涉他人之思想言动。"②在张、朱论争期间,朱希祖还将《关于〈中国铁制兵器先行与南方考〉之讨论》寄至《新晨报·副刊》发表,对《大公报》不登载他的文章表示不满。《吴宓日记》记录了他们与朱氏争辩的情景:1928年9月18日,"下午张荫麟来,为朱希祖在《新晨报·副刊》登载某文而诬《大公报·文学副刊》以不肯发表事。"③1928年9月20日,"下午浦江清来,谈朱希祖攻诋《副刊》事。"④《浦江清日记》对此也有记述:1928年8月27日,"访荫麟,……彼云最近与朱逖先君辩论甚伤感情,恐吴先生见怪。余曰不至于是。"⑤1928年9月20日,"张荫麟君在《文副》上为文与朱希祖辩论,吴甚怕得罪人,颇不以此为然。张声明再不做批评文字矣。"⑥这场争论1929

① 《吴宓日记》卷四,第31页。

② 《吴宓日记》卷四,第132页。

③ 《吴宓日记》卷四,第131页。

④ 《吴宓日记》卷四,第132页。

⑤ 浦江清:《清华园日记·西行日记》(增补本),生活·读书·新知三联书店1999年版,第11页。

⑥ 浦江清:《清华园日记·西行日记》(增补本),第19页。

年1月29日以《大公报·文学副刊》登载朱希祖《关于中国古代铁制兵器先行于南方考之讨论——四致〈大公报·文学副刊〉编辑书》以及《本报对于此问题之结论》结束。因为张荫麟的文章没有署名，朱希祖大概始终不知他在与谁打笔墨官司，也可能知道而不明说①，反正在已出版的《朱希祖日记》中没有发现张荫麟的名字。很有意思的是，朱希祖与伦明、容庚都是交往颇多的朋友，朱希祖1932年在广州中山大学任教时，还偕此时已为张荫麟未婚妻的伦慧珠到容肇祖家赴宴，并为容庚送行②。朱氏女婿罗香林教授在香港大学指导的研究生论文《张荫麟及其〈中国史纲〉》③，是较早对张荫麟进行专门研究的文章。

此外，傅斯年、钱穆等人，与张荫麟亦师亦友。浙江大学的同事竺可桢、梅光迪都是学衡派学人，张荫麟晚岁在浙江大学期间，与他们相处融洽，得到他们的支持和关照。在同辈人中，与张荫麟接触较多的有贺麟、吴晗、贺昌群、谢幼伟、谢文通、张其昀等。他们中或是同学，或是笔友，或是同事，彼此欣赏，友谊笃厚。这些在

---

① 浦江清曾在日记中说："马叔平向人言《大公报·文学》副刊专攻击北大派，实则余等初无是意也。"（浦江清：《清华日记·西行日记》（增补本），生活·读书·新知三联书店1999年版，第11页）这个说法大概传到容庚那里，容庚致函马衡问起此事，马衡复信曰："《大公报》与朱君之笔战，弟始终未复一字，来书所云或系传闻之误也。"（马衡致容庚，1928年9月8日，中山图书馆藏容庚档案）此时的北大，章门弟子学术影响最大，北大派无异于指章太炎学派。然张荫麟在生命的最后几年，对章太炎评价甚高。谢幼伟说："在清末民初的学术界中，他最崇拜的是章太炎"。（谢幼伟：《张荫麟先生言行录》，《天才的史学家——追忆张荫麟》，第79页）1942年6月21日在浙江大学"中国近代思想界之代表人物"演讲会上，张荫麟负责讲"章太炎"。（《竺可桢日记》1942年6月21日日记）

② 朱希祖1932年12月31日日记，见《朱希祖日记》上册，中华书局2011年版，第193页。

③ 香港大学1968年硕士学位论文，作者刁燕娥。

文史哲领域的一流才俊，是民国学术的后起之秀，其中长于史学者代表着现代史学的未来。20世纪后期，他们在时代大潮下，有的成为大陆学界的学术权威、学术领导，有的则成为台湾教育机构的首脑。昔日的学术交谊，在海峡两岸的政治军事对峙中隐然退后。张荫麟是一位富有政治热忱的学者，他关心时事，有自己的政治主张，发表许多政论文章，既有对当局的维护，也有对当局的不满。他的过早离世，使他无缘以后的国共政争，因此，他也很幸运，成为海峡两岸学界都怀念的学人。如果他不如此短寿的话，他是踵武吴晗，还是追随张其昀呢？这或许是一个没有意义的假设，然而，从其朋友圈的角度对他进行认识，我们却不禁产生许多遐想。

人们在悲叹张荫麟人生短暂的同时，往往注意到他的失败的婚姻。他在伦明教授家做家教时恋上了伦教授的女儿——伦慧珠。这是他的初恋，纯洁而热烈，然而开始伦小姐却没有接受他的爱。他不甘心，仍然"死心塌地"去追，直到友人从旁提醒、劝慰，他才从痛苦中挣扎出来。他带着很大的伤痕出国留学。他曾写有忏悔录式的日记，以志其情思和反省。[①] 当时的情景到底如何，别人无从知晓，但从他在美国与容庚的通信可见他与伦小姐在人生观、价值观方面存有差异：伦慧珠对读书求学兴趣不大，对学术才子也无羡慕崇拜之情；而张荫麟以学术作为自己的安身立命之本。远在太平洋彼岸的张荫麟，痛定思痛，终于熄灭其热烈的爱情之火，说："弟今不怨珠，且幸已得一良好教训，独惜伊竟已为流俗之氛捲去而已。"[②]他对婚姻有非常理性的认识，对与伦慧珠结合可能产生

① 贺麟：《我所认识的荫麟》，《天才的史学家——追忆张荫麟》，第41页。

② 张荫麟：《致容庚》，见《张荫麟全集》上卷，第659页。

的结果也有冷静的预测，说“爱情有两种方式，皆可得美满结果。其一彼此事业志趣略同，互相了解，互相尊重，此上式也。次则女子绝无远大志尚，然对男子敬服感激，一心维护，百般依从（或反之），则亦可称佳偶。珠之与予二者无一可能，若因循敷衍下去，如何能得好结果？故弟今再不愿流连，亦知一旦割断，彼此都感痛苦。然不此，他日痛苦当更大耳”。① 但张荫麟爱恋伦慧珠的火种还保留着，一旦伦慧珠反过来追求他，他的理性堤坝就会被情感的波涛所冲垮，原来的坚定开始变得犹豫。因此，当伦慧珠从张荫麟的弟弟处打听出张荫麟的通信地址，给他写信表示悔过且接受他的爱时，他优柔寡断起来。他将伦慧珠写给他的信万里迢迢地转寄给容庚，让容庚为他出主意，让容庚观察伦慧珠，看看伦小姐是否真爱他。“伊近言愿以终身相托，使弟真有进退两难之慨，然无论如何，弟之理想终不可夺也。”②“她若真能觉悟，诚意爱我，吾亦不忍使她抱憾。”此时，张荫麟仍然怀疑伦小姐的真正转变，说：“我已不信她的真正觉悟是可能的。”③然而，伦小姐自有其女性的魅力，自有其吸引张荫麟的其他方面的气质。几经通信，熄灭的爱情之火终于复燃起来，且将张荫麟的理性和冷静融化蒸发。据说张荫麟之所以不等完成博士论文即回国，想尽快与伦小姐结婚也是原因之一。看来，张荫麟冷峻的外表下深藏着一颗火热的心，孤傲的性情中不乏男女情丝。张荫麟幼年丧母、母爱差享，他更期望获得女性的温柔和体贴，他对爱情的渴望逾于恒常。在清华期间，他的父亲病逝，此后他除了挣出自己的学费和生活费，还不得不挑起供养弟弟读书求学的担子，因此，他组建家庭的愿望恐怕也很强

① 张荫麟：《致容庚》，见《张荫麟全集》上卷，第 661 页。
② 张荫麟：《致容庚》，见《张荫麟全集》上卷，第 663 页。
③ 张荫麟：《致容庚》，见《张荫麟全集》上卷，第 665 页。

烈。张荫麟与伦慧珠1935年4月结婚。朱自清参加了他们的婚礼，朱在日记中说“新娘热情而老练”①。婚后两人育有一男张匡、一女张华。一些对张荫麟的回忆和描述，总是给人留下张荫麟孤僻、古怪、不近人情的形象，且将之作为他天才的特征。其实，时人的日记显示，真实的张荫麟并非如此。《顾颉刚日记》中有不少张荫麟与友人聚会吃饭的记述。从顾氏日记看，张荫麟还经常带着夫人参加宴会，有时是他们夫妇做东宴请别人。张荫麟也不是古怪得根本不看电影，顾颉刚1938年11月13日日记云：“与履安、自珍及辰伯全家及荫麟同到大众电影院看《泥港战役》电影（写廿年前苏俄游击队抗日故事）。”②容庚的女儿容琬与张荫麟夫妇都很熟悉，张荫麟留学归来，第一次拜访贺麟就是偕伦慧珠和容琬一起去的，当时，张荫麟住在容庚家。顾颉刚日记还留下了容庚夫妇、张荫麟夫妇以及容琬等一起出席宴会的记录。容琬是1935年考入北京大学文学院外语系的学生，抗战期间在西南联合大学读书，现收在《张荫麟全集》的译文《历史科学》、《近代西洋史学的趋势》就是她与张荫麟合译的，前者发表于1939年11月出版的《益世报·史学》副刊，发表时仅署容琬的名字，后者发表于1939年12月出版的《中国青年》，两人都署了名。从《西南联大师生致容琬诗文册》看，容琬是一个活泼、乐观、体贴他人、勇敢坚毅、学习刻苦的女孩，老师、同学都对她评价甚高：“容琬像春风一样，到处传播愉快的种子”③，因此，她被称作“快乐之神”。很显然，容琬更是张荫麟

---

① 朱自清1935年4月14日日记，《朱自清全集》第9卷，江苏教育出版社1997年版，第352页。

② 《顾颉刚日记》第4卷，中华书局2011年版，第161页。

③ 曹美英赠言，http://pmgs.kongfz.com/detail/49_360886。

心仪的女性，据张荫麟向贺麟的讲述，1939 年的 8、9 月间，他与容琬互吐爱慕之意，产生了爱情。[①] 此时，容琬 23 岁，张荫麟 34 岁。然张荫麟断然地从这场恋爱中抽身，他劝说容琬回北平与未婚夫完婚，又写信要夫人带着孩子从广东来昆明。但在夫人带着两个孩子，外加其母、姨侄女来昆明后的几个月中，他与夫人的矛盾迅速激化。贺麟说："在几个月内，他们夫妇间听说共吵了六七次。有时吵闹得很厉害，须要楼上的冯芝生太太出来调解。"结果，"伦女士带着与她同来的几个人，仍然离开他回到广东。不久之后，Y 小姐也离开昆明往北平去了。"[②]这里的 Y 小姐，系指容琬。大概张荫麟与容琬之间的关系在当时的西南联大传得沸沸扬扬，吴宓于张荫麟去世后，在日记中也提到张荫麟的婚恋之事："至 1940 因爱容琬而与妻伦慧珠离婚，终则琬乃回北平嫁一协和医士。荫麟于是抑郁烦躁，有以促其天才。"[③]他为张荫麟写的挽联即有此意："玉碎珠沉怜尔我，麟伤凤逝黯人天。"并解释上联前四字曰："与伦慧珠离婚，而容琬终别嫁。"[④]但是也有资料表明，所谓的张、容之恋不过是张荫麟的单相思。清华大学何兆武教授持这一观点。何当时是西南联大的学生，他的夫人曹美英是容琬的同学兼闺蜜，他说，为了弄清传言内容的确实性，"曹美英（当时尚不是我妻）有一次问她，有没有这回事，容婉女士回答说：'哪有这回事！都是张荫麟犯神经。他那么大岁数了——时张先生年近不惑，容婉女士尚系在校本科学生——又有老婆孩子（张先生已有二子），怎么可能

① 贺麟：《我所认识的荫麟》，《天才的史学家——追忆张荫麟》，第 48 页。

② 贺麟：《我所认识的荫麟》，《天才的史学家——追忆张荫麟》，第 49 页。

③ 《吴宓日记》卷八，第 404 页。

④ 《吴宓日记》卷八，第 417 页。

有这种事？’”①何兆武先生的这篇不长的文章有几处错误：一是把容琬写成了容婉；二是把容琬等人的入学年份说早了一年；三是张荫麟当时34岁，尚非“年近不惑”。有人据此认为何先生的观点难以成立。实在说来，事情已过六七十年，何兆武先生凭记忆和印象写此文章出现这样的误差很正常，这对他主张的观点并无大碍。2012年年底，容琬家人委托西泠印社拍卖《西南联大师生致容琬诗文册》时，还附有容琬与未婚夫徐庆丰往来的情书，以及亲戚间的一批通信。此举亦有破除多年传言之意。这说明，对当时的传言至少在容琬这一方不认可，即使退一步说，是容琬不愿承认，或不敢承认，也说明容琬对与张荫麟交往是有自己的底线意识的。何兆武夫妇在20世纪80年代与容琬尚有两次会面、叙谈，何兆武依据的虽是口述材料，但此闺蜜之间的聊天内容，可能比文字资料还有价值。如此说来，认为是张荫麟单相思或张荫麟将容琬对他的体贴和敬重当作爱情，也未必不是实情。

伦慧珠是与张荫麟签了离婚协议回广东的。张荫麟去世后，他的学生“在张先生遗下的皮箱里，发现一份协议离婚书，用一张红线条的八行信笺写的，双方亲笔签名。”②张荫麟在遵义期间，大概又做过复婚的努力。张效乾说：“张师住在遵义新城山边的一段时间，即有寂寞之感。有一次他对笔者说：‘我现在觉得家庭生活对一个人很重要，我已写信去广东，两个月后，我的家眷，可能来遵

① 何兆武：《有关张荫麟及其他》，《万象》2006年第9期。

② 管佩韦：《张荫麟教授的最后岁月（1940—1942）》，见周忱选编《张荫麟先生纪念文集》，转引自李欣荣《张荫麟年谱简编》，《天才的史学家——追忆张荫麟》，第620页。

义’。寥寥数语,道出了他的心声。其后张师母伦慧珠女士与男女公子在广东因故未能成行。”①

作为这个婚姻的另一方,伦慧珠的文字很难看到。而仅从张荫麟方考察其婚姻,总觉有欠全面。难得的是,贺麟在回忆文章中引用了伦慧珠给他的一封信:

……荫麟的死耗,我在廿七日《大公报》看到,当时晕过去有十多分钟。醒来后我希望这是一个梦。但可惜却是一个永远不能挽救的事实。它所给予我的悲哀与创痛,是在今生的任何事都不能填补的了。无论如何,在他的生前,我曾经爱过他,恨过他。爱虽曾一度消灭,但因他的一死,恨也随之而逝。到现在我依然爱他。我觉得万分对他不起,我不曾尽了我的职责。我们把有限的宝贵的韶光辜负了。他憎恨着我,我仇视着他,以为还有个无限的未来给我们斗气呢!结果彼此抱恨终身!这一切都咎由自得,怨谁?现在我不断质问着自己,这次应该死的是我不应是他。他是这般有用,而我早已就厌倦人世了。……在十月二日我刚到曲江时就写了封信给荫麟,阿匡也有一封信,另附相片两张。谁知这信今天退回来了,外面写着‘此人病故退回’。但由邮局印记看得,此信在二十号已到遵义,赶得及在荫麟死前看看他的儿女及信。谁人竟做了这件遗憾的事,把信退回。命定了今生我不能再见着他,倘若我能早得一点关于他病的消息,我一定还

① 张效乾:《怀念张荫麟先生》,《传记文学》39 卷第 1 期;又见《天才的史学家——追忆张荫麟》,第 93—94 页。

来得及和他最后一诀。现在什么都完了，只剩下这无尽期的悲痛，令我懊悔，自嗟，自怨！……①

从这封信可以看出，伦慧珠的个性甚强，耿直、敢爱敢恨。这一点与张荫麟颇为相像。古人云：同声相应，同气相求。除了容貌，伦慧珠吸引张荫麟的地方，大概还有她的这种气质。但也正因如此，他们生活在一个屋檐下，一旦出现矛盾，彼此的容忍度就很低。矛盾极易演变成冲突，于是，由爱而恨，爱恨循环，最终导致婚姻的破裂。伦慧珠对张荫麟是有感情的。她说看到张荫麟的死耗，"当时晕过去有十几分钟"，想必这话决不是矫情。她及儿子给张荫麟写的信以及所寄的照片之被退回，使她感到无限的遗憾。她所表达的他们之间的爱恨之情，坦率自然。她所流露的哀怨、懊悔，发自肺腑。贺麟在谈到张荫麟的婚恋之后，做了这样的评论："他们的吵闹也并不始于在昆明时期，实在是为性格所决定，出于不得已，他们自己也无法克制，别人也无法劝解。即在斗气与分离之中亦有最初的一线情谊在维系着。"②此可谓知心之言，极中肯綮。俗话说，"天命之谓性"。看来，性与命是连在一起的。张荫麟、伦慧珠的个性决定了两人共同的命运乃至生命。

张荫麟是史学界公认的天才，天才往往短寿，历史上多有是例。但天才不是生活在真空中，而是生活在世俗社会里。张荫麟宛如一颗光芒四射的彗星，倏焉升起，旋即陨落，这在当时不仅令学界深感哀痛，也给后来的人们留下无尽的人生思索和回味。

① 转引自贺麟《我所认识的荫麟》，《天才的史学家——追忆张荫麟》，第49—50页。

② 贺麟：《我所认识的荫麟》，《天才的史学家——追忆张荫麟》，第49页。

二、《中国史纲》的撰写及特色

张荫麟学跨文、史、哲,政论文章也写得鞭辟入里,虎虎有生气,在20年内发表了180多万字,但他的旨趣和学业志向是历史学。1933年3月,他自斯坦福大学写信给张其昀说:"国史为弟志业,年来治哲学,治社会学,无非为此种工作之预备。从哲学冀得超放之博观与方法之自觉,从社会学冀明人事之理法。"①现在看来,这封信简直是他的学术规划书。他是这样说的,回国后也是按照这个规划做的。他希望自己的老师陈寅恪为他推荐历史学的研究职位或教学职位。尽管归国后他也上哲学类的课程,但他的学术重心一直是历史学。在史学领域,除了中国科技史,他在先秦、秦汉、魏晋南北朝、宋史、晚清及民国史等均下了很大工夫,有不少精湛的研究论文。而他花费心血最多的则是这部《中国史纲》,此书也是他生前出版的唯一著作。

在斯坦福大学留学期间,他就表示了将来从事中国通史建设的志愿。在给容庚的信中,他说:"弟主要兴趣虽转向哲学,回国后断不能忘情于国史。近读英国大史学家吉朋自传,其有名之《罗马衰亡史》属始于三十岁,成于五十一岁。弟回国时犹未三十,始天假以吉朋之年,未必不容抱吉朋之愿也。"②在致张其昀函中又说:

---

① 《张荫麟全集》上卷,第673页。

② 《张荫麟全集》上卷,第656页。谢文通认为,张荫麟受吉本的影响较大:"英国十八世纪末的历史学家爱德华·乔宾(Edward Gibbon)写的《罗马帝国的盛衰》(*The Rise and Fall of the Roman Empire*)一书,对荫麟的历史观和写作风格都有很大影响。"(见《天才的史学家——追忆张荫麟》,第87页)按:Edward Gibbon(1737—1794),英国史学家,现译为爱德华·吉本,其著作名为 *The History of the Decline and Fall of the Roman Empire*,谢文通回忆的书名有误差。

"通史艰巨之业，决非少数人之力所克负荷。断制营构，固须自用匠心。至若网罗散佚，分析史材，及各方面之综，则非资众手不可。颇拟约集同志，先成一国史长编，此非徒为少数人谋。后来任何有志于通史者，均可用为资藉。"①1934 年，他积极参加了《大公报》关于改良历史教科书的讨论，发表《关于"历史学家的当前责任"》，认为良好的历史课本是改良历史教育的先决条件，并提出编纂理想的国史教本之设想，即采取众力合作与一手独修相结合的办法。他说："我们以为纲目的选择、资料的搜集和文字的商酌，不可不集合众力，但最初的草稿和最后的定稿却不可不由一人负责。"他认为编纂历史课本是一项难度很大的工作，"大多数历史学家之不从事课本的编撰者是不能也，非不为也"。"这种工作不仅需要历史智识，并且需要通俗（就其是对于青年的通俗）的文章技巧。而这两种造诣的结合，从来是不多见的。……这种工作不仅需要局部的专精，而且需要全部之广涉而深入，需要特殊的别裁和组织的能力。……而具有那种资格的史家也是历来少见的。想到这些情形，便可知理想的国史课本之迟迟未出现，并非由于史家有意躲懒了。"②

当 1935 年国防设计委员会决定聘请他承担编纂中小学历史教科书的任务时，他欣然应允，并向清华请假，以专做此项工作，可见他对编纂历史教科书的重视程度。他以《大公报 · 史地周刊》为依托，具体实施了他的编纂计划。首先他在该刊发布了《中学本国史教科书编纂会征稿启事》，并附录了《高中本国史教科书草目》。希

① 《张荫麟全集》上卷，第 673 页。

② 《张荫麟全集》下卷，第 1414—1415 页。

望国内史学才俊，根据教科书所列出的纲目，写出初稿（长编），然后供编纂会删削和润色；认为中学本国史教科书应分为高中教材和初中教材，各自独立，不相连属。初中采用专题式的纵的划分，如民族的斗争和离合，国境的开拓，物质生活的变迁，社会结构的演化等，分别叙述，从古及今，自为段落。高中采取横的划分，以整个的时代为段落，其目的在显示各时代的特殊面目。初中教材详今略古，详近略远，高中教材则各时代的叙述力求比较的平均。为着研究和编纂的便利，他打算从高中部分着手。因为在他看来，由博返约，则约者易精。他对编撰历史教科书遇到的"史观"问题发表意见，认为"史观"是指对于历史的鸟瞰，对于历史众方面的变迁和其相互关系的一个大概的看法，而不是指解释一切应史事实的因果关系之铁则。历史教科书要使读者处处觉得是在陈述事实，而不是谋达什么目的或宣传什么史观。① 他还与钱穆讨论了关于高中本国史教科书的纲目问题。当然，在编撰过程中，他的计划也在不断调整，如1937年他在《大公报·史地周刊》发表了一些《中国史纲》的初稿后，说"我的计划后来改变了（并非出于自动），先在这一学年内编一高小历史教科书，而把《史纲》的完成退后一年（或更退后一年而先成初中本国史）。现高小教本已大体完成，将陆续在本刊发表，征求批评。"②他说的高小历史教科书题曰《儿童中国史》。从其《自序》看，该书分为四册，已经完成，写的是中国历史上自古至作者当代有代表性的30个历史人物，而以《从淞沪之战到百灵庙之战》殿后，采取的是多人供稿、主编删节润色的方式。

① 参见《中学本国史教科书编纂会征稿启事》、《关于中学国史教科书编纂的一些问题》，《张荫麟全集》上卷，第190—198页。

② 《张荫麟全集》上卷，第202页。

张荫麟说,“此书之成,深有赖于郑侃慈女士、袁振之女士、杨联陞先生之助”,“予于此诸长编,只有润色删节,并无改构。”①然《大公报·史地周刊》发表出来的《儿童中国史》,仅是从“大禹”到“杜甫”的13个人物传,其余部分,不知所终。由于几个月后抗战爆发,初中历史教科书盖未着手撰写。此前在《大公报·史地周刊》所发表的《中国史纲》之篇章则基本是按照计划中的《高中本国史教科书》纲目写的,但对照开始发布的《草目》,可知张氏在实际撰写中又有改动;作业方式也有变化,由原来的征稿制改为张荫麟和几位友人分工完成。吴晗说:“他创编高中本国史的计划,第一步是拟目,先把四千年的史事分为数十专题。较量轻重,广征意见,修改了多少次才定局。第二步是分工,汉以前由他自己执笔,唐以后归我负责。其他专题分别邀请专家撰述,例如千家驹先生写鸦片战争后的社会变化,王芸生先生写中日战争等等。第三步是综合,稿子都齐了,编为长编,再就长编贯通融会,去其重复抵牾,不重考证,不引原文,尽量减少人名地名,以通俗明白之文笔,画出四千年来动的历史,目的在使此书可读,使人人能读此书,不但熟习国史,而且能有一个客观的看法。”②吴晗这里所讲的撰写程序应该是准确的,但他说的分工安排仍较模糊,如魏晋南北朝部分的责任人就是空白③。而且这个计划没有得到完全执行,除了张荫麟切实

① 《张荫麟全集》上卷,第205页。

② 吴晗:《记张荫麟》,《天才的史学家——追忆张荫麟》,第61页。

③ 这部分大概还是由张荫麟执笔,方豪在《略论张荫麟先生在史学上之成就》中说:“此外又有关于魏晋南北朝之残稿三十二页,尚未定名”。(《天才的史学家——追忆张荫麟》,第477页)宋晞在《评介〈中国上古史纲〉》中说:“魏晋间有残稿。”(《天才的史学家——追忆张荫麟》,第367页)

做此工作,其他人或是兼职的原因,基本没有完成自己的任务①。如果说,抗战爆发前,张荫麟的角色是履行公职,完成编写教育部规划的高中历史教科书之任务,那么,抗战爆发后,他取消请假,到西南联合大学复职,依然钟情于该书的撰写,他对自己的定位则是撰写一部中国通史以成就个人的名山之业了②。他到浙江大学后参与创办"思想与时代社",该社的主要任务就是刊印"国史丛书"。他的《中国史纲》也纳入丛书规划。他将研究重点转向了宋史,并且以创作通史的笔调写了宋代部分的一些章节。这说明,他已不顾以前的分工,而计划独立完成一部中国通史了。即使罹患重病,他都没有停止对这部著作的思考。张其昀说:"他念念于史纲之完成,虽在病中仍精思不休,而病势遂陷入深渊。"③目前,张氏最完善的《中国史纲》共12章,4篇序,完成于三个时间段:一是抗战前,也就是从1935年2月至1937年7月,张荫麟完成了前8章,即从第一章《中国史黎明期的大势》至第八章《秦汉之际》;二是在西南联大期间,时间自1938年夏至1940年夏,他又加写了三章,并作了一篇带有通史理论性质的长篇序言;三是在贵州遵义浙江大学期间,即1940年8月到1942年秋,他写了初版自序、再版自序、献辞,在文字上做了进一步的修改和校勘。《汉帝国的中兴与衰亡》(张氏生前未发表,属于未完之稿),大概也是在遵义期间写的。此篇在台湾华岗版的《中国史纲》被作为第十二章。可见,张荫麟

① 除吴晗提到的几位学者,张荫麟还曾向贺昌群约稿。贺昌群说:"在北平时,他要我供给一段隋唐史的初稿,由自己参考剪裁。"(《天才的史学家——追忆张荫麟》,第55页)

② 张荫麟的弟子李埏说:"在我国历史上,他最崇敬的人物是司马迁。"(《天才的史学家——追忆张荫麟》,第191页)

③ 张其昀:《敬悼张荫麟先生》,《天才的史学家——追忆张荫麟》,第10页。

将自己的全部学识和心血都寄托和倾注于这部《中国史纲》中了。

关于《中国史纲》追求的目标，张荫麟本人说得最清楚。他在初版自序中说："作者写此书时所悬鹄的如下：(1)融会前人研究结果和作者玩索所得以说故事的方式出之，不参入考证，不引用或采用前人叙述的成文，即原始文件的载录亦力求节省；(2)选择少数的节目为主题给每一所选的节目以相当透彻的叙述，这些节目以外的大事，只概略地涉及以为背景；(3)社会的变迁，思想的贡献，和若干重大人物的性格，兼顾并详。"这个目标在今天看来也没有特别之处，直白地说，就是写出一部通俗易读、雅俗共赏、人人爱看的中国通史。近年来，通俗史学、大众史学颇为时兴，也出现了一些娱乐化的史学作品，其文字在生动、幽默乃至引人入胜方面，均可圈可点，然却不能与张荫麟的《中国史纲》相提并论，进入名著之列。究其原因，是作品缺乏内涵和厚重。就如做衣服，名牌服装店，即使做大众化的服装，它做得也是杂家小店没法比的。名牌店与杂家小店在面料、款式、做工方面的差别决定了它们做出的服装档次的高低之分。写作历史类的作品若纯以娱乐为目的，格调终究不高，这样的著作自然难以行远。宋人吴缜说："夫为史之要有三：一曰事实，二曰褒贬，三曰文采。有是事如是书，斯谓事实。因事实而寓惩劝，斯谓褒贬。事实、褒贬既得矣，必资文采以行之，夫然后成史"。[①] 以今天的话说，一部好的历史著作，要做到考据精详、理论高明、文采飞扬。

张氏的《中国史纲》之魅力所以能长盛不衰，就在于它具备优秀作品的要素。

---

① 吴缜：《新唐书纠谬·序》。

第一，张荫麟写作《中国史纲》，持有自己独到的理论。他为该书作的长篇序言，代表了他的通史写作理论，所以该序言曾以《通史方法略论》、《论史实之选择与综合》为标题在报纸和学术期刊发表。他的理论首先谈的是通史写作如何选择史实。他说："着手去写一部通史的人，不免劈头就碰到一个问题，以批评眼光去读一部通史的人，也不免劈头就碰到同一的问题，那就是，拿什么的'笔削'做标准？显然我们不能把全部中国史的事实，细大不捐，应有尽有的写进去。姑勿论一个人，甚至一整个时代的史家没有能力去如此做。即使能如此做，所成就的只是一部供人检查的'中国史百科全书'，而不是一部供人阅读的中国通史。""最能'提要'的通史，最能按照史事之重要的程度以为详略的通史，就是选材最适当的通史。"那么，如何判断史事的"重要"？为此，张荫麟提出了五条标准，依次为新异性的标准、实效的标准、文化价值的标准、训诲功用的标准、现状渊源的标准。所谓"新异性标准"，就是指内容的特殊性。理想的新异是"要显出全社会的变化所经诸阶段和每一段之新异的面貌和新异的精神"。所谓"实效的标准"，就是史事所直接牵涉和间接影响于人群的苦乐者有大小之不同。按照这个标准，史事之直接牵涉和间接影响于人群的苦乐愈大，则愈重要。"文化价值"的标准即是真与美的价值标准。文化价值愈高的事物愈重要。文化价值的观念随时代而改变，故此这个标准也每随时代而改变。训诲功用有两个意义：一是完善的模范，二是成败得失的鉴戒。按照这个标准，训诲功用愈大的史事愈重要。旧日史家大抵以此标准为主要的标准。近代史家的趋势是在理论上要把这标准放弃。原因在于学术分工的需要。"现状渊源的标准"之所以必要，是因为人们的历史兴趣之一是要了解现状，是要追溯现状的由来。众史事和现状的发生关系有深浅之不同。按照这个标准，史事与现状之发生关系愈深愈重要。他认为，这五种标准，除了第四种外，皆是以后写通史的人所当自觉地、严格地合并采用的。这几种标准对写通史的人来说是很大的挑战："对文化价值无深刻的认识的人不宜写通史"，"知古不知今的人不能写通史"。写通史的人，"必须熟习整个历史范围里的事实"。张荫麟对通史写作的困难有高度的自醒意识，说"无论对于任何时代，没一部中国通史能说最后的话。所以写中国通史永远是一种极大的冒险。这是无可奈何的天然限制，但我们不可不知有这种限制。"他的通史理论的第二点谈的是经过以上的标准选择出来的无数史实，是否及怎样组成一个有机的系统。他说，众史事不是孤立无连的；历史的一"横切片"的种种色色，容可以"一个有结构的全体之众部分的关系"(relation between parts of an organized whole)的观念来统驭。历史不仅是一时的静的结构的描写，并且是变动的记录。为了把"动的历史的繁杂"统贯起来，他提出了几个范畴：因果的范畴、发展的范畴(内含定向的发展、演化的发展、矛盾的发展)。他对这几个范畴的解释表明了他试图从编纂学上将历史发展的有机性、系统性展示出来。这种理论自觉是他那个时代的众多史学家所缺乏的，即使专门从事中国通史撰述的学者也是如此。钱穆称赞张荫麟为"中国今日所需要"之"新史学家"的根据就在于他"博通中西文哲诸科，学既博洽，而复关怀时事，不甘仅仅为记注考订而止。"[①]张荫麟在史学理论方面做过不少探索，他写的《论历史学之过去与未

① 钱穆：《中国今日所需要之新史学与新史学家》，《天才的史学家——追忆张荫麟》，第135页。

来》、《传统历史哲学之总结算》、《历史之美学价值》、《“可能性”是什么——一个被忽略了的哲学问题》、《历史哲学的根本问题》,以及翻译的《论作史的艺术》等,为他的通史理论奠定了深厚的基础。

然而我们也不得不指出张荫麟在通史理论上的局限性。他否认历史的规律性,认为“历史的事实,因其内容的特殊性”,不遵循因果律,“休谟的因果界说不适用于历史中所谓因果关系”,他对唯物史观也采取批评态度,因此,他在能否或如何把各时代各方面重要的变动的事实系统化方面,显得有些自相矛盾,有些底气不足。他给历史的“偶然”所下的定义似是而非,并将“偶然”区分为本体上的偶然和认识上的偶然,指出:“历史家的任务是要把历史中认识上的偶然尽量减少。”他的通史理论没有超出历史认识论、历史编纂学的范围,而对历史本体没有涉足,这预示着他的这部著作,在探讨历史本质,揭示历史变动的深层原因方面,不可能走得太远。

第二,《中国史纲》中的史实是作者在广泛搜集资料和严格考证的基础上选取的。张荫麟以考据起家①,他在学生时代发表的史学论文,属于考证性质的占大多数。作者说《中国史纲》“不参入考证”,确是如此,但作者在写这本书时所下的考证功夫是一点也没少的。作者有一句名言:“理想之历史,须具二条件:(一)正确充备之资料;(二)忠实之艺术的表现过去与现在之历史。”②也就是说,他把“正确充备之资料”作为该书能否取得成功的一个基本条件。他运用的资料,包括甲骨文、金文、四书五经、先秦诸子著作、《左

① 谢幼伟说:“张君的学力见于他的考据。他是以考据起家的。他首先发表的文章就是考据文章。即以他全部发表的文章而论,也有三分之二以上的文章是属于考据的。”(《张荫麟先生言行录》,《天才的史学家——追忆张荫麟》,第74页)

② 《张荫麟全集》中卷,第935页。

传》、《国语》、《战国策》、《史记》、《汉书》等史学界公认的资料，对这些常见资料进行考证、综合、会通，从而将所要写的事件或人物系统地展示出来。作者注意吸收国内外最新研究成果，书中看似不经意的历史叙述，都有作者的研究做支撑。例如书中有一节《周朝的兴起》，叙述周的始祖："周王室的始祖后稷（姬姓），乃是一个著名的农师（传说与禹同时），死后被周人奉为农神的。后稷的子孙辗转迁转于泾渭一带；至古公亶父（后来追称太王），原居于豳（今陕西邠县附近），因受不了鬼方侵迫，率众迁居岐山（在今陕西岐山县境）之下。"当时有人写书评，根据顾颉刚的考证，说古公亶父和太王不是一个人，而是两个人。自孟子以下，都认为太王是古公亶父的追称，是一个人。作者沿袭成说，显见其误。[①] 徐规认为，张荫麟的说法应是有所本的。这个说法与郭沫若的观点是一致的。郭沫若所著《屈原》尝云："《诗・大雅・绵》中的古公亶父即太王，说见《孟子》。近人顾颉刚先生说他不是太王。其实他没有细细的考究，周人在太王以前的传说，都是后来假造的。"[②]当然，上古史人名、地名、史实的记载舛误、矛盾处甚多，张氏在撰写时也难免有失误，但从他的删削改动中，可以看出，他一旦发现错误，就尽可能改正。作者对春秋时大国争霸写得非常精彩，既井井有条，又生动有趣，没有对《春秋》、《左传》、《国语》等著作的熟练掌握，对史实的细致排比，多重历史线索的融会贯通，是不可能做到如此缩放自如的。因此，《中国史纲》行云流水似的叙述，看似"浅出"，实

① 苏诚鉴：《评〈中国史纲〉（上册）》，《天才的史学家——追忆张荫麟》，第336页。

② 徐规：《答苏诚鉴评张著〈中国史纲〉》，《天才的史学家——追忆张荫麟》，第339—340页。

则是建立在“深入”的史实考证的基础上的。

第三，作者在历史著作的文字表述方面有自觉的理论认识，并将这种理论贯彻到《中国史纲》的写作实践中。张荫麟提出“历史亦是艺术”的观点。他说：“史学应为科学欤，抑艺术欤？曰兼之。……世人恒以文笔优雅，为述史之要技，专门家则否之。然历史之为艺术，固有超乎文笔优雅之上者矣。今以历史与小说较，所异者何在？夫人皆知在其所表现之境界一为虚，一为实也。然此异点，遂足摈历史于艺术范围之外矣乎？写神仙之图画，艺术也。写生写真，毫发毕肖之图画，亦艺术也。小说与历史之所同者，表现有感情、有生命、有神采之境界也。此则艺术之事也。惟以历史所表现者为真境，故其资料必有待于科学的搜集与整理。然仅有资料，虽极精确，亦不成史。即更经科学的综合，亦不成史，何也？以感情、生命、神采，有待于直观的认取，与艺术的表现也。”①这是说，历史学既是科学的，又是艺术的。历史学的艺术性不仅体现在文笔优雅，还要表现“有感情、有生命、有神采之境界也”。即要将历史的“精神”表达出来。张荫麟这里为了说明历史学的艺术性，强调了历史学与小说的同一性。其实，二者的相异性是不言自明的，而这种相异性使得历史学家要做到艺术性，难度更大。因为历史学是艺术化之史与科学化之史的统一。科学化、艺术化都是历史学所需要的。“艺术化之史与科学化之史，就其鹄的而言，皆以显真。前者之所显者为真相，后者之所显者为真理。”②历史写作，既要忠于历史原貌，又要具有艺术性，它比写单纯的文学作品，难度更大。对

① 张荫麟：《论历史学之过去与未来》，《张荫麟全集》中卷，第935页。

② 张荫麟：《历史之美学价值》，《张荫麟全集》中卷，第1238页。

此,唐代史学批评家刘知几、清代史学理论家章学诚都有相近的认识,他们都感受到,很多文士,在写纯粹的文学作品时,才华横溢,然一旦涉足历史著作就感到才智不足。章学诚曾不无感叹地说:“文章以叙事为最难,文章至叙事而能事始尽。”“叙事之文,所以难于序论辞命者,序论辞命,先有题目,后有文辞,题约而文以详之,所谓意翻空而易奇也。叙事之文,题目即在文辞之内,题散而文以整之,所谓事征实而难巧也。”①章学诚把“圆而神”、“神明变化”作为历史写作的最高境界,说:“史家点窜古今文字,必具天地为炉,万物为铜,阴阳为碳,造化为工之意,而后可与言作述之妙。”②张荫麟对此也深有体察,认为考证较之于撰述,后者更难,“考据史学也,非史学之难,而史才实难”。③ 他曾对友人谢幼伟说:“写考据文章是很容易的。”④在遵义,谢幼伟见过他的《中国史纲》关于宋史部分的几章,原稿涂改之处甚多,他感叹说“写这种文章是很费苦心的。”⑤徐规回忆张荫麟撰写《史纲》的情形时说:“每撰一章,稿凡数易,书一人名,记一年代,皆斟酌周详。一篇之中,首尾相照,脉络相贯。即其全书,亦莫不然。各章定名,煞费匠心,篇次尤具心裁。”⑥张其昀也说:“《中国史纲》一书是呕心血的著作。他常常工作至午夜以后。……就文字而论,亦用力至勤。世人多惊羡其文笔之萃美,以为胜过一般文学创作,不知其字字珠玑,皆为潜心

① 章学诚:《论课蒙学文法》,《章学诚遗书》,文物出版社 1985 年版,第 685 页。

② 章学诚:《与陈观民工部论史学》,《章学诚遗书》,第 126 页。

③ 张荫麟:《跋〈梁任公别录〉》,《张荫麟全集》下卷,第 1848 页。

④ 谢幼伟:《张荫麟言行录》,《天才的史学家——追忆张荫麟》,第 75 页。

⑤ 谢幼伟:《张荫麟言行录》,《天才的史学家——追忆张荫麟》,第 75 页。

⑥ 徐规:《张荫麟先生治史方法拾遗》,转引自宋晞《评介〈中国上古史纲〉》,《天才的史学家——追忆张荫麟》,第 367 页。

涵泳几经锤炼而后成。”①

为了证明上言之不虚，兹不妨择取《中国史纲》的某些片段以为赏析。如他写《楚国的兴起》，先以优美的语言描述了江汉一带的地貌以及楚人在政治上和经济上的优越条件，接着对这种优越条件造成的楚国文化与诸夏文化的差异，做了充满美感的对比：

> 这两种的安全使得楚人的生活充满了优游闲适的空气，和北人的严肃紧张的态度成为对照。这种差异从他们的神话可以看出。楚国王族的始祖不是胼手胝足的农神，而是飞扬缥缈的火神；楚人想象中的河神不是治水平土的工程师，而是含睇宜笑的美女。楚人神话里，没有人面虎爪、遍身白毛、手执斧钺的蓐收（上帝的刑神），而有披着荷衣、系着蕙带、张着孔雀盖和翡翠旍的司命（主持命运的神）。适宜于楚国的神祇不是牛羊大豕的膻腥，而是蕙肴兰藉和桂酒椒浆的芳烈；不是苍髯皓首的祝史，而是身衣姣服的巫女。再从文学上看，后来战国时楚人所作的《楚辞》也以委婉的音节、缠绵的情绪、缤纷的词藻而别于朴素、质直、单调的《诗》三百篇。

有人评论说：这段话读起来，简直是一篇无韵的史诗。然而它没有诗人的虚构与夸张，而是无一句无来历的史家之作；它不是排比寻章摘句得来的史料，而是“作者玩索所得”的自然表述。②

再如他对秦始皇的描述和评论，短短一段话，就准确而鲜明

① 张其昀：《敬悼张荫麟先生》，《天才的史学家——追忆张荫麟》，第10页。

② 李埏：《张荫麟先生传略》，《天才的史学家——追忆张荫麟》，第182页。

地勾勒出了秦始皇的特点和个性："像始皇的励精刻苦，在历代君主中，确是罕见。国事无论大小，他都要亲自裁决。有一个时期，他每日用衡石秤出一定分量的文牍，非批阅完了不肯休息。他在帝位的十二年中，有五年巡行在外：北边去到长城的尽头——碣石，南面去到衡山和会稽岭。他觉得自己的劳碌，无非是为着百姓的康宁。他对自己的期待，不仅是一个英君，而且是一个圣主"。以下对他刻石颂功、立法、追求长生不老、大造宫殿及陵寝史实的生动叙述，无不为秦始皇的好大喜功、刻薄寡恩之形象增添素材。

通史写作之所以难，在于它需要通识和识见。《中国史纲》不仅文字优美，而且充满作者精辟的历史见解，这也是它在诸多通史中光彩鲜亮的一个重要原因。如汉武帝时期，为什么儒家的正统地位得到了确立？张荫麟所做的分析丝丝入扣，引人入胜。他说，儒家之成为正统是历史发展的必然。一个庞大国家的统一之维护，非统一思想不可，这点董仲舒对汉武帝说得很明白。但拿什么做统一的标准呢？先秦的显学不外儒、墨、道、法。墨家太质朴、太刻苦了，与当时以养尊处优为天赋权利的统治阶级根本不协。法家原是秦自孝公以来国策的基础，秦始皇更把他的方术推行到"毫发无遗憾"。正唯如此，秦朝昙花般的寿命和秦民刻骨的怨苦，使法家此后永负恶名。贾谊在《过秦论》里，以"繁刑严诛，吏治刻深"为秦的一大罪状。这充分地代表了汉初的舆论。墨、法既然都没有被抬举的可能，剩下的只有儒、道了。道家虽曾烜赫一时，但那只是大骚乱后的反动。它在大众（尤其是从下层社会起来的统治阶级）的意识里没有基础，儒家却有之。大部分传统信仰，像尊天敬鬼的宗教和孝悌忠节的道德，虽经春秋战国的变局，并没有根本动摇，仍为大众的良心所倚托。道家对于这些信仰，不是要推翻，便是心存轻视；但儒家对之，不是积极拥护，便是消极包容。与大众的意识相冰炭的思想系统是断难久据要津的。况且道家放任无为的政策，对于西汉统一国家的巩固是无益而有损的。这种政策经文帝一朝的实验，流弊已不可掩。无论如何，在外族窥边，豪强乱法，而国力既充，百废待举的局面下，“清静无为”的教训自然失却号召力。代道家而兴的自非儒家莫属。这里以简洁质朴的文字，述说了武帝时期意识形态政策的转向。夹叙夹议，分析和评论有机结合。文约事丰，发人深思。

《中国史纲》缘起于高中历史教科书的编撰，但在同行眼里，它是十足的中国通史著作。著有《国史大纲》的钱穆，出版有《中国史》的金毓黻，热心于中国通史编纂的顾颉刚，无不把它作为“新史学”以来中国通史撰著洪流中的作品来看待，给予很高的评价。对张荫麟本人而言，《中国史纲》又何尝不是他的最高学术追求和人生价值的体现！贺麟说：“他的《中国史纲》，虽仅部分完成，是他人格学问思想文章的最高表现和具体结晶。书中有真挚感人的热情，有促进社会福利的理想，有简洁优美的文字，有淹博专精的学问，有透彻通达的思想与识见。”[①]此言可谓道出了亡友的心声。

自然，《中国史纲》还有不甚完善的地方。如有的引文较长，且未做解释，有违初版自序的期许。为了简明，全书一律不注资料出处，亦不利读者的深入阅读和进一步探研。

---

① 贺麟：《我所认识的荫麟》，《天才的史学家——追忆张荫麟》，第51—52页。

三、《中国史纲》的版本

到目前为止,在中国通史类的著作中,《中国史纲》可能是出版次数最多的一部。近20年来,中国大陆出版该著的出版社有十几家。所用的书名、章节数量、内容文字出现些微差异,以致读者对此甚为困惑。出现这种情况,与各出版社所依据的版本不同有关。因此,对该书的版本,有必要做一个清理。

张荫麟生前,《中国史纲》有两个版本。第一个版本是浙江大学在遵义出版的石印本,出版时间为1941年5月,名曰《中国史纲》第一册。前有作者1940年3月写的"初版自序",正文8章。这个版本只印了500册,线装。第二个版本是重庆青年书店铅印本,出版时间为1941年6月,名曰《中国史纲》上册。这个版本没有浙大石印本中的"初版自序",而是一篇题为"自序"的长序,即作者1940年2月写于昆明的通史方法论。正文10章。前七章与浙大石印本基本相同。只是铅印本第七章《秦的兴亡》在浙大石印本中被分为两章,即第七章《秦始皇与秦帝国》、第八章《秦汉之际》。而增加的三章则是第八章《大汉帝国的发展》、第九章《汉初的学术与政治》、第十章《政制与易代》。对比这两个版本,题目相同的几章中,石印本较之铅印本有所增改,说明浙大石印本是作者重加修正而定稿在后(尽管出版时间比铅印本早一个月)。然此铅印本将作者署为"杨荫麟",张荫麟亦没有追究。正文中的印刷错误较多。这个版本与张荫麟到底有无关系,难以断定。吴晗怀疑这个本子是张荫麟的同学在重庆印行的盗印本。

1944年7月,也就是张荫麟逝世后近两年,重庆青年书店再版了这本书，书名改为《东汉前中国史纲》，作者改为张荫麟。同第一版一样，全书共10章，正文也没有变化，正文后附有贺麟的文章《我所认识的荫麟》。

1948年，正中书局出版了浙大石印本的修订版，书名为《中国史纲：上古篇》。正文之前是张荫麟写的简短的《再版自序》，写序时间署为1942年9月。该版本共11章，即在浙大石印本8章的基础上，增加了3章。张荫麟在《再版自序》中说："此书再版和初版不同的地方除多处笔误和刊误的校正，数处小节的增删外，乃是第九至第十一章的添入。"此序是作者去世前一个月写的，这个版本应是作者生前的定本。遗憾的是，作者生前没有看到，作者逝世后数年才出版。自这个版本出来后，浙大石印本以及青年书店铅印初版、再版本就停印了。

1949年后，《中国史纲》在海峡两岸的出版仍在继续。1951年，正中书局出版了该书在台湾的第一版，与1948年正中书局版本相同。1953年，（台湾）中华文化事业出版委员会出版该书，书名为《中国上古史纲》，前面刊有张荫麟的《中国史纲献辞》及三篇自序（即关于通史方法论自序、初版自序、再版自序），末尾刊有宋晞的"校后记"，正文共12章，即在正中书局11章的基础上，增加了第十二章《汉帝国的中兴与衰亡》，此章为作者未竟之稿。此版本被称为华岗本。1982年，台湾里仁书局出版了《中国史纲》的另一个版本，书名仍是《中国上古史纲》，所收四篇序言和12章正文与华岗版相同，但附录了发表在《思想与时代》纪念专刊上的文章，为认识和研究张荫麟，提供了更多的参考资料。这样，台湾就有三个版本的《中国史纲》，即正中书局本、华岗本、里仁书局本。

在大陆，1955年，生活·读书·新知三联书店出版了该书，题为《中国史纲·上古篇》,这是中国大陆1949年后的首个版本。该本依据的是正中书局本,但做了文字技术上的校订,尤其是在核对引文、订正史实方面,编辑花费了很多工夫,标点亦加以规范化。但限于当时的政治环境,该版本删去了作者的所有自序,代之以"编者的话";对正文亦间有删削。

20世纪80年代以后,中国大陆经过拨乱反正,学术研究和出版事业走向正轨。这也反映在对张荫麟的《中国史纲》的出版上。1989年,上海书店以1948年版的正中书局本为底本,将该书与钱穆的《国史大纲》合刊,列为民国丛书之一影印出版。1998年,辽宁教育出版社将该书编入"新世纪万有文库·近世文化书系"中,由复旦大学中文系傅杰先生负责校正。该版本有傅杰先生撰写的《本书说明》,收入张荫麟的三篇自序,正文以1948年正中书局本为依据,不做删节,参考三联书店本进行校订。徐规先生作为张荫麟的弟子,多年来对《中国史纲》不断加以校订。他看到辽宁教育出版社的新本,在肯定成绩的同时,又发现其中尚有不少错误,于是进一步做了校正。徐规先生参与过张荫麟再版本(即1948年正中书局本)的整理,他说:"一九四二年夏秋间,张先生在病榻上,对该书初版略加增删,改正笔误和刊误多处,并添入第九至第十一章。张先生不幸于是年十月遽归道山。一九四七年,改正稿经我稍予整理,奉还给浙大文学院院长兼史地系主任张晓峰(其昀)先生设法印行。次年四月,由南京正中书局出版。清样未经我们校对,书中个别文字及标点误刊较多。"①徐规先生1998年8月撰成《张著〈中国史纲〉(新本)校正》一文,收入他的文集《仰素集》内。

① 《徐规的说明》,载《张荫麟全集》上卷,第244页。

此后，上海古籍出版社 1999 年、山西古籍出版社 2001 年均出版了该著，可惜它们主要依据 1948 年的正中书局本，对徐规先生的校勘成果基本没有采用。直到 2003 年，商务印书馆才出版了经过徐规先生校正的《中国史纲》。应该说，商务本是目前校对最精的一个版本。2013 年清华大学出版社出版《张荫麟全集》，将《中国史纲》收入上卷，采用的是 2003 年版的商务本，并把《思想与时代》发表的张荫麟遗著《汉帝国的中兴与衰亡》增补为第十二章，同时，增加了与此相关的内容作为附录，从而使张氏这本著作的内容进一步丰富。

作为"中华现代学术名著丛书"的一种，本次出版的《中国史纲》，吸收了众多版本的优长，采用 2003 年商务印书馆出版的徐规校本，将作者的遗文《汉帝国的中兴与衰亡》增补为第十二章。另外，把作者发布的《中学本国史教科书编纂的征稿启事》、《高中本国史教科书草目》、《关于中学国史教科书编纂的一些问题》、《高小历史教科书初稿》，以及作者所写的《中国史纲》宋代部分文稿作为附录，置于正文之后。这样，张荫麟的中国通史编纂设想和成就能够更加完整地呈现出来，本书庶几成为最为完善的《中国史纲》版本。

2015 年 6 月 16 日

写定于北京师范大学历史学院史学研究所